KB021331

악취와 향기

악취와 향기

후각으로 본 근대 사회의 역사

알랭 코르뱅 지음 ┃ 주나미 옮김

오롯

일러두기

① 본문에 포함된 주석, 인물들의 생몰연도는 한국어판에서 옮긴이가 추가한 것입니다. 저자의 원주는 책 뒤에 실어 구분했습니다.

② 본문의 〔 〕안의 내용은 한국어판의 옮긴이가 내용 이해를 돕기 위해 덧붙여 놓은 것입니다. 본문 내용과 구분할 수 있도록 옮긴이가 추가한 내용은 고딕으로 서체를 다르게 했습니다.

③ 서적이나 정기간행물은『 』, 논문이나 문헌 등은「 」로 나타냈으며, 원래의 외국어 제목을 함께 표기했습니다.

④ 주요개념은 본문에 외국어를 함께 표기했으나, 인명이나 지명 등의 외국어 표기는 책 뒤의 '찾아보기'에 수록했습니다.

목차

수많은 오염물질과 부패물질이 뒤섞인 끔찍한 혼합물을 뒤집어쓰고 있는 것 같은 느낌인데도, 섬세하고 감수성이 예민한 사람이 아무런 영향을 받지 않을 수는 없다. 그 끔찍한 것들이 길거리에서 피어올라 몸을 덮쳐온다. 수많은 더러운 영혼의 숨결, 길거리를 자욱하게 뒤덮고 있는 연기와 불순물, 불결한 꿈들이 뒤섞여 있는 그런 끔찍한 것을 뒤집어쓰고도 괜찮을 수는 없지 않겠는가!

— 쥘 미슐레의 『여자』(1859년)에서

머리말

악취제거와 지각의 역사

후각적 지각의 역사에 관한 책이라는 발상이 떠오른 것은 장노엘 알
레(1754~1822)의 『회고록』을 읽으면서였다. 그는 앙시앵레짐 시기에 왕
립의학협회의 성원이었고, 1794년 파리에서 공중위생학 강좌가 개설
되었을 적에 초대 교수로 부임한 인물이었다.

알레는 역겨운 냄새에 끈질기게 저항하며 악취제거 투쟁을 이끌었
다. 1790년 2월 14일에 그는 동료와 함께 센강의 제방 위를 걸었다.
직접 강 양쪽의 제방을 오가면서 역겨운 냄새를 탐지하고, 후각으로
그것을 측정하기 위해서였다.[1] 그는 다른 날에는 그 시대 프랑스 과학
계의 거물들과 함께 유독 치명적이라고 알려진 분뇨구덩이를 찾아가
서 탈취제의 성능을 시험했다.[2] 그런데 이러한 사례들은 매우 일상적
인 행위였을 뿐이다. 병원에서 그는 각종 질병의 냄새를 자세히 분석
하려 했으며, 남자·여자·어린아이의 병실에서 나는 냄새도 구분하려
했다. 그러면서 비세트르 정신병원에 대해서는 "허약한 사람이라면
정신이 멍해질 냄새"라고 적었다.[3]

이런 행동은 결코 특이한 사례가 아니었다. 그 시대의 기록들을 꼼꼼하게 살펴보면, 그러한 태도가 일종의 집단적 신경과민 증상처럼 나타나고 있었다는 사실을 확인할 수 있다. 영국식 정원의 인공적인 자연 풍광이나 이상도시를 그린 그림에 눈길이 쏠리던 18세기의 취향에는[4] 도시의 역겨운 악취를 들이마시는 것에 대한 공포심이 숨겨져 있었던 것이다. 그렇지만 시대를 착각하는 오류에 빠지지 않도록 주의해야 한다. 알레가 우여곡절을 겪으며 조사에 매달렸던 그때 이후로 냄새를 지각하고 분석하는 방법에서 어떤 변화가 일어났기 때문이다. 이 문제를 살펴보려는 것이 바로 이 책의 주제이다.

그렇다면 이러한 예민한 감수성은 무슨 의미를 지니고 있었을까? 악취를 두려워하고 제거하려 했던 이 수수께끼와 같은 작업은 도대체 무슨 이유에서 이루어졌던 것일까? 이런 작업들 때문에 오늘날 우리가 냄새나지 않는 생활환경을 위협하는 모든 것들에 매우 불관용적인 생물이 된 것일까? 이러한 감수성의 깊은 변화는 인류학 차원에서 어떤 단계를 거쳐 나타났을까? 그리고 감각과 관련된 이러한 인식체계와 상징체계의 변화 뒤에는 어떤 사회적 판단이 숨겨져 있을까?

알다시피 뤼시앵 페브르(1878~1956)도 이러한 문제들을 그냥 지나치려 하지 않았다. 후각적 지각의 역사도 그가 개척한 수많은 연구 영역 가운데 하나였다.[5] 페브르 이후로 시각과 미각 두 영역은 많은 사람들에게 관심을 받았다. 시각이라는 연구영역은 〔전체를 한눈에 감시하려는〕 '판옵티콘'이라는 원대한 이상을 품고 있었다는 사실을 확인하는 데 자극을 주었고, 미학과의 연계에도 힘을 쏟았다. 미각도 일상생활의 사회성과 의식성儀式性을 분석하려는 의욕으로부터 지원을 받았다. 그렇지만 후각은 연구 주제로 적합하지 않다는 의심을 받았고, 그나마 이루어진 연구들도 공공공간의 악취에 대한 대책들의 경과를 살피는 수준에 머물렀다.[6]

다시 침묵이 감돌았다. 감각 기능의 위계가 생명력을 지니며, 나름의 역사를 가지고 있다는 것에 대해 아무도 말하지 않았다. 그리고 전문가들의 계속된 무시가 그것을 정당화하고 있었다. 하지만 악취가 제거된 것은 단지 기술 발달의 결과가 아니었다. 그것은 향수 스프레이와 체취제거제의 발명으로 이루어지지 않았다. 지난날의 불안감이 고조되고, 먼 과거의 움직임이 확산되면서 이루어졌다.

이제는 지각의 전쟁사를 되돌아보면서, 그러한 역사를 낳은 이미지 체계들의 일관성을 살펴볼 때가 되었다. 지각 행위의 다양성을 사회구조들과 연결시켜 바라볼 필요도 있다. 그러한 싸움과 매우 깊게 연관되어 있는 다양한 감각의 양상들을 무시한 채로 긴장과 대립을 연구하는 것은 헛된 일이 되기 십상이기 때문이다. 공포는 힘을 가지고 있다. 역겨운 오물은 사회의 질서를 위협하고, 마음 놓이는 위생과 우아함의 승리는 사회의 영속성을 강조한다.

후각적 지각에 관한 과학적이고 규범적인 담론들에 대한 분석, 학자들이 지시한 행위에 관한 사회학, 그들이 그에 관해 내놓은 주관적인 설명들, 사회의 복합성 안에서 불관용·쾌락·호의의 사례들을 통해 그들이 보인 태도들, 단편적인 연구들을 기초로 행정당국이 실행한 전략들, 실재와 허구가 뒤섞인 이러한 것들에서 그와 같은 분열은 계속해서 나타나고 있었다. 범위가 이렇게 방대하므로 당연히 목표를 제한할 필요가 있다. 지각의 역사에 다양한 작품들이 헌정되어 행동에 관한 포괄적인 연구가 가능해지기를 바라며, 나는 연구자들에게 자세히 분류된 자료를 제공하려 한다. 이러한 분석 도구는 앞으로 진정한 심리 역사학(psychohistoire)이 자리를 잡는 데 도움이 될 것이다.

학문적 담론의 불안한 모호함

얼핏 보더라도 알레의 행동은 그 시대의 철학적 신념과 상당히 일치해 있었다. 감각 정보에 관한 그의 세세한 관심은 감각론이 과학의 형식에 끼친 영향을 반영하고 있었다. 로크(1632~1704)의 사상을 이어받은 감각론은 1709년 앙투안 모벡의『인간의 감정과 이성의 육체적 원인들』을 통해 자신의 대략적인 틀을 발전시켰으며,[7] (1755년에 프랑스어로 번역된) 데이비드 하틀리(1705~1757)의 책을 통해 정교해졌다. 그리고 콩디야크(1715~1780)가 쓴 두 편의 중요한 저작인『인간 지식의 근원에 관한 에세이』(1746년)와『감각론』(1754년)을 통해서 논리적인 체계를 구축했다. 로크에게는 아직 "고유하게 작동되며 자율적이고 타고난"[8] 원인으로 표현되었던 지성이, 콩디야크에 이르러서는 '정신 작용의 집합이나 결합'이 되었다. 콩디야크에게 판단, 사고, 욕망, 열정은 단지 감각 자체가 다양하게 변형된 것에 지나지 않았다. 사람들은 처음 맡은 장미 향기와 자신을 혼동하다가 실존을 찾은 조각상에 대해 알고 있었다.[*]

그 뒤 모든 과학자들과 철학자들은 감각론을 마주해야 했다. 저항하기도 했으나 그들은 감각론의 지배를 받았다. 물론 여기에서 살펴본

---

[*] 콩디야크가『감각론』에서 말한 조각상을 가리킨다. 콩디야크는 인식의 원천을 감각으로 일원화하여 마음의 모든 기능을 외적 감각에서 이끌어내야 한다고 강조했다. 그는 이것을 사람과 같은 내면을 가지고 있으나 지금까지 어떤 감각도 경험하지 못했고 생각도 가지고 있지 않은 조각상을 예로 들어 설명했다. 조각상이 최초로 부여받은 것은 후각이다. 처음으로 냄새를 맡게 된 조각상의 의식은 그 향으로 가득 찬다. 그러한 후각적 경험은 즐거움이나 고통을 만들어내고, 즐거움과 고통은 마음을 작동하는 주요 원리가 된다. 그리고 향기를 맡은 경험은 기억이 되고, 그 기억은 다른 경험과의 비교나 판단을 낳는다. 또 기쁨을 주었던 기억은 욕망을 발생시키고 열정이 생겨나게 한다. 요컨대 판단, 기억, 욕망 등은 모두 감각의 변형일 뿐이라는 것이다.

것들은 분명히 계몽주의 철학사의 몇 가지 사례에 지나지 않는다.[9] 하지만 중요한 것은 감각에 대한 주목도가 높아졌다는 사실이다. 감각들은 "점점 더 분석의 도구가 되어 물리적 환경의 유쾌함과 불쾌함의 척도를 다듬어 갔다."[10] 알레의 민감한 후각이 끊임없이 질병의 원인이 될 만한 위협을 경계하는 사이에, 앙투안 플뤼슈(1688~1761)와 같은 낙관주의자들은 자연의 경관을 즐기라고 권하고 있었다.[11]

그렇지만 철학자들은 후각에 관해서는 거의 관심을 기울이지 않았다. 이러한 무시는 근대가 시작된 뒤로 후각의 중요성이 감소되었다는 뤼시앵 페브르의 주장을 더 견고하게 해준다.[12] 게다가 과학의 담론은 이 주제에 다가서기를 머뭇거리면서, 그것이 지닌 모순에 발이 묶여 있었다. 후각 자료에 대한 강조와 비하가 계속해서 되풀이되어 나타났던 것은 학문적 사고가 불안한 모호함을 지니고 있었다는 사실을 알려준다. 당혹스런 언어의 빈곤,[13] 냄새의 본질에 대한 몰이해, 정기이론*을 끝내 포기하지 않은 일부의 태도 등은 과학의 담론이 굴곡을 겪고, 학문적 사고가 정체되는 데 기여했다.[14]

후각의 모순은 몇 가지 아주 단순한 형태로 정리해서 나타낼 수 있다. 욕망과 욕구, 본능의 감각인 그것은 동물성과 관련이 있었다.[15] 킁킁거리는 것은 동물과 같은 짓이었다. 만약 그것이 가장 중요한 감각이었다면, 후각적 감각을 표현하는 데 서투른 언어의 무능은 인간을 외부 세계에 얽매인 존재로 만들었을 것이다.[16] 그래서 후각은 그것이 지닌 덧없는 속성 때문에 지속적인 사고를 끌어내지 못하고, 후각의

---

* 정기이론(théorie de l'esprit recteur) : 만물에는 그것이 그 자체로 존재하게 하는 근원인 정기(精氣), 곧 '주관하는 영(Spiritus Rector)'이 존재한다는 이론이다. 연금술사들은 이 정기를 조정하여 하나의 물질을 다른 물질로 바꿀 수 있다고 생각했다. 근대 화학이 발달하면서 이러한 정기이론은 쇠퇴하게 되었고, 냄새도 물질의 일부 입자가 분리되거나 혼합된 것으로 인식하게 되었다.

예민함은 지성과 반비례하는 것으로 여겨졌다.

시각과 청각은 [이 두 감각에 특권적 지위를 부여한] 플라톤적인 편견이 꾸준히 되풀이된 덕분에 계속해서 높은 지위를 유지했지만, 자격을 잃은 후각은 [문명화된] 사회국가에서는 쓸모가 별로 없었다. 알브레히트 폰 할러(1708~1777)에 따르면, "후각은 인간에게 덜 중요했다. 인간은 직립해 걸어서 멀리 떨어진 곳에서 음식을 찾게끔 만들어졌다. 그리고 인간은 사회적 삶과 언어로 먹을 수 있는 것이 무엇인지를 알 수 있었다."[17] 야만인이 문명화된 사람들보다 후각이 훨씬 더 예민하다는 것이 그 증거로 제시되었다. 장바티스트 뒤 테르트르(1610~1687)[18]와 조제프 프랑수아 라피토(1681~1746), 알렉산더 폰 훔볼트(1769~1859), 제임스 쿡(1728~1779)과 같은 초기의 인류학자들은[19] 모두 같은 생각을 가지고 있었다. 몇몇 사례들은 과장된 것처럼 보이기도 하지만, 야생에서 자란 아이들에 대한 관찰은 문명사회 바깥에서 자란 사람일수록 뛰어난 후각을 갖는다는 주장을 뒷받침해주었다.[20]

이러한 과학적 확신들은 후각의 사용에 관한 일련의 금기들에도 영향을 끼쳤다. 킁킁거리며 냄새를 맡고, 예리한 후각을 드러내고, 강한 동물성 냄새를 좋아하고, 성적인 냄새에 관능적인 역할을 부여하는 것은 모두 의심을 받았다. 그런 행동들은 야만적이고, 동물에 가깝고, 세련미가 부족하고, 예의범절을 모른다는 증거가 되었다. 요컨대 사회국가가 정해 놓은 학습이 실패했음을 보여주는 것이었다. 후각은 촉각과 함께 감각의 위계에서 맨 아래에 있었고, 칸트는 그것에게서 미학적인 자격을 박탈했다.*

알레의 지각활동은 이 모든 주장을 반박하는 방향으로 나아갔다. 여기에서 우리는 후각의 첫 번째 모순을 확인할 수 있다. 후각은 동물적

---

* 칸트는 객관적인 감각인 청각·시각·촉각과는 달리 주관적인 감각인 후각과 미각은 외부대상의 인식에 도움이 되지 않는다고 보았다.

인 감각이다. 그렇지만 동시에 바로 그런 이유에서 그것은 '자기 보존'의 감각이기도 하다. 이러한 점 때문에 후각은 초병이라는 중요한 임무를 부여받는다. 코는 미각보다 먼저 우리에게 독성 물질들을 경고해 준다.[21] 하지만 그보다 더 중요한 점은 후각이 공기에 숨어 있는 위험을 알아차린다는 것이다. 코는 공기의 질을 분석하는 데에서는 어떤 것도 감히 넘보지 못할 전문가이다.

화학과 의학의 전염에 관한 이론에 기초해 이러한 후각의 중요성이 강조되면서 뤼시앵 페브르가 느낀 후각의 쇠락에 한동안 제동이 걸렸다. 후각은 위험을 미리 알려준다. 그것은 멀리 떨어진 곳에서도 해로운 부패와 독기의 존재를 감지해내며, 부패 상태에 있는 모든 것들을 역겨운 것으로 만들어 쫓아버린다. 공기의 중요성에 대한 자각이 높아지면서 후각은 경계 수단으로서의 특권을 보장받았다. 그리고 근대 화학의 출현으로 피할 수 없게 된 공간의 새로운 분할을 지배했다.

후각의 두 번째 모순은 혼란을 가중시킨다. 일시적이고 비연속적인 후각적 인상은 지각된 것들을 기억하고 비교하는 것을 방해한다. 후각을 훈련하려는 시도도 실망만 안겨주고 끝나버리게 마련이다. 그래서 감각을 훈련하고 그것에서 쾌락을 느끼기 위한 특권적 공간이던 영국식 정원을 구성하는 데에서도 후각은 고려의 대상이 되지 못했다.

그러나 고대부터 의사들은 끊임없이 그 어떤 감각기관보다도 코의 중요성을 강조해왔다. 코는 감각의 근원인 뇌와 가장 가까운 감각기관이다.[22] "근원으로부터 멀리 떨어져 있는 것들은 일반적인 법칙에 따라 신경이 훨씬 더 딱딱하지만, 후각의 모든 신경망과 돌기들은 부드럽고 정기로 가득해 있다."[23] 그래서 후각적 지각작용은 매우 섬세하다. 아울러 그것은 근본적으로 예민하지만, 개인의 지성과 함께 그러한 예민함은 더욱 커진다. 그래서 꽃의 섬세한 향기가 "오로지 사람만을 위해 만들어진 것처럼 여겨진다."[24]

(루소가 상상과 욕망이라고 말한)[25] 감정적이고 비밀스러운 감각인 후각은 청각과 시각보다 훨씬 더 깊숙이 마음을 흔든다. 그것은 생명의 근원에 닿아 있는 것처럼 보인다.[26] 오래지 않아 그것은 회상의 특권적인 감각, 자아와 세계의 공존을 보여주는 내면적 감각으로 떠올랐다. 전염병을 예방하려는 움직임의 확산과 공기 감염에 대한 불안감이 그랬던 것처럼, 나르시시즘의 확산은 감각들 가운데 가장 불신을 받던 후각에 호의를 갖게 했다.[27]

후각에 바쳐진 이론적인 담론들은 금지된 매력과 신비로운 유혹의 그물망을 짰다. 부패한 독기 때문에 요구된 경계심, 꽃향기가 가져다 준 섬세한 즐거움, 나르시시즘의 향기가 동물적 쾌락의 본능에 대한 거부감을 상쇄시켰다. 그러므로 시각과 청각의 명성에만 빠져서 후각을 감각의 역사에서 배제하는 것은 경솔한 짓일 것이다.

이 글의 목적은 이러한 모호한 이론들에서 비롯된 행동들을 탐색하는 것이다. 그러니 장노엘 알레가 던져 놓은 실마리를 따라가 보자.

제1부
지각혁명, 의심받는 냄새

1
공기와 부패의 위협

끔찍한 잡탕

기체화학이 뚜렷하게 발달하기 전인 1750년 무렵에는 아직 공기가 화학적인 혼합이나 화합의 결과로 생겨난 것으로 여겨지지 않았다. 여전히 [고대 철학자들이 자연계의 기본요소로 여긴 흙·물·바람·불이라는] 4대 원소라는 관점에 기초해 유동하는 물체 정도로만 여겨지고 있었다.[1] 그렇지만 스티븐 헤일스(1677~1761)*의 저작이 출간된 뒤로 학자들은 공기가 생명체의 조직 내부로까지 들어간다고 확신하기 시작했다. 고체든 액체든 육체를 구성하고 있는 모든 혼합물들은 결합이 분해될 때 기체를 발생시킨다는 사실도 밝혀졌다. 이러한 발견은 4대 원소에 기초해서 이해하던 이 물질의 영향 범위를 단번에 넓혔다. 이제 사람들은 공기가 생명체의 육체에 다양한 방식으로 작용한다고 여기게 되었다. 예

---

* 영국의 화학자인 스티븐 헤일스는 동물의 혈액 순환을 연구해 혈압을 최초로 측정했으며, 1727년 『식물정역학Vegetable Staticks』을 발표해 생리학을 개척했다. 그는 식물이 공기로부터 양분을 흡수한다고 주장하고, 물 안에서 기체를 포집하는 수상취환법을 발명했다.

컨대 공기는 피부나 폐의 점막에 닿을 뿐 아니라, 모공을 통해서 흡수되고, 위에서 직·간접적으로 소화되기도 한다. 위에서 소화된다는 것은 식품 안에 포함된 일정량의 공기가 소화관의 림프액이나 혈액으로 흡수될 수 있다는 것을 말한다.

지역이나 계절에 따라 차이가 있지만, 공기는 조직의 팽창이나 수축을 지배하는 물리적 성질을 가지고 있다고 여겨졌다. 공기의 질량이 과학적인 진리로 받아들여지게 되면서 공기가 인체에 어떤 종류의 압력을 끼친다는 사실도 인정되었다. 이러한 압력 때문에 몸 밖에 있는 공기와 안에 있는 공기가 균형을 잃게 되면 생명을 유지할 수 없다. 그리고 균형은 항상적인 것이 아니라, 트림이나 방귀, 소화나 흡입과 같은 작동원리로 끊임없이 조정된다.[2]

공기는 쉽게 압축된다. 이는 다시 말해서 어떤 종류의 탄력성을 지니고 있어서 다시 활성화될 수 있다는 것을 뜻한다. 이러한 공기의 가변성은 역학적으로는 중력에 버금간다. 예컨대 아주 작은 공기방울 하나도 대기에 맞서 버틸 만큼의 힘을 지니고 있다. 이러한 힘 때문에 호흡이 가능하고, 장기의 운동이 유지될 수 있으며, 장기의 팽창도 확보된다. 그리고 이러한 팽창은 바깥 공기의 압력 때문에 장기가 수축되는 것에 대한 보충이 된다. 공기가 저절로 가변성을 잃는 것은 결코 아니다. 하지만 어떤 이유로 이따금 그런 성질을 잃는 경우도 생기는데, 그러면 다시 되찾지 못한다. 이럴 때는 대기가 움직여 뒤섞여야 가변성이 회복되고, 생명체도 생존을 이어갈 수 있게 된다. 곧 죽음은 바깥 공기가 폐로 들어오지 못하게 되었을 때 찾아오는 것이다.

공기의 온도와 습도는 육체에 간접적으로 영향을 끼친다. 다시 말해 온도와 습도는 공기의 수축과 팽창에 미묘한 영향을 끼쳐 육체의 환경과 대기 사이의 균형을 아슬아슬하게 유지시킨다. 온도와 습도에 따라 균형이 붕괴되기도 하고, 거꾸로 회복되기도 한다. 예컨대 더위는 공기를 희박하게 하는데, 이 때문에 조직이 느슨해지거나 늘어나는 일이 생긴다. 그러면 육체의 표면, 특히 말단 부위가 팽창해서 생명체 전체는 쇠약해진다. 거꾸로 차가운 공기는 고체를 응축시키고, 조직을 수축시키며, 액체를 짙게 만든다.[3] 이것은 개체의 힘과 활동을 증대시킨다. 꽤 역설적이지만, 당시에는 아직 공기가 혈액을 차갑게 해서 체액의 배출을 억제한다는 사고방식이 존재하고 있었다. 체액의 배출은 지각할 수 있는 것이든, 아니면 17세기에 산토리오(1561~1636)[*]가 그 존재를 밝혔던 지각할 수 없는 것이든 모두 공기에 의해 제어된다고 여겨지고 있었다.[4] 이러한 사고방식에 따르면, 서늘한 공기는 육체에 좋은 영향을 끼치지만,[5] 반대로 지나치게 차가운 공기는 분비물의 기화를 방해하고 괴혈병을 일으킬 위험이 있었다.

높은 습기나 아침저녁의 이슬, 멈추지 않고 계속 내리는 비 등은 고체를 느슨하게 하고, 조직이 늘어나게 만든다. 그리고 이것은 몸 안 공기의 가변성을 약화시켜서 바깥 공기가 숨구멍으로 들어오게 부추긴다. 공기가 무덥고 습하면 이러한 유해한 작용이 상승되는 효과가 나타난다. 그래서 육체의 생존을 유지하는 균형이 일시적으로 큰 위기에 빠질 위험도 있다.

4대 원소의 관점에서 공기는 [다른 것에 쉽게 반응하지 않는] 비활성의 매개체 역할을 맡아서[6] 자신과는 무관한 입자들을 다량으로 운반한다. 이렇게 옮겨진 유체는 여러 요소들이 서로 뒤섞이는데, 그러한 혼합의 정도도 공기의 물리적 성질과 마찬가지로 때와 장소에 따라 달라진다.

그렇다면 공기는 어떤 입자를 함유하고 있다고 여겨지고 있었을까? 글쓴이마다 모두 다르므로 여기에서 그것들을 일일이 열거하는 것은

---

[*] 산크토리오 산크토리우스(Sanctorio Sanctorius)라고도 불리는 이탈리아의 산토리오는 『의학의 정역학De Statica Medicina』(1614)에서 처음으로 기초대사를 체계적으로 분석했으며, 피부로 호흡이 이루어진다는 사실을 밝혀냈다.

큰 의미가 없을 것이다. 그렇지만 하나 꼭 분명히 짚고 넘어가야 할 것은 대부분의 학자들이 하나같이 공기를 슈탈(1659~1734)이 말한 플로지스톤*이 팽창하는 장으로 보고, 그런 이유에서 생명체에 꼭 필요한 것으로 생각하고 있었다는 점이다. 아울러 공기를 열소**의 매개체라고 생각하기도 했다. 부아시에 드 소바지(1706~1767)는 공기가 전기 유체의 확산을 뒷받침하고, 거꾸로 전기 유체는 공기의 탄력을 유지시켜 준다고 했다.[7] 자기 입자의 전파가 공기의 움직임이라고 하는 사람들도 많았다.[8] 천체의 영향력이라는 모호한 것까지 공기의 힘으로 돌리는 사람도 있었다.

그렇지만 그 시대 사람들은 생명체로부터 발산된 물질이 공기 안에 함유되어 있다는 사실에 대해서는 아무도 의문을 품지 않았다. 공기는 일종의 저장통처럼 대지로부터 발산된 물질들과 식물들로부터 증발된 물질, 동물들이 체액으로 배출한 물질들을 담고 있다고 여겨졌다. 따라서 어떤 장소의 공기는 연기와 유황, 대지에서 뿜어져 나온 증기·암모니아 가스·유증기·소금 증기 등이 서로 뒤섞인 끔찍한 잡탕과

---

* 플로지스톤설은 모든 가연성 물질에는 플로지스톤(Phlogiston)이라는 입자가 있어 연소 과정에서 플로지스톤이 소모(방출)되고, 그것이 모두 소모(방출)되면 연소가 끝난다는 학설이다. 독일의 화학자인 베커와 슈탈이 이론적 기반을 제공했다. 베커는 파라셀수스가 주장한 4원소설을 연금술에 기초해 수정해서 물과 3종류의 흙을 기본 물질로 보았으며, 연소할 때 '유성의 흙(terra pinguis)'이라는 물질이 방출된다고 주장하였다. 그의 제자인 슈탈은 이를 기반으로 1679년에 플로지스톤설을 주장했다. 플로지스톤설은 수많은 화학현상을 설명하기 위해 사용되었으며, 종교적 교의의 '혼'의 개념과 민간의 연금술과도 상통했기 때문에 대중들에게도 널리 퍼졌다. 그러나 1783년에 라부아지에가 연소에 관한 새로운 이론을 확립하면서 영향력을 잃었다.
** 열소(calorique) : 열의 원인이 된다고 생각되던 물질이다. 라부아지에가 열을 일종의 원소라고 생각해서 붙인 이름이다. 열소 이론은 물체의 온도 변화를 열소라는 유체가 물질에 들어왔다가 나가는 것으로 설명했다.

같았다. 심지어 때에 따라서는 그 잡탕 국물에 대지에서 뿜어져 나온 폭발성 물질, 습지에서 피어오른 악취, 작은 곤충과 그것들의 알, 정액 안의 아주 작은 생명체, 더 심한 경우에는 부패한 생물의 사체에서 피어오른 전염성 독기와 같은 것도 뒤섞여 있었다.

그것은 정체를 알 수 없는 혼합물이었고, 보일(1627~1691)이 온갖 방법으로 분리하려 했는데도 성공을 거두지 못한 것이었다.[9] 휘저어지고 뒤섞여 끊임없이 성분이 바뀌는 이 혼합물은 천둥과 번개 안에서 신비한 발효와 변질이 이루어지는 무대였다. 거센 바람이 불면 크게 바뀌는데, 그것은 폭풍으로 많은 유황 입자가 제거되기 때문이었다. 그리고 날씨가 아주 고요한 상태에 있을 때면 이 혼합물은 살인적인 것으로 변했다. 그런 날에는 공기의 끔찍한 정체가 생겨서, 만灣 깊숙한 곳에 자리를 잡은 항구가 뱃사람들의 무덤으로 바뀌기도 했다.

공기의 물리적 성질이 집단과 개인에게 영향을 끼치는 것과 마찬가지로, 공기에 함유된 물질의 구성도 인체의 건강에 영향을 끼친다고 여겨졌다. 유황 성분·악취·유독한 증기 등은 공기의 가변성을 위협하고, 호흡 장애를 일으킬 위험이 있었다. 금속성의 산성염은 혈관의 혈액을 끈끈하게 응결시켰다. 발산물과 독기는 공기를 부패시키고, 전염병을 유행시켰다.

공기에 대한 이러한 경계심은 네오히포크라테스학파 의학의 기초였는데, 이러한 경계심의 바탕에 깔린 사고방식은 곧 하나로 결합해 앙시앵레짐 말기에 전염병학을 탄생시켰다. 그리고 왕립의학협회로 하여금 '기체병리학'에 기초한 계획을 입안하게 했다.[10] 코스섬의 의학원에서 활동했던 히포크라테스와 그의 제자들은 이보다 훨씬 오래전인 기원전 4~5세기부터 이미 태아의 발달, 기질의 형성, 정념의 탄생, 언어의 형태, 국민성 등과 같은 것에 공기나 장소 등과 같은 환경이 영향을 끼친다고 강조하고 있었다.[11]

"각각의 동물들은 모두 선천적으로 공기를 순수하게 자연 그대로, 자유롭게 호흡하도록 되어 있다." 1742년에 프랑스어로 번역된 아버스노트(1667~1735)의 저술에는 이렇게 적혀 있다.[12] 요컨대 도시의 주민은 관습으로 생겨난 어떤 내성 때문에 '인공적인 공기'를 버틸 수 있는 능력을 지니고 있지만, 갓 태어난 동물은 이러한 내성이 없다는 것이다. 이처럼 프리스틀리(1733~1804)나 라부아지에(1743~1794) 등이 '공동 공기(air commun)'를 분석하려 했던 것보다도 훨씬 전에, 유해한 함유물로 오염되지 않은 공기를 호흡할 자연권에 대한 요구가 이미 등장해 있었다. 그렇지만 '순수함'이라는 개념이 공기가 얼마나 나쁘게 이루어져 있는지를 측정하는 기준으로 쓰이게 된 것은 훨씬 더 나중이었고, 당시 중요했던 것은 변질과 정화 사이에서 올바른 균형을 찾는 일이었다.[13] 그것을 찾기란 여러모로 가능하지 않았지만, 어쨌든 기후의 변화를 비롯해 갑작스런 해빙, 따뜻한 비, 큰 가뭄 뒤의 큰 비 등을 모두 경계하고 주의해야 한다는 개인적 위생법이 등장했다. 이러한 위생학은 하얀 얼굴색과 투명한 피부에 높은 상징적 가치를 두는 담론으로 표현되었는데, 그것은 이러한 것이 인체의 양분으로 떠오른 공기의 교체가 얼마나 중요한지를 뚜렷이 보여주기 때문이었다.[14]

이러한 '공기론(aérisme)'의 사고에 호응해서 건강과 불건강의 정의가 출현했고, 위생과 비위생의 규범이 형태를 갖추어갔다. 그리고 이때부터 이미 공기를 휘저어 놓을 필요성이 언급되었고, 폭풍에 대한 찬가가 뚜렷하게 모습을 드러내기 시작했다.

라부아지에가 호흡과 연소를 동일한 것으로 보기 전에, 1760년과 1780년 사이에도 몇 가지 발견이 더듬더듬 이루어졌다. 그리고 머지 않아 기체화학을 뿌리째 뒤바꿨다. 아울러 이 20여 년 사이에 우리가 다루고 있는 문제에 관해서도 결정적이라고도 할 만한 진화가 이루어졌다. 그때까지 공기의 좋고 나쁨을 판단할 때에 후각은 그리 중요한 관건이 되지 않았다. 그리고 공기론의 발전과 연관된 불안감도 혼자 떠맡고 있지 않았다. 공기의 물리적 성질을 측정하는 것은 촉각이나 과학적 기구에 의존하고 있었다. '독기(miasme)'와 '병원체(virus)'에 관한 담론의 이론적 기반이 취약했던 것, 발산물이 어렴풋하게만 알려져 있었던 것, 참조하기에 충분할 만큼 정확한 분석이 이루어지지 않았던 것, 그나마 사용되던 어휘들도 부정확했던 것, 이 모든 것들이 원인이 되어 후각을 경시하는 경향이 자리 잡고 있었기 때문이다. 당시 감염론*의 지지자와 반대자들 사이에서 벌어진 논쟁에서도 후각에 관한 내용이 거의 다루어지지 않은 것은 이러한 사정을 잘 보여준다.[15]

　이러한 부정확함을 극복하고 위협을 분석하는 것,[16] 그 뒤 화학자들이 스스로 떠맡은 임무는 바로 이것이었다. 이를 위해 그들은 이중의 계획을 세웠다. 첫째는 공기혼합물의 일람표를 만드는 일이었다. 다시 말해 공기혼합물에 이름을 붙이는 작업을 시작하는 것이었다. 그것들을 정의할 수 있게 후각과 관련된 용어들을 만들어내는 일도 게을리하지 않았다. 둘째는 부패의 과정과 흐름을 지켜보면서 그것을 후각에 기초해 단계별로 정의하는 일이었다. 후각이 발효·부패와 함께 나타나는 여러 현상들을 관찰하기에 가장 적합한 감각으로 떠올랐기 때문이다. 당시에는 이미 아직 초보적인 것이기는 하지만 수전량계**로 측정하는 방법이 출현해 있었다. 하지만 그것이 후각의 과학적 역할이 커

---

* 19세기까지 전염병의 발병과 확산에 대해서는 독기론(miasmatism)과 감염론(contagionism)이 대립했다. 독기론은 물질이 부패하며 발생한 독기 때문에 비위생적인 환경에서 질병이 자연발생한다고 보는 관점이고, 감염론은 어떤 유기체에 의해 질병이 발생하고 전파된다고 보는 관점이다. 둘의 대립은 파스퇴르가 1861년에 자연발생설의 오류를 증명하면서 감염론의 승리로 끝났다.
** 수전량계(eudiometer)는 기체 혼합물의 양의 변화나 반응을 측정하는 방법이다. 물이나 수은 같은 액체가 든 유리관에 기체를 넣고 전기 자극을 준 뒤에 실린더의 눈금 변화를 관찰해 발생된 기체의 양을 측정해서 이렇게 불린다.

지는 데 방해가 되지는 않았다. 후각은 분명히 부정확한 것이었지만, 알레산드로 볼타(1745~1827)나 펠리체 폰타나(1730~1805)가 실용화한 기구들보다는 훨씬 유용하고 정교한 분석도구였기 때문이다.

그 뒤 화학자들과 의사들은 후각으로 관찰한 것을 말로 옮겨 나타낼 수 있게끔 용어들을 가다듬었다. 후각적 경계심을 화학적 용어로 옮겨 나타내는 작업을 시작하면서, 후각이 화제의 중심이 되는 경우가 뚜렷하게 늘어났다. 이것은 18세기 후반을 전문으로 연구하는 역사가들이라면 누구나 확인할 수 있는 사실이다. 후각적인 경계심의 목적도 다양해졌다. 가스를 탐지하는 것, 특히 숨을 쉴 수 없게 하는 '공기'를 냄새를 맡아 알아내는 것, 그때까지 감지할 수 없던 것으로 여겨지던 병원체·독기·독성 등을 묘사하는 것이 과제로 떠올랐다.

그것은 잘못된 인식에 기초하고 있는 한, 처음부터 시시포스의 바위처럼 도저히 이룰 수 없는 계획이었다. 그러나 파스퇴르(1822~1895)의 학설*이 승리를 거두게 되는 그날까지 의학자들은 그 바위에 집요하게 도전했다. 후각으로 '공기'라는 이 무시무시한 존재를 분리시킬 수는 없더라도, 그것이 생명체에 미치는 영향만큼은 탐구할 수 있지 않을까 하는 기대는 오랫동안 사라지지 않고 이어졌다. 이제 막 발달하기 시작한 임상의학은 사체 해부에서 관찰한 상처를 병과 관련시키고 있었는데, 당시 지배적이던 (특히 네오히포크라테스주의와 기계론적 유산이 뒤섞인) 혼합주의 의학은 병리학적인 냄새를 부패와 분해에 관한 관찰로 밝힌 냄새의 단계와 연결시키려 했다.

1770년과 1780년 사이에 학자들은 '가스'라는 이름으로 불린 '공기'를 채집하고, 용기로 옮겨 가두어 보관하고, 동물의 생체 조직에 어떤 영향을 끼치는지 알아보려고 매우 열정적으로 노력했다. 몇 년의 세월

---

* 프랑스의 생화학자인 루이 파스퇴르는 발효가 미생물의 증식 때문이라는 사실을 밝혀 자연발생설을 비판하고, 근대 세균학의 기초를 닦았다.

에 걸쳐서 호흡이 가능한 공기와 유독가스의 일람표가 작성되었다. 셸레(1742~1786)의 저작에는 마치 뭔가에 홀린 듯이 진행된 이러한 작업이 잘 요약되어 있다.[17] 그것은 혼란스럽고 뒤엉킨 분석법에다가 아직 정착하지 않은 용어들에 의존하고 있는데, 그 와중에도 몇몇 두드러진 것들이 눈에 띈다. 예컨대 고정 공기(air fixé), 아황산(acide sulfureux), 인화성 공기(air inflammable), 휘발성 알칼리(alcali volatil), 유황간(foie de soufre) 등과 같은 것들이다.

이런 다양한 실험들을 되풀이하면서 학자들은 저마다 이 다자녀 가족의 구성원들을 후각으로 식별하는 법을 배웠다. 다시 말해 냄새로 그것들을 구별할 수 있게 되었던 것이다. 종 모양의 유리용기 안에 갇힌 쥐나 개, 토끼가 발버둥을 치면서 고통스럽게 죽어가는 동안에 생명의 작동원리와 결부되어 있던 기체의 교체나 변질의 과정이 서서히 밝혀졌다.

프리스틀리는 호흡으로 사용된 '공동 공기'의 변질과 비플로지스톤 공기*인 (산소를 가리키는) '생명 공기(air vital)'의 소비로 (질소인) '플로지스톤 공기'와 (탄산가스인) '고정 공기'가 산출되는 것을 측정해냈다.[18] 그 뒤 '생명 공기'는 숨쉴 수 있는 공기로 인정받았다. 그렇지만 이 영국인 학자는 플로지스톤이라는 개념에 충실했기 때문에 공기에 대한 올바른 분석을 끝까지 밀어붙일 수 없었다. 그리고 프리스틀리는 식물의 기체 교환의 이론에 대해서도 전체적인 윤곽을 제시했으나 광합성을 정확히 묘사하는 업적은 잉엔하우스(1730~1799)에게 빼앗겼다. 하지만 빛을 받은 식물이 산소를 산출하는 힘을 지니고 있다는 이 두

---

* 플로지스톤설은 연소를 모든 가연성 물질에 들어 있는 플로지스톤이라는 입자의 방출로 설명한다. 따라서 플로지스톤이 없는 공기일수록 연소 도중에 물체로부터 나오는 플로지스톤을 잘 흡수할 수 있어서 연소와 호흡이 용이하다. 그래서 산소를 비플로지스톤 공기, 질소를 플로지스톤 공기라고 불렀다.

연구자의 발견은, 공기가 동물이 오염시킨 것을 식물이 바로잡는 원리로 조절되고 있다는 낙관적인 전망을 불러왔다.[19]

이 밖에도 수많은 발견이 이루어지면서 그때까지와는 달리 공기를 4대 원소 가운데 하나나 어떤 종류의 화합물로 여기지 않고, 몇 가지 기체의 혼합물로 보는 시각이 등장하게 되었다. 마침내 공기를 기체들의 비율에 따라 성질이 결정되는 혼합물로 바라보게 된 것이다.

아울러 프리스틀리는 어떤 기체의 '호흡 적합성'의 비율을 계산할 수 있다는 사실을 증명했다. 펠리체 폰타나는 수전량계를 가지고 유럽을 돌아다니면서 마치 점쟁이와 같은 환영을 받기도 했다. 그는 각 공간에 있는 공기의 생명력을 알 수 있다고 주장했다. 그러나 이것은 실망만 안겨주었을 뿐이다. 산 위의 공기가 파리 중앙시장 일대의 공기보다 나쁜 성질을 지니고 있다고는 도저히 생각할 수 없었기 때문이다. 그래서 사람들은 수전량계에 걸었던 희망을 일찌감치 거둬들였고, 마침내 최후의 수단으로 후각에 신탁을 맡길 수밖에 없게 되었다.

부패의 냄새

유기물에서 일어나는 현상에 대한 관찰과 밀접히 관련되어 있는 이 기체화학의 기본적인 계획은 발산물을 잘못 인식하는 일을 없애고, '부패 과정의 모호함'[20]을 제거해서, 궁극적으로는 악취의 작동원리를 이해하는 것이었다. '공기'를 연구한다는 것은 곧 생명의 작동원리를 연구하는 것이나 마찬가지였다.

이러한 생각은 '기체학' 실험의 유행을 불러왔다. 학식이 있는 계층에서는 그러한 열정이 걷잡을 수 없이 확산되었다. 죽음의 공포나 살아 있는 육체의 각 부분이 분열되는 것에 대한 공포심이 오늘날 우리에게는 기묘하게만 보이는 우회로를 통해서 이와 같은 몰두를 낳은 것이다. 공기는 이제 생명력이 창조되거나 성숙되는 곳으로서가 아니라,[21] 부패의 실험실로 연구되기 시작했다. 학자들은 병적일 정도의 집중력을 가지고 유기물이 분해되는 과정을 관찰했다. 그래서 생명체의 '시멘트'[22]인, 다시 말해 부패라는 드라마의 주역으로 떠오른 '고정 공기'가 새어나가는 것을 밝혀내려 했다. 그들에게는 혼합물의 결합력이 (말 그대로) 무너지는 것을 감지하는 것이 섬뜩한 매력으로 다가왔다. 신비한 생명의 균형이 어떻게 유지되는 것인가를 알아내기 위해서, 살아 있는 물체에 죽음이 다가오는 과정을 탐색하는 일이 중요하게 여겨졌던 것이다.

후각은 이러한 탐구와 매우 밀접히 관계되어 있었다. 따라서 우리는 부패에 관한 연구의 전사를 간단하게라도 알아둘 필요가 있다. 여기에서 프랜시스 베이컨(1561~1626)을 그 시초로 등장시킬 수 있을 것이다.[23] 베이컨은 이미 17세기에 우리의 육체라는 기계는 조금이라도 고장이 나면 부패성의 분해로 이르고,[24] 이 분해는 '육체 각 부분의 조화를 모두 파괴해' 새로운 결합을 가져온다고 밝혔다. 베이컨은 그 증거로 후각적인 변질을 지적했다. "베이컨은 부패 작용의 결과로 용연향, 사향, 사향고양이향의 냄새가 나기도 한다는 사실을 이미 관찰로 알고 있었다. 이 냄새들은 부패의 산물이었던 것이다."[25]

그렇지만 실제로는 독일의 베커(1635~1682)야말로 부패이론의 진짜 시조라고 할 수 있을 것이다. 그의 관점에서 보면 부패란 체내의 계속된 움직임이다. 이러한 움직임은 신체기관의 자연적이고 화성적火成的인 결합의 원인, 곧 혈액의 '방향성 정기(esprit balsamique)'[26] 덕분에 영속하는 불이라는 원소와 끊임없이 충돌하고 있다. 이러한 장기의 운동은 기계론의 관점에서는 미립자가 자신을 고정시키고 있던 굴레에서 벗어나 움직이기 시작한 것으로 설명된다. 썩어가는 육체에서 나는 역겹고 고약한 냄새는 이로부터 비롯된 것이다. 따라서 이 냄새는 단순한 부패의 징표로 생각해서는 안 된다. 그것은 부패라는 과정의 구성요소인 것이다. 악취와 습기가 부패를 정의한다. 유기적 물질의 물기를 함유한 부분은 피고름과 고름이라는 형태로 해방되고, 휘발성으로 변한 부패 부분은 악취가 나는 미립자가 되어 빠져나온다. 그리고 마지막에는 흙이 남는다.

생명체 내부에서 끊이지 않고 벌어지는 싸움이 부패에 유리한 쪽으로 기울어지거나, 아니면 병든 육체나 분해되고 있는 육체에서 발산된 썩은 독기가 다른 유기체에 흡입되기라도 해서 장기의 다양한 힘 사이의 균형이 붕괴되면, 나아가 혈액의 방향성 정기의 순환이 혈관의 막힘이나 혈액의 끈적거림, 상처 등으로 중단되면 그때 괴저, 종기, 혈액병, 악성 유행병, 부패성 열병 등이 생긴다. 따라서 방부제, 다시 말해 부패의 지나친 진행을 막을 수 있는 물질이 필요하다. 그것은 방향성의 생명 정기가 순환하는 통로를 확보할 수 있게끔 휘발성이고 따뜻하고 기름지며 향기로운 어떤 물질이다.

휘발성과 침투력이라는 점을 인정받아 치료학에서 방향성 물질의 지위가 급격히 높아지게 된 것은 히포크라테스가 향기로 역병을 퇴치했다는, 예로부터 내려온 전통을 고취시키는 결과를 빚었다.[27] 독일인 학자 베커의 자연학은 냄새를 이중으로 활용하는 것으로 나아갔다. 악취는 생체 조직의 붕괴를 나타냈으며, 향기는 생명의 길을 일러주었다. 그래서 병의 징후나 치료도 후각의 영역과 관련을 지니게 되었다.

스티븐 헤일스는 유기적 물질의 부패는 공기를 발생시킨다는 보일의 생각을 자기 나름대로 해석해서 이러한 공기의 배출을 연구해 측정하는 일에 매달렸다. 1제곱인치의 돼지 혈액에서 머지않아 조지프 블랙(1728~1799)이 '고정 공기'라고 이름을 붙인 '공기'가 33제곱인치가 발생한다는 사실이 측정되었다.

그 뒤로 부패에 대한 연구는 방향이 바뀌었다. 부패도 분해와 마찬가지로 장기의 움직임으로부터 생겨난다. 이렇게 해서 그 뒤로는 부패하는 질환을 대표하던 괴혈병도 생체 내부에서 시작된 분해 그 자체로 여겨지게 되었다. 육체 각 부분의 결합력을 보증하고, 각 부분의 결합이 붕괴된 뒤에 남는 것도 흙이 아니라 공기이다. 육체의 시멘트는 휘발성이어서, 육체를 구성하는 흙·소금·기름·물 등의 요소들은 시멘트가 달아난 뒤에 다른 조합 안으로 흡수된다.

1750년 존 프링글(1707~1782)에게, 아울러 몇 년 뒤 더블린의 화학자 데이비드 맥브라이드(1726~1778)에게 영감을 준 직감의 핵심 내용도 그러한 것이었다.[28] 따라서 맥브라이드에 따르면, 방부제는 네 가지 기능을 맡아야 했다. 첫째는 당연히 혈액의 분해나 조직의 지나친 이완에서 생긴다고 여겨지던 '고정 공기'의 누출을 막는 것이다. 둘째는 모든 장기의 작동에 필요한 유동성을 확보하는 것이다. 셋째는 육체 내부에 머물러 있는 부패물의 배출을 용이하게 하는 것이다. 넷째는 필요하다면 부패한 물질을 자연의 상태로 복원하는 것이다. 그래서 프링글과 맥브라이드에게는 조직를 수축시키는 [수렴성이 있는 화장수인] 아스트린젠트, 방향제, 소금, [기나나무 껍질에서 추출한] 키니네, 나아가 공기 그 자체까지도 방부제의 지위를 차지했다.

영국인의 이러한 발견은 금세 프랑스에도 퍼져갔다. 1763년, 디종의 학술원은 방부제 연구의 현상논문을 모집했는데, 부아시외는 여기에 응모해 1등으로 선정되었다.[29] 그는 매우 뛰어난 종합적 견해를 제출했다. 여기에서 그는 모든 생명체에 부패의 경향이 불가피하게 내재되어 있다고 밝혔다. 아울러 어떤 종류의 불안정한 균형을 강조하면서, 그와 같은 균형을 끊임없이 감시할 필요가 있다고 주장했다. 부아시외는 위험의 윤곽을 뚜렷이 밝히고, 위생학자의 행동 지침이 될 만한 원리를 나열하고, 앞으로의 전략을 매우 정확하게 규정했다.

무엇보다 '고정 공기'의 누출을 억제하는 것이 중요하다. '고정 공기'는 아무 것도 방해하는 것이 없을 때에는 곧바로 빠져나가려는 경향을 지니고 있기 때문이다. 빠져나가는 것은 공기 교환의 순환 속으로 되돌아가기 때문인데, 실은 이 순환이야말로 삶과 죽음을 담당하고 있다. 누출을 막기 위해서는 몇 가지 장애물을 피해야 한다. 첫째, 열이다. 이것은 육체를 구성하는 미립자를 희박하게 만들어 방어 시스템을 약화시킨다. 둘째, 습기이다. 이것 때문에 육체 각 부분의 결합이 붕괴된다. 셋째, 어떤 종류의 공기이다. 탄력을 잃어 '고정 공기'의 유실을 효과적으로 저지할 수 없게 된 공기 안에는 들어가지 말아야 한다. 특히 부패한 발산물로 오염된 공기는 접촉하지 않는 것이 바람직하다. 이러한 발산물은 '그때까지 유동하던 장기의 움직임'을 액체에 전해 부패의 진행속도를 빠르게 만들기 때문이다.

의학자들은 가스의 유실을 막을 수 있는 방법이라면 뭐든 장려했다. 공기를 고정된 상태로 가지고 있으려면 무엇보다도 체내의 다양한 유동 물체의 움직임을 반드시 확보해 두어야 했다. 부패하기 쉬운 체액을 몸 밖으로 배출시키는 배설작용이 원활히 이루어질 수 있게 주의하고, 폐나 모공, 위와 장의 흡입 혈관 등으로 공기를 흡수할 수 있게 해야 한다고 강조되었다. 그래야 [지방 때문에 유화한 림프액인] 유미를 매개로 가스의 교환이 촉진된다는 것이었다. 이를 위한 식품의 선택, 방향성 방부제의 사용, 데운 방향제나 발효 중인 어떤 종류의 물질로부터 피어오르는 증기를 몸에 쐬는 것 등이 실천 방안으로 권장되었다.

이렇게 해서 네오히포크라테스학파의 이론을 훨씬 넘어선 새로운 위생정책이 결정되었다. 네오히포크라테스학파의 이론은 위생정책을 지나치게 좁은 범위로 한정하는 잘못을 범했다. 그러나 이들은 공기의 분석, 부패한 독기와의 투쟁, 방향제의 활용에 기초를 두어 그러한 한계를 극복하려 했다.

이러한 이론의 보급은 필연적으로 실험의 수를 늘리고, 부패의 후각적 분석을 빈번히 행하게 했다. 이와 관련된 저작은 엄청나게 많아서, 주요한 것들에 한정한다고 해도 미처 다 다루기 어려울 정도이다. 일찍이 베커도 부패에 의한 분해의 각 단계에서 발산되는 냄새를 기록하려는 노력을 기울였다. 1760년에 몽펠리에 대학의 심사를 통과한 박사 논문에서 페우는 베커의 분석을 더 가다듬었다. 우선 죽음 직후에는 '들큰한 냄새'[30]가 풍겨난다. 사람에 따라서는 이것을 '포도주가 발효된 것'으로 생각하기도 한다. 그 뒤 더 강렬한 시큼한 냄새가 풍긴다. 이것은 "어떤 때는 상한 치즈 냄새하고 비슷하기도 하다." 가르단(1726~1786)도 그 냄새를 '상한 치즈 같다'고 표현했다. "그리고 끝으로 부패의 냄새가 짙어진다. 그것은 처음에는 약간 상해서 신 맛이 나는 듯한 냄새였으나, 점차 구역질을 불러일으킨다. […] 얼마 지나지 않아 미처 알지도 못한 사이에 냄새는 코를 찌르는 것으로 바뀌어 어느새 신 맛이 강한, 역겨운 악취가 된다. 부패한 맛 다음에는 풀 같은 맛과 용연향의 냄새가 나타난다." 그리고 그는 이렇게 결론을 맺었다. "이러한 결과로부터 앞으로 의사는 질병의 냄새를 더 정확히 판정할 수 있게 될 것이다."

재판장 부인인 다르콩빌르(1720~1805)는 부패를 후각으로 탐지하려 시도했던 이러한 학자들의 전형을 보여준다. 로베르 모지는[31] 자연학에 열정을 기울인 이 귀부인의 중요성을 강조했다. 그녀는 천연두 흔적이 남아 있었기 때문에 정절을 지킬 수밖에 없었고, 과학에서 기쁨을 얻는 것으로 보상을 찾으려 했다. 재판장 부인은 300개 이상의 물질을 대상으로 실험을 해서 어떻게 하면 물질의 부패를 막을 수 있을지 연구했다고 분명히 밝히고 있는데, 그 노력은 도표를 빼고도 600쪽이나 되는 두꺼운 분량의 책으로 오늘날까지 전해진다.[32] 이 젊은 여성은 계절·온도·습도·통풍·노출 시간 등을 다양하게 바꿔가며 실험을 했다. 시내의 번화가와 시골에서도 연구를 계속했으며, 이러한 과학적인 활동을 모두 일지로 기록해서 남겼다. 다르콩빌르는 견줄 만한 이가 없는 냄새의 관찰자였고, 연구 대상으로 삼은 물질들의 부패 단계를 저마다 구별할 수 있게 냄새를 식별하려는 야심을 품었다. 몇 개월 동안 계속해서 끊임없이 냄새의 왈츠에 주의를 기울이던 그녀는 놀랍도록 신비한 양상을 보이는 냄새의 변화에 현기증을 느꼈다. 자연이 들려주는 냄새의 이야기가 너무나 매력적이어서 상상의 측면에서는 부패하는 물질의 색채 변화나 발효할 때의 소리와 거품보다도 더 자극적으로 느껴진 것이다.

그녀가 유별난 것은 아니었다. 디종의 논문 현상에 응모한 고다르(1721~1794)는 그가 '냄새의 폭발'이라고 이름 붙인, 부패의 연속적이지 않은 후각적 리듬과 플라스크 안에서 벌어지는 현상들에 미치도록 매료되었다는 사실을 감추려 하지 않았다.[33] 레이몽(1844~1910)도 〔피부가 붓고 딱딱해지는〕상피병에 관한 저작에서 생체에 생긴 부패의 진행을 코로 더듬어 찾아가기 위해 얼마나 노력을 기울였는지 상세히 밝혔다.[34]

시대는 〔인간의 감각적 경험을 중시한〕로크와 콩디야크의 후계자들의 영향으로 감각으로 인지할 수 있는 현상에 대한 주의력을 점차 예민하게 하고, 오감의 능력을 서서히 높이고 있었다. 후각은 이러한 시대의 흐름을 잘 이용했다고 할 수 있다. 일반적인 통념과는 달리[35] 아마 후각도 시각·청각·촉각 이상으로 이러한 시대의 흐름으로부터 도움을 받았을 것이다. 실제 후각은 당시 이제 막 윤곽을 드러내고 있던 건강과 불건강의 정의와 밀접히 결부되어 있었다. 이 정의는 파스퇴르의 발견에 이를 때까지 위생학자의 행동을 살펴보는 데 도움이 된다. 이제 막 탄생한 임상의학은 시각·청각·촉각을 중시했으나, 숨겨진 생리를 밝혀 내거나, 체액의 변화를 식별하거나, '부패의 성질'[36]를 탐색하거나 하는 역할은 오로지 후각에만 주어져 있었기 때문이다.

후각과 관련된 용어들이 복잡하게 된 것도 새로운 시대적 요구가 등장한 것을 반영한다고 할 수 있을 것이다. 의사의 의무는 후각에 의한 단계적 식별법을 구사하여 복잡하기 짝이 없는 질병의 징후를 밝히는 것이었다. 당시의 의사들은 파악하기 어려운 냄새를 식별하는 방법을 몸소 실습하여, 후각과 관련된 두 계통의 자료들을 활용하는 기술을 알고 있었다. 하나는 가스를 식별해 공기오염의 위험을 탐지하기 위한 것이었고, 다른 하나는 발효와 부패를 분석하기 위한 것이었다. 이것은 독기를 미리 찾아내고, 그것이 유기체에 미치는 영향을 알 수 있게 해주었다. 그 뒤로는 냄새에 관해 무수히 많은 언급이 이루어졌으며, 모든 의학 논문들이 냄새를 다루게 되었다. 냄새에 홀린 것처럼 보이는 알레 교수의 일상생활도 전혀 놀랍게 보이지 않을 정도였다.

그러나 이러한 의사와 위생학자의 영향력을 중요시하고, 지각의 혁명이 일어나기 전의 역사를 모두 그들에게만 할애하는 것은 과연 올바른 일일까? 물론 그렇지 않다. 그들이 어느 정도 증폭기와 같은 역할을 맡고 있었다고는 해도, 그들은 단지 그 시대 사람들의 특별히 민감한 감수성을 반영하고 있었을 뿐이다.

후각이 일시적으로 두드러지게 지위가 향상된 것은, 그 감각이 머지 않아 파스퇴르 이전 시기의 신화를 낳게 되는 '새로운 불안'[37]을 다른 감각들보다 더 확실하게 떠맡고 있었기 때문이다. 후각은 유기적 생명체의 짧은 생명을 파헤칠 방법을 알고 있었고, 사태의 본질은 바로 여기에 있었다.

부패에 대한 후각적 관심의 고조는 앙시앵레짐 말기 지식인들의 심리에 깊게 영향을 끼쳤다. 생명체 내부에서 이루어지는 죽음의 진행에 끊임없이 신경을 곤두세우고, 트림·배에서 나는 소리·방귀·위경련·냄새 고약한 설사똥을 주의 깊게 분석하는 사이에 새로운 불안이 생겨났다. 다시 말해서 배설물의 냄새에 기초해 체내에서 이루어지는 부패의 진행 상태를 계산하는 동안에 배설물에 대한 놀랄 만한 경계심이 생겨난 것이다. 이에 관해서는 뒤에서 자세히 살펴볼 것이다.

인간이 환경에 대해 맺고 있는 관계 그 자체도 크게 바뀌게 되었다. 이제는 공간의 질·고도·건물의 방향·바람의 성질 등이 아니라, 일상생활이 이루어지는 비좁고 답답한 장소·에워싸고 있는 공기·인체에서 나온 기체 등의 다양한 성질을 분석하는 일이 중요하게 되었다. 그 뒤로는 '변질된 공기'나 공기오염, 역겨운 냄새 가까이에 있는 것, 부패한 물질로부터 발산된 입자, 공기 안의 독기 등에 위험이 담겨 있다고 여겨졌다. 그 중에서도 독기는 그 매서운 손톱을 잃기는 했지만,[38] 생명 있는 물질을 분해시키는 부패력은 더 뚜렷하게 부각되고 있었다. 곧 독기의 부패력은 식물, 푸줏간에 매달려 있는 고기, 찬장 안의 금속그릇 등에까지 대상이 확산되고 있었던 것이다.

부패한 물질에 대한 후각적 주의력은 (이것이 핵심이었는데) 자신의 육체를 구성하는 요소, 곧 앞선 존재로부터 물려받았고 새로운 존재의 조합을 가능케도 하는 그 구성요소를 '고정'할 수 없다는 인간의 불안을 반영하고 있었다. 부패는 시간을 계산하는 기준이었다. 부패에 관한 연구는 그 자체로 역사가 되었다. 그 뒤 후각적 경계심의 목적은 단지 위협이나 오염의 위험을 탐지하는 데 한정되지 않게 되었다.

이런 점에서 '초병으로서의 후각'이라는 개념은 너무 좁다. 곧 후각적 경계심은 다른 존재나 자기 자신의 분해에 끊임없이 관심을 곤두세우고 있는 것으로 나타났기 때문이다. 오스카 와일드(1854~1900)의 도리안 그레이에게 붕괴의 지표는 (우리와 마찬가지로) 시각적인 것이었지만,* 알레 교수와 같은 시대를 살던 사람들에게는 후각에 속한 것

---

* 『도리언 그레이의 초상The picture of Dorian Gray』은 오스카 와일드가 1890년에 발표한 소설이다. 화가 버질은 20세의 청년 도리언에게서 최고의 미를 발견하고 정성을 기울여 초상화를 완성하는데, 이 그림에 표현된 것은 바로

이기도 했다.

이러한 태도를 이해하는 것은 오늘날 우리한테는 그리 쉽지 않다. 역겨운 독기가 그 시대 사람들의 마음에 일으킨 공포를 앞에 두고 우리는 웃음을 참기 어렵다. 하지만 이것은 바로 우리의 이해 부족을 나타내고 있을 뿐이다. 예컨대 자크 기예르메는 슐레겔(1767~1845)에게서는 부패한 물질이 자주 악마적인 것과 동일시되어 나타나고 있다고 지적했다.[39] 이것은 [지옥의 의미로도 쓰이는] 저주받은 땅 게헤나를 묘사한 밀턴(1608~1674)에서 [20세기 영국 작가] 쿠퍼 포이스에[40] 이르는 한 무리의 작가들이 모두 강조했던 악취와 지옥의 심연과의 상관관계를 보더라도 분명히 확인된다. 더 한정된 역사적 시야에서 생각한다면, 대혁명을 이해·고찰하려고 노력했던 모든 작가들은 아마 부패의 매력과 사체 애호를 연관시키는 것에 흥미를 가지고 있었던 것이 분명하다.[41]

어쨌든 가장 큰 중요성을 지닌 역사적 사실이 남아 있다. 머지않아 부패는 '사회의 전형적인 특성'[42]으로 나타나게 되었다는 것이다.

도리언의 영혼이다. 도리언은 쾌락주의자 헨리 워튼 경의 영향을 받아 악과 관능의 세계에 탐닉한다. 그 결과 현실의 그는 변함없이 젊고 아름다운 채로 남아 있으나, 그의 초상화는 추악한 모습으로 변한다.

2

극단적인 후각적 경계심

대지와 독기의 고고학

장 에라르는 대지에서 발산되는 물질이 위험하다는 오래된 믿음이 18세기 전반의 과학 문헌들에서 얼마나 끈질기게 나타나고 있었는지를 강조했다. 이와 관련해 그가 인용한 뒤보 신부(1670~1742)의 사고방식은 매우 흥미롭다. "타오르는 마그마의 영향으로 그것(대지)은 끊임없이 발효된다. 그래서 발산물이 생기는데, 그것의 성질은 하층 토양에 따라 달라진다. 보통의 발효만큼 불안정하지는 않지만, 그 발산물은 시간과 공간에 따라 다양하게 나타난다."[1] 1754년에 부아시에 드 소바지는 이것을 더 분명한 표현으로 바꿔 말했다. "(레오뮈르 온도계로 10도인) 지하열의 영향으로 대지의 표면 전체에서 어느 정도 차이는 있지만 다량의 증기가 피어오른다. 그것은 공기보다 짙어서 방해하는 것이 전혀 없을 때에는 지표면으로 넓게 퍼졌다가 밤이 되면 대지로 내려온다."[2] 피에테르 반 무쉔브렉(1692~1761)은 1제곱미터의 땅에 이러한 '대지의 땀'이 1년에 4리터 6온스가 내려앉는다고 밝혔다.[3]

게다가 지구의 뱃속은 '지하물리학'의 실험실이었다.[4] 이 실험실에서는 유독한 냄새를 방향성 발산물의 효능으로 중화하는 신비한 뒤섞임이 잠시도 쉬지 않고 벌어지고 있었다.[5] 이러한 대지의 증기에는 무시무시한 독성이 포함되어 있는 것도 있었다. 이것은 광부의 체험에 조금만 귀를 기울여도 쉽게 알 수 있는 일이었다.[6]

라마치니(1633~1714)는 광산 특유의 냄새가 인체에 끼치는 나쁜 영향을 고발했다.[7] 그는 광산이라는 이름에만 귀를 기울이지 말고, 거기에서 발생하는 악취를 떠올려보라고 말했다. 채석장도 끔찍한 독기가 발생하는 장소였다. "대리석이나 [화산 분출물이 엉겨서 형성된] 응회암과 같은 몇몇 종류의 돌에서 발산되는 금속성 증기는 분명히 콧속과 뇌수로 파고들면"[8] 인체에 유해했는데, 특히 [규산 성분을 많이 함유하고 있는] 층샛돌에서 풍기는 '불쾌한 냄새'는 더욱 위험했다. 라마치니는 지비니우스 산 부근에서 노동자를 오염시키던 바위산 발산물의 역겨운 냄새를 1마일 이상 떨어진 곳에서도 맡을 수 있었다고 했다.[9]

이러한 관찰들은 농업이 지닌 위험성을 보여주었다. 실제로 그 이후에는 농촌 지역의 비위생을 주제로 한 연구논문들이 잇달아 발표되었다.[10] 1786년 왕립의학협회에 제출한 논문에서 샴세루는 농민이 몸을 굽혀 얼굴을 경작지와 가깝게 하고 있어서 큰 위험에 노출되어 있다고 지적했다.[11] 아울러 보메는 농민들이 경작지에 누워서 잠을 자지 못하게 단속해야 한다고 주장했다.[12] 그는 밭을 가는 바람에 구속에서 풀려난 '병원성 증기'에 농민들이 끊임없이 노출되어 있다고 탄식했다. 섣부르게 개간을 해서 그때까지 전혀 경작되지 않았던 지표면이 드러나기라도 하면 더 위험했다. "신대륙에서는 수많은 식민지 개척자들이 개간되지 않은 진흙땅에서 피어오르는 치명적인 증기를 덮어쓰는 바람에 불행하게도 끔찍하게 높은 열에 시달리다가 목숨을 잃고 있지 않은가!"[13]

이보다 더 끔찍한 것은 거품이 일고 있는 대지에서 피어오른 발산물이 일으키는 재앙이었다. 실제로 이렇게 끊임없이 발효가 이루어져 위험한 땅이 있었다. 〔이탈리아 중부〕 볼테라 인근의 〔해안 지역 늪지대인〕 마렘마에서는 〔지상에 분출된 마그마가 급격히 식어서 굳어진〕 분출암과 땅속에서 발산되는 물질, 유성 역청 때문에 토양이 끊임없이 변하고 있었다. 소금기가 많은 마렘마의 토양은 호흡에 좋지 않은 가스와 유독한 독기를 뿜어댔다. 반세기 뒤인 1841년에 폴 사비는 이 가스와 독기가 〔주기적으로 열이 갑자기 오르내리는〕 간헐열을 일으킨다고 했다.[14]

균열과 틈새, 불완전한 이음매 등에 불안감을 가지고 있던 학자들도 적지 않았다. 위험한 땅들 안에서 가장자리는 특히 경계해야 했다. 그곳이 대지의 유독한 숨결이 깊이 스며드는 연결 부위였기 때문이다.

균열들 가운데 가장 무서운 것은 두말할 필요 없이 지진이 만들어내는 것이었다. 에티엔 투르텔은 〔포르투갈의〕 리스본과 〔이탈리아의〕 메시나에서 큰 지진이 일어난 뒤에 전염병이 유행했던 것도 대지의 균열 때문에 벌어진 일이라고 생각했다.[15] 그래서 습지의 부패한 진흙 안에 생긴 균열의 위험을 알리는 것이 그의 글의 핵심 주제가 되었다. 이런 균열에서 최악의 악취가 배출되었다. 습지 바닥의 하층 토양에서 새어나오는 악취였다.

이와 같은 독기의 누출에 대한 두려움은 타일이나 벽돌 등의 공사가 제대로 되어 있지 않은 곳을 모두 공포의 대상으로 변화시켰다. 균열이 생긴 분뇨구덩이, 벽돌 이음매가 떨어져나간 바닥, 도로의 단단히 고정되어 있지 않은 포장석, 단단히 밀봉되어 있지 않은 양조용 통이나 지하창고 등이 주된 대상들이었다.

대지는 숨을 내쉴 뿐 아니라, 발효와 부패가 만들어낸 것을 빨아들여서 쌓아두기도 했다. 그래서 마치 피고름의 저장소처럼 되었다가, 어느 날 갑자기 유독한 증기를 배출했다. 분뇨와 부패한 사체가 쌓이고, 구덩이가 계속 파이고, 증기가 스며들어 연약해진 곳도 있었으며,

심지어는 액체화된 곳도 있었다. 대지에 대한 이러한 불안감은 이 시대에 가장 뚜렷하게 나타났다. 오염되어 악취를 내뿜는 대지는 이미 죽은 것이나 마찬가지여서, 어떻게든 다시 사용해 보려고 해도 소용이 없었다. 대지에 분뇨가 스며든 역사는 어떤 특정한 종류의 장소의 운명을 무겁게 짓눌렀다. 과거 몇 세기에 걸쳐 쌓인 오물과 배설물들, 그것들이 버려져 있었음을 분명히 보여주는 구멍이나 구덩이, 이러한 것들은 악취를 내뿜고, 생명체를 부패시키고, 생명의 균형을 뒤흔들어 놓는 것으로 여겨졌다. 대지에 대한 이러한 집단적 믿음은 어느 정도 의식적으로 유지되었고, 갖가지 불안감을 한층 더 강하게 만들었다.[16]

침투의 정도가 뚜렷하고 악취도 더는 참을 수 없어서 위험이 매우 분명하게 드러난 장소도 있었다. 몽포콩의 분뇨처리장 부근에서는 이미 "지면 아래에서 오염된 물이 여러 개의 큰 줄기를 이루어 끊이지 않고 흐르고 있는 것이 발견되었고, 그것이 가까운 곳이나 주변 지역의 우물을 오염시키고, 지층을 변질시키고, 건물의 기초를 약화시킬" 위험이 드러나 있었다. "분뇨구덩이의 고약한 냄새가 나는 물질"이 스며들어 미래의 건설 '용지'가 오염되어 버렸던 것이다.[17]

1780년 라부아지에는 왕립과학아카데미의 한 위원회로부터 생마르탱과 퐁레베크의 감옥을 시찰하는 일을 맡아서 수행했다. 그리고 조사 결과를 보고하면서, 그 시설들이 "세워져 있는 땅"은 "악취를 내뿜는 부패한 물질들이 완전히 스며들어 있기 때문에 […] 이러한 부패의 덩어리로부터 '끊임없이 가스가 분출되는 것'을 피할 수 없다"[18]고 말했다. 악취를 뿜어대는 감옥은 과거의 비위생이라는 이유로도 폐기되어야 했던 것이다. 감옥은 이러한 기억의 특권적인 장소였다. 그곳에 갇혀 있던 자들이 남겨 놓은 낙서들은 죄수들이 오랜 세월에 걸쳐 차례로 그곳에 갇혀 있었다는 사실을 분명히 보여주었다. 대지의 기억 안에 축적된 부패는 사람들의 불안을 불러일으켰는데, 징벌용 독방과 습

한 지하감옥은 이러한 불안을 핵심적으로 나타내고 있었다.[19]

(뒤에서도 다시 다루겠지만) 사체가 뿜어내는 고약한 냄새에 대한 비난과 공격은 단지 유기체적인 폐기물 그 자체만을 대상으로 한 것이 아니었다. 악취를 뿜어대는 액체가 대지로 스며드는 것도 끈질기게 공격을 받았다.[20] 대혁명의 전야에는 파리시 전체가 온통 침윤되어 있는 것처럼 받아들여지고 있었다. 토양의 밑바닥에 벌집 모양의 작은 구멍들이 생겨나 견고함을 잃었고, 도시 전체가 그것의 해로운 영향에 직접 노출되어 있다고 여겨졌다. 브뤼노 포르티에에 따르면, 1740년 무렵에 이러한 생각이 연쇄적으로 불안감을 불러일으켰고, 그것이 위생학자들에게 영향을 끼쳤다.[21]

앙시앵레짐 말기에 이와 같은 상상은 더 커졌다. 눈에 보이지 않게 진행되고 있는 발효가 파리를 침몰의 위험으로 몰아넣고 있다고 여겨졌다. 그래서 메르시에(1740~1814)는 건물들이 "심연 위에 서 있다"[22]고 절규했다. 균열이 생긴 분뇨구덩이는 치명적인 땅 꺼짐 사태를 일으킬 위험이 있었다. 실제로도 사고가 빈번히 발생하고 있었다. 그래서 1740년의 홍수를 겪은 뒤에는 이미 파리의 토양을 분석하려는 움직임이 시작되었다.[23] 그리고 생자크와 생제르맹 구역에서는 일부 지역의 지반을 보강하려는 작업도 이루어졌다.[24] 분뇨구덩이와 감옥의 실태를 고발하는 사람도 적지 않았다. 그 시대의 사람들은 자신들을 배설물의 숙명적인 희생자라고 느끼고 있었다. 오랜 역사로부터 생겨난 부패에서 벗어날 방법을 인간은 아직 알지 못했던 것이다.

그 뒤로 후각적 경계심은 시시각각으로 진행되는 침투를 감시하게 했다. 그러면서 진흙, 아니 그보다는 진흙에서 피어오르는 증기가 불안에 휩싸인 담론의 표적이 되었다. 진흙에 관한 묘사와 분석은 놀라울 만큼 풍부하고 자세해서 가스통 바슐라르를 황홀경에 빠뜨리기에 충분할 정도였다.[25] 파리의 진흙은 포장석 틈새로 나온 흙과 고약한 냄새가 나는 오물, 고여서 썩은 물, 말똥 등이 복잡하게 뒤섞여 있는 것이었다.[26] 마차바퀴가 진창의 진흙을 다지고 반죽해서 곳곳에 흩뿌렸으며, 고약한 냄새가 나는 흙탕물을 건물 벽의 기초 부분이나 지나가는 사람에게 튀겨댔다.

진흙에 대한 관심은 쉽게 잦아들지 않았다. 파랑뒤샤틀레(1790~1836)는 악취의 원인을 순위를 매겨서 밝히려고 노력했다. 그가 첫째로 꼽은 것은 설거지를 하고서 버린 개숫물이 포장석 위에서 마르면서 내는 악취였다. 그러나 그것보다 더 중요한 것은 19세기 중반에 위대한 화학자 슈브뢸(1786~1889)이 꾀했던 독기에 관한 놀라운 고고학일 것이다. 그는 파리의 진흙을 열정적으로 채집하고 분석했다. 그에게 도시의 건강상태는 과거의 독기가 침투해 있는 정도에 정확히 비례했다. 그는 모든 유기적 물질이 "언젠가는 다양한 악취를 내뿜는다"[27]고 보고, "파리 포장석 아래에 있는 철청색의 거뭇거뭇한 물질"[28]을 자신의 후각으로 분석하려 했다. 그는 유리 마개가 달린 작은 유리병에 다양한 진흙을 조금씩 채집하는 작업에 매달렸는데, 무프타르 거리의 포장석 틈새와 바닥, 트리프 다리 부근에서도 채집했다.[29] 그는 오랫동안 이 진흙을 단단히 밀봉해두고 일부러 냄새를 맡지 않으려 노력했다. 그러다 1852년 12월 20일에 그는 1846년 12월 20일에 채집해 놓았던 진흙 혼합물이 담긴 병의 마개를 열고 냄새를 맡았다.

오래된 공포의 먼 메아리였을까. 슈브뢸은 "모르타르 벽에서 일어나는 〔주변의 유체를 흡수하는〕 모세관현상"까지 고발했다. 본래 공간을 분리하거나 집을 떠받치는 것을 목적으로 하는 벽이 온갖 것들이 뒤섞인 혼합물이 스며드는 유도관이나 통로가 되어, 마침내 대지와 마찬가지로 오래된 악취의 저장소가 된다는 것이었다. 다시 말해 벽에서 독기의 침투와 발산이 함께 나타나고 있다는 것이었다.

새로운 벽이 발산하는 것들도 위험하기는 마찬가지였는데, 여기에서 벽이 지닌 위험의 복잡성이 비롯되었다. 예컨대 피오리(1794~1879)는 새로운 벽 특유의 회반죽과 습기 냄새는 유황 냄새를 떠올리게 한다고 했다.[30] 파리에서는 지은 지 얼마 되지 않은 건물에는 매춘부를 살게 했는데, 사람들은 이것을 '회반죽 걸레질(essuyer les plâtres)'이라고 불렀다.[31] 얼마 지나지 않아 19세기 의학계에서는 새로운 벽에서 발산되는 기체가 신경통·관절통·급성 근육통 등을 일으킨다는 문제를 놓고 논쟁이 벌어지기도 했다.

이처럼 벽은 냄새를 저장했다. 러시아의 상트페테르부르크 해군병원에서는 여름철에 벽에 독기가 스며드는 것을 막기 위해 병자의 방을 교체한다고 존 하워드(1726~1790)는 만족스럽게 말했다.[32] 필리프 파소는 뱅센 성의 주탑이 감옥으로 사용되지 않은 지 몇 년이 지난 뒤에도 사람들은 그 벽에 스며들어 있는 감옥의 냄새를 식별할 수 있었다고 했다.[33] 마침내 이와 같은 기묘한 보존력은 두려워할 만한 것임이 밝혀지기에 이르렀다. "어떤 의사가 신체의 일부가 괴사된 환자를 치료했으나 그 환자는 죽고 말았다. 2년 뒤에 의사가 같은 병실로 다른 환자를 진찰하러 갔는데, 여전히 전과 똑같은 괴저의 독특한 냄새가 났다."[34] 벽이 생체조직의 파괴를 전달했던 것이다. 벽과 천장의 독기는 때로는 놀라울 만큼 짙어진다. 리옹의 병원에서는 (분만할 때 생긴 상처가 세균에 감염되어 생기는 발열성의 병인) 유행성 산욕열로 188명이나 죽자, 희생자가 발생한 건물을 인부들을 시켜 소독했다. 모르타르로 마무리한 오래된 칠을 벗겨내는 작업을 한 것이다. "인부들이 벽과 천장의 회반죽을 벗겨내자 코를 찌르는 역겨운 냄새가 방 안에 퍼졌다." 감독관 가운데 한 명이던 폴리니에르(1790~1856)가 "악취가 매우 심해서, 해부용 교실의 냄새도 상대가 되지 않았다"고 밝힐 정도였다.[35]

벽 안쪽에서는 초석硝石이 매우 습하고 보풀로 덮인 다공질 물질을 만들어내면서 단단한 껍질을 이루었다. 그러면 그때부터는 벽에서 발산물이 끊임없이 피어올랐다.[36] 과거에는 이러한 발산물로부터 몸을 지키기 위해 두꺼운 모직물로 걸개를 만들어 벽을 덮고는 했는데, 당시에는 벽지나 벽포만으로도 충분하다고 여기고 있었다. 그러나 마티유 제로는 이런 생각이 터무니없이 잘못된 것이라고 밝혔다. 초석의 단단한 껍질, 아니 얇은 피막조차도 일종의 보호막이 되어 효모를 번식시키고 병원체를 다량으로 발생시키는 은신처가 되기 때문이다. 초석의 껍질이 불러일으킨 이와 같은 공포는 특별히 눈여겨볼 필요가 있을 것이다. 늪지대, 배설물, 건물 등에 관한 수많은 저작들에서도 이러한 공포가 드러난다. 푸셰(1800~1872)가 말한, 난자의 피막도 상징적인 의미로 이와 같은 환상을 반영하고 있었다.

목재도 똑같은 형태의 불안감을 가져왔다. 제임스 린드(1716~1794)[37]나 뒤아멜 뒤 몽소(1700~1782)[38]는 새로 건조한 선박의 골조에서 나는 신선한 나무 냄새가 끼치는 폐해를 지적했으며, 존 하워드는 나무의 냄새 흡수력을 놀랍게 생각했다. 냄새를 뿜어내는 발산물이 떡갈나무 줄기의 심까지 침투해 있었기 때문이다.[39] 우스터 감옥의 마룻바닥은 "죄수들의 한숨으로 완전히 썩어 있었다."[40] 푸줏간이나 생선가게의 매대에도 상품의 부패한 냄새가 스며들어 있었는데, 고기를 파는 시장이나 어시장을 묘사한 모든 표현들에는 이에 관한 불만이 빠지지 않고 등장했다.[41]

피고름의 늪

이러한 발산물은 많든 적든 대지의 복잡한 발효작용으로 생겨나는데, 그것들 가운데에는 다른 것보다 혼합의 정도가 훨씬 적은 냄새도 존재했다. 오랜 기간 서서히 침투가 이루어져 생겨난 독기보다는 새로 발생한 악취들이 그러했는데, 주로 배설물·사체·소와 말의 잔해가 뿜어내는 냄새였다. 이것들은 명백한 위협으로 여겨져 위생학자들의 경계심을 불러일으켰다. 그런데 먼저 한 가지 확인해 두어야만 할 것이 있다. 강렬한 분뇨 냄새가 주위를 떠돌고 있었다는 것과, 사람들이 공공공간의 끔찍한 냄새를 끊임없이 비난의 대상으로 삼고 있었다는 점이다. 생마르셀 구역의 역겨운 냄새가 파리로 온 젊은 루소를 덮쳤다. 재판소에서나, 루브르 궁전이나 튀일리 궁전에서나, 박물관이나 오페라 극장에서나 "사람들은 역겨운 냄새와 분뇨구덩이의 악취에 시달렸다."[42] 팔레루아얄의 정원에서도 "여름에는 고여 있는 오줌 냄새를 맡지 않고 쉴 만한 장소를 찾기란 불가능했다." 센강 기슭도 후각의 커다란 적이었다. 산책길이나 차도 옆, 심지어 손님을 태우는 마차 안에까지도 똥이 곳곳에 흩어져 있었다.[43]

분뇨수거인도 거리에 악취를 퍼뜨렸다.[44] 분뇨처리장으로 가는 수고를 덜기 위해 그들은 통에 가득 들은 분뇨를 하수구에 쏟아버렸다. 이런 짓을 금지하는 법령이 수없이 제정되었으나, 모두 제대로 시행되지 못하고 폐기되었다.[45] 〔모직물을 가공하는〕 축융업자의 작업장도 악취를 퍼뜨리는 데 한몫했다.[46] 파리에 있는 건물들의 벽들은 서서 오줌을 눈 자국들로 얼룩져 있었다. 메르시에는 파리의 변소에 관해 말할 때는 종말론적인 어조가 되었다. "각층의 변소는 계단식 교실 모양으로 차례로 층을 이루어 계단과 출입구 옆, 심지어 부엌 바로 근처까지 끔찍한 악취를 퍼트렸다."[47] 분뇨가 흘러내려가는 수직관이 막히거나 터져서 집안을 온통 분뇨 범벅으로 만들어 놓는 일도 이따금 일어났다. 그리고 이 관은 더러운 작은 구멍으로 악취를 내뿜고 있어서, 두려움에 떨던 아이들은 이 작은 구멍을 지옥의 입구라고 믿었다. 요컨대 '학문·예술·유행·미식의 중심'이던 파리는 '악취의 중심'으로서도 중요성을 지니고 있었던 것이다.[48]

베르사유도 다르지 않았다. 베르사유에서는 시궁창이 궁전과 붙어 있었다. "정원에서도 앞뜰에서도 심지어 궁전에서도 구역질나는 악취가 났다. 통로와 안뜰, 양쪽의 건물, 복도 등에 똥이 곳곳에 흩어져 있었다. 대신들이 머무르는 건물 턱밑에서는 양돈업자가 아침마다 돼지를 잡아서 불에 구웠다. 생클루의 큰길은 오줌 웅덩이와 고양이 사체들로 뒤범벅이 되어 있었다."[49] 가축이 회랑에서 똥을 싸고, 역겨운 냄새가 왕의 거실까지 뒤덮고 있었다. 〔프랑스 여행기를 쓴 영국 작가〕아서 영(1741~1820)은 대혁명이 일어나기 직전에 루앙, 보르도, 파미에 등의 도시들에 관한 악취의 지도를 작성했다. 그 가운데에서도 특히 그를 숨막히게 했던 것은 클레르몽페랑의 냄새였다. 오베르뉴 지방의 중심지인 이 도시에는 "음울하고 불결한 악취가 떠돌고 있는 거리가 많았다. 이 거리들은 마치 거뭇거뭇한 퇴비 안에 파고든 좁은 운하로 비유하는 것 말고는 달리 나타낼 방법이 없었다."[50] 여기에서 중요한 것은 어쩌면 새로운 감수성의 탄생일지도 모르는데, 이에 관해서는 뒤에서 다시 살펴보도록 하자.

분뇨에 관한 학자들의 확신은 흔들렸다. 학계에서는 그것들의 치료 효과에 의문이 제기되었다. 존 프링글이 배설물 냄새와 부패한 냄새를 혼동하지 않도록 엄격히 경계해야 한다고 요청했는데도,[51] 분뇨로부터 풍겨나는 발산물의 위험을 고발한 논문들이 산처럼 쌓였다.

대혁명이 일어나기 직전에는 특히 분뇨구덩이에서 풍겨나는 숨 막히는 가스를 분석하려는 시도가 잇달아 나타났다. 분뇨수거인을 질식사로부터 구해내기 위해서였다. 이러한 과학적 노력은 실제로는 배설물 냄새가 부패시키는 힘을 지니고 있다는 믿음에서 여전히 벗어나지 못하고 있었다. 그 시대의 사람들에게는 이것이 주된 위험으로 여겨졌다. 마티유 제로는 '변소의 증기'에 관해 이렇게 썼다. "모든 종류의 고기와 그 육즙을 부패시킨다. […] 이러한 부패는 변소의 역겨운 냄새를 풍기는 발산물이 고기 안으로 흡수되기 때문에 일어난다.”[52] 따라서 분뇨구덩이를 비우는 일은 주위에 공포의 대상이 되었다. “그 때문에 공기가 오염되고, 건물은 악취의 공격을 받고, 주민은 기분이 나빠지고, 병자는 위험에 빠지게 된다.”[53] 꽃도 시들고, 아가씨들의 얼굴에서도 장밋빛이 없어진다.[54]

위험에는 단계가 있었다. 맨 꼭대기에 자리를 잡고 있었던 것은 고여 있는 분뇨였다. 따라서 무슨 일이 있어도 분뇨가 흘러서 한 군데로 모여 고이지 않게 해야 했다. 그런데 이 해결책은 (1539년의) 빌레코트레 칙령(Ordonnance de Villers-Cotterêts)* 이후에 이미 파리에서 채택되어 온 것이었다. 분뇨구덩이는 이제 큰 불안을 가져다주는 것이 되었다. 이러한 사회적 차원의 변비는 도시가 부패되어 해체될 위험을 가져올 수 있었다. 배설물은 농촌보다도 도시에서 유독 위험해서 메르시에는 들판에서 용변을 볼 수 있는 농민을 부러워하기도 했다. 도시의 주민은 불길한 변소의 작은 구멍 위에 앉아서 볼일을 볼 수밖에 없어서 부패열에 감염될 위험이 있다고 보았기 때문이다.[55] 미셸 투레는 몽포콩의 분뇨처리장에 쏟아 놓은 배설물이 대기와 햇볕에 노출되면서 무해한 것으로 바뀌었다고 지적했다.[56] 배설물의 냄새가 바뀐 것이 그 증거였다. 분뇨구덩이 바닥에 고여 있는 오래된 배설물이 그렇게까지 위험한 것은 ‘분해’와 ‘재합성’의 작용으로 틀림없이 “우리의 몸이나 음식물, 가구 등과 이질적인 것이 되어 버렸기”[57] 때문이다. 오래된 배설물은 이미 부패해서 인체의 냄새를 잃었다. 따라서 전과 같은 방법으

* 프랑수아 1세(François I, 재위 1515~1547)가 1539년 8월 빌레코트레에서 선포한 칙령이다. 공식문서에서 라틴어 사용을 금지하고 프랑스어를 사용하게 하는 등 행정·사법·종교에 관한 192개의 조항으로 이루어져 있다. 이 칙령은 행정과 법률 체계를 정비하고 성문화하여 중앙집권화를 강화시켰고, 언어와 문화에서도 프랑스의 정체성을 발달시켰다. 아울러 “각자의 배설물은 각자가” 치우도록 명령하였다.

로 계속 분뇨를 처리했다가는 "미래의 세대들"[58]에게 정말로 큰 부담이 될 것이 확실했다.

그러므로 배설물을 화젯거리로 삼는 것이 하나의 유행처럼 된 것은 충분히 이해할 만한 일이다. 물론 그것은 얼핏 보기에는 놀라운 일처럼 보이기도 한다. (그리 오래되지는 않았지만) 당시 학교에서 가르치던 예절규범에 맞지 않는 것이었기 때문이다. 그러나 거꾸로 생각하면 아이들에게 침묵이 강요되고 있었다는 것 자체가 어른들이 불안감에 휩싸여 배설물에 주의를 기울이게 되었음을 증명한다고도 할 수 있을 것이다. 루이 16세(재위 1774~1791)의 궁정에서는 걸핏하면 배설물이 대화 주제로 떠올랐다.[59] 볼테르(1694~1778)는 신은 이런 생리욕구를 충족시킬 필요가 없으므로 인간은 신의 모양을 본떠 만들어지지 않았다고 주장했다.[60] 메르시에는 "구정물 밑바닥을 응시하는"[61] 관습이 생겨났다는 사실을 글로 남겼고, 보마르셰(1732~1799)는 『퍼레이드』에서 분뇨에 대한 당시의 폭넓은 관심을 잘 보여주었다. 누가레(1742~1823)와 마르샹(?~1785)도 분뇨수거인을 무대에 등장시켰다.[62] 학자들이 후각적인 분석을 시도하는 숫자도 늘어났다. 그들은 베커와 그의 영향을 받은 사람들이 죽은 동물의 살이 부패하는 과정을 단계를 나누어 살펴보려고 노력했던 것처럼, 배설물이 악취를 내뿜는 과정을 기록하려고 했다. 사례는 한 가지로도 충분할 것이다. 알레는 분뇨구덩이에서 "솟아오르는 […] 발산물과 증기"[63]를 참을성 있게 열거하면서 기체화학에서 아직 목록으로 작성되어 있지 않은 '냄새나는 발산물'을 구별해내려 노력했다. 그가 작성한 후각적 피라미드는 (새 배설물 냄새, 변소의 냄새, 열린 구멍에서 뿜어져 나오는 냄새, 퍼낼 때의 냄새 등의) 다양한 악취가 공간적으로 겹쳐져 있는 구조로 되어 있었는데, 그것은 배설물의 숙성과 부패의 진행에 따른 것이었다.

이렇게 되자 분뇨와 관련된 주제에 많은 의미가 담겨 있다는 사실이 점차 알려지게 되었다. '배설물의 늪'이라는 환상, 분뇨수거인이나 분뇨구덩이 안으로 떨어진 사람에게 일어난 재난, 몽포콩에서 넋을 잃어 구덩이에 빠져버린 나그네의 끔찍한 모험 등이[64] 파리의 하층토가 불러일으키는 불안을 더욱 부추겼다. 배설물이 쌓이면서 비롯된 악취와 부패는 도시의 존립 자체를 위협했다. 그렇지만 메르시에는 이것과는 완전히 다른 시각에서 배설물이 모든 사람의 눈에 띄고, 악취가 파리 전체를 뒤덮고 있는 것의 평등주의 메시지를 열렬히 강조하려 했다. 곧 배변 행위를 통해서 인간 조건의 동일성을 끊임없이 환기시키려 했던 것이다.[65]

오늘날 18세기 연구자들 사이에서는 죽음의 역사가 큰 관심을 끌고 있다.[66] 그 덕분에 여기에서는 길게 이야기를 하지 않아도 괜찮게 되었다. 하지만 죽음이라는 문제가 후각적 경계심을 가장 먼저 불러일으켰다는 사실만큼은 반드시 짚어둘 필요가 있을 것이다. 화학자에게 '고정 공기'가 육체의 시멘트로 여겨지게 된 뒤로 죽음은 대기 중에 사체의 냄새와 함께 떠다니는 것이 되었다. 생명체 내부에는 장기의 부패와 생명의 원리가 공존하는데, 장기의 부패는 죽음이 언제나 그곳에 존재하고 있음을 보여주었다. 그리고 사체에서 발산되는 가스와 썩은 냄새는 대기의 구성 안에 죽음이 침투하는 것이 되었다. 계통적인 오염은 단지 지하에서만 이루어지는 것이 아니었다. 새로 결합할 대상을 열렬히 찾고 있는 '고정 공기'는 산 자들을 둘러싼 채로 생명의 균형을 무너뜨리려고 기회를 엿보고, 무덤이라는 전통적인 방벽을 대수롭지 않은 것으로 만들려 하고 있었다.

스티븐 헤일스가 연구에 착수한 1741년 이후로 죽은 자의 기체적인 잔유물의 냄새는 후각적 경계심을 더욱 자극했다. 1745년에는 포레 신부가 교회 내부에 설치되어 있는 무덤의 악취를 고발했다. 그러나 그는 아직 감각적인 측면에서의 불유쾌함을 강조하는 데 머물러 있었다.[67] 그보다 1년 전에 아그노는 무덤을 열 때 일어난 사건의 원인을 공기의 탄력성이 결여되고 부패한 독기가 발산된 것에서 찾았다.[68] 그 세기의 끝 무렵에는 비크다지르(1748~1794)가 발산된 유체의 물리적 성질에 대한 연구를 포기하고, 뒷날 우리에게 익숙해진 이중의 방법을 채용했다. 그는 무덤의 구덩이로부터 새어 나온 가스를 화학적으로 분석하는 일에 착수했으며, 프리스틀리의 '플로지스톤 공기'나 볼타의 '인화성 공기'가 아니라 블랙의 '고정 공기'라는 개념을 끌어들였다. 그는 관찰된 질식사의 원인을 호흡이 불가능한 이 가스에서 찾았는데, 한편으로는 대부분의 그 시대 사람들과 마찬가지로 주된 위험은 '냄새나는 증기'에 있다고 계속 생각했다. 그러므로 가스가 "사람을 즉사시킨다"는 것은 "냄새나는 증기가 동물의 신경조직과 체액에 영향을 끼쳐 완전히 변질시킨다"[69]는 것이나 마찬가지였다. 드 혼은 1788년에 이러한 이상증상은 시간을 두고 나타나며, 원인을 찾아내기가 매우 어려우므로 그만큼 더 위험하다고 덧붙였다.[70] 대지에 뚫린 작은 구멍이나 지하의 통로는 이러한 냄새나는 증기를 축적했다. 〔파리 중심부에 있었던 대규모 공동묘지인〕이노상 묘지 인근의 상점 지하실에서 일어났던 사고도 바로 그 때문이었다.[71]

당시의 의사들은 사체를 다루거나 해부를 할 때에는 거창한 절차를 밟게 되어 있었다. 그런데도 그들은 불안감에서 벗어날 수 없었다. 파리대학 의학부의 학장이 샹봉 교수에게 실험을 맡겨서 부패한 시신의 간장을 해부했던 일은 이를 잘 보여준다. 4명의 지원자가 실험에 참가했는데, 첫 번째 사람은 "샹봉이 시신을 절개한 순간에 흘러나온 악취 때문에 정신을 잃고 집으로 옮겨졌다가 70시간 뒤에 사망했다. 두 번째 수험생은 그 유명한 푸르크루아였는데 매우 중증의 전신 발진에 시달렸다. 다른 두 사람, 곧 라게렌과 뒤프레누아는 오랫동안 시름시름 앓았고, 뒤프레누아는 끝내 회복하지 못했다.

샹봉은 학장의 고집에 미칠 듯이 화가 났으면서도 그 장소에서 한걸음도 벗어나지 않았다. 그는 방향제를 흠뻑 적신 손수건으로 코를 감싼 심사위원들의 한가운데에서 해부를 마쳤는데, 그가 살 수 있었던 것은 어쩌면 뇌수가 흥분 상태에 있었기 때문일 것이다. 그러나 그 덕분에 밤이 되자 그는 여러 차례에 걸쳐 체온이 크게 떨어졌으며 땀을 흠뻑 쏟아냈다."[72] 베커 이후로 의사들은 사체에서 맨 처음 나오는 발산물을 가장 위험한 것으로 여겼다. 그래서 전쟁터 가까이에 있는 것은 다른 어떤 것보다 위험한 일이 되었다.

그렇지만 유해성의 경계를 정하는 일은 여전히 남아 있었다. 약 20년 뒤에 포데레(1764~1835)가 이 일에 매달렸다.[73] 그는 부패에서 발생한 독기의 영향이 끼치는 범위는 발산물의 냄새가 나는 범위와 일치한다고 가정하고, 일련의 후각적 측정을 행했다. 그래서 공간적으로 악취의 위험에 순서를 매길 수 있었다. 여기에서 분명히 해 두어야 할 것은, 도시의 묘지와 사체안치소에서 풍겨나는 냄새를 대상으로 한 여러 분석들의 밑바탕에는 이와 같은 일련의 과학적 노력이 존재하고 있었다는 점이다.[74]

동물의 사체도 후각적 경계심을 불러일으켰다. 이것은 분노도 일으켰다. 도시의 도축장에서는 온갖 악취가 뒤섞여 혼합물을 이루고 있었다. 도축장의 좁은 마당에는 오물·동물의 분뇨·살코기와 뼈의 잔해 등의 냄새가 동물의 내장에서 나온 역겨운 가스와 뒤섞여 있었다. 그리고 동물의 피가 지면을 따라 거리로 흘러들어와 도로의 포장석에 마치 갈색 유약을 바른 것처럼 보이는 색을 입혔으며, 포장석 틈새로 스며들어 분해되고 부패했다. 그런데 '고정 공기'를 옮기는 것은 바로 이 피였다. 따라서 피는 동물의 모든 잔해들 가운데에서도 부패성이 가장 강하다고 할 수 있었다. 마차가 다니는 도로나 상점의 매대에 스며들어 있는 냄새나는 증기는 가장 꺼림칙하고 가장 불결한 것이었다. 그것은 "모든 육체를 부패로 이끌었다."[75] 대부분의 경우에 동물 기름이 분해될 때 풍겨나는 숨 막히는 냄새가 이 역겨운 냄새 혼합물의 끝을 장식했다. 도시 한복판에 도축장이 있는 것이 격렬하게 비난을 받게 된 것은 이런 이유 때문이었다.[76]

하지만 파리에서 악취를 발생시키는 원인의 맨 윗자리는 여전히 몽포콩이 차지하고 있었다. 18세기 후반에 도시 북동쪽에 분뇨처리장과 도축장이 나란히 이웃하게 되면서 악취 복합체가 형성되었다. 이렇게 해서 악취의 두려워할 만한 위협이 뚜렷한 형태를 띠게 되었으며, 그 뒤 약 반세기 동안 파리를 무겁게 억눌렀다. 몽포콩은 (일부는 상상의 산물이었지만) '악취와 부패의 벨트'의 최초의 고리를 이루었는데, 이 벨트는 오염이 적게 된 땅을 찾아서 사람들이 탈출하는 것을 막으며 도시를 옥죄어 왔다. 그리고 마침내 사람들이 의심의 눈으로 바라보던 오염된 지하수, 북서풍이 운반해 오는 악취 등과 같은 것들이 하나로 합해져 부패한 늪이 도시의 성문을 향해 물밀듯이 밀려온다는 환상을 구성했다. 투레는 이러한 악취의 원형을 묘사하면서 열에 들뜬 듯한 어조로 이렇게 말했다. "대도시의 배설물이라고도 불리는 그 잔해물 내지는 생산물이 어떤지 알기 위해서는 이 악취의 땅을 이쪽 끝에서 저쪽 끝까지 샅샅이 돌아다니며 살펴보아야 한다. 사람과 사람의 접촉에서 생겨나는 비위생·악취·부패 등이 헤아릴 수조차 없게 커지고 있다고 하지만, 그것이 구체적으로 도대체 어느 정도인가를 알려면 그러한 탐험을 생략하면 안 된다."[77]

사체와 분뇨의 냄새는 이렇게 토양으로의 침투와 발산이라는 순환의 문을 열었다. 다시 말해 대지와 대기의 대화가 시작된 것이다. 그 뒤 유기체 잔해물의 역사는 본질적인 것으로 여겨지게 되었다. 그 종착점은 지옥, 다시 말해 피고름의 늪으로 도시가 바뀌는 것이었다.[78] 이러한 사고에는 대지와 그것의 부패성 발산물을 후각적으로 분석하여 검토하려 했던 당시 파리 행정당국의 다급한 심리상태가 반영되어 있었을 것이다. 하지만 늪의 악취에 관한 상상도 의미심장한 영향을 끼치고 있었음을 간과해서는 안 된다.

후각과의 관계를 제쳐 놓더라도, 물은 그 자체만으로도 경계심을 불러일으켰다. 악취의 제거에 이르는 과정을 이해하려면 이를 주의 깊게 기억해 두어야 한다. 습기는 그 자체만으로도 수많은 위험성을 지니고 있었다. 습기는 조직을 느슨하게 만들고 체액을 수분 과잉 상태로 빠뜨리는데, 프링글은 그 때문에 부패가 발생한다고 보았다.[79] 이밖에 증기에는 모든 종류의 잔해물들이 함유되어 있으며, 그것들은 안개와 함께 땅에 내려앉았다. 밤이슬도 해로운 것이었다.[80] 습기가 많이 스며들어 있는 뭔가를 닦는 것도 상당히 위험한 일이었다. 특히 선박은 부패가 매우 강하게 일어나는 곳으로, 바다의 소금기를 머금은 증기는 언제나 주의해야 했다.

고인 물은 모두 위협이 되었다. 물을 정화하는 것은 움직임이다. 물결은 물 입자 사이에 숨어 있는 유기체의 잔해를 쫓아내고 부수고 파괴한다. 스티븐 헤일스는 이를 증명하기 위해 템스강의 물로 냄새에 관한 실험을 되풀이했다. 틈을 단단히 막은 채 매우 오랫동안 물을 채워둔 통과 저수조 등에서는 사람을 죽음으로 몰아넣는 무서운 독이 생겨났다. "왕실의 보급품을 수송하던 르샤모호가 로슈포르 항구에 정박하고 있을 때, 바닷물을 채워둔 통의 마개를 열던 선원이 즉사하는 일이 벌어졌다. 그 선원으로부터 조금 떨어진 곳에 있던 동료 선원들 가운데 여섯 명도 격렬한 경련을 일으키며 쓰러져 의식을 잃었다. 그들을 구하기 위해서 달려온 선의도 똑같은 일을 당했다. 죽은 선원은 입·코·귀에서 모두 피를 쏟았고, 새까맣게 부풀어 오른 그의 시신은 해부를 할 수 없을 정도로 순식간에 부패해버렸다."[81]

민물도 무시무시한 것으로 변할 가능성이 있었다. [프랑스 남부] 베지에 병원의 정원사는 "정원에 뿌린 물의 […] 유독 가스" 때문에 목숨을 잃었다. 이 물은 고여 있어서 거뭇거뭇하고 걸쭉한 느낌의 점성이 있었으며, "언제나 표면이 거품이 이는 이물질로 덮여 있었다." 이 "끔찍한 습기는 무서운 독성을 지니고 있었다. 그래서 넓은 장소에 반시간 정도 물을 뿌리자, 정원사는 저수조에서 몇 트와즈*나 떨어진 곳에 있었는데도 불행하게도 즉사해버렸다. […] 다음날 아침까지도 습기에 여전히 독성이 강하게 남아 있었다." 그래서 '죽음의' 수문을 닫으려고 "용감하게 스스로 나섰던 보조 수녀를 질식시켰다."[82] 이 사건을 보고한 베르톨롱 신부(1741~1800)는 총알보다도 빠르고 화살보다도 날카로운 끔찍한 독소가 원인이었다고 지적했다.

이를 통해서 악취를 뿜어대는 하천이 사람들의 마음에 얼마나 큰 불안감을 가져다주었는지도 짐작해볼 수 있을 것이다. 특히 유기체의 잔해가 잔뜩 흘러든 파리의 비에브르강은 오랫동안 이러한 하천의 상징처럼 여겨졌다. 하천 부근에서는 발효와 부패의 피해가 커졌고, 널찍하고 건조한 장소에서는 위험이 감소했다. 태양은 구원자로 작용하지만, 습기는 무거운 독기를 지면을 따라 퍼지게 하기 때문이다. 그래서 당시에 사람들이 가장 두려워했던 것은 오늘날 우리가 파스퇴르적인 관점에서 '오염'이라고 생각하고 있는 것과는 전혀 다른 것이었다.[83] 푸르크루아와 알레는 모두 분뇨와 오물이 센강으로 흘러들어가 물에 용해되어도 수질을 변화시키지는 않는다고 똑같이 생각했다. 진짜 위험은 강물을 따라서 부패한 동물의 사체가 떠다니거나, 그것이 강기슭의 질척이는 땅에 떠밀려와 분해되거나, 동물 사체의 잔해들이 끊임없이 밀려드는 모습이 환히 보이는 것 등에 있었다.

고임과 쌓임이 집중되어 일어나는 장소, 그러한 곳은 모두 '늪'이었

---

* 트와즈(toise) : 옛 길이의 단위로 1트와즈는 6피트, 약 2미터이다.

다. 이것은 란치시 이후 학자들이 정의하려고 노력해서 얻어낸 가장 폭넓은 개념이었다. 아주 작은 웅덩이라도 위험했다. 때와 장소를 가리지 않고 빨래하는 것을 경계했던 것은 틀림없이 이 때문이었을 것이다. 도로의 포장석이 딱 맞게 놓이지 않아서 그 사이의 틈에 생긴 진창도 모두 작은 늪이 되었다. 그래서 도시의 수렁이나 농촌의 다양한 자연습지들에서 발생하는 유해성을 대상으로 끊임없이 불만이 제기되었다. 위험의 정도를 서열로 매기면 악취가 매우 심하게 나는 물이 가장 위에 놓였다. 특히 나쁜 것은 마麻를 물에 담가 섬유질을 추출하는 작업을 벌이던 웅덩이나 연못, 양어장 등이었다.

늪은 사람들을 매료시켰다. 이것에 관해서는 어떤 종류의 우주론이 묘사될 수 있을 정도였다. 악취를 뿜어대는 늪 안에는 발효하고 있는 식물의 찌꺼기, 부패한 유기물의 잔해, 개체 분열로 생겨난 온갖 꺼림칙한 생물의 사체가 뒤섞여 있었다. 증기의 끊임없는 교환은 하층토와 그 위에서 악취를 풍기는 (땅속에 묻힌 시간이 오래되지 않아 완전히 탄화하지 못한 갈색의) 토탄, 물이라는 세 개의 층 사이에서 이루어졌다. 그리고 액체의 표면을 덮고 있는 끈적이는 껍질이나 얇은 피막 안에서는 지옥에서 벌어지는 생명의 순환이 은밀히 이루어졌다. 자세히 살펴보면 생각지도 못한 생물이 발견되는데, 그것들은 악취로 미리 존재를 알리던 것들이었다. "약한 불로 웅덩이나 늪의 물을 증발시키면, 누르스름한 진흙 같은 물질에 꿈틀거리며 기어 다니는 몇 마리의 벌레들과 곤충, 그 밖의 동물들이 섞인 것이 남았다." 이런 물은 "이질적인 물질들로 포화상태를 이루고 있다. 곧 땅·광산·습지 등에서 발산된 물질이나 증기와 냄새, 아울러 식물·물고기·썩은 곤충과 같은 물질들로 가득 차 있다. 공기도 이러한 것들로 오염되어 있다."[84]

가장 꺼림칙한 습지는 (프랑스 남서부) 샤랑트의 해안 지역에 방치된 간척지처럼, 민물과 바닷물이 뒤섞여 있는 석호였다.[85] 그 이유는 다음과 같았다. "바닷물이 곤충과 물고기를 다른 어떤 곳보다도 많이 물가로 옮겨와 쌓아놓고, 오래지 않아 그 곤충과 물고기들은 그곳에서 죽어 분해된다. 아울러 바닷물과 민물의 이러한 혼합은 빗물 안에 포함된, 식물과 동물들에서 비롯된 유기물 입자의 부패를 앞당기기에 가장 적합하다."[86]

오염된 물로 몰려든 동식물의 실태가 밝혀지자 위험은 소름끼치는 것으로 바뀌었다. 대지를 드러낸 상태로 그대로 두는 것은 언제나 위험했다. 풀을 베는 것은 식물이 가둬놓고 있던 습한 증기의 덮개를 없애는 것이나 마찬가지여서, 악취의 발산을 촉진시키는 결과를 낳는다고 여겨졌다.[87] 도시 지역의 하수구를 청소해 경솔하게도 햇볕에 말리려고 하는 것은 역병을 유행시키는 원인이 될 수도 있었다. 간척한 지 얼마 지나지 않은 땅을 갈아엎는 것은 스스로 목숨을 끊으려 하는 것과 마찬가지였다. 홍수로 물이 휩쓸고 지나간 땅도 조심해야 했다. 특히 그곳이 진창 상태이고, 물이 빠진 것이 여름인 경우에는 더 조심해야 했다. 그렇지만 매우 모순된 태도도 나타나고 있었다. 악취가 발생해서 위험을 알려주지 않으면, 습지를 없애거나 하천의 후미진 곳을 소독하지 않았기 때문이다.

거의 반세기 동안 화학자들은 이러한 관찰에 기쁨을 느끼며 몰두했다. 질척이는 강기슭은 가스를 관찰하기에 알맞은 장소 가운데 하나였다.[88] 하지만 이것이 우리의 주된 관심사는 아니다. 루이 15세의 주치의였던 피에르 시라크(1657~1732)가 늪의 유해성과 그곳에서 발생하는 냄새를 서로 연결시킨 뒤로 학자들은 후각을 열심히 활용하게 되었다. 늪에서는 발산물들이 수면에 일종의 '비단 그물'[89]을 펼친 채로 섬뜩한 거품이 일어나게 물을 어지럽히고 있었다. 그래서 후각은 더욱 자극을 받았다. 늪 부근에 독기가 존재한다는 사실은 전혀 의심을 받지 않았다. 시각과 청각이 후각에 더욱 자신감을 안겨 주었다. "역겹기 짝이 없으며 참기 어려운 악취가 끊임없이 피어오르는 것이 발산물의 독성이 강하다는 것을 알려주었다. […] 그 악취의 성질을 판단하는 기술을 터득하고 있는 자는 그것을 쑥국화의 독성이나 대포에서 사용되는 화약의 위력에 맞먹는다고 보았다. 사람들은 그것을 '송장 냄새'라고 불렀다."[90] 〔프랑스 중부〕 발랑세에 머무르던 포데레는 〔하천 유역의〕 라브렌느 지방의 '구린내'를 마음껏 연구할 수 있었다.[91]

강기슭과 마찬가지로 늪에서도 태양이 발산물을 흡수하는 낮보다 대지 위에 발산물이 정체해 다시 내려앉는 저녁 무렵이 더 위험했다. 하지만 발산물 냄새를 가장 참을 수 없게 되는 것은 낮이었다. 그래서 하루의 후각적 리듬을 관찰했던 보메는 악취와 독성을 지나치게 경솔하게 연결시키는 것을 경계하게 되었다.[92] 이러한 신중함은 인체와 동물의 몸에서 나오는 발산물에 대해서도 마찬가지로 적용되었다. 이러한 모든 것들이 뒤섞여 후각적 경계심을 혼란시켰다.

3
사회적 발산물

체취

1756년에 비도프(1725~1789)는 어떤 종류의 동물이나 사람이나 모두 특유한 냄새를 지니고 있다고 선언했다. 그 뒤 이러한 생각은 되풀이해서 언급되었고, 얼마 지나지 않아 테오필 드 보르되(1722~1776)가 더욱 널리 퍼뜨렸다. 〔생물체의 분비선인〕 선상조직 전문가였던 보르되는 디드로(1713~1784)가 『달랑베르의 꿈』이라는 작품에서 그에게 맡겼던 역할로도 잘 알려져 있는데,* 이렇게 해서 고대과학에서부터 전해진 믿음은 18세기 말의 기초의학에서도 다시 활발히 논의되었다.

체취에 관한 생기론자들의** 생각은 3가지 주요한 확신이 지배하고 있었다.[1] 보르되는 그것을 이렇게 분명하게 정의했다. 우선 "생명체의 유기적인 부분들은 생존·행동·지각·운동에 대한 특유한 양식을 지니고

---

* 디드로가 1769년에 발표한 이 작품은 철학자 달랑베르(Jean Le Rond d'Alembert, 1717~1783)와 살롱 안주인 쥘리 드 레스피나스(Julie de Lespinasse, 1732~1776), 의사인 보르되 사이의 가상대화로 이루어져 있다.

** 생기론(vitalism)은 기계론과는 달리 생명에는 비생물에는 없는 특별한 힘이 있어서 물리학과 화학만으로는 생명 현상을 설명할 수 없다고 보는 학설이다.

있고, 저마다 고유한 기호·구조·안팎의 형태·냄새·무게·증식법을 가지고 있다."[2] 나아가 (이것이 두 번째 확신이었는데) 각 기관들은 "자신의 주변과 대기 안, 영역 안에 호흡과 냄새, 발산물을 내뿜는다. 이러한 것들도 기관들마다 독특한 색과 양상을 띠며, 궁극적으로는 말 그대로 기관 그 자체의 일부가 된다. […] 예컨대 간장은 자기 주변의 것들을 담즙의 색깔로 물들인다."[3] 그리고 신장 부근의 살에서는 포도주 냄새가 난다. 세 번째 확신은 진정한 제조공장인 체액은 언제나 '배설물의 증기'[4]를 운반하고 있다는 것이었다. 강렬한 냄새를 내뿜는 이 증기는 유기체 내부에서 끊임없이 정화와 복구의 작용이 이루어지고 있다는 사실을 증명한다. 이 정화작용은 모든 배설물을 제거하는 것을 끝으로 완료된다. 부패성 냄새, 생리혈, 땀, 오줌, 똥 등이 그것들이다. 그래서 생명체는 "언제나 배설기관으로 증기를 내뿜고 있다."[5]

이러한 확신은 그 뒤 반세기 이상이나 의학에 행동지침을 제공했다. 브리외드(1729~1812), 비셰(1775~1846), 랑드레보베(1772~1840)[6] 등이 오랜 세월에 걸쳐 이런 사고방식을 발전시켰고, 마침내 1821년 이폴리트 클로케(1787~1840)가 쓴, 후각생리학의 황금시대를 장식한 문헌인 『후각론』으로 이어졌다. 그로부터 24년이 지난 뒤에 팔리즈는 이것에 근대성을 부여했으며,[7] 1885년에 모냉은 인간의 체취에 관한 상세한 자료들에 근거해 방대한 분량의 책을 펴냈다.[8]

체액은 후각으로 쉽고 확실하게 구분해낼 수 있다. 바뤼엘은 남자의 혈액과 여자의 혈액을 냄새로 구별할 수 있었다.[9] 생리혈은 독특한 냄새가 나서 어머니들은 그 냄새로 딸의 생리를 알아챌 수 있었다. 보르되는 그것이 "생리혈 안에 뭔가 눈에 보이지 않는 다량의 발산물이 숨겨져 있기 때문"이라고 주장했다.[10] 생리혈은 수력학자들의 주장과는 달리 단순히 다혈증으로 볼 수 있는 것이 아니라, 체액의 정화작용이라는 성질을 지니고 있다는 것이다. 이러한 이론은 생리혈에는 부패시키는 힘이 있어서 소스나 소금에 절여 놓은 고기를 상하게 만든다는 민간의 속설을 되살렸다. 이본느 베르디에는 〔부르고뉴의〕 미노 마을에 이러한 믿음이 오래 남아 있었다는 사실을 풍부한 사례로 밝혀냈다.[11]

담즙도 부패시키는 힘을 가지고 있어서 악취를 발생시킨다. 젖도 여성 주위의 공기에 냄새가 스며들게 한다. 보르되는 이러한 체액들이 배출과 역류의 작용으로 끊임없이 움직인다고 보았다. "여자들은 젖을 땀으로 흘리고, 젖을 오줌으로 누고, 젖을 침으로 흘리고, 젖을 콧물로 풀고, 변기에 걸터앉아 젖을 똥으로 싼다."[12] 때로는 자궁에 젖이 흘러넘치는 경우도 있다고 보았다.

그렇지만 가장 중요한 것은 역시 정액의 결정적인 역할이다. 모두가 서로 다른 기질을 지니는 것은 이 체액의 '유형'과 관련되어 있다.[13] 정액은 말 그대로 생명의 본질을 이루고, 생명체 전체에 영향을 끼친다. 그것의 냄새는 인간이 지닌 동물성의 징표이다. 비도프는 정액이 섞인 체액은 남자의 성기에 "양분을 주고", 모든 조직을 자극한다고 보았다. 그리고 그것은 "활동력이 왕성한 남자에게서 나는 메슥거리는 냄새"[14]를 만들어내는데, 고자한테서는 이러한 냄새가 나지 않는다고 하였다. 남성에게는 이러한 '정액의 영기(aura seminalis)'[15]가 육체와 영혼의 결합을 뒷받침하고 매개하는 역할을 한다. 털북숭이 남성의 '상쾌하지 않은' 냄새는 혈액이나 생식기 안에서 정액이 배출되거나 역류되어 생겨난 것인데, 진짜로 사람들에게 불쾌한 느낌을 주지는 않는다. 게다가 브리외드가 강조했듯이, 그 냄새는 결코 변하지 않는다.[16]

생체조직에 냄새가 스며든다는 이론은 할러의 지지를 받으면서 더욱 권위를 지니게 되었고,[17] 19세기에도 여러 차례 되풀이해 등장했다.[18] 그리고 금욕을 하는 수도사나 학교 사감과 같은 불결한 독신남이 뿜어내는 정액 냄새는 소설의 단골 소재 가운데 하나가 되었다. 쥘 발레스(1832~1885)는 1879년에도 여전히 그런 모습을 보였다.

생식기의 냄새, 아울러 어느 정도 정화작용을 거친 결과를 포함하고 있는 체액의 냄새는 배설기관으로 발산된다.[19] 보르되는 그러한 배설기관의 수를 일곱 개로 보았는데, "머리의 털이 난 부분, 겨드랑이, 장, 신장, 정관, 사타구니, 발가락 사이"[20]가 그것들이었다. 모두 냄새가 유독 강한 곳들이다. 강렬한 냄새는 강한 동물화의 징표였고, 그 사람이나 민족이 정력이 강하다는 것을 알려주는 증거이기도 했다.[21]

이렇게 해서 아주 오랜 옛날부터 이어져온 치료법에 과학적인 기초가 부여되었다. 힘세고 젊은 소들이 있는 외양간에서, 동물화가 충분치 못한 데서 비롯되었다고 여겨지던 다양한 병들에 대한 특효약을 찾던 관습이 전해지고 있었다. 늙은 다윗은 처녀가 자신의 침대에 벌거벗고 누워 있게 해서 정력을 회복했다. 카피바치오(1523~1589)는 같은 방법으로 쇠약해진 젊은 귀족을 치료했으며, 부르하버(1668~1738)도 독일 왕자를 치료했다. 늙은 교사들 중에는 아이들의 몸에서 발산되는 공기에 좋은 효능이 있다고 확신하는 이들도 있었다.[22]

이러한 확신은 개인위생에 주의를 기울이기를 망설이는 것으로 연결되었다. 역사가와 민족학자들은 농민들이 아이들의 머리에서 때를 없애려 하지 않았다는 사실을 강조하고 있다.[23] 이러한 관습이 중세 살레르노 의학교의 가르침보다도 훨씬 뒷시대의 의학 지식에서 물려받은 믿음에서 비롯된 것인지는 확실치 않다. 당시 몽펠리에 대학의 의사들은 물을 지나치게 사용하는 것을 경고하면서, 목욕을 자주 하면 동물화가 저하되고 성적 욕망이 감퇴된다고 말했다. 보르되는 왕성하게 "후텁지근한 체취를 내던" 남자들이 몸치장에 신경을 쓰고 체취가 없어지면서 상태가 나빠진 사례를 알고 있다고 밝혔다. "피부를 닦으면 강렬한 발산물이나 땀이 없어진다. 그러면 남성의 특징으로 여겨지던 것들도 모두 없어진다."[24] 게다가 '정액의 영기', 다시 말해 여성을 유혹하는 힘은 "몸치장을 하지 않은 남자들이 더 많이 가지고 있다.

그들은 몸을 깨끗이 하는 것에 시간이나 정력을 허비하지 않는다."[25] 보르되는 도시 주민들에게 "청결이라는 사치"를 스스로 경계해야 한다고 경고했다. 특히 출산한 임산부나 "땀을 흘리는" 병자에게는 이러한 사치가 더 해롭다고 밝혔다.

브리외드가 부활시킨 규범도 많았다. 예컨대 브리외드는 예로부터 이어진 어떤 종류의 관습을 뒷받침하는 구실을 했다. 당시 몇몇 학자들이 감각의 섬세함[26]과 공공공간의 악취제거가 필요하다는 이유로 그러한 관습을 개선하려 하고 있었는데도 말이다.

배설기관에서 뿜어져 나오는 모든 증기와 발산물은 하나로 결합되어 '개인의 공기(atmosphère individuelle)'를 만들어내는데, 이에 관해서는 그 뒤 2세기에 걸쳐 의사들이 온갖 특이한 사례들을 저마다 들고 나왔다. 일찍이 소크라테스도 젊은 여성은 몸에서 달콤한 향기가 나기 때문에 향수를 사용할 필요가 없다고 했다. 몽테뉴(1533~1592)도 〔2세기 그리스의 작가〕 플루타르코스를 뒤따라 알렉산드로스 대왕의 몸에서는 제비꽃 향기가 났다고 썼다.[27] 할러는 그것을 사향이라고 표현했다. 그의 『백과전서』(1765)에는 라 페이로니(1678~1747)가 "아는 어느 귀족은 여름에 더울 때에는 왼쪽 겨드랑이에서 사향 냄새를 강하게 뿜어댔다"[28]고 기록되어 있다.

개인의 공기는 일정한 요인들의 조합에 따라 다양하게 바뀌는데, 이 요인들은 오늘날 잘 알려져 있는 일종의 인류학을 근거로 삼고 있었다.[29] 그러나 여기에서 내가 강조해 두고 싶은 것은, 그것이 당시의 의학이론에 깊게 뿌리를 내리고 있었다는 점이다. 생명체의 후각적인 차이는 체액의 구성이나 여러 기관들의 기능, 정화작용의 강도에서 비롯된다. 따라서 이러한 요인들 가운데 어느 하나에라도 영향을 끼치는 것은 모두 그 사람한테서 나는 냄새에 변화를 가져올 수 있다. "어떤 기후에서 살고 있는지, 어떤 계절을 보내고 있는지, 어떻게 영양을 섭취하고 있는지, 어떤 열정에 몸을 맡기고 있는지, 어떤 일에 종사하고 있는지, 어떤 역할을 맡고 있는지, 어떤 토양을 경작하고 있는지, 어떤 공기를 호흡하고 있는지 하는 요인들은 체액의 흡수와 발산을 다양하게 변화시킨다. 그리고 이로부터 다양한 냄새가 생겨난다.”[30] 이처럼 앞에서 말한 인류학은 민족의 어떤 종류의 인종적 열등성이 아니라, 기껏해야 ‘퇴화’[31]만을 전제로 제시하고 있었다. 열거한 변수들을 변화시키면 얼마든지 체취를 진화시킬 수 있었기 때문이다.

인간은 유아기에서 노년기까지 갓난아이의 신맛이 강한 젖내에서 늙은이의 쿰쿰한 냄새에 이르는 후각적인 여정을 차례로 거친다. 할러는 늙은이의 쿰쿰한 냄새는 참기 어렵다고 밝혔다.[32] 그런데 이러한 출발점과 종착점 사이에는 청춘기의 달콤한 향기가 있다. 그것은 특히 앳된 아가씨에게서 뚜렷하다. 사춘기는 남자의 냄새를 크게 변화시키고, 성인과 같은 ‘정액의 영기’를 가져다준다. 그러나 여성은 남성만큼 특유한 냄새의 변화를 겪지 않는다. “여성의 조직은 느슨하고 거의 사용하지 않으므로 유아기의 시큼한 냄새만을 없앤다. 그리고 땀에 쿰쿰하고 시큼한 냄새를 첨가한다.”[33] 그렇지만 앞으로 살펴보게 되듯이, 생리와 성관계는 일시적으로 후각적 특질을 변화시킨다.

그런데 매우 흥미롭게도 체취의 특성에 관한 의학 담론들은 피부·머리카락의 색깔이나 기질에 대해서는 거의 관심을 기울이지 않았다. 〔의지가 강하지만 거만한 기질인〕담즙질 인간에게서는 특이한 냄새가 나고, 붉은 털을 가진 사람한테서는 악취가 난다고 말하기도 했지만,[34] 유별나게 강조하는 정도까지는 아니었다. 그런데 체액에 영향을 끼치는 감정은 사람들의 체취와 뚜렷한 관계를 지니고 있다고 강조되고 있었다. 몇 가지 감정은 점진적이지만 깊숙한 곳에서 작용해서 생명체의 활동을 억제하고 분비를 방해한다. 예컨대 슬픔에 빠져 있는 사람은 체취가 없어진다. 어떤 감정은 발작을 하듯 갑작스럽게 덮쳐서 악취를 부추긴다. 성난 사람은 담즙의 부패가 빨라져서 악취가 나는 숨을 내뱉는다. 공포에 빠진 사람은 겨드랑이에서 역겨운 땀 냄새가 나고, 방귀와 똥에서 참기 어려운 악취가 난다. 식탐이 강한 사람에게서 나는 고약한 악취나 술주정뱅이에게서 나는 술내 섞인 시큼한 악취는 [오라토리오회를 창설한 이탈리아 사제] 필리포 네리(1515~1595)가 지옥으로 떨어진 영혼들에게서 느꼈다는, 죄인들 특유의 냄새를 떠올리게 한다. 이로부터 대립물로 짝을 짓는 원리에 따라 성인의 그윽한 향기에 대한 신앙도 근거를 얻게 되었다.[35]

'섭취하는 것(ingesta)', 다시 말해 공기와 음료, 식품 등은 배설물을 결정한다. 그러므로 섭취하는 것은 인간의 체취도 결정한다. "흑인과 시베리아에 사는 사모예드인은 [아프리카 남부에 사는] 저 더러운 호텐토트족과 마찬가지로 강렬한 냄새를 '당연히' 낼 수밖에 없다."[36] 그들은 동물화가 강한 야만의 세계를 대표하기 때문이다. "열대지방에서는 흑인의 땀이 늘 강렬한 악취를 내뿜고 있어서 그들 곁에는 아주 잠깐 서 있기도 어렵다. 북극 부근에 사는 핀란드인과 에스키모도 주변에 참기 어려운 악취를 뿜어댄다."[37] [러시아 서남부 지역에 사는] 코사크인도 마찬가지이다.[38] 비헤는 이렇게 더 자세히 썼다. "서아프리카 몇몇 지역의 흑인들, 예컨대 [지금의 세네갈과 감비아 지역에 19세기까지 있던] 졸로프 왕국의 사람들은 몸이 달아오르면 파 냄새를 낸다."[39] 적도 지방에서 흑인과 백인이 함께 바다에 빠지면 체취가 강한 흑인이 백인보다 상어의 먹잇감이 되기 쉽다.[40]

이러한 모든 서술들은 기후,[41] 공기의 질, 식품의 부패 정도와 같은, 정화의 작동체계를 중요하게 여기고 있었다. [추운 지방에 사는] 사모예드인은 흑인과 마찬가지로 몸에서 악취가 나는데, 그것이 그들이 부패가 빨리 되는 기후환경에서 살고 있기 때문이 아니었다. 그 야만인들이 부패된 음식을 좋아했던 것이 중요한 원인이었다.

이러한 분석은 19세기 말의 인류학 담론이 가지고 있었던 것과는 근본적으로 다르다. 그것은 인종적 기원·비참한 상태·형편없는 위생의 질 등에 대한 언급을 제외하면, 프랑스 내부의 사람들에 관한 서술에서도 동일한 관찰이 발견된다는 점에서도 확인된다. 이폴리트 클로케는 코사크인이 떼를 지어 지나간 뒤에는 몇 시간이 지나도 그들의 체취를 냄새로 식별할 수 있다고 하면서, "산지에 사는 양치기들이 내뿜는 냄새"도 그와 똑같다고 밝혔다.[42] 시골사람들도 도시사람들과 체취가 달랐다. 그들은 체액이 도시에 사는 사람들만큼 오염되지 않아 "오히려 식물성의 자연에 가깝다."[43] 그러나 도시사람들에게서는 육식을 좋아하는 사람들에게서는 나는 고약한 냄새가 난다.

프랑스 각지의 주민들도 저마다 독특한 체취를 가지고 있는데, 그것은 음식물의 차이에서 비롯된 것이었다. "수확철이 되자 각지에서 사람들이 몰려들었는데, 케르시와 루에르그에서 온 사람들은 주변에 풍기는 마늘과 양파 냄새로 쉽게 구별할 수 있었다. 오베르뉴에서 온 사람한테서는 시큼하게 부패한 젖국 냄새 같은 체취가 났다."[44] 대개 남프랑스의 시골에서 온 사람들이 다른 지방 사람들보다 냄새가 심했다.

어떤 직업에 종사하고, 어떻게 생활하고, 어떤 것을 다루고 있는지에 따라서도 체취는 다양하게 변화한다. 브리외드는 농민들의 뒤를 이어서, 수녀들이 쓰는 방에서는 달콤한 냄새가 날 것이라고 단언했다. 그 냄새는 "소화 기능이 약하거나 충분치 못하다"[45]는 징표였다. 그는 계속해서 이렇게 물었다. "누구나 분뇨수거인, 축융업자, 밀랍으로 초를 만드는 직공, 도축업자 등은 냄새만 가지고도 식별할 수 있지 않은가. […] 직공들의 몸에 스며든 이러한 휘발성 입자는 어느 정도의 수량까지는 거의 체액과 섞이지 않고 몸에서 배출된다. 그러나 어느 순간부터는 일부가 체액과 뒤섞인다. […] 체취는 직공들이 건강하다는 것을 알려주는 확실한 징표이다."[46] 브리외드는 축융업자에게서 직업과 관련된 특유한 냄새가 나지 않으면, 그것만으로도 그가 병에 걸려 있다는 사실을 알 수 있다고 말했다. 이를 놓고 보더라도 이 학자에게 서는 사회적 혐오감 같은 것은 발견되지 않는다. 그는 단지 자신이 관찰한 내용을 라마니치 이후 위생학자들이 그리려고 노력했던 다양한 직업의 초상에 덧붙여놓았을 뿐이다.

체취는 의학의 진단학 안으로도 들어왔다. 일찍이 히포크라테스도 이미 이것을 징후의 무리에 포함시켰다.[47] 몸에 병이 생긴 것은 건강한 체취를 잃는 것으로도 드러나고, 동시에 병의 냄새가 나는 것으로도 드러난다. 건강한 상태에서 병든 상태로, 나아가 죽음으로 이르는 길은 시큼한 냄새를 부패한 알칼리성 냄새로 이끈다.[48] 보르되는 맑은 냄새를 온전히 정의할 수 없게 하는 '어휘의 결핍'을 한탄하면서, 그의 시대의 의학이 "신체기관들의 본질이 건강한지 아픈지를 후각으로 판단"했다는 사실을 확인시켜 주었다.[49]

그래서 그 시대의 의사들은 공기오염에 대한 전문가가 되는 것만으로는 충분치 않았다. 환자의 머리맡으로 가서 "깊이 생각하며 냄새를 맡는"[50] 기술도 익혀야 했던 것이다. 먼저 환자의 나이, 성별, 기질, 머리색, 직업, 나아가 할 수만 있다면 환자가 건강했을 때 기록해 둔 체취 등도 고려해서 참을성 있게 환자한테 나는 냄새를 맡아야 했다. 그뒤 의사는 후각적인 과정을 떠올리며 증상의 특징을 분석했다.

이런 식으로 병자를 냄새로 진단하고 상태를 판단했는데, 후각적인 분석은 당연히 귀착지를 중시했다. 특히 내뱉는 숨과 배설물, 고름이 중요했다. 그것들을 판독하는 일은 놀랄 만큼 쉬웠다. "상처 부위를 치료할 때에는 피부가 곪아 있는 상태라면 매일 붕대를 갈 때마다 반드시 고름의 상태를 관찰해야 한다. 만약 병자가 격한 감정에 몸을 맡겼거나, 격한 운동을 했거나, 오랜 시간에 걸쳐 몸을 움직이거나 했다면, 아니면 건강을 돌보지 않고 독한 술을 지나치게 마셨거나, 산성이나 염분이 지나치게 많든가 훈제한 음식을 먹었다면, 나아가 오염된 공기나 습지 가까운 곳의 공기를 들이마시고 있는 경우에는 고름의 성질이 변하는 것이 관찰된다."[51]

이처럼 환자의 후각적 증상을 주의 깊게 관찰하는 것은 민간에서도 오래전부터 행해지던 일이었다. 특히 시골에서는 병자의 땀, 똥, 오줌, 가래, 궤양, 병자의 몸을 오랫동안 감싸고 있던 속옷 등의 냄새가 바뀌면 산파나 하녀가 곧바로 의사에게 그 사실을 알려주게 되어 있었다.

후각적 진단학에 관한 논문들의 목록은 끝이 어딘지 알 수 없을 만큼 길게 이어져 있어서, 그러한 논문들을 쓴 저자들의 이름을 빠뜨리지 않고 열거하는 것조차도 어려울 지경이다. 그렇지만 그들이 하나같이 가장 끔찍한 악취로 꼽고 있는 것은 괴혈병의 냄새였다. "경험이 많은 의사는 [신체 조직이 썩은] 괴저로 생긴 궤양의 냄새를 곧바로 식별할 수 있다. 결핵 환자, 이질 환자, 악성 부패열 환자 등도 특유한 냄새가 있다. 병원이나 교도소에 열병을 퍼뜨리는 쥐도 냄새로 찾아낼 수 있다."[52] 만약 임산부의 시큼한 젖내가 악취로 바뀌면 그것은 [분만 후 젖이 너무 많이 분비되어 나타나는] 유열 때문이라고 생각해도 좋았다.

이러한 문헌들의 내용을 분석하거나 단순히 어휘들을 열거하는 것만으로도 후각생리학을 더 잘 이해하고, 그것의 어휘가 확장된 너비를 가늠해볼 수 있을 것이다. 후각생리학과 관련된 어휘들이 가장 빈번히 사용된 것은 왕정복고(1814~1830) 시대였다.

존 프링글의 책 이후, 수많은 의사들이 행한 임상실험과 부패에 관한 이론적 연구, 후각생리학으로 응용된 인류학 담론, 민속적이고 자연적인 치료법 사이에서는 어떤 일관성이 뚜렷하게 발견된다. 물론 의학 안에서 (이미 시대에 뒤처진 것이 되어 있던) 체액의학, 부패열 이론, 몽펠리에 학파의 생기론, 보르되의 유기체론 등이 일치된 견해를 제시하는 일은 있을 수 없었다. 하지만 이 학설들은 모두 그 시대 사람들의 마음속 깊은 곳에 체취의 중요성에 대한 확신이 뿌리를 내리고 있었다는 사실을 신기할 만큼 뚜렷한 형태로 반영하고 있었다. 그런데 이제는 화학자들이 그 매혹적인 기운을 분석하려고 노력하게 되었다.

라부아지에와 아르망 세갱(1767~1835)이 피부 호흡에 관해 분석한 결과를 결정적으로 발표하기 전에는 얼마간 혼란스럽고 웃음을 불러일으키기 일쑤인 수많은 시도들이 과학사의 이 잊힌 페이지를 채우고 있었다. 다루어진 문제들은 매우 다양했다. 이보다 2세기 전에 산토리오는 자신의 체중 감소를 측정해서 감지되지 않는 발산 작용이 이루어지고 있다는 사실을 증명했다. 만약 이 실험이 사실이라면, 피부로 발산되는 가스를 측정하고 분석하는 것으로 그러한 발산 작용을 밝혀낼 수 있지 않을까? 마찬가지로 '냄새나는 증기'의 흡입을 입증할 수도 있지 않을까? 아울러 이러한 의문들이 해결되면 악취와 오염의 작동원리를 밝힐 수도 있지 않을까? 사람들은 확실히 그렇게 할 수 있을 것이라고 잘못 판단했다.

그래서 화학자들은 (더구나 쟁쟁한 성원들이) 몸에 몇 개의 [주둥이가 넓은] 광구병을 두르고 미지근한 욕조 안에 몸을 담근 채, 팔뚝과 겨드랑이, 장에서 가스를 채집하려 했다. 1777년 미유 백작(1728~1784)은 베를린 학술원에 자신의 피부에서 발산된 가스를 분석한 결과를 제출했다. 그는 그 가스를 '고정 공기'로 보았다. 크룍섕크와 프리스틀리도 미유 백작의 뒤를 따랐다. 그러나 프리스틀리는 이런 종류의 실험을 크게 신뢰하지는 않았다. 1780년에 이번에는 파리에서 잉엔하우스가 자신의 피부에서 발산된 가스를 채취했다. 그는 프리스틀리가 말한 '플로지스톤 공기'를 알아냈다고 생각했다. 그는 욕조 안에 19세의 아가씨를 넣고 그녀의 몸에서 발산되는 공기가 자신의 겨드랑이 아래에서 채집한 공기와 마찬가지로 유해한 것이라는 사실을 알아냈다.[53] 그래서 '젊은 공기'에 치료 효과가 있다는 속설이 편견에 지나지 않는다는 사실을 밝혀냈다. 루이 쥐린(1751~1819)은 더 자세히 나누어 분석했다.[54] 그는 10세에서 19세의 아이, 36세에서 66세의 남자, 40세의 여자를 데리고 몇 번이고 되풀이해서 실험했다. 하지만 어떤 경우든 채취된 것은 그가 '공기 산(acide aérien)'이라고 이름 붙인 가스뿐이었다. 그는 그것이 몸에서 플로지스톤을 없애는 기능을 한다고 말했다.

이밖에도 온갖 이상야릇한 실험들이 행해졌다. 그 실험들은 뚜렷한 과학적 가치는 없을지 모른다. 하지만 당시의 학자들이 얼마나 열정적으로 탐구하고 있었는지, 아울러 그들이 자신들의 확신에 어떻게 과학적 근거를 마련하려 했는지를 알려주는 소중한 증거들이다.

이탈리아에서는 볼타의 제자이자 주교좌성당 참사회원인 가토니가 장애인과 병자의 몸에서 발산되는 공기의 변화를 측정하려 했다. "나는 몇 명의 어린 거지 소년을 데려왔다. 그리고 그들에게 약간의 돈을 주고, 커다란 가죽부대를 허리까지 덮어쓰게 했다. 그런 뒤에 그들의 허리를 가죽끈으로 최대한 단단히 조였다. 가죽부대 안과 바깥의 공기가 뒤섞이는 것을 막기 위해 가죽부대 입구에 물에 적신 천을 꿰매 붙였고, 이 어린 수인들을 부자유스런 자세 그대로 놓아두었다. 그러고 나서 이번에는 그들을 미지근한 물이 담긴 통 안에 위장이 있는 곳까지 담그고, 그 위에 커다란 깔때기를 얹어서 가죽부대 안에 격리된 공기가 이곳을 통과해 커다란 유리용기 안에 모여들게 했다. 이렇게 채집한 공기를 일정한 방법으로 다른 용기로 옮겨 놓고, 수전량계로 분석했다."[55]

동시에 쥐린과 가토니는 거의 같은 방법으로 장기 안에 있는 가스도 채집하려 했다. 쥐린은 똑같이 체계적인 방법으로 사체의 장기 안에 남은 가스를 채집해서 연구했다. 분석을 통해서 장기에서 배출되는 가스의 유독성을 증명하는 것이 목적이었다.[56]

물론 이러한 실험들에서 피부호흡이 이루어지고 있다는 것에 대한 확실한 증거는 얻을 수 있었다. 그래서 한동안 피부가 독기를 빨아들인다는 확신이 더욱 강화되었다. 그러나 화학자들은 수전량계로 사람들의 체취의 차이는 설명할 수 없었다. 승리한 것은 보르되었다.[57] 그는 당시 유행하던 방귀 연구를 비웃었다. 의사의 코가 학자들의 기구에 승리를 거두었던 것이다.

그렇지만 한 가지 결과만은 확실하다고 여겨졌다. 악취가 생명체에 흡수되고, 체취에 영향을 끼친다는 것이다. 이것은 오늘날의 시각에서 보기에는 하찮을 뿐 아니라 이상야릇하게도 보이지만, 당시에는 매우 큰 정서적 무게를 지닌 문제였다. 비샤(1771~1802)의 말이 이를 증명한다. "나는 해부실에 있었던 뒤부터는, 가끔씩 내가 썩어 문드러진 사체와 같은 냄새의 방귀를 뀌고 있다는 사실을 깨닫게 되었다. 그런데 나는 폐와 마찬가지로 피부도 부패성 입자를 흡수하고 있다고 확신하기에 이르렀는데, 다음과 같은 방법으로 그러한 확신을 증명할 수 있었다. 나는 콧구멍을 막고, 입에는 조금 길쭉한 대롱을 물었다. 이 대롱은 창을 통해 바깥으로 나가 있었고, 외부의 공기를 들이마시게 되어 있었다. 그런데 좁은 해부실 안에서 끔찍한 악취를 내뿜던 두 구의 사체 옆에서 한 시간 동안 있자, 내 방귀는 사체의 냄새와 거의 같은 것으로 되어 있었다."[58]

자신의 발산물에 대한 놀랄 만큼의 후각적 경계심이라고 할 수 있겠다. 하지만 그럴 수밖에 없던 것이, 그것은 부패의 악취가 신비한 경로로 몸 안으로 침투하고 있다는 사실을 끊임없이 알려주는 것이었기 때문이다. 그러자 이제 타인의 체취가 불안을 불러일으키게 되었다.

욕망과 혐오의 관리

　체취가 대인관계에 끼치는 영향은 두 개의 전혀 다른 측면에서 나타난다. 하나는 호감과 반감의 측면이고, 다른 하나는 전염과 감염의 측면이다. 1733년에 파리대학 의학부 학장이던 필리프 헤케(1661~1737)는 생메다르 묘지에서〔1731년에〕일어난 집단경련 사태가 얀센파 광신자들의 몸에서 발산된 미립자의 충격에서 온 관능적인 흥분이라고 했다. 하틀리도 1744년에 성적 욕망이 신경조직에 작용하는 다양한 진동에서 비롯된다고 주장했다. 프랑스혁명 직전에도 타인의 체취가 매력이나 혐오를 불러일으킨다는 사고는 여전히 중요한 문학적 주제 가운데 하나였다. 그것을 뒷받침한 것은 공감론자들의 이론이었다.[59] 이에 관해 라 로쉬(1722~1774)는 이렇게 말했다. "남자의 주변이나 여자의 주변에는 '공감물질(matière sympathique)'이라고 불리는, 눈에 보이지 않는 입자가 넓게 퍼져 있다. 이 입자가 우리의 감각에 작용을 해서 그 영향으로 애착과 혐오, 호감과 반감이 생긴다. 예컨대 어떤 여성의 주변에 퍼져 있는 공감물질이 남자의 감각에 좋은 인상을 준다면, 그것만으로도 여성은 남자에게 사랑을 받게 되는 것이다."[60] 그의 말에 따르면, 이 공감물질이 의사들이 말하는 '발산물질'이다.[61] 이렇게 모든 사람들은 끝없이 많은 실로 다른 사람과 묶여 있다. 그 실이 다른 사람의 감성기관을 '애무하거나', '찢어놓거나' 하는 것이다.[62]

　미라보 백작 리케티(1749~1791)의 『에로티카 비블리온』의 제1장에도 우화의 형식을 띠고 있기는 하지만 이것과 거의 같은 생각의 이론이 표현되어 있다. 거기에서 등장인물인 셰컬리는 토성의 고리에 사는 사람들은 독특한 냄새를 내고, 그것이 '감정의 신경 뭉치'[63]와 직접 연결되어 있다고 밝힌다. 이러한 발산물 가운데에는 타인의 냄새와 뒤엉켜 있는 것도 있는데, 이렇게 서로 닮은 수많은 미립자는 '강한 응집력'을 가져다준다. 토성의 고리에서는 감정만이 아니라 지식도 공기를 매개로 전달된다.

이렇게 해서 체취가 사람의 매력을 만들어낸다는 것이 하나의 상투적인 표현처럼 되었다. 카사노바는 체취의 매력을 고백한다.[64] 후각은 연애를 예감하고, 모호한 욕망을 감지하는 감각이 된다. 하지만 그 감각은 시각이 정확한 정보를 가져온 순간, 잘못된 것임이 밝혀지는 경우도 있다. [몰리에르가 쓴 희곡의 주인공인] 동 쥐앙이 거세된 남자에게서 나는 '여자 냄새'에 매혹되어 겪은 수난이 좋은 사례이다.[65] 1802년에 카바니스(1757~1808)는 후각을 '공감 감각(sens de la sympathie)'이라고 불렀다. 19세기 말이 되어서도 모냉과 갈로팽은[66] 여전히 그것을 '친화력의 감각'이라고 보았다.[67]

따라서 이러한 측면에서도 학자들은 고대의 고정관념을 뒷받침해주는 역할을 했다. 남성의 '정액의 영기'는 남성의 성욕을 유지시킬 뿐 아니라, 여성의 욕망도 부추긴다고 여겨졌다. 파우스트가 모습을 드러내자 궁정의 여자들은 거의 광란의 상태가 되어 그가 뱉어낸 숨결을 탐하듯이 들이마셨다. 이것은 '성장기의 신선한 피'와 '장미와 향이 뒤섞인 듯한 향기' 때문이었다.[68] 남성적 욕망을 규정하는 것은 실제로는 더 복잡한 일로 여겨졌다. 그렇지만 동물들의 발정기가 가져다준 인상이 너무 강해서 의사들은 그 모델에서 벗어날 수 없었다. 그들은 남자가 유혹되는 것은 대부분의 경우 생리혈 냄새 때문이라는 믿음을 계속해서 가지고 있었다. 잘 알다시피 생리에는 이중적인 속성이 있다. 생리로 배출되는 것은 정화작용의 결과이므로, 생리혈에는 부패시키는 힘이 있다. 그러나 동시에 그것에는 생명의 본질로부터 받은 미세한 증기도 들어 있다.[69] 몽펠리에 학파의 관점에서 보면, 생리 기간에 여성은 자연의 생명력을 반영한다. 여성은 지나친 동물화로 생겨난 것을 밖으로 뱉어내고, 수태의 신호를 보내고, 유혹의 증기를 흩뿌린다.

수십 년이 지난 뒤에 카데 드 보(1743~1828)가 멋지게 요약했던 것도 이러한 생각이었다. 그는 시대에 한참 뒤처진 말투로 여성이 발산하는 공기를 "그녀가 가지고 있는 생명의 본질이 발산된 정기"[70]라고 예찬했다. 이러한 확신에서 후각적 균형을 잃은 여성들에 대한 독특한 규정들이 나왔다. 예컨대 빨강머리를 가진 여인은 마치 주기가 따로 없이 끊임없이 생리혈을 배출하고 있는 것처럼 강한 냄새를 풍기지만, 동시에 매력도 발산된다고 여겨졌다. 일시적으로 생리혈의 발산물이 없는 임신부도 이런 여성의 부류에 포함되었다.[71]

얼마 뒤에 쥘 미슐레(1798~1874)가 이와 똑같은 생각을 드러냈다. 그는 자신의 어린 아내가 생리를 시작해 생리혈을 흘리는 것에 매료되었다. 그렇지만 그 사이에 하나의 급격한 변동이 일어났다. 이에 대해서는 뒤로 미루지 않고 여기에서 살펴보려고 한다. 자연배란은 1828년 이후 추정으로만 여겨지고 있었으나, 마침내 1847년에 푸셰가 그것을 증명했다. 그래서 마녀가 생리혈의 발산물로 금속의 광채를 없애고 소금에 절인 고기를 상하게 한다는 공포도 사실과 다른 것으로 밝혀졌다. 그러면서 생리혈만이 아니라 여성도 불길한 존재에서 창조적인 존재로 변화했다. 그 뒤 생리혈은 새로운 의미를 지니게 되었고, 그것이 다시 남자의 욕망을 일으켰다. 남편은 산부인과 의사와 마찬가지로 신비한 생명과 생리주기의 역사가가 되었다. 그때까지 남자는 이러한 것들로부터 배제되어 있었지만, 이제는 그것의 관리를 자신의 의무로 하게 되었다. 생리와 그것의 냄새가 학술적인 담론으로 예찬되면서 여성은 새로운 순결함을 획득했다. 하지만 동시에 초자연적인 힘을 상실했다.[72]

생리혈에 포함되어 있는 생명의 증기는 생리시기가 아닌 때에는 다른 배출기관을 향기로 채운다. 이 향기는 시인들의 언어를 지배했다. 〔프랑스의 시인들인〕 파르니(1753~1814)와 베르니(1715~1794)는 보들레르(1821

~1867)나 백화점에 출몰한 '큉큉이들(renifleurs)'**보다 먼저 머리카락의 향기에 매혹되었다.[73] 그리고 겨드랑이에 배인 땀과 그것이 스며든 속옷의 매혹적인 힘도 수많은 이야기들을 낳았다. 전설로 전해지듯이, 앙리 3세(재위 1574~1589)는 작은 방에서 마리 드 클레브(1553~1574)**가 옷을 갈아입을 때 속옷의 향기를 맡고는 평생 그녀의 포로가 되었다. 이 이야기에서 후각적 메시지는 장막이 두 사람을 갈라놓은 상태에서도 갑작스럽고 벗어날 수 없는 강한 충격을 가져다주었다. [괴테의 소설에 등장하는] 베르테르가 문 안에서 본 샤를로트의 모습에 한눈에 반한 것처럼, 앙리 3세도 육체의 향기 때문에 사랑에 빠진 것이다.[74] 투르크의 어느 술탄은 마음에 드는 아가씨를 선택할 때에 그녀들의 땀이 밴 [허리까지 내려오는 짧은 겉옷인] 튜닉의 냄새를 맡고 결정했다.[75] 괴테는 폰 슈타인 부인의 향기를 실컷 맡으려고 [여성옷의 몸통 부분인] 코르사주를 한 벌 훔쳤다고 고백했다.[76] 도르빌리(1808~1889)의 소설에 등장하는 마녀는 엄격한 사제를 유혹하려고 그에게 속옷을 보낸다. 그리고 위스망스(1848~1907)는 『겨드랑이』라는 작품에서 여성의 겨드랑이 냄새가 가지고 있는 매력을 한껏 드러냈다.[77]

이보다는 세련된 방식이지만, 애인의 품에 안긴 꽃다발의 매력도 자주 이야기되었다. 루소도 파르니와 마찬가지로 그것에 빼앗긴 마음을 노래했다.[78] 입 냄새나 신발 냄새는 어떠했을까. 정신분석의가 가죽 페티시즘이라는 말을 발명하기 훨씬 전에 이미 레스티프(1734~1806)는 여

---

* 타르디외는 '큉큉이들'을 여성의 오줌 냄새를 맡기 위해 할 일 없이 여성 화장실을 배회하거나 극장 뒷문 회랑처럼 여성들이 자주 오줌을 누러 가던 장소에 살금살금 숨어드는 자들이라고 정의했다. 그들은 여성의 오줌 냄새를 한껏 들이마시고 흥분에 휩싸였다고 한다.

** 마리 드 클레브는 느베르 공작 프랑수아 1세(François I de Nevers)의 막내딸이다. 앙리 3세는 콩데의 앙리 1세(Henri I, Prince of Condé)와 결혼한 그녀를 이혼시키려 했으나, 그녀가 죽는 바람에 뜻을 이루지 못했다.

성의 신발 냄새에 끝없는 환희를 드러내고 있었다.[79] 기묘한 침묵도
눈에 띈다. 이것은 아마 일종의 금기였기 때문일 텐데, 생리에 관한 이
러한 관능적인 담론 안에서는 아무리 둘러보아도 여성의 생식기에서
나는 냄새의 유혹적인 힘을 암시하고 있는 것은 발견되지 않는다.[80]

　사춘기는 여자의 일생이 그려내는 후각적 여정에서 결정적인 단계
가 아니다. 이본느 베르디에는 그것을 바르게 꿰뚫어보았다. 생리는
사춘기 소녀의 매력을 끌어올리고, 생식이라고 하는 소녀의 사명을 환
기시키지만, 소녀에게 연속되지 않는 향기만 가져다줄 뿐이다. 여성을
진짜 후각적으로 각인시키는 것은 남성의 정액이다. 성교를 행하는 것
으로 수많은 동물의 암컷의 살이 독특한 냄새를 지니게 되는 것과 마
찬가지이다.[81] 모든 방면에서 여성을 완성시키는 것은 성관계이다.[82]

　이것은 특별한 후각능력을 가지고 태어난 사람들을 다루고 있는, 널
리 알려진 몇몇 이야기들이 잘 보여준다. (생리의 냄새는 너무나 확실하
기 때문이겠지만) 그것은 생리의 냄새에 관한 이야기가 아니고, 성교에
관한 이야기, 다시 말해 여성의 성기와 체액에 정액이 달라붙어 정액
의 증기가 발산된다는 이야기이다. 〔기원전 4세기 무렵의 그리스 철학자〕데모
크리토스의 희극은 〔고대 그리스의 도시〕아브데라의 젊은 아가씨가 저지
른 부정을 그 냄새로 확신한다. 부정을 저지른 여자를 냄새로 찾아낼
수 있다는 프라하 수도사의 사례는 1684년 『주르날 데 사방』에 처음
소개된 뒤로 그와 같은 주제를 다루고 있는 모든 의학 문헌들에서 거
의 빠지지 않고 언급되었다.

　지나친 성교는 여자의 체액에 말 그대로 정액이 흘러드는 결과를 가
져와서, 체액을 부패시키고, 참기 어려운 악취를 풍기게 한다. 매춘부
가 '악취를 풍기는(puant) 여자'를 뜻하는 '퓌탱(putain)'이라는 말로 바
뀌어 불리게 된 것도 바로 이 때문이었다.[83] 이러한 생각은 일찍이 〔2세
기 로마의 시인인〕유베날리스에게서도 나타났는데, 18세기 초에 장바티

스트 실바(1682~1742)는 그것을 과학적으로 증명하려고 노력했다.[84] 그래서 얼마 지나지 않아 사람들은 이러한 생각에서도 매춘부를 위험한 여자로 보게 되었다.

실제로 병든 육체, 산 채로 썩어가고 있는 육체는 유해한 발산물, 곧 병의 기운이 담긴 냄새를 풍긴다. 이 점에서는 동물들도 위험하다. 가축들한테 병이 유행하고 있을 때는 인간도 위험에 노출된다. 그래서 축사의 공기는 몸에 좋기는커녕 매우 비위생적인 것으로 여겨지게 되었다.[85] 이로써 부패열 이론이 생기론자들과 정면으로 맞서게 되었다.

이보다 더 끔찍한 것은 병든 사람 곁에 있는 일이었다. 병자 주변의 공기가 "많든 적든 퍼져서 병자의 옷과 가구, 벽 등에 침투해 있었다. 그것은 보통의 공기보다 무거워서 마치 짓누르는 듯했고, 움직임이나 탄성도 훨씬 적어서 방 구석진 곳에 언제까지라도 그대로 남아 있을 듯했다."[86] 위험을 알아차리는 데는 냄새만으로도 충분했다. 1799년 프랑스군이 니스에 머무르고 있을 때 주둔지에 열병이 유행했는데, "불쌍한 병사의 몸에서 인산가스가 타는 것 같은 냄새가 나서 멀리 떨어진 곳에서도 그 냄새를 맡을 수 있었다. 병자가 가장 많은 거리와 건물에서는 시간이 지나도 냄새가 없어지지 않았다."[87] 포데레(1764~1835)는 회복기의 병자도 "주변의 공기를 없애지 않는 한" 병을 곳곳에 퍼뜨렸다고 밝혔다.

그러나 독기와 냄새를 옮기는 데 가장 큰 역할을 했던 것은 호흡이었다.[88] 소바지는 '병에 걸린 가축'이 내뱉는 호흡에는 병의 기운이 달라붙어 있다고 경고했다. 알레의 동료는 빈사 상태에 빠진 인부가 내뱉은 숨을 들이마신 것만으로도 즉사했다.[89] 호흡은 본래 생명체가 자신이 지닌 매력을 드러내고, '생명 공기'를 들여오는 정상적인 기능을 하고 있음을 증명하는 것이다. 하지만 동시에 그것은 체액에 쌓인 부패를 배출하는 것이자 주변을 오염시키는 '플로지스톤 공기'를 배출하는 것이기도 하다. 따라서 공기오염과 독기라는 공기론적 강박관념을 지니고 있던 그 시대에는 타인의 발산물·호흡·체취에 대한 경계심이 유독 강하게 나타날 수밖에 없었다.

살아 있는 인간이나 동물이 가득 들어찬 장소에는 다량의 증기가 쌓이게 마련인데, 이것을 인식하는 순간 아찔함이 밀려왔다. 이렇게 '사회적 발산물'[90]의 위험을 인식하는 것에서 악취를 뿜어대는 무리, 곧 민중이나 가축의 무리에 대한 경계심이 생겨났다. 그리고 이러한 경계심은 걱정스런 예측을 낳았는데, 그것은 대지에서 발산되는 증기의 양을 계산하려 했던 예전의 노력을 계승하는 양상으로 나타났다. 이미 1742년에 아버스노트는 도시에 사는 주민들의 발산물을 측정하려 시도했다. "1아르팡*의 땅에서 3천 명이 매일 땀을 흘리면, 3~4일 뒤에는 71피에** 높이의 가스가 생성된다. 이 물질과 공기의 비율은 대략 800대 1이다. 그러므로 100아르팡의 땅에 3천 명이 있으면 8푸스***의 같은 물질이 남는다. 그것은 대부분 사라지지 않고 냄새나는 발산물 특유의 무한히 작은 특성대로 구석구석으로 퍼져서 같은 면적의 도시 전체의 공기를 오염시킨다."[91]

9년 뒤에 소바지는 이 계산을 이렇게 수정했다. 한 명의 도시 주민이 매일 섭취하는 5리브르****의 식물이 만들어내는 배설물이 "증기로 되면"[92] 사람 1명 피부의 표면적 14피에를 밑면으로 한 4피에 7푸스의 높이의 증기의 둥근기둥(무게 합계 5리브르)이 만들어진다. 도시에서는 이 둥근기둥의 밀도가 곱절이 된다. 그러므로 도시주민 한 명이 실제

---

* 아르팡(arpent) : 미터법이 도입되기 전에 사용되던 길이와 면적의 단위. 프랑스에서 1아르팡은 약 71.46미터였고, 면적으로는 약 5106.5제곱미터였다.
** 피에(pied) : 영미권의 피트와 같은 길이 단위로 1피에는 약 0.3248m이다.
*** 푸스(pouces) : 옛날 부피의 단위로 1푸스는 약 19.84ml이다.
**** 리브르(livre) : 1리브르는 약 500g이다.

로 사용하는 면적은 그 사람 피부 표면적의 절반을 넘지 않는다.

아무리 건강한 사람이라도 그곳이 도시든 골짜기든 상관없이 어떤 장소에 있으면 그곳의 공기를 오염시킨다. 그러나 다행스럽게도 바람이나 마차의 진동, 각 가정에서 난로를 때면서 생긴 공기의 흐름 때문에 공기오염은 일부나마 제거된다. 하지만 많은 사람이 북적대는 밀폐된 공간은 그렇지 않다. 군함·병원·교도소·병영·교회·극장 등과 같은 곳에서 서서히 질병이 생성되어 마침내 도시 전체로 퍼진다.

지금까지 우리가 이론적 기초를 살펴본, 육체의 밀집에 대한 이러한 불안감은 곧 도시 내부에 관한 사회적 표상과 공공공간에 관한 위생학자의 전략 모두에 지침을 주었다. 그렇지만 라부아지에 학파의 화학이 규범적 틀을 명확히 정의해줄 때까지 그 지침의 형식은 당분간 상당히 혼란스럽게 나타났다.

배 밑바닥과 병든 도시의 냄새

이 주제에 관해서는 먼저 부패에 관한 사회적 표상으로 자주 등장했던 배 밑바닥의 상징성을 살펴보아야 할 것이다. "배 안의 공기에 대한 첫인상은 후각에 기초한 것이었다. 이 복잡한 냄새는 배 밑바닥의 발산물, 타르 냄새, 많은 남자들이 좁은 공간에 갇혀 있으면서 나는 고약한 냄새 등이 서로 뒤섞여서 생겨난 것이었다."[93] 불안감에 휩싸인 위생학자들의 분석 대상으로 배가 가장 먼저 선택된 것은 이 때문이었다. 스티븐 헤일스는 1744년에 "배 안의 공기는 감옥보다도 훨씬 나쁘다"고 단호히 말했다.[94] 몇 년 뒤 뒤아멜 뒤 몽소 자작은 이 복잡하게 뒤섞인 냄새를 분석해 보려고 했다. 이 냄새를 분석하는 것만으로도 괴혈병이 지닌 강한 부패력을 충분히 설명할 수 있을 것이라고 생각했기 때문이다.

배는 "떠다니는 늪"[95]이었다. 바깥의 나무판자들 틈으로 스며들어온 바닷물, 빗물이 고였거나 갑판을 제대로 청소하지 않아 곳곳에 차 있는 민물, 배에서 쓰는 밧줄이나 나무판자들이 썩으면서 생긴 물질들, 물에 젖어 녹슨 포탄이나 쇳덩이와 같은 것들이 뒤섞여 새까맣고 유독한 진창을 만들어냈다. 그리고 심한 악취가 나는 액체들이 배 밑바닥의 배수구로 흘러들어 온갖 악취들의 혼합물을 만들어냈다. 민물과 바닷물이 뒤섞인 이러한 혼합물은 유독성이라는 점에서는 방치된 염전에 뒤지지 않았다. 게다가 펌프로 퍼내려고 하면 악취가 더 진동했다. 아울러 바닷물이 스며들지 못하게 바른 역청의 냄새, 해안의 안개, 정박지의 냄새 등은 배와 늪을 더 동일시하게 했다.

배는 발효의 성소이기도 했다. 골조의 목재나 황마밧줄 등에서는 새 것일수록 증기가 더 많이 피어올랐다. 갑판 아래의 식량창고에서는 "언제나 코를 찌르는 뜨거운 증기 냄새가 났다. 그것은 예민한 사람이라면 정신을 잃고 쓰러질 만한 냄새였다."[96] 감각의 착각인지, 그곳의 공기는 다른 곳보다 온도가 높은 것처럼 느껴졌다. 공기가 고여 있으면 악취는 더 심해졌다. 배 밑바닥은 배 안의 생명들을 끊임없이 위협했는데, 동시에 기묘한 매력도 풍겼다. 뒷시대의 문학작품들이기는 하지만, 아서 고든 핌*과 드라큘라의 항해, 조지프 콘래드(1857~1924)의 『암흑의 핵심』[97] 등에 등장하는 부패한 화물은 이처럼 기묘한 냄새를 뿜어대는 배 밑바닥에 대한 공포심을 반영하고 있었다. 식량창고에서는 "냄새를 풍기며 발효한 술이나 식량들에서 나온 발산물"[98]이 갑판 위로 새어나왔다.

---

* 미국 소설가 에드기 앨런 포의 장편소설『낸터깃의 아서 고든 핌의 이야기 *The Narrative of Arthur Gordon Pym of Nantucket*』(1838년)를 가리킨다. 소년이 배에서 겪는 반란, 좌초, 항해 등을 주요 내용으로 하고 있다.

배에 싣고 있던 가축의 분뇨와 땀, 닭똥, 소금에 절인 대구, 쥐와 곤충의 부패한 사체, 상자 밑이나 사람 눈에 띄지 않는 구석에 처박혀 있는 쓰레기,[99] 이러한 것들이 만들어낸 부패한 냄새의 혼합물이 선원과 승객들을 불쾌하게 했다. 무더운 계절에는 배의 변소, 고급선원들이 쓰던 변기(bouteilles), 오줌을 담아둔 요강 등에서 발산하는 물질들이 참기 어려운 냄새를 풍겼다. 다음과 같은 일도 있었다. 1821년 아르튀르호가 건조시킨 인분을 싣고 〔카리브해의〕 과들루프 섬으로 향했다. 그런데 화물의 악취 때문에 선원들이 거의 대부분 사망해서, 〔과들루프의 항구도시〕 푸앵트아피트르 앞바다에 간신히 도착했을 때에는 마치 유령선 같은 모습을 하고 있었다.[100]

이러한 혼합물의 마무리를 장식하는 것은 신체의 밀집과 혼돈의 증기였다. 밤이 되면 갑판 아래 고인 공기 안에서 선원들이 북적거리며 잠을 잤다. 그들이 입고 있는 옷에는 습기와 땀이 잔뜩 배어 있었다.[101] 너무 냄새가 지독해서 갑판 출입구 앞을 지나던 승객은 숨을 쉴 수 없을 지경이었다고 한다. 도시의 오염된 구역에서 나는 것과 똑같은 악취 때문에 배의 비위생은 더욱 심각해지기도 했다. 배에는 병실도 있었기 때문에 이따금 떠다니는 병원으로 변하기도 했다. 그리고 징벌방에는 선원이 쇠사슬에 묶여 있었다. 스티븐 헤일스는 기니에서 데려온 흑인노예가 화물이었을 때에는 "공기가 완전히 오염되고, 속이 메슥거려 도저히 참을 수 없을 정도였다"고 강조해서 나타내기도 했다.[102]

학자들은 배 위로 올라가 발산되는 증기를 끊임없이 되풀이해서 조사했다.[103] 그들은 이 끔찍한 혼합물에서 생겨난 복잡한 냄새를 정의하고, 그 위험의 정도를 가늠하려고 했다. 1748년에는 왕립의학협회의 조사단이 이 문제에 매달렸다.[104] 조사단은 배가 오염된 경우에는 항해가 가능하더라도 곧바로 불로 태워버려야 한다는 결론을 내놓았다. 그래서 전함 멜포메네호가 소각되었다.

육지에서 후각과 관련된 충격적인 사건이 가장 많이 일어난 곳은 감옥이었다. 그곳의 악취는 수인들이 산 채로 집단으로 썩어가고 있는 것을 뜻했다. 인간이 썩어가는 그곳에는 〔대를 이어 내려온〕 계통적 오염과 현재의 부패가 겸비되어 있었다. 메르시에는 〔프랑스 파리 근교〕 비세트르 감옥의 악취가 〔약 800m에 해당하는〕 400투아즈 떨어진 곳까지 풍겼다고 썼다.[105] 강도 무리 가운데 한 사람은 아주 잠깐만이라도 바깥 공기를 들이마시고 싶어서 탈옥을 했다가 목숨을 잃었다. 참수형을 당하기 위해 독방에서 나온 슈트루엔제(1737~1772) 백작은 "신선한 공기를 마시다니 얼마나 다행인가!"[106] 하고 외쳤다고 전해진다. 카사노바는 베네치아의 끔찍한 감옥에서 간수와 말다툼을 벌이다가 내기를 했는데, 자신이 이기면 분뇨통의 악취를 없애 달라고 했다.[107]

19세기 초반의 문학에서는 깨끗한 공기를 동경하는 수인의 심정이 자주 묘사되었다. 〔세낭쿠르 소설의 주인공〕 오베르망은 10년이나 갇혀 있던 오물투성이 독방에서 풀려나 맑고 고요한 하늘을 마주한 수인과 같다고 자신을 표현했다.[108] 〔베토벤의 오페라에서〕 피사로의 수인들은 바깥공기와 빛을 접한 기쁨을 노래했다.[109] 미슐레도 빠지지 않고 자신의 저작 안에서 여러 번 되풀이해서 감옥 냄새의 역사를 다루었다. "습하고 어두운 옛 수도원은 지금은 곳곳에서 감옥으로 쓰이고 있는데, 어떻게 고치더라도 끝내 없어지지 않는 역사적인 불결함을 핵심으로 지니고 있다. 그래서 그곳에 한걸음이라도 발을 디디면 말로 표현하기조차 어려운 냄새 때문에 속이 울렁거린다. 루이 14세의 시대의 감옥에 갇힌 적이 있는 불행한 자들은 그곳의 오염된 공기가 가장 큰 고문이었다고 말했다."[110]

하워드는 1784년에 "헤일스 박사가 '생명의 자연강장제'라고 부른 것을 수인들로부터 없애는 방법이 아직 모색되지 않고 있다"[111]고 항의했다. 나아가 그는 이렇게 밝혔다. "감옥의 공기는 그곳을 찾아간 사람들의 의복을 오염시킨다. […] 오염에서 벗어나려고 사람들이 사용하는 식초까지도 곧 참기 어려운 냄새로 바뀌어버린다." 이렇게 감옥을 관찰하던 사람들이 대부분 가지고 있던 후각적 경계심은 결코 사그라들지 않았다.

더 정확히 말하자면, 하워드가 이 글을 썼을 때에는 감옥의 악취 때문에 일어난 충격적인 사건들은 이미 오랜 역사를 가지고 있었다. 베이컨은 감옥의 냄새나 발산물을 페스트에 버금가는 위험한 오염이라고 생각하고 있었다.[112] 그 때문에 벌어진 수많은 참사들이 그러한 사실을 뚜렷이 증명했다. 맨 처음은 1577년 옥스퍼드에서 일어난 '검은 법정' 사건이었다. 롤런드 젠킨스라는 남자가 폭동을 교사한 혐의로 재판을 받고 있었는데, 그때 법정에서 "매우 유독한 증기가 피어올라 대부분의 사람들이 질식했다. 빠져나온 사람은 거의 없었다. 옥스퍼드에서 300명이 죽었고, 200명 이상이 병으로 쓰러져 다른 장소에서 죽었다."[113] 1730년 5월에는 [영국 남서부] 톤턴의 법정에서 참사가 벌어졌다. 인근의 일체스터에서 데려온 수인들이 법정을 오염시켰기 때문에 "재판장, 변호사, 주 장관을 비롯한 수백 명의 사람들이 악성 유행병의 열 때문에 목숨을 잃었다."[114]

가장 끔찍한 법정 오염으로 꼽히는 것은 1750년 3월 11일에 [런던의 재판소] 올드 베일리에서 벌어진 사건이었다. 개정하기 전에 재판소 측은 (모두 200인에 이르는) 수많은 수인들을 재판장 자리와 가까운 두 개의 방과 보석 보증인석에 가두었다. 보석 보증인석은 법정으로 이어진 일종의 작은 방으로 칸막이벽 상부에 뚫린 작은 창과 하나의 문만 있었다. 이 3개의 방은 "이미 여러 해 전부터 청소를 하지 않았다. 더구나 방이 밀폐되어 있었던 데다가 기온도 높았기 때문에 많은 사람들이 흘린 땀으로 악취는 더욱 심해졌다. 그래서 2~3명의 변호사와 1명의 주 부장관이 죽었다."[115] 모두 40명이 죽었는데, "이 숫자에는 신분이 낮고, 사망을 확인할 수 없었던 사람은 포함되어 있지 않았다."[116] 1811년에는 [프랑스 동부] 롱르소니에의 법정에서도 비슷한 참사가 일어났다.[117] 프링글이나 제임스 린드는 왕국 해군과 육군에 큰 손해를 끼친 오염들도 감옥에서 생겨난다고 보았다.

프리스틀리의 발견이 이루어지기 전까지는 악취로 생긴 끔찍한 '감옥 열병'과 밀폐된 곳에 너무 많은 사람들이 들어차서 생긴 단순한 질식이 엄격히 구분되지 않았다. 학자들은 벵골의 [토굴 감옥인] '검은 구멍'에 감금되어 질식한 147명의 영국인 포로의 비극과[118] 불운한 중범죄 법정의 희생자들을 덮친 악성 유행병을 뒤섞어서 생각하고 있었다.

감옥의 악취와 그것이 뿜어대는 열기는 과거에 일어났던 침투의 결과도 포함하고 있어서 더욱 끔찍한 것이었다. 이 경우에는 건물을 모두 헐어내고 토지를 방치해두는 것 말고는 방법이 없었다. 라부아지에가 생마르탱과 퐁레베크의 감옥을 시찰한 뒤에 왕립과학아카데미에 제출한 보고서의 결론도 그러했다.[119]

수인을 가둬둔 독방의 부패와 악취에 관한 담론은 반세기 뒤에 도시 노동자의 주택과 불결한 농가를 묘사할 때 지침이 되었다. 18세기 이후 불결한 거주공간에 대한 보고가 끊이지 않았고, 그것들은 나름의 정당성을 지니고 되풀이되었다. 그리고 그러한 비난들은 수인의 독방에 대한 서술들을 모델로 삼고 있었다.

그 시대의 관찰자들이 했던 말에 따르면, 병원의 후각적 환경을 특징짓는 것은 썩어가는 냄새의 복합물이었다.[120] 병자의 가쁜 숨과 악취를 풍기는 땀, 고름 성분이 섞인 가래, 상처에서 흘러나오는 다양한 피고름, 소변기와 대변기의 내용물들, 약 냄새, 고약 냄새와 같은 것들이 뒤섞여서 특유의 냄새를 만들어냈는데, 의사들은 일찍부터 전염병의 원인을 밝혀내기 위해 그와 같은 냄새의 성분을 분석하려고 시도했다. 병자들의 나이, 성별, 직업, 기질 등이 그 복합적인 악취를 다양하게 변화시켰는데, 병원들마다 이 복합물로부터 지배적인 병의 냄새가 풍겨났다. 가장 끔찍한 것은 '병원의 괴저', 다시 말해 이미 죽은 것이나 다름없는 상태의 병자에게서 나는 죽음을 앞둔 냄새였다. 그것은 괴사가 진행되어 썩은 손이나 발, 빈사 상태에 놓인 병자의 체액이 배어 있는 침대에서 풍겼다.[121]

병원을 돌아보며 그것들의 상태를 묘사하는 것은 공중위생학에 종사하는 이들이 가장 먼저 힘을 기울여야 할 과제였다. 그 과정에서 숨막히는 악취가 이야기의 주인공으로 떠올랐다. 지칠 줄 모르는 하워드는 병원의 소음이나 채광과 같은 문제에는 전혀 관심을 기울이지 않고, 오로지 후각적인 분석만을 되풀이했다. 이는 그가 〔프랑스 동부〕리옹과 〔시칠리아 남부의 섬〕몰타의 병원을 묘사해 놓은 것에서 특히 잘 드러난다.[122] 네케르 부인(1737~1794)*은 비세트르 감옥에서 병자들이 사용하는 옥사를 시찰하는 일을 서슴지 않고 해냈다. 병자들의 옥사에서도 '성 프랑수아의 방'이라고 불리던 곳은 말 그대로 '파리 인종의 배밑바닥'이었다. 그곳의 공기는 극심한 악취가 나서 "제아무리 자비심 깊고 용감한 시찰자라 하더라도 기절하거나 질식하지 않고 버틸 수 없을" 정도였다.[123] 메르시에는 어느 곳이나 병원에서는 역겹고 끔찍한 냄새가 난다고 덧붙였다. 〔1798년인〕공화력 7년에 뇌프샤토(1750~1828)의 주도로 이루어진 조사 보고서도 그의 증언을 뒷받침하고 있었다.

그렇지만 모든 묘사들 가운데 가장 정확한 것은 테농이 파리시립병원에 관해 남긴 기록일 것이다.[124] 파리시립병원을 '치료기구'[125]로 변화시키려는 계획이 세워졌는데, 그 계획이 실현되기까지 사람들 눈에는 이 병원이 악취를 내뿜는 '전염기구'처럼 보였다. 테농은 독자들을

---

* 자크 네케르(Jacques Necker)의 아내인 수잔 퀴르쇼(Suzanne Curchod)를 가리킨다. 그녀는 앙시앵레짐 시대 살롱의 안주인이자 작가였으며, 파리의 위생과 병원 환경 개선 등에도 관심을 기울였다.

전혀 배려하지 않고 소변기와 대변기의 내용물이 스며들어 있는 마룻바닥, 뱉어낸 가래로 얼룩진 벽, 죽기 직전의 상태에 빠진 병자의 체액이 스며들어 있는 상태로 마른 요와 솜털이불 등에 관해 상세히 묘사하였다. 감옥과 똑같이 변소가 곳곳으로 악취를 퍼프렸다. 583명의 병자가 있었지만, 병실은 3개, 변기 구멍은 5개뿐이었다. 오줌은 요강에 누어 변기 구멍으로 쏟아 버렸다. 똥은 "모두 같은 자리에서 쌌다. 똥이 쌓이면 다음에 온 사람은 그것을 치우고 볼일을 보았다. 그래서 똥이 계속 바닥으로 밀려와서 마침내 문이 있는 곳까지 이르렀는데, 문은 병실과 겨우 벽 두께만큼만 떨어져 있었다."[126]

악취를 뿜어대는 공기와 독기가 병원 안을 맴돌다가 계단을 통해서 발코니로 흘러갔다. 그러다 다시 역류해서 방구석에 고였다. 악취가 가장 심한 순간은 붕대를 갈 때였다. 악취가 가장 심한 공간은 유럽에서는 '성 제롬의 방'이라고 불리던 곳과 임산부 진료실이었다. 수술실로 사용되던 '성 제롬의 방'은 사체안치소 위에 있어서 "그곳에서 뿜어져 나오는 고약한 냄새의 증기에 노출되어 있었다."[127] "같은 방향으로 […] 분뇨를 흘려보내는 납으로 만든 대롱이 있었는데, 강한 냄새를 풍기고 있었다. 이 납으로 된 대롱 옆에는 발코니 모양으로 돌출된 작은 공간이 있었고, 그 위에 소변이나 피, 2층과 분만실에서 나오는 오물과 같은 것들이 떨어졌다."[128] 그곳은 심한 악취로 가득 차 있었다. 임산부의 침대를 젖히면, "마치 심연으로부터 피어오르는 듯한 습하고 뜨거운 증기가 발산되었다. 그 증기는 방 위쪽으로 떠오르고 퍼져서 촉감으로도 느낄 수 있을 만큼 공기를 자욱하게 했다. 겨울철 아침과 같은 때에는 사람이 방을 질러가면 공기가 갈라지는 것이 눈에 보일 정도였다. 그래서 불쾌감을 느끼지 않고 방을 지나갈 수 없었고, 어느 누구도 그 불쾌감을 쉽게 잊지 못했다."[129]

악취를 뿜어대면서 사람들이 밀집되어 있던 장소는 이밖에도 많았다. 감옥의 연장선에 놓인 법정을 제쳐두면, 당연히 병영이 가장 먼저 꼽혔다. 하지만 실제로는 극장도 그러한 장소였다.[130] 극장에서 특히 문제가 되었던 것은 칸막이 좌석이었는데, 그것은 신경이 섬세한 여성을 유독한 공기에 노출시킨다는 비난을 받았다.[131] 오베르망은 오페라 극장의 칸막이 좌석에 대해 가장 격렬하게 불쾌감을 드러냈는데, 그 이유는 "그곳에 있으면, 청결하다거나 건강하다고 말하기 어려운 2천 명의 관객이 내뱉는 숨으로 온몸이 땀투성이가 되어버리기"[132] 때문이었다. 이따금 심한 악취 때문에 관객들이 불안해져서 극장을 나가버리는 일도 있었다.[133] 기요탱(1738~1814)은 1789년 6월 17일 제헌의회의 의원들이 모인 베르사유의 메뉘 플레지르 회의장이 "악취가 나고 답답했다"고 고발했다. 제헌의회가 다음번 회의장소로 정한 파리 튀일리 정원 승마연습장의 회의실 공기도 의원들에게는 그다지 건강하지 못한 것이었다. 1790년 8월 젊은 펠릭스 포리웅은 일찌감치 와서 튀일리 정원의 신선한 공기를 실컷 들이마셨다. 미리 이렇게 해 두지 않았다면 그는 끝까지 회의장에 남아 있지 못했을 것이다.[134]

그렇지만 이때까지만 해도 가난뱅이와 부자의 체취가 그렇게 확연히 구별되지는 않았다. 악취가 위험한 것은 많은 사람들이 모여 있을 때였다. 병원이나 감옥의 담장 안에 북적대던 가난뱅이의 악취가 지위가 높은 이들에게까지 퍼질 위험이 있다고 지적되었지만, 동시에 교회 안에 묻힌 부자도 시신이 부패되면 예배를 온 신자들을 오염시킨다고 똑같이 위험시되었다. 1745년에 샤를 포레(1675~1741) 신부의 책이 출간된 뒤로 교회의 악취가 혐오의 대상이 되었다는 사실을 떠올려보자. 딱 맞는 덮개로 밀봉되어 있지 않은 지하납골묘, 질퍽질퍽한 물질이 침투해 얼룩져 있는 둥근 천장 등이 비난의 표적이 되었다. 볼테르는 비크다지르보다 먼저 이것을 고발했다. 수도원 중에도 심한 악취를 내뿜는 곳이 많았는데, 아그드 대성당이 대표적이었다.[135]

무덤의 덮개를 열 때에는 중범죄 재판소의 법정과 유사하게 끔찍한 사태가 벌어지기도 했다. 지하 독방과 마찬가지로 지하납골묘에서도 역병이 생겨났다. 필립 아리에스는 이러한 끔찍한 사고의 사례들을 풍부히 밝혀 놓았다.[136]

이제 남은 것은 공장의 냄새였다. 오늘날 우리는 이 문제에 가장 민감하게 반응하고 있다. 그러나 분명히 해 두어야 할 것은, 공장의 냄새가 후각적 경계심을 자극하게 된 것은 시대가 더 지난 뒤의 일이었다는 점이다. 제정 이전에는 공장의 냄새가 감옥이나 병원, 묘지의 악취처럼 격렬한 공격의 대상이 된 일은 없었다. 따라서 시대착각의 오류에 빠지지 않도록 주의해야 한다. 당시 사람들을 공포스럽게 한 것은 북적대는 사람들의 체취였지, 노동하는 인간이 내는 냄새는 아니었다. 공장이 위험하게 여겨진 것은 그곳에서 악취가 나는 경우에 한정되었다. 공장의 경우에는 악취와 유해성이 거의 정확히 일치했다. 악취를 동반하지 않는 산업공해는 고려되지 않았다. (적어도 프랑스에서는) 소음은 전혀 문제가 되지 않았고, 매연도 마찬가지였다. 그러나 악취는 언제나 공격의 대상이 되었다. 라마치니의 책은 꽤 오랫동안 영향을 끼쳤는데, 거기에서도 후각이 중심적인 역할을 맡고 있었다. 그는 후각에 꽤 깊게 몰두해서, 냄새의 역사를 쓰겠다는 기묘한 구상을 세우기까지 했다.[137]

이러한 사실들만 놓고서도 알 수 있듯이, 직업병 분석은 오랫동안 간단한 수준을 벗어나지 못했다. 노동자가 발효나 부패, 대지의 증기에 노출되는 경우만은 예외였는데, 이것들에는 큰 위험이 뒤따른다고 여겨졌다. 〔채석장에서 일하는〕 석공, 석유 시추에 종사하는 작업자, 우물을 파는 작업자 등은 앞에서 이미 살펴보았듯이 유황이나 역청, 비소 화합물을 다루는 노동자와 마찬가지로 위험에 노출되어 있었다. 발효되어 악취를 뿜어대는 삼 때문에 밧줄을 만들던 작업자가 희생된 경우도 있었다. "고약한 냄새가 나는 기름이 스며든 양모는 그들(기계 직조공)의 작업장에 매우 불쾌한 증기를 퍼트렸다. 그들은 악취를 맡았기 때문에 고약한 냄새가 나는 숨을 뱉어냈다."[138]

동물 기름을 다루는 일은 양초를 만드는 노동자의 건강을 파괴했다. "가죽의 악취는 신발을 만드는 노동자와 무두질을 하는 노동자를 위협했다." 세탁을 하는 여성은 삶은 알칼리 용액의 "치명적인 증기"[139]에 노출되었는데, 이것은 세탁의 보급을 방해했다. 목욕을 하는 사람들이나 증기욕을 하는 사람도 병에 걸릴 위험이 컸다. 양모를 가공하는 노동자는 건강하지 못한 직업을 선택한 것이었다. 가죽을 무두질하는 노동자는 사람의 오줌을 사용했다. "이런 노동자들은 언제나 온도가 매우 높은 작업장에서 일했으며, 오줌과 부패한 기름의 악취에 둘러싸여 있었다. 게다가 대부분 벗은 상태로 일을 하고 있기 때문에 거의 모든 사람이 병에 걸렸다."[140] 부패한 입자가 그들 대부분의 혈액을 상하게 했던 것이다. 그렇지만 (당시에는 이미 이렇게 여겨지고 있었는데) 가장 상황이 좋지 않은 것은 동물의 사체를 수거하는 사람이었다.

그러나 대부분의 노동자는 발효나 부패와는 무관한, 냄새가 없는 작업장에서 건강하게 일하고 있었다. 라마치니의 분류법은 푸르크루아에게서 보완되어 파티시에와 (부분적으로) 파랑뒤샤틀레에게 채택되었는데, 다루는 물질의 성질, 주변 공기의 질, 흡입하는 증기의 구성이 계속 가장 중요하게 여겨졌다. 노동자의 건강은 이러한 요소들과 관련되어 있었으며, 식물·기후·기질에 따라서도 좌우되었다. 그렇지만 그들의 빈곤 상태나 특수한 주거형태, 소속된 사회계층과 같은 요인을 기준으로 노동자의 건강이 판단되지는 않았다. 더구나 생물학적으로 미리 결정된 숙명을 짊어진 어떤 인종에 속해 있다는 것을 기준으로 판단되는 일 따위는 있을 수 없었다.[141] 계통적인 악취가 노동계급과 연결되지 않았고, 주변의 악취를 피하는 것은 다른 사람들과 마찬가지로 노동자 개인에게 맡겨진 일로 여겨졌다.

이미 18세기 초에 르사주(1668~1747)는 『질 블라스』라는 작품에서 (사실 그것은 파리의 냄새였지만) 마드리드의 냄새를 고발했다. 그러나 도시의 후각적 이미지가 가장 비극적으로 표현된 것은 메르시에의 묘사였다. "사람들이 내게 어째서 온갖 악과 질병이 겹쳐져 있는 소굴의 한가운데에 머무르고 있는지 거듭 물어볼지 모르겠다. 왜 잡다한 종류의 부패한 증기로 해롭게 된 공기 안에서 사는지, 도축장·묘지·병원·하수도·오줌이 고인 시궁창·산처럼 쌓인 똥들·염색업자나 피혁업자나 축융업자의 작업장 등이 밀집해 있는 도시 한복판에서 살아가고 있는 것인지, 믿기 어려울 정도로 많은 양의 나무와 석탄을 태워 끊임없이 나오는 연기와 증기 안에서 질식하지도 않고 살아가는지, 동과 같은 금속을 정련하는 작업장이 쉴 새 없이 뿜어대는 비소·유황·역청 등의 혼합물 안에서 살아가고 있는 것인지 의아해 할 것이 분명하다. 게다가 악취를 풍기는 무거운 공기는 너무나 짙어서 [약 12킬로미터인] 3리외 이상 멀리 떨어진 곳에서도 볼 수 있고, 코로 냄새도 맡을 수 있으며, 심지어 그 공기는 흐르지도 않아 미로처럼 집들의 주변을 에워싸고 있다. 이와 같은 지옥의 밑바닥에서 어떻게 살아가고 있는 것인지 신기하게 여길지도 모르겠다. 굴레를 쓰고 사육되는 동물이라도 일단 자유롭게 되면 오로지 본능에 이끌려 눈 깜짝할 사이에 멀리 달아나서 맑은 공기와 나무와 꽃의 향기로 가득한 자유로운 대지를 찾아갈 것이다. 그런데 왜 사람은 이러한 감옥에 갇히고도 좋다고 낑낑대며 살아가고 있는 것일까? 이에 관해서라면 나는 서슴지 않고 대답할 것이다. 파리의 사람들은 단지 관습처럼 습한 안개와 비위생적인 증기와 고약한 냄새가 나는 진흙에 길들여져 있을 뿐이라고 말이다."[142]

이런 총괄적인 묘사에 감옥과 교회, 아울러 제스브르 부두와 같은 센강 기슭의 악취 나는 진창, 파리 한복판에 깊숙이 자리 잡은 채 잡다한 냄새를 풍기고 있는 시장만 덧붙이면 충분할 것이다. 1750년 이후 중앙시장은 새로운 후각적 경계심의 주의력을 모으는 장소들 가운데 하나가 되었다.[143] 지하저장고에서는 온갖 야채 냄새가 복잡하게 뒤섞인 악취가 났다. 지상의 ['비린내 문'이란 의미의] '포르트 메르되즈' 구역에서는 물고기 냄새가 지나가는 사람들을 덮쳤고, 매대에 스며들어 환상적인 파괴의 욕망을 자극했다.

관찰자들은 그때까지 실태도 제대로 파악되지 않고 있던 이 파리 한복판의 악취를 분석하려 시도했다. 덕분에 기대보다 훨씬 상세한 보고서가 오늘날까지 전해지게 되었다. 물론 우리에게 주어진 당시의 파리의 이미지는 시각적인 논리가 그리 완전하고 조화롭게 작동하지 않기 때문에 빠진 부분이 많고 간헐적이며, 후각적으로만 정리가 되어 있다.[144] 도시의 후각적인 짜임을 구성하는 흐름을 알아내는 것, 이것은 역병이 침투해오는 독기의 조직망을 밝혀내는 것이나 마찬가지였다. 도시 공간에 대한 이러한 새로운 관점에서 머지않아 완전히 새롭게 사회를 해석하는 방법이 생겨났다. 하지만 이것은 조금 시대가 더 지난 뒤의 일이었다. 사회학의 기획은 여전히 매우 모호한 상태였다. 대지·물·분뇨·사체·한 장소에 밀집된 사람들의 체취와 같은 수많은 냄새들로 존재를 뚜렷하게 드러내고 있던 뿌리 깊은 위험이 분석을 방해하고 있었기 때문이다. 위생학자들은 온갖 악취와 민중의 부패한 냄새에 당황해서 시급히 작업을 시작해야 할 필요를 느꼈지만, 그렇다고 해서 체계적인 분할이 이루어진 것은 아니었다. 이와 같은 새로운 해석을 강요했던 것은 19세기였다. 요컨대 19세기가 되어서야 실행으로 옮겨진 전략이 인간 집단을 냄새가 제거된 부르주아와 악취를 풍기는 민중으로 뚜렷한 형태로 나누었던 것이다.

대혁명 이전까지의 계획은 이와는 달랐다. 독기들이 뒤섞여 위험이 뚜렷하게 커졌으므로 되도록 냄새의 혼합을 막아야 할 필요가 있다고 생각했다. 시급한 과제로 떠오른 것은 위험을 계통별로 나누어 분류하는 것이었다. 건축가 제르맹 보프랑(1667~1754)은 식품의 종류별로 나누어 시장을 건설하려는 계획을 세웠다.[145] 화학자들은 인간이 밀집해 있는 장소의 공기를 분석하려 했다. 그들은 이렇게 해서 프링글의 학설이 옳다는 것을 증명하려 했다. 그렇지만 이러한 노력은 오랫동안 서투르게 진행되어 그다지 두드러진 결실을 거두지 못했다. 프리스틀리의 손 안에서도 수전량계는 작업장이나 선창에서 공기가 변질된 것을 측정하지 못했다. 볼타와 가토니는 그보다는 운이 좋아서 병실 공기의 성질을 밝히는 데 성공했다. 그들이 근거로 했던 것은 연소의 속도였다. 쥐린은 침대의 공기를 분석하려고 노력한 뒤에, 같은 방법으로 부패한 장소의 서열을 매기려 했다.[146] 그 맨 꼭대기에 놓인 것은 감옥의 독방이었다. 그 뒤로 독방은 모든 악취의 근원들 가운데에서도 과학적으로 가장 위험한 것으로 여겨지게 되었다. 하지만 이미 이 무렵부터 학자들은 이런 방법으로는 '생명 공기', '인화성 공기', '백악질 산'의 다양한 양을 결정하는 것밖에 못한다는 사실을 알고 있었다. 독기는 여전히 파악할 수 없는 상태였다.

지금까지 당시의 담론들에 넘쳐흐르고 있던 다양한 악취의 근원들에 대해 쉬지 않고 말했지만, 그렇다고 해서 이것이 루이 16세의 신민들에게 냄새의 공격이 전보다 훨씬 더 맹렬하게 가해졌다는 의미는 아니다. 한 가지 확실히 이끌어낼 수 있는 결론은 '지각의 현상학'이라는 영역에 속해 있다. 다시 말해 18세기 중반 무렵부터 냄새가 그 전보다 민감하게 맡아졌다는 사실이다. 마치 후각적인 허용의 한도가 갑작스럽게 엄격해진 것처럼 일이 진행되었다. 그렇지만 그것은 산업폐기물이 도시 공간에 쌓이기 훨씬 전에 있었던 일이다. 사실 확실히 이러한 변화에는 과학이론이 결정적인 역할을 맡고 있었다. 우리는 진리만을 중시하고, 오류로부터 생겨난 역사적 결과는 무시한 과학사만을 신봉해왔기 때문에 이와 같은 사실을 놓쳐왔던 것이다.

그런데 여기에서 한 가지 사실도 분명히 짚고 넘어가야 한다. 요컨 대 지금까지 서술해온 것은 모두 어떤 제한된 세계, 다시 말해 의사, 화학자, 정치평론가 등으로 구성된 세계에서 후각적 환경이 뚜렷하 게 의식되기 시작했다는 사실만을 증명하고 있을 뿐이라는 점이다. 물 론 이와 같은 표본의 사례는 특수한 것은 결코 아니다. 오히려 더 폭넓 게 진행되고 있던 과정을 엿볼 수 있게 해주는 것들이다. 그렇지만 냄 새에 대한 불안과 경계심의 확대를 살펴보려면 더 꼼꼼하게 들여다볼 필요가 있을 것이다.

4

불쾌감의 재정의

허용한계의 엄격화

중요한 사실 하나가 가장 먼저 눈에 들어온다. 악취의 위험을 고발하려는 의도로 전문가들이 행동으로 옮긴 경고방법의 강렬함이 그것이다. 순수한 공기에 대한 꿈이 위험의 절박함을 암시하며 도시 전체가 질식되고 있는 것 같은 환상을 자극했다. 여기에서도 메시지의 강렬함은 유지되었다. 예컨대 투르농은 "파리는 어느새 커다란 구정물 구덩이가 되었고, 공기는 썩었다. […] 이미 오염이 너무나 심하게 진행되어 몇몇 구역에서는 대부분의 주민들이 숨조차 제대로 쉬기 어려운 처지에 놓여 있다"[1]며 "당장 대책을 강구해야 한다"고 촉구했다.

이러한 계몽활동은 화학이 독립학문으로 자리를 잡은 것과 같은 (1760~1769년의) 시기에 성립한 일종의 사회의학의 특징을 그대로 드러내고 있는데, 그것의 출현에 관해서는 다니엘 로쉬가 발자취를 꼼꼼하게 추적해 밝혀놓았다. 그것은 (당시까지는 아직 공리주의라는 말을 사용할 용기는 없었지만) 어떤 종류의 "유용성의 신화에 자극을 받아"[2] 수많은 학자들이 관찰하고, 채취하고, 기록을 남기면서 출발했다. 그들은 관리자의 시각에서 끝없이 목록을 만드는 일에 착수했는데, 위생관리도 유독한 냄새의 일람표를 만드는 일에서 시작했다.

물론 선도적인 엘리트들이 불안감에 휩싸여 떠들어대기 시작한 것을 놓고, 그것의 영향력을 지나치게 크게 평가하지 않도록 주의할 필요는 있다. 대부분의 사람들은 후각적 호들갑을 묵살하고 있었고, 오히려 악취제거에 대중적으로 저항하는 모습을 보이기도 했다. 이에 관해서는 다시 자세히 살펴보겠지만, 어쨌든 관찰자들은 사람들이 악취에 대해 보이는 너그러운 태도에 놀라워했으며, 그 원인을 관습에서 찾았다. 악취에 대한 이러한 너그러운 태도는 그 시대에 사람들의 냄새에 대한 태도에 커다란 차이가 있었다는 사실을 뚜렷하게 보여준다. 메르시에는 파리의 생선가게에 분노해서 "코가 휘어질 정도로 고약한 냄새가 나는 것을 먹고 있는 것은 세계에서 파리 사람들뿐이다"라고 절규했다.[3] 쇼베는 어떤 악취도 파리의 상인을 불쾌하게 만들지 못하고, 그 만큼 상인은 악취에 찌들어 있는 상태였다고 기록했다.[4] 이노상 묘지의 공동무덤 구덩이에 겹겹이 쌓여 있는 사체들이 뿜어대는 냄새가 따라다니는데도 아가씨들은 그곳에서 산책을 하며 수다를 떨었다. "그녀들은 속이 뒤집힐 만큼 끔찍한 죽음의 냄새 한복판에서 유행하는 옷이나 리본을 사고 있었다."[5] 생외스타쉬 교구의 소녀들은 교리문답을 하면서 구역질이 날 듯한 발산물에도 불쾌감을 느끼지 않았다.[6] 이노상 묘지의 사체를 밖으로 옮기는 것에 반대할 목적으로 파리의 사제들이 쓴 의견서에는 민중의 이러한 상대적인 무감각한 태도가 반영되어 있었다.[7] 하지만 점차 이렇게 "(악취의 발원지에) 정신이 아찔해질 정도로 가까운 것"[8]에 대해 너그러운 태도를 보이는 것은 정상이 아니라는 낙인이 찍히게 되었다.

아서 영의 기행문은 앞서 살펴본 기록들보다 더 뚜렷한 형태로 놀라움을 나타내고 있다. 특히 그것은 대륙의 대다수 사람들이 악취에 대해 관용적인 태도를 공유하고 있다는 것에 대해 영국인으로서 떠오른 생각들이 중심이 되고 있다. "영국으로 가게 되면 […] 당신네들의 감각이 만족할지는 모르겠지만 적어도 불쾌감을 느낄 일은 없을 것이다."[9] 계속해서 아서 영은 〔프랑스 남부〕 페즈나의 여관에 대해 이렇게 썼다. "우리는 식사를 했다. 신발과 양말을 신고 있지 않은 끔찍하게 못생긴 여자가 시중을 들었는데, 장미꽃 향기라고는 할 수 없는 냄새를 주변에 흩뿌리고 있었다. 그런데도 그 자리에 함께 있던, 성 루이 기사단의 십자훈장을 달고 있는 남자와 두세 명의 상인은 전혀 아무렇지도 않은 듯 그 여자와 농지거리를 주고받았다."[10] 클레르몽 사람들의 태도도 그의 눈에는 몹시 기이해 보였다. "구역질나는 악취가 고여 있어서 공기에서도 숨을 쉴 수 없을 만큼 악취가 났다. 그래서 산에서 상쾌한 바람도 불어오지 않을 때 배설물 천지인 좁은 길을 지나가다 보면, 참으로 이곳에 사는 사람들의 신경을 부러워하지 않을 수 없었다. 내가 알고 있는 한, 그들은 이런 곳에서도 매우 행복한 모습으로 살아가고 있기 때문이다."[11]

그러나 민감한 여행자의 놀라움에 정신이 팔린 나머지, 민중에게서도 후각의 허용한계가 엄격해지는 조짐이 나타나고 있었다는 사실을 놓쳐서는 안 된다. 민중들한테는 냄새와 죽음 사이에 직접적인 관계가 부여되어 있었다. 이미 오래전에 페스트가 유행할 때 민중이 보인 모습은 그러한 사실을 분명히 알려준다.[12] 메뉘레(1739~1815)는 1781년에 "사람들이 병과 독, 죽음의 냄새를 피해서 도망가려고 발버둥쳤다"[13]고 기록했다. 수많은 악취들 중에서도 민중이 가장 먼저 폭넓게 불관용의 태도를 보인 것은 사체의 냄새였다. 메르시에는 민중의 무관심한 태도를 지적했으나, 묘지 가까이에 사는 주민들이 고충을 호소하며 제기한 민원들은 그러한 불관용이 매우 일직부터 등장했음을 보여준다. 사체의 냄새는 육류를 부패시키고 금속을 녹슬게 한다고 여겨지고 있었다. 그래서 불안을 키웠으며, 불만의 목소리도 더 높아졌다. 죽은 자와 산 자가 거주하는 공간을 분리시켜야 한다는 요구가 여러 차례 되풀이해서 제기되었다. 여론의 역사에서는 이미 이와 관련된 사건들이 자세히 다루어져 왔다. 마들렌 푸아질은 민중이 트리니테 묘지의 악취에 대해 고충을 호소했던 사건을 배경으로 논문을 썼고, 필립 아리에스와 피에르 쇼뉘 같은 '죽음의 역사' 전문가들도 파리에서 사체를 격리시키기 위한 계몽활동이 활발하게 진행되었다는 사실을 강조했다.[14] 묘지 가까이에 사는 주민들의 민원은 학자들의 논문과 당국의 조사 결과를 뒷받침해주었다. 라 렝그리 거리의 상인들이 앞장서서 민원을 제기한 끝에 마침내 1780년에 이노상 묘지는 폐쇄되었다.[15]

후각적 허용한계가 강화된 것은 분명히 확인되고 분명히 기술되어 있는 역사적 사실이다. 예컨대 메르시에는 모순된 경향이 없지는 않지만, 매우 단호한 어조로 그 작동원리를 분석해 놓았다. 그것의 책임은 '화학자들'한테 있었다. "20년 전에는 누구나 그다지 주의를 기울이지 않고 편히 물을 마셨다. 그러나 가스의 일족이나 산과 염의 종족이 지상에 모습을 드러내고부터는 […] 어디서나 공기의 오염을 경계하게 되었다. 이러한 새로운 말들은 경종을 울리며 퍼져갔다. 사람들은 곳곳에서 유독한 가스를 찾아내고, 후각적 신경은 놀랍도록 민감해졌다."[16] 메르시에는 이렇게 비웃는 것도 잊지 않았다. "경박한 파리 사람들은 화학자가 마술사처럼 공기를 변화시키거나 더러운 변소 구멍 위에서 냄새를 맡는 것을 보면서 즐기게 되었다."[17]

이러한 새로운 감수성에 관한, 특히 배설물 냄새에 관한 증언들은 수두룩하게 남아 있다. 파리에서는 낡은 방식으로 분뇨를 퍼내는 행위, 다시 말해 환기도 하지 않고 이음매가 느슨해진 분변수거통을 사용해 분뇨를 퍼내는 행위는 사람들의 비난을 받게 되었다. 분뇨수거인과 주민들 사이의 다툼이 자주 발생했다.[18] 분뇨구덩이 바닥을 파내는 일은 "끔찍한 고문"[19]처럼 여겨졌다. 마티유 제로는 분뇨구덩이를 손보아야 할 일이 생기면, "그 건물에 사는 주민들은" 작업이 진행되는 동안 계속 "불안에 떨며 지내야 했다"[20]고 적었다. 길을 지나던 사람들의 원성도 끊이지 않았다. 이제 분뇨를 퍼내는 일은 여론의 문제가 되었다. 새로운 방법을 시험하기 위해 왕립과학아카데미에서 파견된 3인, 곧 라부아지에·푸게루·미유는 모여든 사람들에게서 다양한 악취들에 대한 의견을 들었다. 얼마 지나지 않아 주민들의 분노는 몽포콩의 분뇨처리장을 대상으로도 표출되기 시작했다.[21] 1781년 생마르탱 구역에 살던 주민들, 특히 봉디 거리에 살던 주민들이 항의에 나섰다.[22]

도로 포장석 위의 진흙도 새로운 감수성에 상처를 입혔다. 로네스는 1782년에 "나날이 높아지는 불평을 듣고 있노라면 마치 예전에는 늘 도로가 깨끗했던 것만 같다"고 썼다. "하지만 실은 전에는 아무도 도로의 일로 불평을 늘어놓을 생각을 하지 않았을 뿐이다."[23] 유행이, 다시 말해 걷기를 장려한 새로운 유행이 진흙에 대한 분노를 불러일으켰던 것이다. 트롱솅(1709~1781)의 권유에 따라,[24] 귀부인들도 공기를 깊게 들이마시기 위해 사람들의 체취가 고여 오염된 마차 밖으로 나왔다. 그 뒤 여성들도 깨끗한 공기를 요구하게 되었다.

다무르는 도축장이나 동물 기름을 녹여 양초를 만드는 작업장 주변에 사는 주민들이 새롭게 불관용의 태도를 보이기 시작했다는 사실을 기록으로 남겼다.[25] 프랑수아 부동에 따르면, 1750년 이후에는 식료품 시장의 위생도 공적 의식에 등장했다.[26] 이것은 투르농의 증언으로도 뒷받침된다.

이렇게 해서 악취는 논쟁을 불러일으키게 되었다. 제로의 지적에 따르면, 분뇨구덩이·우물·더러운 벽·하수구 등의 악취가 사람들의 분노를 불러일으켰다. "몇 해 전부터 어떤 종류의 증기가 지닌 끔찍한 위험에 대해 예전보다 열심히 경고가 이루어졌다. [···] 그래서 셀 수 없이 많은 논쟁과 갈등, 소송들이 등장했다."[27] 그 뒤로 새로운 감수성은 잘 알려진 하강의 과정에 따라서[28] 사회적 피라미드의 위에서 아래로 확산되었다. 이미 살펴보았듯이 화학자들은 위생과 비위생의 상징체계[29]를 제안하고 있었는데, 그것은 대부분 후각적인 분석 가능성을 바탕으로 짜여 있었다. 이 분야에서는 "전에는 문제가 되지 않았고 특별히 변화하지도 않은 것들도 갑자기 참을 수 없이 불쾌한 것이 되었다."[30] 그렇지만 불안함과 불확실함이 뒤섞인 의학은 다양한 형태의 머뭇거리는 말들로 모호한 형태의 (병의 원인에 관한) 병인론만을 제기했다. 의학은 여전히 독기와 악취, 역겨운 것과 비위생적인 것, 악취가 나는 것과 질식시키는 것을 혼동하고 있었다. 이런 의학적 담론의 머뭇거림은 후각에 강한 정서적 특성을 부여했다. 그리고 과학적 이론보다는 환상에 가까운 것처럼 보이는 이 종잡을 수 없는 행보는 집단적 상상을 사로잡고 있었다.

이렇게 해서 일찍이 미셸 푸코도 훌륭히 분석했듯이, 병원과 감옥에 대해 민중이 가지고 있던 공포는 더 강렬해졌다. 민중에게는 모든 위험이 감각을 매개로 모습을 드러내므로, 이 공포가 더욱 강렬하게 실감되었다.[31] 때마침 도미니크 라포르트는 자크 라캉의 이론에 기초해서 이에 관해 색다른 해석을 시도하고 있다.[32] 그는 점차 강력한 중앙집권국가가 형성되어가던 과정에서 후각의 새로운 경험이 생겨났으며, 그 뒤로는 "후각에 대한 학습은 모두 '똥(stercus)'에 대한 반대의 형식으로 이루어지게 되었다"[33]고 해석했다. 분뇨수거통이 보급되면서 똥은 개인들에게 속하는 것으로 여겨지게 되었는데, 그러면서 똥냄새는 점차 참기 어려운 것으로 받아들여지게 되었다. 모든 냄새의 기준이 '똥' 냄새였다면, 자신의 배설물을 각자 검사하라고 명령한 빌레코트레 칙령은 후각을 소멸시키는 경향을 가져왔을 것이다. 따라서 이 정신분석학자의 생각은 (근대 이후 후각의 중요성이 감소되었다는) 뤼시앵 페브르의 (이미 오래전에 나온) 직관을 뒷받침하고 있다.

내가 보기에 이러한 후각혁명은 18세기 중반 무렵 이후에 결정적인 단계를 맞이했는데, 그것을 예비한 역사적 과정은 언어에서도 확인된다. 이 무렵에 고전 프랑스어에서 악취에 관한 어휘들이 사라지고 순화가 진행되었는데, 사람들은 이렇게 해서 프랑스어를 부패하지 않은 것으로 만들려고 했던 것이다. 그래서 악취에 관한 어휘의 첫 음절이 굴절되거나, 배설물에 관한 것을 화제로 삼는 경우에는 "문장을 외설적으로 돌려서 표현하거나"[34] 하는 현상이 나타나게 되었다.

그런데 악취를 완전히 제거하려면 냄새를 추적하고 분석하고 기록할 필요가 있었다. 나는 이에 관해서만큼은 도미니크 라포르트의 분석을 완전히 지지한다. 그러나 아쉽게도 그는 이 문제를 매우 짧게 다루었고,[35] 연대의 순서 같은 것도 소홀히 했다. 아마도 그는 수학적 계산으로 해왕성의 존재를 예견했던 위르뱅 르 베리에(1811~1877)처럼 예견하는 것에만 자신의 역할을 제한하고, 그것을 논리적으로 분석해서 연대를 확정하는 작업은 역사가에게 맡겨진 임무라고 생각했던 것 같다. 어쨌든 어떤 일정한 시기 (내가 보기에는 1760년부터 1840년 무렵) 이후에 공중위생학자들은 "마주하기 싫은 모든 것들 중에서도 가장 만만찮은 적에 맞선"[36] 영웅의 지위에 올랐다. 그리고 19세기는 공중위생학자들이 준비한 '청결에 대한 찬가'[37]를 강조해서 널리 확산시켰다.

분명히 후각혁명은 악취의 서사시, 구정물 웅덩이의 무훈시를 거친 뒤, 진흙을 제거할 목적으로 쓰인 말들의 큰 파도를 넘어 앞으로 나아가려 하고 있었다. (이 장의 주제인) '감각의 지나친 예민함'에서 생긴 불쾌감은 일시적인 것일 수밖에 없다. 이러한 불쾌감이 항상적인 것으로 되려면 그 전제로 현재의 우리처럼 냄새가 제거된 환경이 만들어져야 한다. 그런데 정치적인 역사, 다시 말해 새로운 배설물 관리체계를 만들어낼 강력한 국가의 수립이 그 과정을 이끌었다고 보는 것은 분명히 매우 자극적인 생각이다. 그러나 이런 생각의 전체적인 올바름을 증명하는 일은 그 분야 전문가의 몫으로 남겨 두도록 하자.

그러나 개인이라는 관념의 고양은 무시할 수 없다. 그것은 일찍이 마르셀 모스(1872~1950)가 환기시킨 것으로, '오물의 사유화(privatisation du déchet)'는 그저 그것의 한 측면일 수도 있다.[38] 그리고 브뤼노 포르티에가 강조했던, 어떤 새로운 '신체 공간성(spatialité du corps)'[39]과 마찬가지로 다양한 불관용이 등장한 과정에서 분명히 중요한 역할을 맡고 있었다. 메뉘레는 페스트가 유행할 때 "타인의 체취에 대해서"[40] 사람들이 불쾌감을 느꼈다는 사실을 전통적인 행동양식을 예로 들어 언급했다. 자신의 체취가 확실하게 정의되고 예민하게 감지되게 되면서 타인의 체취에 대한 불쾌감은 더 커질 수밖에 없었던 것이다. 여기에서 말하는 타인의 체취는 교회 안에서 부패하고 있는 부자의 사체 냄새이거나 공공공간의 비좁은 장소에서 북적거리던 땀투성이 민중의 냄새였다.[41]

치료법의 오래된 위안

18세기 중엽에는 여전히 대량으로 사용되던 향료가 환경의 후각적 강도를 유지하는 데 일조했다. 그리고 '향수'[42]의 치료 효능이 그것의 미용적인 가치나 쾌락적인 가치를 뒷받침하는 양상을 띠고 있었다. 게다가 당시는 아직 이 두 개의 측면이 거의 분리되지 않고 있었다. "몸에 쾌락의 향수를 걸치는 것"[43]이나 향로에 방향성 향료를 태우는 것은 악취를 막으려 한다는 점에서는 의미가 같았다.

향료와 향수는 똑같이 치료의 효과를 지닌 어떤 종류의 악취와 마찬가지로 약전藥典에서 중요한 위치를 차지하고 있었다. 1697년에 출판된 레메리(1645~1715)의 약전이 중요한 증거인데, 이 책은 후대까지 오랫동안 권위를 지니고 중시되었다.[44] 한 세기 뒤에 비레(1775~1846)는 냄새치료요법에 관한 주목할 만한 두 편의 논문을 발표했다.[45] 1783년 무렵에 안느샤를 로리(1726~1783)가 냄새분류법을 확립하도록 이끈 것도 치료의 목적이었다.[46] 향수의 효능에 대한 이러한 믿음의 뿌리는 오래전 고대 그리스·로마로까지 거슬러 올라간다. 18세기의 의사들은 히포크라테스와 갈레노스는 물론이고 크리톤까지도 참고 대상으로 삼고 있었다. [서로마제국의 정치가] 플라비우스 아에티우스(391~454)에 따르면, 크리톤의 치료법은 모두 향료의 사용에 기초를 두고 있었다.

들이마신 향기가 매우 빠르게 큰 영향을 끼친다는 것은 후각이 뇌와 가깝다는 것으로 뒷받침되었다. 레메리는 향기가 강한 '뇌졸증 예방용 방향성 식물'을 처방하도록 권유했다. "코에 상쾌한 것은 휘발성이어서 침투력을 지닌 입자들로 되어 있다. 그래서 후각 신경에 도달하는 것에 그치지 않고 뇌 전체로 퍼진다. 그것은 점액과 지나치게 짙어진 체액들을 묽게 하고, '동물 정기(esprits animaux)'의 움직임을 활발하게 해준다."[47] 한 세기 뒤에 바노는 같은 이유에서 유독 물질을 입으로 흡입하는 것보다 코로 흡입하는 경우가 더 위험하다고 말했다. 코는 뇌에 가깝기 때문에 '쇼크'[48]로 죽음에 이르게 될 위험도 크다. 그리고 이러한 근접성 때문에 향기는 영혼을 기쁘게도 하고 슬프게도 한다. 향기가 인간의 심리에 끼치는 영향을 끼친다는 사실은 '식물 정기(esprits végétaux)' 치료법에도 근거를 가져다주었다. 이 치료법의 사명은 '동물 정기'가 순환하면서 때때로 일으키는 혼란을 바로잡는 데 있었다.[49]

특히 18세기의 기계론자들과 그들의 모방자들에게 향기는 생명체에 기계적인 영향을 끼치는 것이었다. 방향성 발산물은 후각이나 생식기로 흡입되었을 때 자궁의 '독기를 가라앉히는' 것도 있고, 거꾸로 부추기는 것도 있다. 레메리는 더 자세히 말했다. "사향고양이향, 사향,

〔향유고래에서 채취하는〕용연향을 배꼽부터 자궁까지 바르면 그 향기가 자궁을 밑으로 잡아당겨 정상의 위치로 되돌린다고 한다. 자궁은 나쁜 기운이 차오르거나 질식 상태에 빠지면 요동을 일으키게 되는데, 이럴 때 이와 같은 향료들이 도움이 된다. 마찬가지로 이러한 향기를 코로 흡입하면 자궁을 움직여 위로 끌어올린다."[50] 이렇게 레메리는 고대 의학의 비법에 주석을 붙이고 있었다.

향료는 감염과 오염의 위험에 대해서도 이중의 효능을 지니고 있었다. 그것은 공기의 오염물과 싸우고, 동시에 생명체의 저항력을 높여주는 것이었다. 향기는 공기의 탄력성을 회복시키고, 나아가 병의 독기마저 파괴할 수 있었다.[51] 그렇지만 이러한 의학적 담론은 모호함을 벗어나지 못하고 있었다. 대부분의 경우 어떤 종류의 물리적 성질이 상실된 것과 우발적으로 독기에 견뎌내게 된 것이 혼동되고 있었다.

니콜라 드 블레뉘(1652~1722)[52]와 레메리도 당시의 거의 모든 의사들과 마찬가지로 향료에는 오염된 공기를 정화하는 힘이 있다고 확신하고 있었다. 그래서 (훈증을 위해 제조된) '향료'에 습기를 흡수하는 성질을 지닌 물질, 곧 직물이나 의복, 상품을 싼 포장 등에 숨겨져 있는 해로운 질병의 독기를 없앨 수 있는 힘을 지닌 물질이 있다고 보았다. 19세기 중엽까지 지중해의 검역소들에서는 이러한 믿음에 바탕을 둔 소독이 이루어지고 있었고,[53] 그러는 동안에 감염론자들은 반대파와 끝없이 논쟁을 되풀이하고 있었다.[54]

체액을 모두 상하게 하는 부패된 독기의 영향력과 효과적으로 싸울 수 있는 소독약을 찾던 의사들은 1750년 무렵에 이르러 어떤 종류의 향료의 치료학적인 효능을 과학적으로 입증하려는 생각을 품게 되었다. 향료가 신뢰를 잃게 된 것은 나중에 기체화학이 자리를 잡은 뒤부터였다. 앞에서 이미 살펴보았듯이 베커는 냄새나는 물질이 혈액 안의 '방향성 정기'의 순환을 용이하게 해서 부패의 진행을 늦추어준다고 했다. 생명체와 환경 사이에 공기의 교환이 이루어진다는 발견은 마침내 향료가 자신의 휘발성으로 '고정 공기'를 분산시킨다는 생각으로까지 이어졌다.

프링글은 몰약·장뇌·아룸·카밀레 꽃·기나나무와 같은 방향성 물질들은 모두 효과가 좋은 소독약들이라고 보았다.[55] 린드는 〔녹나무를 증류해서 얻는〕장뇌를 넣은 식초나 방향성 나뭇진을 사용해 부패한 공기를 정화하라고 권장했다.[56] 프랑스의 의사도 영국의 의사와 똑같이 생각했다. 부아시외는 "하루에 몇 차례 식초를 끓이고, 방향제를 태우는 것으로 부패성 발산물을 없앨 수 있다"[57]고 썼다. 가르단도 똑같은 내용을 여기저기에서 권장했다. 보르데나브(1728~1782)는 더 자세한 분석을 남겼고,[58] 그의 노력으로 방향제가 영향을 끼치는 범위는 더 다양하게 넓혀졌다. 방향성 소독약 중에는 흥분제나 강장제도 있는데, 이것들은 부패성 오염에 대한 저항력을 높여주는 효능이 있었다. 수렴제는 생체에 독기가 스며드는 통로를 막는 구실을 했고, 발삼제는 이미 부패가 진행되어 끈적거리는 점액처럼 된 것을 회복시켜 준다고 여겨졌다.[59]

향료의 효능에 대한 믿음이 제아무리 부실하고 복잡한 이론적 기초를 가지고 있는 것이더라도, 그것은 사람들의 태도에 영향을 끼쳤다. '향료를 사용한 인간'은 강한 좋은 냄새로 자기 주변의 공기를 맑게 한다고 여겨졌다. 필요하면 사향이나 용연향·사향고양이향처럼 냄새가 짙은 것을 사용할 수도 있었다. 몸에 향료를 충분히 사용하면 자신의 몸을 지키고 주변의 공기를 깨끗이 할 수 있었다. 그 뒤 오랜 기간 동안 배설물 냄새가 나는 동물성 향수가 유행했다는 사실은 놀랍지 않다. 루이 14세의 권위만이 그러한 유행을 아주 잠시, 베르사유에서만이라도 막을 수 있었다.[60]

유행병이 창궐하던 시기에는 관습에 따라 사람들이 자신을 지키기 위해 몸에 향료를 발랐다. 1800년에 장피에르 파퐁(1734~1803)은 옛날부터 이어져온 관습을 이렇게 요약했다. "저마다 식초를 묻힌 스펀지나 정향을 박은 레몬이나 [방향성 물질로 속을 채운 작은] 향기공을 손에 움켜쥐고 가끔씩 그것의 냄새를 맡았다. 이 주제에 대해 가장 좋은 책을 쓴 작가들은 향기공이나 향로 이외에 돈이 많지 않은 사람들을 위한 것으로 향수박하·꽃박하·박하·샐비어·로즈마리·오렌지 꽃·바질·백리향·라벤더·월계수 잎·오렌지나 레몬의 껍질·마르멜로 열매의 껍질 등으로 이루어진 향주머니를 만들라고 권하고 있었다. 나쁜 병이 유행할 때에는 집에 이것을 만들어두면 효과가 있다고 했다."[61]

피에르조제프 뷔쇼즈(1731~1807)는 붉은 카네이션의 향기를 맡고, 분말로 된 [유럽의 알프스 지방에 자생하는 미나리과의 풀인] 안젤리카를 배에 뿌리라고 권했다.[62] 오랫동안 향기의 방어막으로 몸을 지키고, 스스로 강한 향기를 내고, 자신이 선택한 향기를 맡는 것이 병을 불러오는 독기에 대한 최선의 예방책으로 여겨지고 있었던 것이다.

그래서 레메리는 주머니에 '향기 상자'를 넣어두는 것이 좋다고 말했다.[63] 린드는 호신부에 장뇌를 넣어 옷에 그것의 향기가 배어들게 하라고 권했고,[64] 기통 드 모르보(1737~1816)는 주변의 간호사를 따라서 자신도 식초를 담은 작은 병을 늘 몸에 지니고 있었다.[65] 보메는 많은 사람이 장뇌를 물에 풀어 작은 스펀지에 묻힌 뒤에 "걸핏하면 그것을 입과 코에"[66] 가져다대고 향기를 맡는 습관이 있었다고 기록하면서, 습지를 준설하는 노동자들도 그렇게 하게끔 시키라고 충고했다. 라마치니는 무덤을 파는 인부에게 식초를 묻힌 천을 가지고 다니면서 "이따금 그 냄새를 맡고 후각과 원기를 회복하라"[67]고 충고했다. 그리고 푸르크루아는 석공에게 이렇게 지시했다. "그들이 지하 채석장으로 내려갈 때에는 반드시 머리에 작은 자루를 매달게 하고, 그 안에 껍질을 벗긴 마늘을 2개 넣어두어야 한다. 그리고 장뇌를 섞은 증류주나 방향성 포도주로 얼굴을 문지르게 해야 한다."[68] 19세기 중엽 치료화학이 발달하기 시작한 지 한참이 지난 뒤에도 사람들은 건강한 냄새를 뿜어대는 향주머니를 늘 지니고 다니며 몸을 지키려 했다. 1826년 파랑뒤샤틀레는 아멜로의 하수도를 준설하는 작업자들에게 강제로라도 이러한 향주머니를 지니고 있게 했다.[69]

사람들은 뿌리거나 훈증하거나 해서 주변의 공기를 정화할 수 있다고 생각했다. 민중은 특히 뜨거운 식초의 효능을 믿었다. 초산의 냄새는 놀랄 만한 것으로, 민간에서는 발삼과 같은 효과를 지닌 것으로 여겨졌다.[70] 그리고 사람들은 유황이나 대포 화약, [편지나 병 따위를 봉할 때 쓰는] 봉납, 방향성 나무, 로즈마리, 노간주나무 열매 등을 태우거나 작은 병에 방향성의 물을 담아 향기를 주변에 퍼뜨렸다.

훈증을 하는 방법은 다양했다. 가장 일반적인 것은[71] 뜨겁게 달군 부삽 위에 식초를 따르는 것이었다. 조금 세련된 방법은 뜨거운 재 위에 [향료 가루에 꿀을 섞어서 개어 굳힌] 연향이나 훈증제를 두는 것이었다. 향로, 특히 은으로 만든 향로를 사용하는 것은 특권계급의 징표였다. 전문적인 조향사는 훈증용으로 특별히 만든 '브뤼허의 띠(rubans de Bruges)'를 준비했다. 가장 사치스러운 방법은 '향수기(parfumoir)'를 사용하는 것이었다. 그것은 "작은 뚜껑이 있고 나무로 된 상자였다. 뚜껑을 들면 망이 있는데, 훈증하려는 향을 망 위에 얹었다. 상자 아래쪽에는 작은 구멍이 뚫려 있었고, 그곳으로 불이 붙은 작은 화로를 넣었다. 이런 식으로 연향을 태우는 기구였다."[72] 검역소에서도 동방의 오염된 지역에서 온 우편물은 이런 식으로 "향기를 뿌렸다."[73]

화학물질을 이용한 과학적인 훈증이 승리를 거두기 전까지는 주변 공기를 향기 가득하게 만드는 것을 소독으로 이해하는 경향이 강했다. 그래서 아직 환기를 위한 여건이 좋지 않았던 당시로서는 주거 공간의 후각적 농도가 더욱 짙어졌다. 병실에는 노간주나무 열매와 로즈마리의 향기가 가장 적합한 것으로 여겨졌다. 건물 전체를 소독하는 데에는 1층을 훈증하는 것만으로도 충분했다. 연기가 위로 올라가면서 모든 층을 연기로 채웠기 때문이다. 소독 효과가 있는 향기를 잘 스며들게 하려면 옷궤나 옷장은 비워두고, 옷들을 줄에 걸어 두는 것이 좋다고 여겨졌다.[74] 1720년 페스트가 유행했을 때에는 마르세유에서 소독반이 세 차례나 잇달아 훈증을 했다. 훈증은 "처음에는 방향성의 약초로, 두 번째는 대포 화약으로, 마지막으로는 오래 전부터 검역소에서 사용하던 비소와 같은 약품으로"[75] 이루어졌다. 당시 '레옹 신부의 향수'와 '네 도둑의 식초'*는 훌륭한 효과를 거두었다.[76]

이때도 배와 병원이 본보기가 되었다. 사람들이 밀집해 부패한 장소에 대한 소독을 가장 먼저 체계화한 것은 포츠머스의 의사이던 린드였다.[77] 테농은 그가 밧줄들을 훈증했을 뿐 아니라, 오염된 가운데 갑판과 선창에서 다량의 화약을 태워 "자욱한 연기"를 피어오르게 했다고 전하고 있다. 대륙에서는 모로그가 배에 관해 꼼꼼하게 충고했다. "가운데 갑판에는 방향성의 증기를 쏘이는 것이 좋다. 다만 그 증기에는 불로 구워 뜨겁게 달군 철가루를 한 숟가락 섞고, 거기에 다시 송진이나 타르, 노간주나무 열매나 식초에 갠 화약가루, 이러한 것들이 없으면 값싼 다른 방향제라도 조금씩 추가해야 한다."[78] 우리는 그의 이러한 충고가 충실히 실행으로 옮겨졌다는 사실을 잘 알고 있다.

병원 시찰에 나선 사람들은 하나같이 향료로 훈증이 이루어지고 있었다는 사실을 지적하고 있다. 19세기 중엽이 되어서도 이러한 소독법이 계속되고 있었다고 증언하는 사람도 있는데, 이 시대에 들어와서

---

* 과일 식초를 허브, 향료, 마늘 등과 섞은 혼합물로, 역병을 막는 효험이 있다고 여겨졌다. 이름의 유래에 대해서는 몇 가지 설이 있는데 유럽에서 역병이 돌던 시기 병자나 시신의 물건을 훔친 4인조 도둑에게서 비롯되었다는 이야기가 가장 일반적이다. 이들은 비밀 제조법으로 만든 식초 덕분에 병자들과 접촉해도 병에 걸리지 않았다고 한다.

는 그것은 이미 유감의 뜻을 나타내기 위한 의미로 바뀌어 나타났다. 거주 공간의 소독과 마찬가지로 병원에서도 똑같이 노간주나무 열매와 로즈마리가 사용되었다.[79] 교회에서는 향과 〔소합향나무의 수지로 만든〕소합향으로 훈증이 이루어졌는데, 이것은 예배 행위로도 받아들여지고 있었다. 그리고 지하의 사체로부터 뿜어져 나오는 이상야릇한 냄새를 없애는 구실도 했다. 학자들은 이것을 강력한 소독법이자 한 공간에 밀집한 신자들이 뿜어대는 악취를 효과적으로 예방할 수 있는 방법으로 보기도 했다.

방향성 증기는 곳곳으로 파고들었다. 가축병이 유행할 때에는 축사에서도 훈증이 행해졌다. 비크다지르는 그러한 행위를 비판하며 그것을 기록으로 남겼다.[80] 아테네에서 페스트와 싸우기 위해 장작을 불태우게 했던 히포크라테스를 본받아, 몇 명의 의사는 마을 전체를 훈증한다는 놀랄 만한 계획을 세우기도 했다. 1666년 런던에서 페스트가 창궐했을 때에는 〔귤과에 속한 다년생의 향초인〕 운초를 훈증하는 것으로 구역 전체를 페스트로부터 지켜냈다.[81] 나아가 한 세기 뒤에 부아르루아 거리에서는 20그루의 노간주나무 장작을 태웠고, 거기에서 일제히 피어오른 짙은 연기는 유행병을 진정시키는 데 충분한 구실을 했다.[82]

석탄에서 뿜어져 나오는 연기는 그것의 지옥과 같은 성질 때문에 공포를 불러일으키고는 했다. 하지만 그런 경우를 빼면 사람들이 그 연기에 불쾌감을 느낀 것은 시대가 한참 지난 뒤부터였다. 당장 참기 어려운 불쾌감을 안겨 주었던 것은 부패와 발효의 냄새였지, 매연이 아니었다. 심지어 몇몇 사람들의 증언에 따르면, 도시 한가운데에 세워진 공장에서 뿜어져 나오는 매연이 불결한 대중에게서 나는 냄새, 오물들에서 피어오르는 증기, 몇 세기에 걸쳐 쌓인 대지의 오염 등을 정화해줄지도 모른다는 기대를 받기도 했다.[83]

이렇게 도시의 비위생적인 상태에 관한 담론이 언제나 모두 똑같지는 않았다. 생태학적인 꿈에는 놀랄 만한 우회로가 숨겨져 있었다. 따라서 시대착각의 오류를 범하지 않도록 늘 엄격히 경계해야 한다.

방향성 물질을 훈증하는 것은 그 자체로 치료를 위한 수단으로도 쓰였다. 그렇지만 실제로는 히스테리 치료를 제외하면 이러한 방법의 유행은 점차 쇠퇴해 가고 있었다. '향기'의 휘발성과 침투력, 코와 자궁 사이에 존재하는 불가사의한 유사성, 의사들은 이러한 것들에서 착안하여 '향수'를 경련 치료에 이용하려 했다. 그들은 이 방법으로 환자의 발작을 진정시킬 수 있다고 주장했다. 종이와 낡은 신발과 같은 고약한 냄새가 나는 물질을 훈증하면 나쁜 기운의 발생을 억제하고, [생리연령의 여성이 생리를 하지 않는] 무월경 증상을 고칠 수 있다고 보았다. 그리고 머리카락을 태운 연기는 뇌를 강하게 하고, 여러 종류의 수렴제를 섞은 것을 훈증시키면 류머티즘의 진행을 막을 수 있다고 여겼다. 약제사들은 우울증 환자를 위해 향주머니를 조제했고, 건강염려증 환자의 옷은 방향성 가루로 훈증했다. 아울러 매독에 걸린 환자는 [황과 수은을 화합한] 적색 황화수은을 훈증하는 방법으로 치료했다.[84]

강한 향수의 유행과 향료의 훈증은 단번에 없어지지 않았다. 그것들의 쇠퇴는 직선이 아니라 곡선을 그리듯이 진행되었고, 쇠퇴의 흐름도 환경에 따라 다르게 나타났다. [나폴레옹의 황후] 조제핀과 (1795~1799년 사이의) 총재정부시대의 '멋쟁이 여인들'은 사향을 다시 유행시켰다. 19세기에도 전염병이 창궐할 때마다 방향성 증기가 뜨거운 관심을 받으며 사용되었다. 하지만 이미 반세기 전부터 강한 향수는 고발되었고, 방향제로 소독하는 행위도 비판의 대상이 되어 있었다. 먼저 이론적인 측면에서 그것이 추락하는 과정을 살펴보자.

사향에 대한 고발

베커는 똥에 여전히 생명의 불이 남아 있어서 치료 효과가 있다고 보았다. 따라서 향료를 조합할 때 똥을 사용하는 것도 이상한 일이라고만은 할 수 없었다. 특히 '천 가지 꽃의 향수'를 만들 때 건강하고 활기찬 사람의 똥을 사용하는 것은 매우 당연한 일처럼 여겨졌다. 여기에서도 옛날부터 전해진 관습의 견고함을 엿볼 수 있다. 그러나 18세기 중엽부터는 부패에서 문제의 원인이 찾아지게 되면서 배설물에 대한 태도도 크게 바뀌었다. 아울러 그런 태도가 확산되면서 그때까지 향수의 제조에 사용되던 동물성 물질에 대한 태도도 변화하였다.

프링글과 맥브라이드의 실험은 한동안 향료가 더 높은 평가를 받게 했을지 모르겠지만, 분명히 그것은 의사들이 사향이나 용연향, 사향고양이향 등을 부패한 물질이나 오염된 물질로 여기게끔 하는 계기도 되었다. 사람들은 이와 같은 강한 향료의 유독성을 강조하기 위해 그것들이 지니고 있는 배설물로서의 성질을 되풀이해서 과장해 강조했다. 학자들은 강한 향료의 숨 막히는 향기와 똥냄새의 위험한 후각적 유사성을 고발했다.[85] 조쿠르(1704~1779)는 이미 사향을 이렇게 고발하고 있었다. 사향은 향기를 잃어도 "봉투에 넣어 습한 마룻바닥 위, 특히 변소 가까이에 매달아두면 향기를 되찾고 다시 효능을 회복한다. 이러한 사실로 볼 때 사향의 본성은 '재-분변성'이라고 할 수 있다."[86]

학자들은 둘의 유사성에 관해 장황한 이야기를 늘어놓았다. 보일은 소와 양을 가둬둔 축사에서는 사향 냄새가 난다고 썼다.[87] 비레는 사람의 똥을 중탕냄비에서 끓여 발효시키면 사향 냄새가 난다고 단언했고,[88] 프레데릭 호프만은 여기에 그것이 담즙의 성질을 지니고 있기 때문이라고 덧붙였다. 뤼엘은 쥐똥에 대해서도 똑같이 말할 수 있다고 주장하면서, 향수업자들이 쥐똥을 물에 담가 향수에 섞는 짓을 하고 있다고 비난했다. 하틀리는 퇴비에서도 몇 걸음 떨어지면 사향 냄새가 난다고 했다. 특히 '천 가지 꽃의 향수'의 제조법이 화학자와 위생학자들의 표적이 되었다. 사향노루를 뒤쫓던 사냥꾼이 부주의하게 코를 막지 않은 채 사냥감에 다가갔다가 사향주머니 냄새 때문에 목숨을 잃었다는 이야기도 전해졌다.

부르하버가 제기했던 다른 문제도 있었다. 강한 냄새는 정신을 피로하게 만들고, 불안을 가져오거나 자극하고, 때에 따라서는 혼미한 상태로 만든다는 것이었다. 뷔퐁(1707~1788)은 쾌락이 감각의 시작이라면, 그 끝은 고통이라고 말했다.[89] 후각의 영역에서도 '통증을 일으키는 경계'가 매우 강한 향료와 부드러운 향기를 분리시켰다. 두통은 가장 가벼운 증상이었다. 처음에는 강장제나 자극제로 생각되던 향료의 냄새가 후각의 환각 상태로 이끄는 경우마저 있었다.[90]

셰비네 부인(1626~1696)은 한동안 '헝가리 왕비의 향수'의 효능에 매혹되어 있었는데, 얼마 지나지 않아 이 향수가 자신에게 마약처럼 되었다는 사실을 깨달았다. 그래서 [자신의 딸인] 그리냥 부인(1646~1705)에게도 지나치게 맡으면 안 된다고 경고했다.[91] 로리는 사향이 여성의 신경을 미치게 하고, 남성의 위장에 손상을 입힌다고 말했다.[92] 푸르크루아는 베이컨과 라마치니의 뒤를 이어서,[93] 약제사와 조수가 끔찍한 사고로 희생된 사건을 예로 들어 경고했다. 조산부는 임산부가 내뿜는 부패성 발산물로부터 몸을 보호하기 위해 강한 냄새를 풍기는 향수로 '둘러싸야'[94] 했는데, 그것 때문에 임산부들을 히스테리로 몰아넣고 있다고 고발되었다. 동물도 강렬한 향수의 유독한 영향력에서 벗어나지는 못했다. [사프란 꽃의 암술을 말려서 향료로 사용하는] 사프란을 싣고 가던 당나귀가 실신해 쓰러지는 일도 있었기 때문이다.[95]

더 심각한 경우도 있었다. 수많은 사건들이 강한 향기 안에 가장 무시무시한 독이 숨겨져 있다는 사실을 증명하고 있었다. [신성로마제국의 황제] 하인리히 6세(재위 1191~1197)는 향수를 적신 장갑을 꼈다가 목숨을 잃었고, 교황 클레멘스 7세(재임 1523~1534)는 향기로운 냄새를 풍기는 불에 지나치게 가까이 다가갔다가 목숨을 빼앗겼다. (이야기를 전한 이조차도 그다지 믿고 있지는 않지만) 인도의 어떤 여왕은 알렉산드로스 대왕의 품안에 절세의 미녀를 안겨주었는데, 그 미녀는 유독한 마약을 흡입하는 습관이 있어서 내쉬는 숨에 아주 강한 독이 포함되어 있었다. 이밖에 헬레보루스, 사리풀, 〔딱정벌레의 일종인 청가뢰를 말려 가루로 만든〕칸타리딘, 목련, 〔강한 독성을 지닌 나무인〕만치닐 등이 불러온 해악을 기록한 일화도 수없이 많다.[96] 하지만 냄새가 강한 향료들을 독성을 지닌 물질의 범주 안에 포함시키려면 반세기를 더 기다려서 마테오 오르필라(1787~1853)의 권위에 기대야 했다. 그렇지만 이와 같은 일화들은 문 앞에 사람을 세워두어 여자들이 유독한 향기가 배어 있는 몸으로 아무 때나 임산부를 찾아오지 못하게 막았다는 이야기의 진실성을 충분히 뒷받침해준다.[97]

특권적인 엘리트들 사이에서 신체위생에 관한 관념이 발달하면서 불쾌한 냄새에 대한 경계심도 만들어졌다. 강한 향수 냄새를 풍기면 신체가 불결하다는 의심을 받게 되었다. 사향도 그런 의심을 받게 되었다. 이러한 의심은 공공공간에 대해서도 마찬가지였다. 하워드는 방향제로 훈증하는 것은 병원이 위생 관리를 게을리 하고 있다는 것을 숨기기 위한 것에 지나지 않는다고 비난했다.[98] 신체위생의 발달은 섬세하고 은은한 냄새의 유행이 시작되는 것을 앞당겼다. 몸을 씻었거나, 벗은 채 목욕하는 사람에게 강한 향수의 사용은 위험한 것이 되었다. "흡수 조직의 경로를 통해 동물의 몸 전체에 급속히 침투"[99]하기 때문에 화장용 향수는 신중하게 선택해야 한다고 강조되었다.

자연스런 것이 유행하게 된 여파로 1750년 이후에는 냄새가 강한 향수도 그 영향을 받게 되었다. 그 유행은 여성의 의상을 점차 얇아지게 해서 육체의 향기가 스며나게 했고, 육체의 향기는 달콤한 꽃향기만으로 뒷받침되는 것이 좋다고 여겨졌다. 다시 말해 도발적인 향료는 방향성 향수와 함께 사치스럽고 인공적인 것으로 고발되는 흐름 안에서 인기를 잃고 있었다.[100] 플뤼케(1716~1790) 신부보다 나중에 등장한, 선량한 자캥(1721~1780) 신부는 식초·유황·대포의 화약 이외의 것들은 건강한 '향기'로 보지 않았다.[101] 그는 향료를 격렬히 비난하면서 "강한 향수를 뿌리는" 궁정 사람들도 비판했다. 그의 비판은 과학적인 것이라기보다는 도덕적인 것이었다. 그는 "강한 향수는 청결하지 않고, 어떤 종류의 타락한 취미나 유행의 기질에 속해 있다"고 했다.[102] 강한 향수는 감각적인 인상의 혼동을 조장한다. 카라치올리(1719~1803)는 이런 혼동이야말로 다른 어떤 것들보다도 귀족적 취미에 유죄를 선고하게 한다고 말했다. 다시 말해 "코는 향기를 맡는데 만족하지 않고, 눈으로 보고, 혀로 맛보려 한다"[103]는 것이었다. 포도주는 향기로운 냄새를 더하고, 담배는 재스민 향기를 내고, 설탕은 용연향의 향을 낸다. 요컨대 먹는 것들도 모두 향기로운 것들뿐이다. "이렇게 해서 혼동된 오감은 영혼을 쾌락주의자의 그것으로 이끈다. 이러한 오감은 그 이외의 것들을 받아들이려 하지 않는 것이다."[104] 이처럼 강한 향수에 대한 비판은 더 폭넓은 비판의 일부를 이루고 있었다. 곧 기교를 부리는 것·아양 떠는 것·여성적인 풍조, 한마디로 '퇴폐'[105]를 향해 나아가는 모든 경향을 대상으로 한 비판의 일부였던 것이다.

　다시 살펴보겠지만, 여기에서 우리는 후각혁명의 핵심적인 면을 마주하게 된다. '향수'가 비판을 받게 된 것이 부르주아적 심성이 떠오르고 확산된 것과 어떤 관계에 있는가 하는 문제이다. '향기(parfum)'란 어원학적으로 보면 '연기(fumée)'가 되어 사라져버리는 것이다. 그런데 '무산'되는 것, '기화'되는 것은 낭비를 상징한다. 곧바로 사라져서 축적할 수 없고, 잃어버린 것을 되찾을 수도 없다. 폐기물이나 분뇨조차도 되살려 다시 쓰거나 그것으로 이익을 얻겠다는 희망을 가질 수 있지만, 허공으로 날아가 버린 것에서는 어떤 희망도 가질 수 없다. 노동으로 쌓은 성과가 이렇게 한순간에 무산되듯이 느껴지는 것이 부르주아한테는 참기 어려운 일이었음이 분명하다. 그리고 나약함·무질서·쾌락에 대한 애착을 반영하고 있다고 비난을 받은 향수는 노동과 양립할 수 없었다. 따라서 치료효과가 확실한 몇몇 경우를 제외하고, 부르주아에게 향수는 어떤 "이차적인 유용성도 없었다."[106] 향수는 이중적으로 부도덕한 것이었다. 모든 것을 고려했을 때 향수로부터 동물적인 근거를 빼앗고, 사향과 더불어 재생산 본능에 대한 도발적인 암시들을 소멸시키는 것이 바람직했다.

향료의 명예 실추

그런데 의사와 도덕주의자들이 동물성 향기의 위험을 강조하자, 그로부터 얼마 지나지 않아 이번에는 기체화학의 승리가 향수와 향료들로부터 치료 기능마저 빼앗아가기 시작했다.

조금 역설적이기도 하지만, 과학적인 측면에서 향수와 향료의 치료효과를 의문시하는 움직임은 데이비드 맥브라이드로부터 시작되었다. 프랑스에서는 1775년부터 젠테(1706~1782)가 단호한 태도로 비판을 전개했다. 향기는 '플로지스톤'를 가져다주기는커녕 오히려 그것을 파괴한다는 것이었다.[107] 1775년 비크다지르는 향료를 훈증하는 것이 아무런 효과도 없는 일이라고 비난했다.[108] 자캥 신부는 〔향기 나는 꽃이나 풀을 향유나 브랜디 따위에 섞은〕 포푸리나 관능적인 향수는 공기의 탄력성을 활발히 만들기에는 적합하지 않다고 단언했다.[109] 그러나 이러한 명예 실추를 이론적으로 확증하려면 기통 드 모르보가 등장할 때까지 더 기다려야 했다. 그는 진짜 소독제라면 공기 안에 있는 어떤 종류의 물질을 파괴하고 과학적인 분석으로 발견되는 새로운 물질을 주변 공기에 만들어내야 하지만, 향료를 훈증하는 것으로는 어떤 변환도 발생되지 않으므로 아무런 효과가 없다고 밝혔다.[110]

대부분의 학자들이 곧바로 이러한 생각에 동조했다.[111] 심지어 파르망티에(1737~1813)와 샤프탈(1756~1832)은 "이 참에 서둘러 향료 사용을 금지시키자"고 요구했다. "폭넓게 사용되고 있는 향료의 훈증은 악취를 덮어 가리는 행위일 뿐"[112]이라는 것이었다. 말루앵(1701~1778)의 논문은 치료화학의 발전을 잘 보여주는 사례인데, 이러한 발전으로 마침내 치료의 영역에서 향료의 추방이 결정되었다. 같은 무렵 잉엔하우스는 발산되는 냄새가 향기로운지 아닌지와 무관하게 식물의 호흡 교환이 이루어진다는 사실을 밝혀냈다. 그래서 향료의 명예 실추는 더욱 빠르게 진행되었다.

그렇지만 아직은 어느 정도 여지를 두는 것이 좋다. 예컨대 프리스틀리와 잉엔하우스의 분석만으로는 어떤 종류의 식물이 지닌 냄새의 부정하기 어려운 영향을 설명할 수가 없었기 때문이다. 그것은 아무리 공기를 분석해도 독기를 식별할 수 없었던 것과 마찬가지이다. 이런 상황에서 몇몇 학자들은 향수가 오염된 공기를 정화하지는 못한다고 해도 완전히 관계가 없지는 않다고 생각하게 되었고, 생명으로 가득한 봄꽃의 약효에 대한 신뢰가 출현해서 점차 힘을 얻게 되었다. 봄꽃의 향기는 부패의 냄새나 배설물의 냄새처럼 경계해야 할 냄새에 대한 대립물로 중시되었다. 푸르크루아는 사향을 고발하고 인위적으로 향기를 덧붙인 집단주택의 공기를 비난했지만, 들판의 자연스런 향긋한 공기를 들이마시는 것은 적극적으로 권장했다.[113] 여기에는 분명히 루소의 영향도 있었던 것으로 보인다. 그렇지만 쥘리의 정원을 묘사한 작가(루소)가 당시 의학이 제공하던 지침을 그대로 모방하고 있던 것만은 아니었다는 사실은 반드시 기억해둘 필요가 있을 것이다.*

　1818년에 알레가 펴낸 『공인 약전』은 단절과 함께 당시의 학자들에게서 나타난 이와 같은 신념과 태도의 모호함도 드러내고 있다.[114] 거기에서는 학자들이 지니고 회의주의가 분명히 확인된다. 약전의 공동 저자들은 향료를 훈증하는 것의 효과가 더는 신뢰를 받지 않게 되었음을 확인시켜준다. 그들은 향수의 치료 효과를 부정하고, 화학약품의 승리를 선언했다. 그렇지만 그들은 아직 깊게 뿌리를 내리고 있는 관습적인 치료법에 대해 목청 높여 이의를 제기할 만한 힘이 자신들에게 있다고는 생각하지 않았다. 그래서 (대개 묘약으로 유포되던) 방향성 알코올이 가장 좋은 향료라는 형태로 그것을 용인하는 듯한 모습을 보였다. 아울러 약을 조제할 때에도 향수의 이용을 권장하기도 했다. 다시 말해 방향성 물질을 보조적인 역할로 격하시키려 했던 것이다. 그래서 '약학(pharmacie)'과 '향수학(parfumerie)' 사이의 혼란이 공적인 형태로 유지되었다.

---

* 쥘리(Julie)는 루소가 1761년에 발표한 『신 엘로이즈*la nouvelle Héloïse*』의 여주인공이다. '알프스 산 기슭의 자그마한 도시에 사는 두 연인의 편지'라는 부제가 붙어 있는 이 작품은 제네바의 호반도시를 배경으로 귀족가문의 딸 쥘리와 가난한 평민 출신 가정교사인 생 프뢰가 나눈 애틋한 사랑을 그렸다. 진원생활의 행복, 특히 그 감상성과 연애의 이상주의로 큰 인기를 끌었으며, 감성의 존중과 자연을 예찬하는 풍조를 확산시키는 데 기여했다.

5
후각적 쾌락의 새로운 계략

쾌락과 장미수

엘리트들의 취향이 변화하고 유행이 점진적으로 바뀌면서 학자들이 강한 향기에 내린 파문은 승인을 받게 되었다. 사적 공간의 후각적 환경은 농밀함을 잃었고, 그 대신 더 풍부하고 섬세한 색조로 장식되었다. 이러한 새로운 태도는 산소가 풍부한 공간에 대한 열망을 반영하고 있었다. 이제 봄날 들판의 향긋한 냄새에 대한 상상이 후각을 사로잡았다. 〔이탈리아 화가〕티에폴로(1696~1770)의 〔그림에 표현된〕대기 내부의 상상 공간은 그러한 시대요청에 따른 새로운 후각적 감수성이 서투르게 표현된 것이었다. 지각의 허용한계가 낮아지면서 배설물 냄새에 대해서만 참을 수 없게 된 것이 아니었다. 당시 점차 엄격하고 정확하게 규범화되던 예절의 정신에서 세심한 몸단장의 사회적 기능도 강조되기 시작했다.[1] 다른 사람들에게 불쾌한 느낌을 주지 않게 강한 향수나 조심성 없는 체취를 모두 삼가야만 했다.

18세기 말에 가장 큰 권위를 지니고 존경을 받던 에른스트 플라트너(1744~1818)는 육체적 불결함이 얼마나 위험한지를 이론적으로 지적했다. 때가 끼면 모공이 막히고, 분뇨가 섞인 체액이 몸 안에 머무르고, 배설물이 발효되어 부패하게 된다. 더 나쁜 것은 때가 피부를 덮고 있는 '불결한 것들의 재흡수'를 용이하게 한다는 점이다.[2] 이 역겨운 얇은 막이 독기에 대한 보호막 구실을 해줄 수 있다고 생각하는 경향도 있지만, 오히려 생명체의 균형에 필요한 공기의 교환을 방해한다. 그래서 목욕의 횟수를 늘릴 필요가 있다. 플라트너는 자캉과 마찬가지로 얼굴이나 손발을 자주 씻으라고 권하며, "때때로"[3] 몸 전체를 씻는 것이 좋다고 말했다.

이렇게 해서 점차 신체위생이라는 사고가 등장하게 되었다. 그러나 그것은 아직 자신감이 충분치 않을 뿐 아니라, 이런저런 제약으로 범위도 한정되어 있어서 매우 신중했다. 생기론자나 의학적 기계론자들은 물을 함부로 사용해서는 안 된다고 주의시키고 있었다. 보르되는 활기를 잃을 수 있다고 지적했는데, 그것이 물이 지닌 유일한 위험은 아니었다. 지나치게 목욕을 하는 것은 조직을 이완시키고, 생명체를 유약하게 만들고, 무기력을 불러일으킨다고 여겨졌다. 그렇지만 일찍이 보일과 란치시가 그러했듯이, 알레도 비누의 소독 효과만큼은 강조했다. 특히 페스트가 유행할 때에는 효과가 더 좋다고 했다.[4] 도덕주의자들은 목욕에 뒤따르는 자기만족, 관능적인 시선, 자기애적인 유혹 등을 우려했다. 당시는 화장실에서의 사생활이 유혹으로부터 잘 지켜지지 않고 있었다.[5] 곧 나체에는 위험이 내포되어 있었던 것이다.

그렇지만 이러한 방식은 일부 엘리트들에게만 한정되어 있었다. 물의 흐름에 대한 불충분한 지배가 개인적인 신체위생의 관념이 폭넓게 보급되는 일을 방해하고 있었기 때문이다.[6] 그때는 물을 집단적으로 이용하는 것이 유행하고 있었다.[7] 목욕은 분명히 그 세기의 끝 무렵에는 적어도 파리에서만큼은 상당히 퍼져 있었는데,[8] 그것은 무엇보다도 치료 행위를 뜻하고 있었다. 게다가 장바티스트 모호(1745~1794)처럼 육체노동자에게 목욕이 유익한 것은 그들이 일하고 있지 않을 때뿐이라고 생각하는 사람도 있었다. 일하고 있을 때에는 흐르는 땀만으로도 충분히 모공을 막고 있는 것들을 제거할 수 있다는 것이었다.[9]

그러나 다시 살펴보겠지만, 민중에 대한 개인위생 교육이 어렴풋하게나마 모습을 드러냈으며, 제한된 환경 안에서 규범들이 만들어지고 있었다. 불안감을 가장 크게 불러일으키는 환경이던 학교와[10] 독방 감옥, 병원, 병영, 쿡 선장의 배와 같은 곳들이었는데, 이런 곳들이 실험실이 되어 은밀한 전략은 실험으로 옮겨지기 시작했다.

향수의 새로운 사용법은 엘리트들에게 몸단장의 관습이 쇄신된 것과 일치해 있었다. 다시 말해서 강한 향수를 덮어써서 도리어 자신의 불결함을 사람들에게 알려주는 어리석음을 범하지 않겠다는 것이었다. 그래서 반대로 자신만의 독특함을 나타낼 수 있게 체취가 자연스럽게 풍기게 하는 쪽이 선호되었다. 아울러 그 사람의 매력을 조화롭고 분명하게 강조할 수 있는 것은 매우 정성스럽게 선별된 어떤 종류의 식물성 향수뿐이었다. 커다란 전신 거울이 보급된 것과 함께, 여성들 사이에서는 자신의 향기를 조절하는 것에 대한 관심이 커졌다. 은은한 향기의 심리적·사회적 기능이 새로운 유행을 뒷받침했다. 조향사 드장은 식물성 향수의 사용법에 관해 쓰면서 "우리들이 스스로를 좋아하게 되려면 어느 정도 노력을 기울여야 합니다"라고 말했다. "이것을 사용하면 우리들은 사람들이 모여 있는 곳에서도 활기차게 있을 수 있습니다. 그 덕분에 다른 사람으로부터도 호감을 받게 될 것입니다. 사회는 이렇게 이루어져가고 있습니다. 만약 불행하게도 자신을 좋아하지 않는다면, 도대체 누구를 좋아할 수 있겠습니까?"[11] 이와 같은 지적은 일찍이 프랑스 역사학자 로제 샤르티에가 초등교육 교과서를 가지고 역설했듯이, 어떤 매우 중요한 변화가 일어나고 있었음을 확실하게 증명해준다. 곧 어떤 종류의 예절, 특히 다른 사람이 불쾌하게 느끼는 것을 피하기 위한 예절의 규범이 자기애적인 만족을 목적으로 하는 일련의 위생학적인 가르침을 향해 서서히 다가가고 있었던 것이다. 여성들은 자신의 향기를 다른 사람이 맡을 수 있게 되기를 바랐다. 이런 형태로 자기표현의 의지를 드러냈던 것이다.[12] 약동하는 육체에 대한 이러한 다소곳한 숭배의식으로, 아울러 이러한 관능적인 탐구로, 여성들은 꿈과 욕망이 투영된 어떤 종류의 독특한 분위기를 창출해냈다. 단순히 이것저것 모아놓은 것에서 후각적 표현법으로의 변동이 서서히 모습을 드러내기 시작했던 것이다.

　로베르 모지도 지적했듯이, 미묘한 차이와 섬세한 감각으로 이루어진 새로운 유행은 도발적인 감각에서 수용적인 감각으로, 기교적인 것에서 자연적인 것으로 관심이 바뀌었다는 역사적 사실을 반영하고 있었다.[13] 이제는 모호한 유혹이 관능적 충동의 떨림을 불러일으켰다. 이에 관해 드장은 이렇게 썼다. "이제 후각의 쾌락을 만족시키기 위해 사람들은 전처럼 매우 강한 향기를 뿌리지 않는다. 그 대신 식별하기도 정의하기도 어려운 옅은 향기로 몸을 감싸게 되었다."[14]

　이러한 원칙을 적용하다보니 당연히 동물성 향수를 거부하게 되었다. 1765년에 간행된 『백과전서』에는 "우리의 신경이 더 섬세해진 뒤로" 용연향, 사향고양이향, 사향 등은 유행하지 않게 되었다고 기록되어 있다.[15] 사향 냄새가 나는 장갑은 너무 강한 향기 때문에 참기 어려운 물건처럼 여겨지고 있었다. 이에 관한 증언은 다 세지도 못할 만큼 많다. 르 캣(1700~1768)은 사향이 시대에 뒤처진 것이라고 단언했다.[16] 드장은 마치 당연하다는 듯이 이 향료가 무척 인기 없다고 말했다. 그러면서 용연향에 대해서만 변호를 하는 모습을 보였다.[17]

　그렇지만 어떤 일이든 과장되어서는 안 된다. 이들보다 보수적인 태도를 가진 이들도 있었음을 보여주는 증거들도 분명히 존재하기 때문이다. 동물성 향수들이 비난을 받던 와중에 뜻밖에도 한쪽에서는 '고급 용연향 추출물'이 인기를 끌고 있었다. 새로운 유행에 대한 이러한 저항은 쉽게 이해되지는 않지만 분명히 존재했으며, 지금까지도 끊이지 않고 계속되고 있다. 이와 같은 저항은 금기와 욕망이 은밀하게 뒤엉켜서 비롯된 것으로 설명할 수 있다. 지금도 여전히 사향이 판매되고 있는 것처럼, 그것들은 특별한 관심을 불러일으키기 때문이다.[18]

헤이브록 엘리스(1859~1939)는 사향의 명예가 실추된 것을 성의학 역사에서 매우 중요한 사건이라고 정확히 분석했다.[19] 그의 분석에 따르면, 18세기 말까지 여성이 향수를 사용했던 것은 당시 알려지고 있었던 것과는 달리 자신들의 체취를 감추기 위한 것이 아니라 그것을 강조하기 위한 것이었다.[20] 사향은 몸매를 강조하기 위한 코르셋과 똑같은 기능을 맡고 있었다. 성적 후각생리학 연구에서 권위를 인정받는 이반 블로흐 하겐(1872~1922)도 여성들이 그때까지는 그러한 목적을 위해 가장 강렬하고 가장 동물적인 향기를 추구했다고 지적했다.[21]

이런 관점에서 보면, 18세기 말에 일어난 동물성 향수의 쇠퇴는 성적인 냄새들의 '근본적 가치'가 하락된 것을 표현하고 있는 것에 지나지 않는다.[22] 엘리스는 보르되가 주뼛거리며 행했던 분석과 똑같은 결론에 도달했다. 유럽의 남녀는 이때부터 무례한 것으로 여겨지게 된 체취를 더욱 교묘하게 숨기려고 노력하게 되었다. 후각의 성적인 역할을 아예 부정해버리거나, 아니면 후각적인 흥분과 암시의 영역을 이동시켰다. 그래서 그 뒤로는 분비액의 강렬한 냄새가 아니라 피부에서 은은하게 풍기는 냄새가 은밀한 관계를 예고하는 역할을 맡게 되었다. 엘리스는 성적 유혹의 역사에서 이만큼 중요한 전환은 그때까지 한 번도 일어나지 않았다고 밝혔다. 물론 22년 뒤에 프로이트가 밝힌 것을 제외하고서 말이다. 프로이트는 인간이 직립보행을 하게 되면서 후각으로 성적 욕망을 알아내는 기능이 약화된 과정을 겪었다고 했다.[23]

동물성 향수를 배척하는 태도가 떠오르게 된 것에 감각론이 영향을 끼쳤다고 보는 것도 그리 잘못된 일은 아닐 것이다. (사향을 얻는 사향노루의 향주머니도 그렇듯이) 배설기관과 생식기관이 가깝게 붙어 있다는 사실은 생식기관을 떠올리게 하는 부끄러운 감정, 요컨대 수치심을 설명해준다. 하틀리는 확신에 찬 어조로, "부끄럼에 뒤따르는 정신의 불쾌감, 나아가 외설적이라는 관념 등은 많은 경우 동물이 몸에서 배출한 배설물의 유쾌하지 않은 냄새에서 비롯된다"[24]고 말했다. 이 영국인 철학자는 이런 방식으로 초기 기독교 교부들에게 친숙했던 사고방식을 정당화했다. 그의 이론을 더 밀어붙이면 은연중에 사향이나 용연향, 사향고양이향의 사용을 단죄하는 것에 이르기 때문이다.

지금까지 동물성 향수가 쇠퇴하게 된 이론적 근거를 살펴보았지만, 그와 같은 현상은 매우 애매하고 복잡하게 진행되어 방향성 알코올·방향성 기름·방향성 수용액 등의 폭넓은 유행과 더불어 나타나고 있었다. 새로움은 다양성에 있었다.[25] 루이 15세의 궁정에서는 매일같이 다른 향수를 사용하는 것이 예절처럼 정해져 있었다. 장미수가 큰 성공을 거두면서[26] 제비꽃이나 백리향, 라벤더, 로즈마리 등에서 추출한 휘발성 기름을 증류수에 섞어 만든 방향수가 추가되었다. 폴자크 말루앵은 "라벤더로 만든 방향수는 화장실과 의상실의 청결함을 지키는데 가장 적합하다. 라벤더 향기는 일반적으로 분명히 모든 향기들 가운데에서도 누구에게나 가장 호감을 받는 향기일 것이다"[27]라고 기록했다. 1760년 무렵에는[28] '원수 부인의 향수', '공작 부인의 향수'라고 이름이 붙여진 향수가 팔리기 시작했는데 그러한 유행은 새로운 감수성을 확인시켜 주었다. 몇 년 뒤에는 서인도제도의 식물에서 추출한 향수가 꽃의 정화에 이국 취향의 색조를 추가했다.[29] 여성이든 남성이든 모두 새로운 규범에 순순히 복종했다. 카사노바는 젊은 바부아 남작의 방에 들어가면 남작의 몸에서 풍기는 포마드와 방향수 냄새가 진동했다고 비웃듯이 말했다.[30]

은은한 '향수'는 신체위생에 관한 예절 안에도 들어갔다. 몇몇 의사들, 특히 플라트너는 향수의 혼합을 삼가라고 호소하면서 순수한 향수의 사용을 장려했는데,[31] 그와 같은 말에 귀를 기울이는 사람은 거의 없었다. 드장에 따르면, 17세기에 크게 유행했던 '천사의 향수'는 1764년 무렵에는 이미 사용되지 않고 있었다. 그 뒤를 이어 과일향의 향수, 꽃향기가 나는 비누와 연고, 욕조 안에 띄우는 향기공 등이 인기를 끌었다. 향수 제작의 명인들은 당시 기묘한 집착의 대상이던 '손'을 달콤한 향기로 장식하기 위해 〔향료를 꿀에 개어 굳힌〕 연향과 가루분을 조합했다.[32] 장미수로 입을 가시거나, 붓꽃 연고로 내뱉는 숨을 향긋하게 만드는 관습도 생겨났다.

연애문학은 사향의 쇠퇴를 곧바로 기록했다. 레스티프의 에로티시즘에는 신체위생과 목욕이라는 소재가 자주 등장한다. 그리고 장미수가 놀랍도록 독점권을 행사하고 있다. 〔순진하면서 유혹적인 처녀인〕 콩케트 앵제뉘의 발과 엉덩이, 은밀한 부위는 끊임없이 장미수로 세정된다.[33] 〔여성용 국부 세척기인〕 비데가 쾌락의 보조수단으로 된다. 이러한 후각적 단조로움을 반영하듯 카사노바 이야기에서도 마찬가지로 장미수로 여체를 씻는 것이 일종의 의식처럼 등장한다.[34] 어느덧 쾌락을 연출하는 데 동물성 향수는 전혀 모습을 드러내지 않고,[35] 욕망의 대상이 된 육체와 거리를 두게 된다. 사드의 에로틱한 공간에서도 그것은 자취를 찾아볼 수 없다.[36]

일부 사람들은 피부의 흡수력을 강조하면서 장미수의 사용에 대해 상당히 조심스러운 태도를 취했다. 그러나 가루분의 사용에서는 이러한 신중함을 찾아보기 어려웠다. 그 시대 사람들은 가루분으로 단장을 했는데, 그 가루분을 보면 그가 어떤 사람인지 알 수 있었다. 드장은 가루분이 "사람마다 취향에 따라 달라서 그 냄새로 구별할 수 있다"[37]고 썼다. '원수 부인의 가루분'은 거의 한 세기에 걸쳐 명성을 유지했다. 그것은 오몽 원수부인이 붓꽃과 정향나무, 라벤더, 장미, 오렌지, 꽃박하 등을 조합해서 만든 복잡한 가루분이었다. 이밖에 붓꽃 가루분, 키프로스 가루분 등이 널리 사용되었으며, 루이 15세의 치세 말기에는 카네이션 가루분이 유독 크게 유행했다.[38] 이러한 성공은 식물성 향수의 승리를 상징하고 있었다.

이러한 탐닉에는 당연히 꽃 그 자체에 대한 애착이 뒤따르게 마련이다. 유행에 민감한 파리 여자들은 화분에 정향나무나 바질을 키웠다.[39] 상류층 여인의 화장실은 큰 화병으로 장식되었다. 세련된 여성들은 겨우살이덩굴이나 복수초, 히아신스, 황수선, 은방울꽃, 메꽃, 미나리아재비와 같은 들꽃으로 치장했다. 제비꽃은 숭배 대상이 되었다. 마리 앙투아네트는 단지 그녀가 궁정을 지배하기 이전에 등장했던 다양한 행동양식을 하나로 통일하고 확대한 것에 지나지 않았던 것이다.[40]

강한 향기는 이미 흐름에 뒤처진 것으로 전락했고, 늙은 매춘부나 시골 여인네나 쓰는 것이 되었다. 동물성 냄새를 풍기는 것은 스스로 하층민임을 알리는 것이나 마찬가지였다. 메르시에는 "고상한 사람한테서는 용연향 향기 따위는 나지 않을 것"이라고 썼다.[41] 카사노바는 색정광인 늙은 공작부인이 사향 냄새를 풍기며 나타났을 때 스무 걸음 떨어진 곳에서도 그 냄새를 맡고는 하마터면 실신할 뻔했다.[42] 그러나 카사노바 자신도 마술사처럼 꾸미려고 유황으로 약품을 만들 때에만 몰약이나 소합향과 같은 식물성 향기를 사용했다.[43] 요염한 셀레스틴은 식물성 향수를 우습게 여기던 카사노바를 실망시켰지만, 곧 본색을 드러내서 자신도 염소 기름을 사용하고 있다고 고백했다.[44]

알렉상드르 뒤마(1802~1870)는 1868년에 앙시앵레짐 말기의 엘리트들에 관해 "철학자들을 빼고는 누구나 다 달콤한 향기를 풍기고 있었다"[45]고 말했다. 뒤이어 에드몽 드 공쿠르(1822~1896)와 위스망스가 달콤한 향기의 18세기라는 신화를 정착시키는 데 기여했다. 이것은 과

장된 것만은 아니었다. 진실로 볼 수 있는 점도 있었는데, 『백과전서』도 이를 인정하고 있다. 당시에는 사향과 사향고양이향을 포기한 것을 보완하려는 듯이, 자기 몸의 둘레와 주변의 사물들을 향기롭게 하는 경향이 관습처럼 나타나고 있었다. 향수업자들은 '조합된 휴대용 향수',[46] 요컨대 치료 효과를 목적으로 하지 않은 '쾌락을 위한 향기'를 권유했다. 드장은 "향수는 몸에 뿌리지 않고, 향수병 안에 넣어서 가지고 다닌다. 향수를 싫어하는 사람에게 불쾌감을 주지 않으려고 그렇게 한다"[47]라고 자세히 기술했다. 향수를 적신 천은 '작은 모형 향로'나 옷 어딘가에 꿰매어 달아 놓은 작은 '장식끈' 안에 넣어 감추었다. 멋쟁이 남자들은 조합된 향수의 성분을 분석하는 솜씨를 놓고 다투었다. 왕이나 군주들이 쓰는 향수를 가지고 있는 것은 세련됨과 상류층에 속해 있음을 증명하는 징표가 되었다. 카사노바는 루이 15세의 측근한테서 얻은 향수병을 잠시도 몸에서 떼어놓지 않았다.[48] 잘 알려져 있듯이, 바스티유 감옥에 갇힌 사드도 바깥으로 편지를 보내서 '향수'를 넉넉하게 넣어 달라고 여러 차례 부탁했다.[49]

향기 나는 손수건이 여성의 전략에서 특권적 요소가 되었는데,[50] 19세기에도 줄곧 마찬가지였다. 향수업자는 '작은 휴대용 방석'[51]을 특별히 만들어서 사향을 살짝 첨가한 제비꽃 가루분을 뿌려두었는데, 물론 멋쟁이 여성들도 당연히 그렇게 했다. '영국식 향주머니'는 (삼베로 만들면 향기가 변하기 때문에) 비단이나 〔광택이 있는 얇은 견직물인〕 태피터로 대부분 직접 집에서 만들었다.[52] 안에는 향수를 적신 작은 면 받침이나 한 움큼의 가루분이 담겨 있었다. 귀부인들은 그것을 실내복에 리본으로 묶어 매달아두거나, 옷장이나 장롱에 넣어두거나, 침대 옆 작은 탁자의 서랍 안에 넣어두었다.

장신구에 향수를 묻혀두는 것도 관습이 되었다. 은은한 향기의 프로방스 장갑이 사향 냄새의 장갑을 대체했다.[53] 향수를 뿌린 부채를 부치고, 젖가슴과 〔장식을 위해 꽃을 묶어 매단〕 맵시꽃의 향기로 은근하게 유혹했다. 장갑의 향기와 어떻게 조화를 이루게 하는가 하는 문제가 후각적 구성의 섬세함을 드러내고 있었다. 향긋한 냄새를 풍기는 옷감으로 만든, 영국산이나 몽펠리에산 의상도 장갑만큼은 아니지만 꽤 유행했다.[54] 은은한 향기를 풍기는 집게에 끼워둔 실내복을 입는 관습은[55] 성적인 유혹의 방식이 크게 바뀌었음을 또렷이 확인시켜준다.

몸에 걸치는 모든 것들이, 다시 말해 메달에서 묵주에 이르는 모든 것들이 후각적인 애무를 위한 것이 되었다.[56] 여성들 앞에서 담배를 피우기가 어렵게 되자 남자들은 〔냄새를 맡는〕 코담배를 애용하게 되었다. 코담배에서는 재스민이나 월하향, 오렌지 꽃의 향기가 났다.[57] 이미 살펴보았듯이 요리사도 요리에 향기를 첨가하려고 노력했다.

개인적인 공간의 공기도 은은한 향기로 섬세하게 변화하기 시작했다. 향기 상자,[58] 향기 바구니,[59] 미묘하게 조합된 포푸리[60] 등이 쓰였다. 특히 포푸리는 10년이나 20년까지도 향기를 풍기는 것도 있어서,[61] 칙칙했던 주거공간을 향기로 채웠다. 포푸리를 만들 때에는 포마드나 가루분, 향수와 마찬가지로 본연의 조합법, 다시 말해 일종의 자신만의 제조기법이 필요했다. 그리고 이것은 얼마 지나지 않아 향수 제조업자들의 영업에 중요한 경쟁자로 떠올랐다.

제한된 경우이지만, 신체위생의 관념이 발달하며 여성의 화장실은 유혹의 신전이 되었다. 인접한 부부의 침실과 마찬가지로, 그곳의 후각적 분위기는 은밀한 사생활을 엿보는 벽지와 거울의 효과와 밀접히 연관되었다. 루소의 전통을 이어받아,[62] 파르니는 이러한 성적 유혹의 특권적인 장소에서 그리움에 사로잡혀 서성였다.[63] 퐁파두르 부인은 이를 상징했다.[64] 리슐리외 공작은 극단적인 후각적 연출을 제공했는데, 그의 저택에서 실행된 향기의 능숙한 배치는 따라올 자가 없었다.

나르시시즘의 향기

감각론의 도덕이 명령하는 첫째 계율은 개방성(disponibilité)이다. 그래야 세련된 감각을 받아들일 수 있고, 그 감각이 떠올리게 하는 쾌락이나 감정도 감지할 수 있기 때문이다. 루소는 일찍이 대상의 선택과 배치를 기초로 하는 이러한 감각의 예술을 행복추구 기술의 첫 번째로 꼽았다. 이런 복잡한 계산의 이면에는 번잡한 감각으로부터 자신을 지키려고 하는, 끊임없는 관심이 놓여 있었다. 번잡한 감각은 혐오를 불러일으킬 수도, 방심을 빚어낼 수도 있었기 때문이다. 따라서 후각의 진정한 쾌락을 맛보려는 행위는 진흙구덩이나 퇴비, 생체의 부패, 골짜기의 답답한 경작지나 도시의 비좁은 공간 등과 같은 것들로부터 아주 멀리 벗어나는 것을 전제로 했다. 시골조차도 사람들을 탈출할 수밖에 없게 했다.[65] 지라르댕(1735~1808)은 마을이 온통 구정물 진창처럼 변해 버렸다고 말했다.[66] 그리고 [세낭쿠르의 작품에 등장하는] 오베르망은 이렇게 탄식했다. "어깨를 맞대고 있는 것처럼 늘어서 있는 백 채 정도의 오두막이 눈에 띄었다. 그것은 뭔가 역겨운 쓰레기의 산처럼 보였고, 도로나 축사, 야채밭, 담장, 습한 마루와 지붕, 나아가 낡은 옷과 가구와 같은 것들은 하나의 수렁처럼 보였다. 그 안에서 모든 여자들이 부르짖고, 모든 아이들이 소리치며 울고, 모든 남자들이 땀을 흘리고 있었다."[67]

이렇게 '사회적 발산물'[68]에 대한 혐오가 모습을 드러내기 시작했다. 당시에는 아직 모호한 상태였지만, 점차 분명히 실감할 수 있게 되었다. 뒷날 '산지 유행'을 확산시키는 데 크게 기여한 라몽 드 카르보니에르(1755~1827)의 관점에서 보자면, 이러한 '발산물의 확산'[69]은 평지에서만 일어나는 일이었다. 그는 평야나 골짜기가 지니는 민중적 속성을 제시하면서, 엘리트는 높은 장소로 이동해 이러한 것들로부터 벗어나야 한다고 주장했다. 곧 밀집해 있는 것에서 비롯된 악취는 비좁은 공간에 북적거리는 민중들에게 맡겨두고, 수직 방향으로 올라가 벗어나자고 했던 것이다.

부유한 자는 깨끗한 공기를 누려야 했다. 부자들이 사는 저택의 커다란 창이나 주변의 넓은 공간만으로는 충분치 않았다. 트롱셍은 부자들에게 산책을 권했다. 산책은 조금이나마 공기를 갈아 넣는 구실을 하고, 정체된 공기 안에 꼼짝 않고 머물러 있는 것을 예방하는 효과가 있었다. 디드로와 소피 볼랑은 해마다 여름이 되면 파리를 벗어났다. 디드로는 쉐브레트나 그랑발로 갔으며, 소피 볼랑은 섬으로 갔다.[70] 생 프뢰는 사람들이 치매 증상을 보이는 환자를 산으로 보내지 않는 것에 놀라워했다. 1778년에 투브넬은 공기치료법을 전파하려고 노력했다. 이것은 철학자들이 유행시켰던 것으로, 당시에는 아직 초보적인 상태로 남아 있었다. 쥐린은 '풍욕'의 효능을 설파하고 다녔다.[71] '공기 요법'[72]이라는 개념은 아직 많은 부분이 애매한 상태였지만, 얼마 지나지 않아 의학적 처방으로 자리를 잡았다. 그리고 다음 세기의 위생학자들은 그것의 실천방법을 더 체계화해서 나이·성별·기질 등에 따라 복잡하게 변화시켰다.[73]

정원과 산지는 부패한 장소의 대립자로서 구원의 능력을 부여받았다. 제로는 도시주민이 나무그늘에 앉아 독기를 몸에서 빼낼 수 있게 공원의 수를 늘리자고 요구했다.[74] 하지만 가장 많이 언급된 장소는 산이었다. 물론 높은 산지에 머무는 것은 두려운 결과를 낳기도 한다. 그래서 소쉬르(1740~1799)는 이렇게 독자들의 주의를 촉구하기도 했다.[75] '천공의 경계'[76]는 "사람들이 사는 대지와 같은 발산물들이 결여되어 있어서 무미건조하다."[77] 그래서 그 공기는 경솔한 여행자를 괴롭히곤 한다. 스위스 산악지역의 주민들에게서 나타나는 '퇴화 현상'과 그곳 여자들의 추악함,[78] 모리엔 지방에 사는 주민들이 태어날 때부터 앓고 있는 〔지능 저하와 성장 장애를 일으키는〕 크레틴병 등이[79] 고산 지역의 공기에 주의가 필요하다는 사실을 잘 보여주는 사례들로 제시되었다. 그러나 적어도 산지에서 맛보는 고독은 감각의 쾌락에 없어서는 안 될 어떤 개방성을 가져다주었다. 오베르망도 고원 목장의 고요함이 있었기 때문에 샘물이 솟아나는 소리를 마음으로 깊게 맛볼 수 있었던 것이다.

정원의 후미진 장소도 지라르댕이 정의했던 '낭만적인 환경'을 만들어냈다. "이 환경은 야성이나 미개함이 가득한 장소가 아니라, 고요하고 고독한 장소여야 한다. 이러한 장소여야 영혼은 흔들리지 않고 심원한 감정의 달콤함에 모든 것을 내맡길 수 있다."[80] 이러한 사고에서 후각은 정서에 큰 영향을 끼치는 것이 된다. 따라서 후각을 동물성의 감각으로 간주한 사람들은 이론적으로 끼어 들 자격을 빼앗긴다.

와트레(1718~1786)는 "관능이 이성을 훼손시키지 않게 하려면 자연 안에 일종의 근거지를 마련하거나, 적어도 어떤 종류의 기능은 맡겨야 한다"[81]고 말했다. "풍경이나 선택된 자연"[82]에 관한 이러한 요구가 등장함에 따라 꽃밭과 같은 복잡한 향기의 조합은 유행하지 않게 되고, 매우 한정된 숫자의 향기 안에서 선택이 이루어지게 되었다. 그 뒤로는 '갓 베어낸 풀 냄새'가 사람들에게 '달콤한 냄새'를 나타내는 최고의 기준이 되었다. 메르시에,[83] 라몽,[84] 세낭쿠르(1770~1846)가 로아이젤드 트레오가트[85]의 뒤를 이어 갓 베어낸 풀 냄새가 가져다주는 은은한 기쁨을 노래했다. 오베르망은 이렇게 말했다. "4시 무렵에 나는 아침 햇살과 풀 냄새에 깨어났다. 풀은 선선할 때 달빛 아래에서 베어낸 것 같았다."[86] 이렇게 해서 '갓 베어낸 풀(fresh mown-hay)'이 성공적으로 자리를 잡았다. 자연에 대한 기쁨을 묘사한 이러한 문학작품들에서 후각적 묘사의 대부분을 차지하고 있는 것은 황수선, 제비꽃, 재스민이었다. 향수업자들이 그토록 높게 평가했던 장미는 여기에서는 고풍스런 향기가 되었다. 그리고 딸기는 과일의 먹음직스런 향기를 상징하는 것이 되었다.

정원을 후각적 쾌락의 장소로 변화시키려 했던 것은 일종의 모순이라고 할 수 있었다. 잘 알려져 있듯이 정원은 하나의 그림이었다. 그리고 리안 르페브르가 바르게 지적하고 있듯이,[87] 그것은 '시선의 동학'에 기초해 구성되어 있었다. 시각과 청각을 중시하려는 뚜렷한 의도가 건축가의 지침으로 되어 있었다. 영국식 정원은 어떤 종류의 감각의 위계를 되살리고 실현할 기회를 제공했는데, 이러한 위계는 그 뒤 다양한 사람들에 의해 되풀이되었다. 지라르댕은 시각에 가장 높은 지위를 부여하고, 그것보다 반응이 더 빠르고 강렬하며 미묘한 다른 감각들은 낮은 자리에 두었다.[88] 1779년에 히르시펠트(1742~1792)는 이를 이렇게 명확하게 요약했다. 모든 감각들 가운데 "식물의 향긋한 발산물을 받아들이는 후각은 맨 끝에 온다고 생각한다. 아니면 그 뒤에 공기의 상쾌한 작용을 느끼는, 촉각이라는 복잡한 감각을 놓아도 될 것이다."[89] 따라서 예술가는 "후각을 완전히 무시해도 좋은 것은 아니지만, 오로지 눈과 귀를 위해, 특히 눈을 위해 일해야 한다. 그러므로 정원사는 주로 전원과 같은 자연의 눈에 보이는 아름다움을 사람에게 보여주려고 노력해야 한다."[90] 정원의 꽃들에게는 시선의 쾌락에 봉사하기 위한 작은 역할밖에 부여되지 않았다. 꽃들의 첫 번째 기능은 언덕에 색채의 융단을 깔고 들판을 구획하는 것이지, 후각을 즐겁게 하는 것은 아니었다. 연극적 구도가 늘어난 '그림 같은 정원'에서 이러한 시각의 우위는 더 확실해졌다. 감각적인 쾌락의 서열에서는 청각만이 일시적으로 시각과 경쟁할 수 있었다. 바람이나 물은 정화하는 움직임을 지니고 있고, 청각은 이러한 움직임의 확실한 증인이었기 때문이다. 이에 대해서는 토마스 와틀리(1726~1772)가 끼친 영향력이 잘 알려져 있는데, 그도 장마리 모렐처럼 후각적 쾌락에 대해서는 별다른 언

급을 남기지 않았다.[91)]

　그렇지만 이러한 기본적인 틀에서 벗어날 필요가 있다. 후각은 감각과 감정의 표출에 변화를 주려고 했던 예술가의 감각적인 팔레트 안에 담겼다. 감정적 전략을 세심하게 세우려 할 때에 향기는 유력한 보조수단이 되었다. 따라서 감각들에 저마다 할당되었던 것만큼만 분석을 한정하는 것은 그다지 올바르지 않다. 그러한 태도는 '교감하는 지각'에 대한 탐구를 부정하는 것이기 때문이다. 히르시펠트는 이러한 교감하는 지각이 없으면 정원은 감각이 차고 넘치는 장소가 될 수 없다고 보았다. "신록과 멀리서 들려오는 웃음소리로 장식된 전원의 풍경은 꾀꼬리가 지저귀는 소리와 시냇물이 흐르는 소리가 함께 들려올 때, 아울러 제비꽃의 향긋한 냄새를 들이마실 수 있을 때, 더욱 매력적으로 된다."[92)]

　자연 경관에 관한 담론을 구성하고 있는 말들 가운데 공통으로 쓰인 것들을 열거해보면, 후각에 관한 한정된 숫자의 장소와 태도, 감정이 드러난다. 후각은 무엇보다도 먼저 휴식의 욕망이 생겨났을 때 자극을 받는 것이었다. 집이나 '침실'의 주위, 비바람을 피해서 들어간 숲속의 그늘이나 제당, 이끼를 깔아 잠자리를 만든 은밀한 휴식처,[93)] 나아가 더 일반적으로는 '맑고 깨끗한 지역', 이러한 곳들에는 반드시 꽃이나 향기로운 잎이 있는 식물이 가까이에 있어야 했다. 이러한 섬세한 요구는 이미 호레이스 월폴(1717~1797)에게서도 나타났으나,[94)] 히르시펠트만큼 이를 분명하게 정의한 사람은 없었다. 이때 본보기가 된 것은 [루소가 그린] 쥘리의 정원이 아니었다. 그것은 밀턴이 그렸던, 에덴동산에서 아담과 이브의 사랑을 지켜준, 그들이 비바람을 피한 요람이 있던, 낙원의 '달콤한 황무지(wilderness of sweets)'[95)]였다.

　맑게 흐르는 물이 감각적인 연상을 불러낼 때 환기되는 후각도 있었다. 지라르댕은 작은 하천 양편에 방향성 식물을 심도록 권했다.[96)] 샘

근처의 참나무 숲 한가운데에 심겨진 "이름 모를 방향성 식물, 건강에 좋은 풀, 방향성 송진과 같은 것들이 공기를 향긋한 냄새로 가득 채우고, 그 향기로 폐도 크게 부풀어 오른다."[97] 그리고 사람들을 상상의 세계로 이끈다. 히르시펠트도 산책하던 사람이 잠시 머무르다가 가는 다리 부근에는 꽃을 심자고 주장했다.[98]

양봉업과 [암술에 꽃가루를 붙여주는] 꽃가루받이를 구실로 꽃향기에 정당한 근거가 부여되면서 어지러울 정도로 강한 꽃향기의 관능성이 과시되는 경우도 있었다. 양봉장 주변을 둘러싼 꽃 울타리는 오로지 꿀벌을 후각적으로 유혹해 불러 모으기 위한 것이었다. "백리향, 라벤더, 꽃박하, 버드나무, 보리수, 백양나무 등이 풍성하게 심어져, 멀리서 들이마시는 공기에도 향긋한 냄새가 담겨 있었다. 그곳에서는 향기와 꽃의 사치가 허락되어 있었다."[99]

자연스런 것을 생명력이 있는 것이나 건강한 것과 동일시하던 당시의 낙관주의는 살아 있는 식물의 향기가 끼치는 영향을 뒷받침했으며, 전원 공기의 후각적 관능성에 근거를 제공했다. 어떤 종류의 들꽃은 강렬한 향기로 도취시키기도 했다. 여성의 표정과 꽃과의 유사성이 암시하듯이, 그것은 성적 쾌락으로의 유혹이었다. 어떤 학자는 여성이 그러한 향기를 맡을 때 말로는 표현하기 어려운 결합으로 오르가즘에 이르는 경우도 있다고 주장하기도 했다.[100] 고독과 휴식과 상상의 장소인, 향기로운 숲과 감추어진 나무그늘의 터널은 여성이 아찔한 정신으로 몸을 맡기는 특권적인 극장으로 쉽게 변했다. 자연의 향기는 관능의 향기와 하나가 되었다. [로아이젤의 소설에서] 젊은 공작부인이 죄 많은 돌브뢰즈에게 유혹된 일은[101] 그녀가 전원에서 맞이했던 첫날밤의 감동과 마찬가지로 대부분 자연의 향기와의 결합에 의지하고 있었다. [네르시아의 소설에서는] 오렌지 꽃, 재스민, 겨우살이덩굴 등이 시드니와 펠리시아의 사랑을 향기로 채웠다.[102] 이렇게 자유사상가들이 만들어냈던 쾌락의 복잡한 후각적 연출이 식물의 미묘한 쾌락주의를 배경으로 퍼져갔다.

이 점에서 영국식 정원에 관한 수많은 담론들은 '꽃의 정원', 다시 말해 집 주변에 향기의 울타리가 계속 존재하고 있었다는 사실을 잊지 않게 한다. 히르시펠트나 지라르댕도 꽃의 정원이 부르주아들 사이에서 유행했다는 사실을 매우 강조했다. 여성, 특히 젊은 아가씨는 그곳에서 감수성을 높이려 했다. 꽃의 정원에서 "달콤하고, 미묘하고, 상쾌하고, 신선하고, 영혼의 활기를 북돋는 향기"[103]를 들이마시는 것으로 자신들의 체취를 잠재우려 했던 것이다.

이러한 특권적인 장소에서 후각에 할당된 근본적인 기능은 틀림없이 (자기애적인) 나르시시즘을 부추겼다. 세계극장(theatrum mundi)*에서 멀리 벗어나고 싶고, 사교계에 권태를 느끼고, 은둔자의 오두막이나 그림처럼 아름다운 정원의 동굴, 정원에 만든 작은 동산의 기묘한 바위 등에 마음이 끌리고, 루소의 『고독한 산책자의 몽상』이나 (괴퇴의) 『젊은 베르테르의 슬픔』, 에드워드 영(1683~1765)의 『한밤의 생각들』과 같은 책을 읽고 있는 독자는 자아의 존재감을 강하게 느끼기를 열망했다. 그런데 존재가 사라진 것을 감지하는 데 도움이 되는 후각은 이때부터는 시간을 지각하는 특권적인 감각으로 나타났다. 풍경의 건축가는 자연의 후각적인 시계를 끊임없이 지켜보고 있어야 했다.[104] 그는 아침의 정원과 해질 무렵의 정원이 따로 존재하며, 그 가운데 어느 한 순간을 선택해야 한다는 사실을 알고 있었다. 향기에 특별한 중요성을 부여하려면, 해질 무렵을 선택해야 했다. 식물의 발산물은 분명히 하루가 끝나가는 것을 특별히 격렬하게 강조하는 경향이 있기 때문이다. 라몽은 피레네산맥에 피는, 술과 같은 장식이 달린 붉은 카네이션

* 세계극장은 17~18세기에 유행한 말로, 삶과 세상을 신의 각본에 따라 인간이 배우가 되어 연기하는 연극처럼 바라보는 것에서 비롯되었다.

의 향기가 그토록 감동적인 것은 바로 이 때문이라고 했다.[105] 후각은 대부분 사계절의 변화에서 소재를 얻었다. 이 소재들은 지금도 여전히 지치지 않고 거론되고 있으므로, 굳이 다시 자세히 언급할 필요는 없을 것이다.

하지만 거기에는 새로운 요소도 있었다. 정서적 기억을 높이는 힘이 그것이다. 루소의 방식대로 말하면, '기억의 징표'[106]에 대한 탐구라고 할 수 있을 것이다. 다시 말해 후각으로 식별된 냄새로 과거와 현재가 극적으로 서로 겹쳐지는 것이다. 이러한 예상치 못한 결합은 시간성을 잊게 하는 것이 아니라, 자아로 하여금 스스로의 역사를 실감하거나 깨닫게 해준다. 은은한 향기가 점차 유행하게 되면서 기억된 타자의 이미지에 시적인 확장이 덧붙여졌는데, 그에 발맞추어 문학작품 안에서도 무의식적인 기억을 둘러싸고 후각적인 묘사가 강조되기 시작했다. 여기에서는 일단 두 가지 사례를 이야기하겠지만, 마음만 먹으면 얼마든지 더 제시할 수 있을 것이다.

라몽은 1789년에 이렇게 썼다. "향기 안에는 잘은 모르겠지만, 과거의 기억을 강하게 환기시키는 뭔가가 있다. 좋아했던 장소, 그리운 장면, 지나가버린 뒤에 마음속에 깊은 흔적을 남겼지만 기억할 만한 것이 전혀 남아 있지 않은 어떤 순간, 이러한 것들에 대해 향기만큼 추억을 되살려주는 것은 없다. 제비꽃의 향기는 가버린 어느 해 봄날의 기쁨을 영혼에 되찾아준다. 나는 꽃이 핀 참피나무가 증인이 되었던, 인생에서 가장 달콤했던 시간이 어떠했는지 잘 기억하지 못한다. 하지만 참피나무가 얼마 전부터 조용히 내 마음의 심금을 울리고, 아름다웠던 날들과 연결된 무의식적인 기억을 깊은 잠의 밑바닥에서 깨우고 있음을 느낄 수 있었다. 나는 마음과 생각 사이에는 장막이 놓여 있다는 사실을 깨닫고 있다. 그것을 벗겨내는 것은 달콤한 일일지 모르지만, 어쩌면 […] 슬픈 일일지도 모른다."[107] 오베르망도 [스위스 서부의] 체셀에서 구입한 막 베어낸 건초의 향기가 "내가 어린아이였을 때 자네와 함께 뛰어 놀던 헛간"의 기억을 되살려주었다고 편지로 써서 보냈다.[108]

이브 카스탕은[109] 뤼시앵 페브르와 로베르 망드루의 뒤를 이어[110] 청각이 왜 오랫동안 시각보다 중시되어 왔는지를 밝혀냈다. 시각은 이성적인 확신의 근원이지만, 청각은 사회조직에 관한 감각이라는 점이 그 이유였다. 하지만 근대가 되자 시각의 역할이 갑자기 커졌다. 그러한 사실은 소송 절차의 영역에서 분명하게 확인된다. 법정에서 청각으로 전해들은 말은 시각으로 확실히 인지한 것에 점차 종속되었다. 그렇지만 이것과 다른 한 가지 중요한 사실이 더 있었다. 이것은 너무나 오랫동안 은폐되어 왔는데, 실은 '감각의 역사'의 중요한 전환점이라고도 할 수 있을 것이다. 18세기 중엽부터 하나의 미학적인 움직임이 모습을 드러내기 시작했는데, 후각을 영혼의 위대한 움직임을 만들어낸 감각으로 삼으려 하는 것이었다. "향기는 시각보다 내적인 감각으로, 더 직접적으로 정신으로부터 독립된 기쁨을 우리에게 가져다준다. 우리는 기분 좋은 향기를 맡으면 그 최초의 인상에서 큰 기쁨을 느낀다. 이에 비해 시각의 쾌락은 지각된 사물이 불러일으키는 욕망이나 성찰, 그러한 사물이 만들어낸 희망 등이 원인이 되어 나타난다."[111]

후각은 (향기의 침투력이 지니는 한탄스러운 속성이지만) 덧없음 그 자체로 감수성이 예민한 영혼을 자극한다. 영혼은 후각이 가져다준 감정에서 벗어날 수 없다. 말로 표현하기조차 어려운 향기의 이러한 덧없음과, 채울 방법이 없는 공허하고 모호한 욕망의 계시 사이에 기묘한 조응관계가 생겨난다. 그리고 그것이 나르시시즘의 기초가 된다. "황수선이여, 제비꽃이여, 월하향이여, 너희에게는 찰나밖에 없는가!"[112] 향기가 불러일으킨 감정의 덧없음에 매혹과 실망을 동시에 맛본 오베르망은 이렇게 탄식했다. 당시에는 자아를 "오직 하나의 점의 둘레에 존재의 모든 것이 응축된 것"[113]이라고 생각하고 있었는데, 모든 감각

가운데에서 후각은 이러한 자아의 존재를 가장 민감하게 느끼게 하는 감각이 되었다. 그것은 물소리의 운율을 듣는 것으로 내면의 허무로 향하는 길하고는 다른 출입구였다. 『고독한 산책자의 몽상』의 저자(루소)가 후각에 이상 증상을 가지고 있었던 것은 누가 보더라도 확실해 보이는데,[114) 후세의 역사가들이 후각의 역할을 과소평가하게 된 배후에는 루소의 영향이 (적어도 담론의 차원에서는) 어느 정도 있었던 것은 아닐까?

다른 어떤 감각보다도 후각이 개인의 특이성을 드러낸다는 사실을 당시 사람들은 이미 깨닫고 있었다. 『백과전서』의 '후각' 항목 집필자는 향기를 맡는 것과 육체의 기운이 발산되거나 멈추는 것과의 긴밀한 관계에 관해 "어느 누구도 스스로 깨닫지 못하는 신경의 경향을 지니고 있다"고 지적하고 있다. 사회의 엘리트들은 사향에 대해 점차 용인하지 않는 태도를 지니게 되었는데, 그것은 사람들의 감수성이 저마다 높아진 것을 반영하고 있었다. 그 뒤 거의 1세기에 걸쳐서 오늘날에는 오히려 알레르기로 보아야 할 것 같은 몸의 변화가 '특이체질'이라는 이름으로 불리게 되었다. 후각학을 앞장서서 주장한 사람들에 따르면, 특히 이폴리트 클로케의 말을 받아들인다면, 냄새에 대한 태도는 그 사람의 가장 내밀한 성향을 보여주며, 그것의 영향은 생명체 전체에 미친다.[115)

은은하게 떠도는 꽃향기의 순간적인 충격에서 내면의 체험이 생겨나는데, 이쯤에서 그것을 배설물 냄새의 강한 체험과 비교해 보는 것도 나쁘지 않다. 그 시대에 몸속에서 진행되는 부패의 흐름을 지각하는 것이 얼마나 큰 강박관념처럼 되어 있었는지를 우리는 이미 알고 있다. 카라치올리는 이렇게 외쳤다. "우리는 부패 속에서 살고 있고, 자신 안에 시시각각 참기 어려운 것으로 되어가는 냄새를 지니고 있다."[116) 배변 장소는 점차 특정한 곳이자 개인적인 곳이 되어갔는데,

저마다에게 배설물 처리가 맡겨지는 이 과정에서 배변의 장소는 '독백'의 장소로도 되어갔다. 베르사유에 만들어진, 프랑스에 겨우 두 개뿐이었던 영국식 수세식 변소는 왕과 마리 앙투아네트만 쓸 수 있었다.[117] 이렇게 해서 왕과 마리 앙투아네트는 프랑스에서 새로운 사생활의 경험을 맛본 최초의 인간이 되었다. 이것은 사회적 관습이 개인화하는 과정으로도 볼 수 있는데, 그 과정은 나르시시즘에 딱 들어맞았다. 마침내 개인적인 것이 된 무덤도 냄새를 잃었고, 회복될 가망이 없는 환자는 부패하므로 병원에서 내쫓아야 한다는 움직임도 이미 나타나고 있었다. 1813년 포데레는 연주창에 걸린 환자는 "병 기운에서 나오는 부패한 발산물로 모두를 오염된 공기 안에 계속 갇혀 있게 하므로"[118] 병원에서 내보내야 한다고 권고했다.

후각은 다른 감각들 이상으로 세계라는 조직체의 조화를 감지할 수 있게 해준다. 자연의 향기는 덧없음 그 자체로 이러한 우주적 조화에 대한 감정을 만들어낸다. 죽음이 이해할 수 없는 것으로 여겨지고,[119] 더 나은 세상으로의 희망이 생겨난 것은 이러한 감정 덕분이었다. '찰나의 충격'이 '갑작스런 충동'이 된 것이다.[120] 로베르 모지는 이와 같은 변화의 깊이를 이렇게 명석하게 분석했다. "자연과 인간 사이의 일체감은 내적인 합일이 가능하다는 환상을 인간에 준다. 감각은 잠깐 끊어져버린 마음과 정신 사이의 끈을 다시 묶어준다. 단순한 향기가 자아의식의 각성을 가져온다. 이렇게 자아가 자각되면 그때까지 무관한 것이었던 자연이 자아와 연결된다."[121]

이러한 결합의 경험은 새로운 관능성을 보여준다. 그것은 이제는 본능의 갈망이 아니라, 와트레의 말처럼 "외부의 사물과 감각과 영혼의 상태 사이의 가장 완전한 관계"[122]를 기초로 하는 예술이다. 이렇게 해서 아무리 사람의 눈에 잘 띄지 않는 꽃이라도 저마다 나름의 목적이 있다는 것이 분명하게 되었다. 그러한 꽃은 마치 "인간을 위해서만 만들어진 것처럼 보였다.”[123] 세련된 감수성의 혜택을 받은 인간은 후각의 아득해지는 힘을 유용할 수 있었는데, 세낭쿠르보다 이러한 힘을 멋지게 표현한 사람은 없다. 봄꽃들은 선택된 자의 영혼에 “더 내밀한 삶”에 대한 갑작스런 충동을 불러일으킨다. “황수선이 (벽 위에) 피어 있었다. 그것은 욕망의 가장 강한 표현으로 그해의 최초의 향기였다. 나는 인간을 위해 미리 준비된 행복을 깊이 느꼈다.”[124] “대부분의 사람들은 식물이 내는 향기와 이 세계의 행복을 얻는 방법과의 사이에 관계가 있다고는 생각지 못할 것이다. 그래서 그들은 이러한 관계에 대한 감정을 일종의 상상력의 오류로 보고 있지 않은가. 그렇지만 이두 지각은 어떤 사람에게는 서로 확연히 다른 것으로 보이겠지만, 그것들을 이어주고 있는 사슬을 끌어당기는 방법을 깨닫고 있는 천재에게는 그리 다른 것이 아니다.”[125]

들판에 피어 있는 꽃들의 중요성은 아무리 강조해도 지나치지 않았다. 그것들은 수줍고 자연스럽고 변덕스러운 향기를 지니고 있는데, 그 향기는 하늘이 꽃에 아무런 대가 없이 준 재능이었다. 그리고 그것이 마음에 불러일으킨 최초의 동요는 가치 있고 무한한 것으로 나아갔다.[126] 들꽃은 짐작하기 어려운 욕망을 드러내면서 처녀 이미지의 원형을 구성했다.

*　　　*　　　*

18세지 말에 이르러 정원과 산은 다양한 탐구의 장소가 되었다.[127] 여행자는 단지 휴식이나 관능적 쾌락을 찾아서 향기로 가득한 고독한 장소로 간 것은 아니었다. 부패한 민중들로부터 벗어나 멀리 떨어진 곳으로 가는 것에서 무의식적인 기억에 대한 희망이 생겨났고, 나르시시즘이 되살아났으며, 우주적 조화의 감정이 예고되었으며, 사랑에 빠진 고독한 남자는 감정을 토로할 수 있게 되었다. 그런데 조경사가 꾸며 놓은 정원을 보는 것보다도, 나아가 우뚝 솟은 산을 바라보는 것보다도 새로운 관능성으로의 길을 열어젖힌 것은 황수선의 향기였다. 이러한 봄의 향기를 둘러싸고 다양한 기능들이 모습을 드러냈지만, '후각의 미학' 시대가 되자 그 기능은 점차 향수에 부여되었다. 하지만 당장 중요한 것은 육체, 나아가 환경에서 악취를 제거하는 일이었다. 그 목적은 사람들에게 감각적인 안정감을 주기 위한 것이었는데, 이와 같은 안정감이 없으면 자아가 관능적인 충격을 받는 일도 있을 수 없었던 것이다.

부패열을 없애 독기를 억제하기 위한 의학적 처방, 존재의 깊은 내면에서 진행되는 부패가 불러온 형이상학적 불안, 나르시시즘의 고양과 그것이 되새긴 후각적 자유에 대한 갈망, 자신의 존재와 세계의 조화를 보여주는 자연의 향기에 끊임없이 주의를 기울이려는 의지, 당시에는 아직 불분명하고 분화되지 않았던 사회적 발산물 때문에 생겨난 공포, 이러한 것들이 곧 하나로 합쳐지면서 18세기 중엽부터 실천으로 옮겨진 악취제거 전략을 추진해갔다.

이러한 역사적 사실들은 모두 악취에 대한 허용한계의 엄격화, 은은한 향수의 유행, 신체위생의 발달 등을 설명해주고 있다. 지각혁명은 방대한 양의 의학적 담론들을 낳았는데, 이러한 의학적 담론들은 보기에 따라서는 악취제거의 수단으로도 볼 수 있었고, 악취제거의 전제가 되었던 인류학적 변동이 요구했던 대가로도 볼 수 있을 것이다. 그렇지만 지각혁명은 이러한 의학적 담론을 훨씬 뛰어넘는 것이어서, 사회 전체에 다양한 형태로 큰 영향을 끼쳤다.

제2부
공공공간의 정화

1
악취제거 전략

포장·배수·환기

18세기 말, 공중위생학에 대한 관심이 높아지면서 수많은 저작들이 탄생했다. 그러나 이 논문의 목적은 이러한 저작들의 목록을 작성하는 데 있지 않다. 그 시대의 이야기들을 다시 들어보면서 '감각의 역사'라는 관점에서 다양하게 살펴보는 것이 주된 목적이다. 당시 만들어진 공중위생 정책들은 악취에 대한 불안감에 기초해 있었으며, 이미 지나간 과거로부터 역사적 본보기를 찾으려 했다. 14세기 무렵의 도시 조례들은 고대과학의 유산에서 비롯된 다양한 관습들을 다시 등장시켰는데, 공중위생 정책들은 이러한 관습들을 받아들이고 있었다. 그러나 공중위생학은 단지 고대의 관습들을 다시 실천하는 데 머무르지 않았다. 의학사상의 발전, 나아가 이른바 '화학의 진보'가 이미 그것의 근대성을 뒷받침해주고 있었기 때문이다.

점차 모습을 갖추어가던 공중위생 전략은 더는 전염병이 창궐할 때처럼 일시적인 성격을 지니지 않았다. 그것은 영속성을 주장했고, 전체의 종합을 꾀했으며, 관리자의 관점에서 결정을 통제했다. '도시문제의 고안'[1]이나 '도시기계'와 같은 기능론적인 관념이 승리하면서 '지형적인 미화(toilette topographique)'가 과제가 되었다. 그런데 그것은 시가지 도로의 정화나 유형지의 정비에서도 뚜렷하게 드러나듯이 '사회적인 미화(toilette sociale)'와 뗄 수 없는 관계에 있었다. 1740년부터 1750년까지의 10년을 경계로 공중위생 행정은 권위를 부여받은 의학자들의 지휘 아래 일관된 활동을 시작했다. 의학자들의 권위는 유효한 성과가 가져다준 것이라기보다는, 개인적 이해와 무관한 '투명한 앎'이라는 점에서 비롯되었다.

도시와 무덤을 동일시하는 경향이 강했던 요람기의 인구통계학은 도시에 대한 비관론을 한층 공고히 했으며, 사회의 안녕과 관련된 사업의 긴급성을 강조했다. 게다가 소독에는 (물론 악취제거에도) 유토피아적인 요소도 포함되어 있었다. 그것은 유기적인 시간의 증언을 은폐하기 위한 계획, 다시 말해 분변·생리혈·동물 잔해가 썩는 냄새와 사체에서 풍기는 악취처럼 죽음을 예고하고 영원을 부정하는 표지들을 억압하는 것을 목표로 한 계획이었다.[2] 후각적 침묵은 단지 독기를 제거하기 위한 것만이 아니었다. 그것은 삶을 마친 생명체가 죽음 뒤의 존재로 이어져가는 것을 부정하는 것이기도 했다. 이는 인간이 죽음의 불안을 견딜 수 있게 해주었다.

악취제거를 목적으로 한, 이러한 공중위생학의 요구사항 가운데 가장 오래된 것은 사람이 공기를 들이마시는 공간을 대지에서 발산되는 물질로부터 격리시키는 것이었다. 땅 밑에서 새어나오는 공기의 흐름을 차단하고, 피어오르는 독기로부터 몸을 지키고, 대지로 스며드는 것을 막아서 토지의 미래를 지키는 것, 나아가 최대한 악취를 가둬두는 것, 언제나 변함없이 이러한 것들이 주된 관심사가 되었다. 땅이 건조하지 않은 곳은 확인되는 대로 모두 진흙을 덮고, 땅이 갈라진 끔찍한 틈새는 물을 채워서 거미줄처럼 얇고 가벼운 발산물이 빠져나오지 못하게 막아야 했다. 항구의 부두나 조수의 흐름에 따라 노출되는 수로와 같은 곳에서 준설 작업을 해야 할 일이 생겼을 경우에는, 바닷물이 그곳들을 완전히 덮을 때까지 기다린 뒤에 하라고 권장되었다.[3] 샤프탈은 늪 주변은 모래로 덮으라고 권했다.[4]

똑같은 불안감[5]에서 도로포장에 대한 집요한 관심도 나타났는데, 베르톨롱 신부는 '복잡한 도로포장 기술'을 자세히 규범화했다.[6] 로마인을 본뜬 포장도로의 꿈은 도시에 대한 문화주의 전통에서 생겨났다. 도시의 포장도로는 눈을 즐겁게 하고, 사람이나 차의 통행을 편하게 하고, 물로 쉽게 씻어낼 수 있었다. 그러나 도로 포장은 무엇보다도 사람들이 대지의 오염과 물구덩이의 부패에서 벗어나는 것을 뜻했다. 그래서 시장 주변 창고들에도 포장이 필요했다.[7] 캉과 같은 도시에서는 고여서 오염된 물이 확산되는 것에 위협을 느끼고 도로 포장이 지속적으로 이루어졌다.[8] 영국에서 건너온, [보행자가 사용하는] 인도라는 새로운 사고방식은 프랑스에서는 매우 느린 속도로 보급되었는데, 이것도 똑같은 요구에 기초해 있었다. 인도는 1782년에 파리의 (지금의 오데옹 극장인) 프랑세 극장이 있는 거리에 처음 등장했다.

그 시대의 담론들에서는 이미 시골의 도로나 농가 안으로까지 포장을 확산시켜야 한다는 주장도 나타나고 있었다.[9] 하워드는 병원 안뜰에 깔아 놓은 돌들을 평평한 것으로 바꾸라고 충고했다.[10] 분뇨구덩이 내부의 포장은 개혁안의 중심이 되었는데, 그것은 오염의 침투를 방지할 수 있는 유일한 방법으로 부각되었다. 그 개혁안의 세부 내용을 기술하면, 모두들 틀림없이 깜짝 놀라게 될 것이다.[11] 그렇지만 프랭클린이 지적하고 있듯이, 도로 포장은 딜레마를 불러왔다. 포장은 악취가 풍겨나는 것을 막지만, 물이 스며드는 것을 늦추기 때문에 땅이 비로 정화되는 것도 막는다. 그래서 지하수가 과거의 오염을 제거하고 신선함을 되찾는 데 방해가 된다. 곧 포장은 오염된 물이 정체되어 있게 만들기도 하는 것이다.

공중위생학자들은 '건물의 나병(lepra domorum)'에 대해서도 모세의 율법을 다시 거론하며 자신들만의 해석을 덧붙였다. 오래된 회반죽은 벗겨내서 새로운 것으로 바꾸고, 벽에는 말뚝을 박아 넣고, 땅에 직접 맞닿아 있는 벽돌은 흙에 섞인 부패물질을 흡수하고 있으므로 철거하라고 권장되었다. 이러한 대처방법은 단지 기술적인 요청에만 기초해 있지 않았다.[12] 벽이나 둥근 천장, 널판에 회반죽이나 도료를 바르거나 흰 칠을 하는 것은 독기에 대항하기 위해 무장하는 것이었다. 석고 벽이 성공을 거둔 것도 그 때문이었다. 그것은 단지 보기 좋게 하기 위한 것만이 아니라, 오염과의 싸움에서 유력한 무기가 되었다. 괴짜였던 바노는 자신이 발명한 유독가스 방지용 유약을 벽과 가구만이 아니라, 옷에도 발랐다.[13] 하워드는 라코르트 병원에서는 유약을 바른 벽돌로 벽을 쌓아 〔약 2.6m인〕 8피에 높이의 칸막이를 만들어놓고 있다고 자랑하듯이 말했다.[14]

악취가 고여 있는 장소를 밀폐하겠다는 의지가 나타난 것은 매우 당연한 일처럼 보인다. 하지만 이와 같은 의지에는 소홀히 하지 말아야 할 의미가 숨겨져 있었다. 공중위생학자들이 산업이 만들어낸 악취 공해에 대해 채택했던 전략을 지배하고 있는 것도 바로 이러한 의지였다.[15] 학자들은 밀폐된 공정으로 제조하는 방법을 실용화하였고, 이러한 제조법은 도시 한가운데에서 화학물질이 제조될 수 있었던 근거를 제공하였다. 그리고 〔최악의 상황을 피하기 위해 사회적 필요악을 감수해야 한다는〕 아우구스티누스적 관점에서 비롯된 이러한 제조법은 얼마 지나지 않아 통제 수단의 핵심 가운데 하나로 여겨지기에 이르렀다.

하지만 당시에는 아직 배설물에 관해서만 점차 구체적인 모습을 드러내고 있었다. 예컨대 베르톨롱 신부는 배설물을 수거할 때 사용하는 통을 튼튼하게 조립할 것을 주장하며, 본보기로 통을 직접 만들기도

했다. 그리고 투레는 배설물을 옮기는 짐마차들에 회반죽을 단단히 바른다는 사실을 확인하며 기뻐했다.[16]

물 전체의 순환에 대해서는 큰 중요성이 부여되어 있었으나, 물의 사용법은 여전히 모호한 상태였다. 청소는 물로 씻어내는 것보다는 오히려 '물을 빼내는' 것을 뜻했다. 중요한 것은 물이 흐르는 것, 다시 말해 오물이 배출되는 것이었다. 윌리엄 하비(1578~1657)의 발견이 이루어진 뒤로는 생명체의 혈액순환 모델이 공기·물·물질 등의 움직임을 처리할 때의 규범이 되었다. 비위생의 반대는 움직임이었다. 브뤼노 포르티에는 "실제로 움직이면서 전체를 형성하는 것 가운데 부패할 가능성이 있는 것은 없다"고 지적했다.[17] 중농주의자들의 학설은 이러한 시각을 경제학의 영역으로 옮겨서 적용한 것이었다.

장클로드 페로가 강조했듯이, 순환 기능에 대한 재인식은 도시의 표상에서도 큰 변화를 가져왔다. 도랑의 건설과 '성벽의 철거'[18]를 불러온 것이다. 움직임의 효능이 인식되면서 수로의 정비와 오물의 배출이 장려되었고, 도로의 경사를 중시하는 사고에 정당성이 부여되었다. 배수로 도시를 건조한 상태로 만드는 것은 계통적인 부패가 고이는 것을 예방하고, 도시의 미래를 지키고, 과학기술로 물의 흐름을 확실히 통제하기 위한 것이었다. 인공적으로 오물이 쌓이는 장소에서 물의 흐름을 통제하는 일을 자연에 맡겨두고 있을 수만는 없었기 때문이다.

그래서 도시 가까이에서 독기를 뿜어대고 있는 습지를 간척하는 일이 본격적으로 시작되었다. 1760년 볼테르는 [자신의 고향인] 페르네 부근을 위생적으로 바꾸겠다는 결심을 굳혔다.[19] 1781년 부아이에 후작 마르크 르네(1721~1782)는 로슈포르 주위를 둘러싸고 있는 습지를 대상으로 배수 작업을 추진하다가 말라리아에 걸려 목숨을 잃었다.

베르나르댕 드 생피에르(1737~1814)는 배수의 선전가가 되었다.[20] 더 중요한 것은 거리의 길들을 건조하게 만드는 일이었다. 물론 마차가

다니는 길을 청소하는 일은 이미 오래전부터 사람들의 관심을 끌고 있었다. 장노엘 비라방이 강조하고 있듯이, 이 문제는 이미 14세기에 페스트가 크게 유행했을 때에도 나르본과 같은 곳에서 검토되었다.[21] 시대가 지날수록 전략도 훨씬 자세해졌다. 전염병에 대한 공포가 계기가 되어 아미앵에서는 1665년부터 1666년까지 거리를 청소했다.[22] 시 당국은 '나쁜 공기'를 퍼뜨릴 우려가 있는 진창과 오물을 모두 없애라고 명령했다. 1669년이 되어 전염병이 누그러지자 위생전투의 수단은 더욱 다양해졌다. 가축과 가금을 도살하도록 결정되었고, 모든 건물의 분뇨구덩이를 퍼내라는 명령이 내려졌다. 아미앵의 상황은 전형적인 것이었다. 피에르 데용에 따르면, 당시 아즈네·루르·안트베르펜 등에서도 똑같은 방법이 실천되고 있었다.[23]

18세기에 들어서면서 공중위생 행정은 더 꼼꼼해지고 일상적인 활동을 지향하게 되었다. 이에 관해 다시 살펴보자. 1779년 파리에서는 거리의 청소가 현상논문의 주제가 되었다. 그리고 하수도 문제는 이미 끊임없이 논쟁의 주제가 되어 있었다.[24] 오물을 밀폐해서 배출하기 위한 계획들이 계속 등장했다. '배설물의 사유화' 다음에는 '오물의 사유화' 문제가 학자들을 자극했다. 쇼베는 리오네 지방을 본보기로 치켜세웠다. 이 도시에서는 "건물의 층마다 상자가 설치되어 있고, 모든 오물은 빗자루로 거기에 버려진다. 그리고 인근의 농민들이 매주 정기적으로 찾아와서 오물을 가져간다."[25] 투르농은 사람들이 오물을 버리려고 오는 장소에는 돌 대신에 가운데가 뚫린 쇠로 막아 두자고 제안했다. 그리고 '미닫이문'[26]이 달린, 환기구멍 형태의 작은 시설물을 건물 정면과 포장도로에 바짝 붙여 만들자고 했다.

개혁자들은 오물과 부랑자, 다시 말해 오물의 악취와 사회적인 악취를 동시에 없앨 계획을 세웠다. 베르톨롱은 도로 청소에 거지들을 이용하자고 제안했고,[27] 쇼베는 그 일을 빈민과 장애인에게 맡기는 것이 좋다고 생각했다.[28] 라부아지에는 1780년에 베른을 가장 청결한 도시라고 극찬하면서 이렇게 썼다. 그 도시에서는 "매주 죄수들이 끌채가 달린 네 바퀴의 큰 달구지를 끌고 거리를 돌아다녔다. 죄수들은 사슬로 끌채에 묶여 있었다. 여자 죄수들은 좀 더 길고 가벼운 사슬로 달구지에 묶여 있었는데, 절반은 거리를 청소하는 일을 했고, 나머지는 쓰레기를 달구지에 싣는 일을 했다."[29] 마티유 제로도 번호가 붙어 있는 쇠공을 매달고 있는 죄수들에게 도시를 정화하는 일을 맡기자고 제안했다. 죄수들은 "거리를 청소하고, 긁어모은 진흙을 동료들이 끌고 있는 수레에 싣는다. 마찬가지로 그들은 하수도나 더러운 물이 고여 있는 웅덩이에서 진흙을 퍼내고, 말이나 당나귀와 같은 커다란 짐승의 사체를 치운다. 고양이나 개와 같은 작은 동물의 사체는 적당히 진창에 버리고 있으므로 진흙을 치우면 함께 없어진다."[30] 그리고 그들은 매일 건물들에서 쓰레기와 똥이 들어 있는 통을 가져가고, 그 대신 전날 가져간 통을 말끔히 씻어서 가져온다.

아를레트 파르주와 피에르 사디는 당시 공중위생에 관한 행정명령들에서 되풀이해서 나타난 말들을 분석했다.[31] 빗물이 도로로 흘러내리게 하는 빗물받이를 금지해서(1764년) 마차가 다니는 길을 건조하게 하고, 분뇨를 집 밖으로 버리는 것을 금지하고,[32] 건물 앞 도로의 청소를 의무화하고, 산책로·다리·강둑에 물을 뿌려 청소하고,[33] 매일 아침마다 집에서 나오는 오물을 배출구 옆에 놓으면 밀폐된 짐마차로 수거해가고, 분뇨 치우는 방법을 개량하고, 하수도망을 넓히는 것 등이 주로 언급되었다. 이러한 것들이 사람들이 밝히려고 시도했던, '오물의 순환'의 각 단계에 대응하기 위한 주요한 방법이었다.

분뇨 치우는 방법을 개혁하려는 의지는 새로운 공중위생 정책의 중요한 요소가 되었는데, 그 이유는 이미 살펴보았다. 1729년 11월 8일의 행정명령 이후 분뇨수거인의 우두머리는 독점권을 지니게 되었고,

점차 엄격해진 규정을 따르도록 강제되었다. 1726년 5월 31일의 행정 명령은 분뇨수거인들이 분뇨를 하수구로 흘려보내거나 센강이나 우물에 버리지 못하게 금지했다. 분뇨수거인들은 구멍난 통은 사용하지 않게 스스로 규제해야 했다. 그리고 지나간 도로를 깨끗이 쓸고 씻어내고 청결히 하는 것이 의무로 되었다. 작업은 밤에만 하도록 규정되었으며, 작업이 끝나면 곧바로 분뇨처리장으로 가야 했다. 도중에 술집에 들르거나 해서는 안 된다는 명령도 있었기 때문이다. 이러한 금지명령들은 오히려 현실에서는 부실한 일처리가 상당히 많이 이루어지고 있었다는 사실을 알려주며, 앞으로 나타날 규칙만능주의를 예고하는 것이기도 했다. 실제로 얼마 지나지 않아 규칙만능주의는 오물을 치우는 노동자들에게서 자신의 실험영역을 찾아냈다.

1777년, 분뇨구덩이의 소독이 현상논문의 주제로 제시되었다.[34] (푸르크루아, 기통 드 모르보, 알레, 라부아지에, 파르망티에, 필라트르 드 로지에 등과 같은 거물급 학자들이 포함된) 20명 이상의 학자들이 이 연구에 참가했으며, 유독가스를 분석해서 가장 좋은 소독제를 찾아내려고 노력했다.[35] 연구의 목표는 악취를 예방하고, 배출되는 물에서 독성을 확실하게 없애는 데 있었다.

물을 사용하지 않고 오물을 없앤다는 것은 진흙과 가정의 쓰레기, 배설물과 가축의 사체를 모두 수용할 수 있을 만큼 오물처리장이 커져야 한다는 것을 뜻한다. 그래서 파리에서는 오물처리장의 수가 늘어났다. 1781년에 생제르맹 교외와 (보지라르 부근) 랑팡 제쥐의 하수처리장이 폐기되면서, 몽포콩의 배설물 복합체로서의 오랜 독점의 역사가 시작되었다. 그 뒤 몽포콩의 존재가 얼마나 큰 강박관념으로 작용했는지는 이미 잘 알려져 있다.

처음에는 지독한 악취에 대한 전투의 하나로 제기되었던 이 위생 정책은 적어도 파리에서만큼은 그리 큰 효과가 없다는 사실이 곧바로 밝혀졌다. 배설물을 치우는 방법에서만큼은 중요한 진전이 이루어졌으나, 다른 것들에서는 오히려 (당시의 표현을 믿는다면) 악취가 더욱 심해지고 있었다. 1782년 로네스는 도시의 거리가 20년 전까지만 해도 지금처럼 불결하지는 않았다고 썼다.[36) 마차의 수가 늘어난 것, 전에는 [도로 양쪽의] '배수로'로 빗물을 흘려보내던 돌출된 빗물받이 홈통을 금지한 것, 상점의 유리칸막이가 보급되면서 상인들이 자기 가게 앞의 도로를 청소하지 않게 된 것 등이 오물이 늘어난 원인을 설명해 준다. 그렇다면 남은 문제는 이러한 분석이 새로운 감수성의 요구들에 얼마나 많은 빚을 지고 있었는지를 살펴보는 것이다.

그 뒤로는 '환기'가 공중위생 전략의 중심이 되었다. 공기의 흐름이 가장 먼저 제어해야 할 대상이 되었다. 공기의 흐름을 확보하려는 것은 오물을 제거하는 것 이상으로 정체와 고정에 대한 공포와 연관되어 있었다. 정체와 고정은 무덤의 차가움과 침묵을 연상시켰기 때문이다.[37) 네오히포크라테스학파의 공기론은 이러한 것에서 자신의 이론적 근거를 찾아냈다. 환기의 가장 중요한 효능은 공기의 탄력성과 독소 제거 능력을 회복시켜 준다는 것이다.[38) 그리고 헤일스가 강조하고 있듯이,[39) 공기의 움직임은 물에 파동을 일으켜 고여서 부패한 물을 정화하고 악취를 제거한다. 다시 말해 환기는 결국 지표면 가까이에 고여 있는 공기층을 제거해서[40) "독기의 무질서한 순환"[41)을 억제하고, 자연이 스스로 제어하지 못하는 병적인 흐름을 통제하는 것이다. 악취를 제거하기 위한 움직임이 공기의 흐름을 통제하려는 사고를 뒷받침하고 있었던 것이다.

환기에 대한 강박관념은 미셸 푸코가 강조했던 '감시의 항상성'을 이끌어냈다. 감시하는 것과 공기 흐름의 순환을 통제하는 것은 분명히 가까운 관계에 있었다. 둘 다 오염된 공기가 가라앉은 어두컴컴한 구석에 대한 전투를 포함하고 있었기 때문이다. 그렇지만 우리에게는 후각의 침묵과 행동의 감시 사이의 관계보다도 더 중요한 것들이 있다. 환기로 새로운 육체의 공간성을 고려할 수 있게 될 때, 나아가 환기로 타인의 체취로부터 몸을 지킬 수 있게 될 때,[42] 그것은 나르시시즘이 날아오를 기초가 되고, 마찬가지로 인간과 체취의 항상적인 대립이 성립할 수 있게 되기 때문이다. 우리가 살펴보아야 하는 것은 바로 이에 관한 역사이다.

실천의 측면에서는 바람을 이용하거나, 풀무와 같은 기계장치를 이용해서 열기의 근원을 향해 바람을 보내 환기를 하는 방식 등이 공존해 있었다. 1713년 니콜라 조제(1680~1730)는 『불의 역학』을 출판했다. 이 책은 곧바로 큰 영향을 끼치지는 못했지만, 얼마 지나지 않아 중요한 기초문헌이 되었다. 이 프랑스 출신의 학자가 내세운 첫째 목표는 난방과 환기를 동시에 하는 것이었다. 다시 말해서 난로를 중심으로 환류하는 공기의 흐름을 제어하여 성의 서재와 귀부인의 침실, 병든 귀족의 방을 따뜻하게 데우면서 환기도 동시에 하는 것이 목표였다. 조제는 우선 사적 공간을 대상으로 했다. 그는 상류계급의 취미생활과 지적인 여가활동을 쾌적하게 하는 것을 목표로 했다. 아울러 그는 대담하게도 공기의 탄력성을 회복시켜 주는 것으로 부인병을 치료하려고 시도했다. 아버스노트도 1742년에 같은 방법을 사용했다. 그는 '공기의 올바른 관리'가 '생활규율(régime)'의 한 부분이라고 생각했다. 그리고 당연히 그것은 병자의 방과 관련된 것이었다.

18세기가 3분의 1 정도 지나간 시기에 일어난 변화는 결정적이었다. 1736년에 데자귈리에(1683~1744)는 (자신이 영어로 옮긴) 테랄과 조제의 저작에서 영감을 받아서 영국 하원의 공간을 환기하는 데 성공했다. 그는 바퀴가 달린 송풍기 모양의, 원심력을 이용한 환기장치를 사용했다. 챈도스 공작은 이 기계를 자신의 서고에 두 개 비치해두었다. 그 기계는 25년 이상이나 계속 작동했다. 1739년 사무엘 서튼은 배 중심부에 설치한 화로로 공기를 흡입하는 방식으로 선박을 환기시키자고 제안했다.[43] 2년 뒤에 헤일스와 스웨덴 출신의 모르텐 트리에발드(1691~1747)는 풀무를 이용한 기계적인 환기장치를 만들어냈다.

18세기 말까지 사람들은 다양한 방법의 장점과 단점에 관해 논의하면서, 그것들 가운데 하나를 망설이듯이 선택하며 버티고 있었다. 1741년에는 스웨덴 함대에서 이루어진 실험에서 트리에발드의 장치가 성공을 거두었다. 헤일스의 기계는 몇몇 탄광에서 사용되었고, 윈체스터 병원이나 뉴게이트 감옥에서도 사용되었다.[44] 뉴게이트 감옥에서는 건물들의 지붕 위에 설치된 풍차로 환기가 이루어졌는데, 바람이 불지 않을 때에는 "사람의 손이나 동물의 힘을 빌렸다."[45] 풍차가 만들어낸 바람은 "가벼운 죄를 지은 수인들"을 위한 것이었다. 서튼은 뎃퍼드와 포스머스 항구에 있는 두 척의 배에서 자신의 장치를 실험했는데, 그 기계는 1741년부터 영국 해군의 군함 몇 척에서 사용되었다.[46] 프랑스에서는 모로그 자작과 뒤아멜 뒤 몽소가 이러한 새로운 기계를 알리려고 노력했으나 성공하지 못했다. 1759년에 그들은 그것을 국왕의 군함에 설치하도록 권했다.

이러한 기계장치 가운데 적어도 파리에서 가장 일찍 보급된 것은 분뇨 퍼내는 작업을 할 때 악취를 제거하기 위해 사용되었던 분뇨구덩이의 환기장치였다. 사람들은 분뇨 퍼내는 작업을 시작하기 전에 이 기계장치를 사용했다. 그것은 나무로 된 커다란 상자에 몇 개의 풀무가 달려 있는 모양이었는데, 이것을 분뇨구덩이의 분뇨 퍼내는 구멍 위에 설치했다. 그러면 "(두 개는 수평으로 된) 세 개의 통풍관을 통해서 바람이 불어넣어졌다."[47] 증기는 "감각기관이 지각할 수 있는 것보다도 빨리" 높은 곳으로 배출되었다. 효과는 의심할 여지가 없었다. 이 환기장치를 설계한 사람은 이 장치 덕분에 "분뇨구덩이를 치우는 작업이 이루어지고 있는 건물 내부에서는 거의 알아차릴 수 없을 정도가 되었다"고 주장했다.[48] 장치의 효과를 감시하기 위해 1778년에 만들어진 위원회의 구성원도 그렇게 단언하고 있었다.

환기장치 가운데 가장 단순한 것은 부채일 것이다. 그러나 이것을 제외하더라도 사적 공간과 공적 공간의 환기에는 시기와 상황에 따라 실로 다양한 종류의 도구들이 사용되고 있었다. 의사들 가운데에는 병자들이 있는 방의 공기를 새롭게 하기 위해 시트를 세게 터는 것이 좋다고 권하는 자도 있었다.[49] 잉엔하우스는 공기가 흐를 수 있도록 공동주택의 문을 모두 꽉 닫지 않는 것이 좋다고 권유했다.[50] 이러한 권유는 자주 화제로 떠올라서 격렬한 비난의 대상이 되거나, 효과를 놓고 다양한 논의가 벌어지기도 했다. 하워드는 잉엔하우스를 지지한다고 밝히면서 병원에서도 이러한 방법을 채용하는 것이 좋다고 권했다.[51] 바노와 투르벵은 습지 둘레에 미루나무와 느릅나무, 자작나무처럼 가지가 많은 나무를 심자고 제안했다. 나뭇가지가 흔들리면 잎사귀가 빗자루 구실을 해서 바닥에 고여 있던 공기의 층을 휘저어 섞을 것이라고 생각했기 때문이다.[52] 아울러 그들은 똑같은 취지에서 이와 같은 부패한 장소에는 수평 방향으로 회전하는 풍차를 설치하자고 제안했다. 그들은 그런 풍차를 이동식 받침대 위에 싣고서 비위생적인 장소를 돌아다니며 다양한 구역을 환기하겠다는 구상으로까지 나아갔다. 그러나 보메는 오히려 풀무나, 포레스투스의 조언으로 드레스덴에 건조된 것과 유사한 풍차가 낫다고 권했다.[53] 몽팔콩(1792~1874)에 따르면, 당시 라 브레스의 어떤 의사는 "습지의 발산물이 끼치는 해악을 없앨 수 있는 좋은 방법으로 춤"을 권장하고 있었다.[54]

도시 내부의 마차 교통은 경이로운 분석 대상이 되었다. 다시 말해 마차가 매우 양면적인 도구라는 사실이 밝혀졌던 것이다. 그것은 대중이 뿜어내는 발산물을 피할 수 있는 장소였지만, 나쁜 공기가 고여 있는 장소이기도 했다.[55] 그래서 마차를 이용하는 사람은 끔찍한 위험에 노출되어 있는 셈이었다. 아울러 마차를 너무 오래 타면 격렬하게 흔들리는 바람에 소화에 어려움을 겪고, 통풍이나 류머티즘에 걸리기도 쉬웠다.[56] 그렇지만 도시 전체로 보면, 마차가 일종의 환기장치와 같은 역할을 맡고 있으므로 수를 늘리는 편이 낫다는 의견도 있었다.[57]

부패의 위협이 절박하게 다가오면서 종을 치거나 대포를 쏠 때 생겨나는 공기의 요동도 강력한 환기장치로 여겨졌다. 나비에는 백병전 시대의 병사들은 주검과 말의 사체로 오염된 전쟁터의 공기를 들이마셔서 건강을 해치는 경우가 많았지만, 대포가 등장한 뒤로는 그것을 쏘아 오염된 공기의 냄새를 말끔히 없앨 수 있게 되었다고 생각했다.[58] 생각지도 못한 우회로를 통해서 대포가 공중위생의 주역으로 변신한 것이다. 사람들은 대포를 쏘아 공기를 정화하고 오염을 제거할 수 있다고 생각했다. 장노엘 비라방에 따르면, 향료의 훈증은 17세기 이후 유황을 첨가하거나 때로는 대포 화약을 첨가하면서 더 강렬해졌다.[59] 보메는 폭약을 장치해서 습지의 공기를 정화하겠다는 계획을 세웠다.[60] 바노와 투르벵은 몇 문의 대포를 일제히 쏘겠다는 시도에 대해 긍정적인 태도를 보였다.[61] 1773년에는 디종의 생테티엔 교회에서 사체가 부패하는 냄새를 없애기 위해서 사람들이 실제로 화약을 폭발시키기도 했다.[62]

물의 흐름을 관리하려는 의지는 그 자체로 환기와 관련이 있었다. 공기와 물 사이에는 위생적인 교환 작용이 존재한다. 바람은 하천과 연못을 깨끗하게 한다. 습지의 공기를 휘저어 물을 건강하게 지키는 것이다. 습지의 물을 움직일 수 있다면 그만큼 습지를 정화한 것이 된다. 폭포는 위력이 강한 풀무처럼 여겨졌다. 물의 흐름이 공기로 그대로 전해지기 때문이다. 그래서 '환기의 환상'의 정점에 서 있던 바노와 투르벵은 연못 한가운데에 폭포를 설치하거나 분수를 만들어서 물기둥을 만들자고 제안했다. 아울러 그들은 식당의 탁자 끝에 작은 폭포

같은 것을 설치하는 방법을 권했으며, 수조에 금붕어를 기르라고 충고했다. 금붕어가 움직이면서 물을 요동시킨다는 이유에서였다.[63]

큰 강의 유역은 다양한 공기와 액체들이 흘러서 모여드는 장소로 도시의 위생을 향상시키는 데 쓸모가 있었다. 제대로 정비하면 그곳은 가장 유효한 조절 장치가 될 수 있었기 때문이다. 센강의 양쪽 기슭을 튼튼한 강둑으로 정비하고, 물이 끊이지 않고 위생적으로 흐르게 공사를 하면, 가축의 사체나 오물이 고여서 물에서 악취가 풍겨나고 유독한 가스가 뿜어나는 일은 없어질 것으로 여겨졌다. 이것이 파리의 공중위생학자가 줄곧 얽매여 있던 꿈이었다. 브뤼노 포르티에는 물의 흐름을 조정해서 이용하려는 계획이 헤아릴 수도 없이 많이 등장했다는 사실을 강조했다.[64] 운하처럼 된 하천 유역이 만들어낼 공기의 흐름도 물이 흐르는 폭과 속도 못지않게 주목을 받았다.

기계장치의 풀무나 강제적인 환기장치만이 아니라, 공기가 자연스럽게 움직일 수 있게 지배하고 조작하기 위한 도구는 무척 다양했다. 선박에서 폭넓게 사용되고 있었던 유일한 환기장치는 영국 함대의 경우에도 여전히 공기를 배 안으로 불어넣는 송풍돛이었다. 돛을 이용한 이 환기장치는 바람이 불지 않을 때에는 작동하지 않고 배의 속도를 늦춘다는 확실한 결함이 있었다. 그런데도 뱃사람들은 대체로 그것에 만족해서, 그것을 다른 장치로 교체하는 것에 오랫동안 저항했다. 이 장치는 특정한 종류의 집합적인 건물에서도 사용되고 있었다. 하워드는 〔영국 동남부〕 메이드스톤의 교도소에서도 그 장치를 사용하고 있었다는 사실을 전하고 있다.[65]

통풍으로 위생 상태를 지키는 것은 전염병을 예방하기 위한 유력한 방법으로도 이어졌다. 도시 바깥의 통풍이 좋은 장소에 세워진 '산장'과 '오두막', '막사' 등은 불로 쉽게 소독할 수 있었기 때문에 전염병의 진행을 멈추게 하는 데 꽤 효과가 있었다. 곧 그곳에 병자를 격리시키는 방법이었다.[66] 19세기 중엽까지 '통풍실'은 '방향실'과 함께 주요한 격리 장소로 유지되었다. 의심스러운 화물도 짐을 다 풀어서 그 방에 놓고는 바람의 정화하는 힘에 오랫동안 노출시켰다.

공기론 학설이 계몽주의 건축에 끼친 영향으로 이제 막 자리를 잡아가던 기능주의와 공리주의가 문화주의 전통과 대립하거나 그 의미를 변화시키려 했다. 설계자들은 "모든 건축 수단이 공기를 붙잡고 순환시키고 배제하기 위해서만 쓰이게 한다"는 야심을 품고 있었다.[67] 건물의 설계에서 깨끗한 물과 흐르는 물을 뚜렷이 구분하고, 부패한 발산물과 신선한 공기의 흐름이 뒤섞이지 않게 하겠다는 구상이 모습을 드러냈다. 건물의 구조도 환기를 지향하게 되면서 예로부터 이어진 건축에 대한 관점은 자리를 잃었다. 둥근 천장과 둥근 지붕이 기계장치와 같은 것으로 변신했는데, 그것의 역할은 독기를 제거하는 것이었다. 둥근 천장과 둥근 지붕 때문에 눈에 보이지 않는 악취가 나선형을 그리며 위로 떠오르면 전문가가 지붕에 올라가서 그것을 채집했다. 그리고 그 악취의 정도가 건물의 유효성을 평가하는 기준이 되었다. 리옹 병원은 그러한 건물의 본보기가 되었다.[68] 수플로(1713~1780)는 타원형의 형태 때문에 공기가 고여 있지 않고 모두 위쪽으로 올라가는 둥근 천장의 방을 고안했다.[69]

그 뒤 아치형 회랑의 목적도 건물 하부의 환기를 가능하게 하고, 독기의 역류를 차단하기 위한 것으로 바뀌었다. [벽이 없고 기둥만 있는] 주랑은 환기가 확실히 이루어져서 그곳을 지나는 사람이 공기의 장난에 몸을 맡길 수 있게 해주었다. 문과 창도 크게 만들어졌고, (이 방법은 자주 칭송되었는데) 방마다 마주 보는 형태로 문짝을 설치했다. 복도는 넓어졌고,[70] 악취를 끌어들이는 통로로 여겨진 탑과 나선형 계단은 없앴다. 그리고 건축가들은 천장의 들창이나 환기창, 작은 여닫이창 등을 선호하게 되었는데, 이는 그들이 얼마나 공기론의 강박관념을 강하게 받고 있었는지를 알려준다. 이렇게 환기의 필요성이 강하게 주장되자 난방은 이차적인 것으로 격하되는 경향이 나타났다. 하워드는 유리창을 비판했지만, 유리의 사용도 점차 확대되었다.[71]

이와 같은 강박관념이 위력을 떨치면서 지하의 창고와 방, 구덩이 등은 대지에서 나오는 발산물을 빨아들이고 공기의 순환이 이루어지지 않는다는 이중의 위험성 때문에 비난의 대상이 되었다. 동굴도 공포를 불러일으켰다. 심지어 1층을 버려두고 2층에서 살아야 한다는 주장까지 나타났다. 보메도 사람들을 강제로라도 2층에서 살게 해야 한다고 생각했다.[72] 이러한 확신은 농촌 마을의 주거형태에 대한 새로운 비판을 낳았고, 점차 공중위생학자들의 충고가 받아들여졌다. 건축은 이를 증명하고 있다. 캉의 마을을 대상으로 이루어진 연구에서 장클로드 페로는 이 무렵부터 2층 이상으로 사람들이 옮겨 살게 되었다는 사실을 지적했다.[73] 새로 세워진 아파트는 예전의 집들보다 환기가 잘 되었다. 클로드니콜라 르두(1736~1806)는 계단 덕분에 고층건물의 높은 층에도 사람이 살 수 있게 되었다는 이유에서 그것을 칭송했다. 이처럼 웅장함의 상징인 고층건물은 공기의 정화하는 힘에 대한 신앙도 나타내고 있었다.

집 내부에서는 마찬가지 이유에서 가구 배치가 재검토되었다. 특히 표적이 되었던 것은 침대였다. 하워드도 가장 중요한 것은 침대의 위치를 바꿀 수 있는지의 여부라고 되풀이해서 말했다. 그는 침대는 신선하고 청결해야 할 뿐 아니라, 다른 침대와 떨어져 있어야 한다고 말했다. 그리고 대지와의 접촉을 최대한 피할 수 있게 방 한가운데에 두는 것이 좋다고 했다. 심지어 테농은 (나무는 독기가 쉽게 스며들기 때문에) 침대는 쇠로 만드는 것이 좋고, 침대의 평상도 격자 모양의 〔여러 올의 실로 짠 끈인〕 끈목으로 하는 것이 좋다고 주장했다.[74] 그래서 교도소와 같은 시설들에서는 해먹이 크게 유행했다. 해먹은 작업용 공간을 확보하기도 좋을 뿐 아니라, 환기의 필요에도 부합하는 것이었기 때문이다. 다른 나라의 사례가 본보기가 되기도 했다. 예컨대〔벨기에 도시〕안트베르펜의 고아원에서 사용된 철제 침대는 높이가 매우 높았고, 방한가운데에 설치되어 있었다.

이와 같은 공리주의적인 문제는 이번에는 유토피아적인 요소와 결합되어 갔다. 공중위생학자들은 밀집에서 벗어나는 것을 또 하나의 중요한 과제로 삼고 있었다. 그런데 이 문제는 사람들의 몸에서 나오는 발산물을 조절하는 것, 곧 육체를 서로 떨어뜨리는 것을 궁극의 목표로 하는 개인의 발산물에 대한 통제의 길을 열었다. 르 루아는 병원 침대의 머리맡에 특수한 배기구를 설치하자고 주장했다.[75] 이렇게 하면 병자는 자기가 발산하는 공기 안에 갇혀 있지도 않고, 다른 병자의 냄새로부터도 자신을 지킬 수 있다는 것이었다. 그렇지만 실제로는 격벽이 있지 않은 한, 공기의 흐름만 조정될 뿐이었다. 그래서 그는 고정된 침대와 전혀 다른 침대를 구상해서 설계했다. 방향의 전환이 진행되고 있었음을 이보다 더 명확하게 보여주는 계획은 없을 것이다. 르 루아는 다음 세기에 벌어질, 죄수들이 갇혀 있는 독방의 환기를 둘러싼 논쟁에 불을 붙이기도 했다.

이러한 사고방식은 계몽주의 시대의 도시계획을 지배했다. 그 영향은 구상의 단계에서 더욱 뚜렷하게 확인된다. 1762년에 자캥 신부가 설명하고 다녔던 거룩한 도시는 높은 대 위에 건설되는 방식으로 구상되어 있었다. 이 도시에는 기존의 도시들과는 달리 주변을 에워싸고 있는 높은 벽이 없어서 바람이 "증기와 발산물을 깨끗이 쓸어간다."[76] (가죽제작이나 염색처럼) 악취의 근원이 되는 업종은 묘지·병원·도살장과 같은 시설들과 마찬가지로 도시 바깥으로 추방된다. 공장도 도시 바깥에 건설된다. 거리의 폭이 넓은 도로, 곳곳에 분수가 설치되어 있는 광장 등이 공기의 순환이 잘 이루어지게 한다. 제로는 똑같은 이유에서 "도시의 성벽을 모두 없애자"고 호소했다.[77] 보메는 거리들을 고쳐서 다시 만들어야 하며, 이를 위해 폐허나 폐가의 잔해를 사용할 수도 있을 것이라고 썼다.[78] 병원에 관해서도 무수한 본보기들이 계획되었는데, 정원 안에 있는 작은 집이나 '공중의 섬'[79]과 같은 것으로 구상되었다. 모나 오주프가 자세히 분석한 클로드니콜라 르두의 이상도시도 유례를 찾아보기 어려운 재능으로 공기론적인 흐름의 영향을 표현하고 있다.[80] 쇼 마을의 집들이나 공공건물들은 "모두 가까이 붙어 있지 않고 저마다 떨어져 있다." 그리고 뚜렷한 기능성, 건물 간격의 개방성, (이것도 부분적으로는 공중위생학적인 요청에 답한 것인데) 좌우 대칭성 등은 도시의 건강상태를 보여줄 뿐 아니라, 도시의 구조를 한눈에 파악할 수 있게 해준다. 나아가 사람들에게 시각적인 행복감을 주는 장소를 만들어낸다.

1783년 4월 10일에 이루어진 왕의 명령은 구체적인 정책의 실현을 향한 의지를 드러내고 있었다. 마침내 나쁜 공기에 대한 전투가 시작되었던 것이다. 공기의 흐름을 방해하지 않게 하는 규정들이 만들어졌는데, 거리의 너비와 건물의 높이에 관한 것들이 중심이 되었다. 이러한 규정들이 어디까지 적용되었는지는 확실히 알기 어렵다. 그렇지만 모리스 가르당은 그 시기에 리옹의 마을들에서 도로의 폭이 넓혀졌다는 사실을 확인했다.[81]

분산과 소독

사람들이 밀집하지 않게 하고, 도시의 시설들이 차지하는 공간을 새롭게 구획하는 것, 이것들이 환기 작업을 완성시키고, 냄새의 흐름을 조절하고, 사회적 발산물의 병리적 성격에 제어 장치를 달기 위한 방법으로 떠올랐다.[82] 자연의 균형을 끊임없이 위협하는 육체의 밀집은 그것을 제어하기 위한 규정을 제정할 권한을 지닌 위생 경찰기구를 만들어냈다. 그리고 이렇게 분포의 문제가 고려될수록, 후각에는 더 중요한 역할이 주어졌다.[83]

서로의 육체가 지닌 공간성은 호흡을 기준으로 결정된다. 앞서 보았 듯이 감각적 불관용이 개인들 사이에 필요한 거리를 결정하기 때문이 다. 이렇게 해서 사람들 사이에 일정한 거리가 놓이게 되었고, 10년이 나 20년 뒤에는 장소에 관한 새로운 할당이 모습을 드러냈다. 공적 공 간에서든 사적 공간에서든 지배적이었던 후각적 혼재에 서서히 균열 이 생기기 시작했던 것이다. 오물의 사유화가 진행되면서 분뇨 냄새를 폐쇄적인 변소 안에 가둬두려는 경향이 생겨났다. 그리고 냄새의 강렬 함을 무시하면 병원과 교도소에서 그랬던 것처럼, 부엌 냄새가 사적 공간의 냄새와 뒤섞이는 일도 서서히 없어졌다.

이러한 새로운 태도는 부패와 방탕함의 측면에서 〔여럿이 뒤섞여 사는〕 잡거雜居가 지닌 엄청난 위험성을 모호한 형태로나마 강조하는 것으 로 나타났다. 반세기 뒤에 빌레르메(1782~1863)는 이러한 새로운 사고 에서 생겨난 모든 사회적 결과를 새롭게 분명히 표현했다.[84] 감지할 수 있고, 따뜻하고, 마음 편한 타자라는 존재에 대한 매력이 공개적으 로 배척되고 파문을 당한 것이다. 하워드가 교도소의 난방장치가 있는 휴게실에 가했던 비판은 노동자 주택에 대한 비판을 앞질러 나타났는 데, 이에 대해서는 뒤에서 다시 살펴보도록 하겠다.

비가렐로는 군대에서 맨 처음 개인의 육체 사이에 거리가 놓이게 되 었다고 넌지시 밝혔다.[85] 자세 교육과 집단대형의 결정이 그것에 영향 을 끼쳤다는 것이다. 이윽고 개인의 침대와 묘지에서도 밀집에서 벗어 나려는 전투가 벌어졌다. 플랑드랭은 그 전투의 중요성을 일찍부터 강 조하며 그 주제에 매달렸다.[86] 18세기 침대의 역사는 '잠의 사유화'라는 오랜 과정의 한 부분일 수밖에 없다. 필리프 페로는 16세기 말 잠옷이 부활했을 때에 그 과정이 시작되었다고 보았다.[87] 당시에는 아직 소수에 지나지 않았지만, 새로운 감수성을 지니고 있던 사람들에게 여럿이 침대에서 함께 자는 일은 다른 사람의 호흡과 체온을 그대로 받아들여야 하는 참기 힘든 일이었다. 개인 침대의 등장은 자신의 냄새에 꽤 오랫동안 배타적으로 주의가 기울여지는 것을 전제로 하고 있었다. 그것은 나르시시즘적인 몽상이 많아지게 했고, 내적인 독백을 유혹했으며, 독방을 필수적인 것으로 만들었다. 이러한 진화가 없었다면, 어린 마르셀 프루스트의 자각도 있을 수 없었을 것이다.

로베르 파브르로부터 자크 기예르메, 나아가 미셸 푸코에서 브뤼노 포르티에에 이르는 모든 전문가들은 새로운 규범이 자리를 잡는 데 병원이 결정적인 구실을 했다는 사실을 분명히 인식했다. 이 시기에 병원에서는 개인 침대가 병자들마다의 영토와 같은 공간적 단위로 변화했다. 그리고 이렇게 되는 데에는 테농이 중요한 역할을 했다.[88] 이 병원 이론가는 신진대사라는 개념에 기초해서 개혁의 필요성을 설명했다. 병자는 저마다 체온의 변화를 자유롭게 겪게 해야 한다. 따라서 같은 침대에 여러 명이 함께 자서 평균 상태의 온도가 나타나게 되는 일은 어떻게든 막아야 한다. 그런 온도는 같은 침대에 있는 모든 환자들에게 해로운 결과를 낳는다.

이때도 리옹의 병원이 본보기가 되었다. 1780년 네케르(1732~1804)가 행정을 담당하고 있었을 때, 파리 시립병원에는 침대를 모두 개인용으로 하는 새로운 규정이 만들어졌다. 그리고 1793년 11월 15일 국민공회의 결정은 이 규정을 인권선언이 논리적으로 적용된 강제조항으로 만들었다. 당시 사람들이 병원 소멸의 희망을 꿈꾸며 추진하던 재택 치료 전략의 지침이 된 것도 바로 이러한 지향성이었다.[89]

18세기 중엽에는 개인 무덤이 부활하기 시작했다.[90] 개인마다 구덩이를 따로 파서 무덤을 만들면 묘지의 악취가 줄어들 것이라고 생각했다. 그러한 생각은 처음에는 공중위생학자들의 논의에서만 나타났으나, 얼마 지나지 않아 인간의 존엄과 박애의 명령이 되었다. 그리고 개인 침대보다도 더 빨리 확산되어, 다음 세기가 되면서 강제력을 지니고 나타나게 되었다. 비크다지르는 사체로부터 병의 원인이 되는 광선이 방사된다는 마레의 이론에 근거해서, 광선이 뒤섞이지 않도록 사체들을 [약 1.3미터인] 4피에 이상 떨어뜨려야 한다고 요구했다.[91]

사체를 서로 떨어뜨려 묻는 것은 처음에는 몇몇 사람들의 주장에 지나지 않았으나, 대혁명이 일어나기 전에 이미 현실로 실현되었다. 이와 관련해서 대표적인 사건은 이노상 묘지의 구덩이를 가득 메우고 있던 사체들을 대규모로 옮긴 일이었다. 그 모습은 말 그대로 한 편의 서사시와 같아서 투레를 완전히 매료시켰다.[92]

맑은 공기가 가장 좋은 소독약이었다. 인체나 오물에서 피어오르는 발산물들이 부패의 위협을 퍼뜨리고 있으므로, 환기를 하고, 오물을 치워서 없애고, 사람들이 밀집되지 않게 하는 것은 그 자체로도 '소독하는' 것이나 마찬가지였다. 그런데 '소독(désinfection)'이라는 말은 어원인 '엥펙숑(infection)'이라는 말과 마찬가지로 뜻이 조금 모호하다. '엥펙숑'이라는 말은 [감염'이나 '전염병'이라는 뜻으로] 병의 원인이 된 성질을 나타내기도 하고, ['지독한 악취'라는 뜻으로] 오염된 공기의 악취를 나타내기도 하며, ['오염'이나 '부패'라는 뜻으로] 어떤 종류의 감염 방식이나 유기체의 균형 상실을 나타내기도 하기 때문이다. 그렇지만 어쨌든 독기를 없애고, 오염된 공기의 성질을 원래대로 회복시키는 것을 목표로 하고 있다는 점에서 차이가 없다.

소독의 방법에는 그 나름의 역사가 있으며, 향료를 이용한 방법으로만 한정되지는 않는다. 18세기 말, 라부아지에의 발견이 알려지기 전에 화학자들은 열을 가해 '항악취제'를 퍼뜨리는 방법을 탐구했다. 그것은 악취와 더불어, 사람을 질식시키고 질병의 원인이 되는 위험을 동시에 제거할 수 있을 것으로 기대되었다.[93] 이러한 탐구는 화학적인 소독제와 제취제의 개발을 자극했는데, 그러한 연구와 논쟁은 대부분 분뇨와 사체가 가져올 위험과 관련되어 있었다.

연소의 원리가 발견되기 전에도 어느 시대에서나 불이 가지고 있는 소독력에 대한 믿음은 조금도 흔들리지 않았다. 비라방은 히포크라테스의 뒤를 잇고 있는 이러한 고대적 사고방식이 14세기 이후에 얼마나 큰 영향력을 지니고 있었는지를 몇 가지 사례들을 통해 멋지게 밝혀 놓았다. 1348년 보르도에서는 도시를 정화하기 위해 구역 하나를 모두 불로 태웠다. 다음 세기에는 트루아에서 시 당국이 똑같은 목적을 가지고 마을의 몇몇 집을 불태웠다.[94] 1709년 겨울 파리에서는 빈민들에게 온기를 주려고 피운 큰 모닥불 덕분에 괴혈병이 없어졌거나, 아니면 그런 사실이 있었다고 소문이 퍼졌다. 1775년 나비에가 파리에 땔감을 쌓아둔 오두막을 더 늘려야 한다고 주장했던 것도 이 때문이었다.[95] 페스트가 창궐한 1720년 8월 2일, 마르세유의 시 당국은 시카르 부자의 권유를 받아들여서 3일 동안 불을 피워 성벽과 광장, 거리 등을 말리라고 명령했다. 그것은 마치 "중세의 거대하고 무익한 화형"[96]과 같았고, 도시에 심각한 땔감 부족 사태를 불러왔다. 유행병이 지나간 뒤에는 마을에서 쫓겨난 병자들이 머물렀던 움막과 오두막, 막사 등을 모조리 불로 태워버리는 것이 관습처럼 되어 있었다. 오염된 선박을 불로 태워버리는 관습도 대혁명 때까지 남아 있었다.

습지 전문가들도 란치시의 뒤를 이어서 습지에 모닥불을 많이 피우라고 조언했다. 특히 인부들이 건조 작업이나 준설 작업을 할 때에는 반드시 모닥불이 필요했다. 나비에는 사체를 발굴하는 작업을 할 때에도 결코 불을 꺼뜨려서는 안 된다고 명령하듯 말했다. 라부아지에도 1780년에 이 방법이 교도소의 공기를 정화하는 데 적합하다고 추천했다.[97] 뒤아멜 뒤 몽소는 뱃사람들은 배에서 내려 뭍으로 오기 전에 건조실로 보내 소독해야 한다고 경고했다.[98] 투레는 1788년에 인분을 건조시킨 뒤 가공해서 가루비료로 만드는 방법을 격찬했다.[99]

그렇지만 학자들은 물에도 그러한 소독 효과가 있다고는 생각하지 않았다. 물이 고여 있지 않게 하는 것은 공기보다도 더 어려웠고, 습한 것은 건조한 것보다 위험했다.[100] 라부아지에는 물로 교도소를 깨끗이 씻어내라고 권유했지만, 충분히 주의를 기울여야 한다고 경고하는 것도 잊지 않았다. 하지만 라부아지에의 연구가 알려진 뒤에는 점차 석회수에 대한 믿음이 등장했다. 석회수는 최초의 화학적 소독제라고 할 수 있는 것으로, 보메나 하워드도 그것이 지니고 있는 악취제거 능력을 높게 평가했다. 석회를 연소시키면 공간을 소독할 수 있었다. 그래서 바노와 투르벵은 호수나 늪이 있는 곳에는 석회를 태우는 화로를 많이 설치하자고 제안했다.[101] 건물의 벽을 씻어내고 부패를 없애기 위해 마르코렐이 만들어낸 용액은 나르본의 공중변소에서 훌륭한 효과를 발휘했다. 하워드는 자기 방의 벽에 석회를 뿌렸다.[102] 그는 자신이 제안한 소독 전략에서 이 물질에 특별한 지위를 부여했다.[103]

라보리와 파르망티에는 석회수가 분뇨구덩이에 고여 있던 오염된 물의 악취를 제거하는 것을 확인했다.[104] 루앙 학술원의 서기인 당부르네는 액체 상태의 분뇨에 이 물질을 풀면 비료 효과가 네 배로 커진다고 했다. 그러면서 그는 이렇게 덧붙였다. "석회수 때문에 분뇨의 냄새는 완전히 없어지고, 벌꿀에 가까운 향기만 남는다."[105] 석회수는 사체의 악취도 제거하고, 동물 배설물의 부패도 빠르게 진행시키고, 육체에서 발산되는 '근원 공기(air principe)'와도 결합한다. 석회수 덕분에 독기는 흩어지고, 대기로 떠오르지 못하게 되며, "유해한 발산물은 억제된다."[106] 이러한 작용은 사체가 흔적을 보이지 않게 될 때까지 계속된다. 1783년 됭케르크에서 사체를 발굴할 때에도 석회수를 사용해서

발산물이 떠오르는 것을 잠깐 동안 막을 수 있었다고 한다.[107]

하지만 다시 원래의 문제로 돌아가 보자. 1773년 초에 디종의 생테티엔 교회에서 지하실에 있던 사체들을 옮기기로 결정했다. 그런데 악취가 너무 심해서 [화약의 원료로 쓰이는] 초석과 향료를 태워 훈증을 하고, '네 도둑의 식초'로 바닥과 벽의 돌을 씻어도 냄새가 사라지지 않았다. 부근의 집들마저 오염되어 열병이 퍼질 위험이 있었다. 그래서 사람들은 기통 드 모르보에게 도움을 청했다. 기통 드 모르보는 3월 6일 저녁에 [약 3kg에 해당하는] 6리브르의 소금과 2리터의 진한 황산으로 혼합액을 만들어서 훈증을 했다. 결과는 완벽한 성공이었다. "다음날, 환기를 하려고 모든 곳을 열었는데 악취의 흔적은 말끔히 제거되어 있었다."[108] 그래서 4일 뒤에 교회는 다시 업무를 시작할 수 있었다. 기통 드 모르보는 "오염된 공기를 완벽히, 그것도 짧은 시간에 정화하는 새로운 방법"을 발견해서 후각 혁명을 개시했던 것이다.

그 해의 끝 무렵에 디종의 교도소에 열병이 창궐해서 31명이 죽었다. 기통 드 모르보는 곧바로 훈증을 했다. 기통 드 모르보의 말을 그대로 믿는다면, 다음날이 되자 "모든 부패한 냄새가 완전히 없어져서 어떤 외과 의학생은 그곳에 침대를 가져다놓고 하룻밤을 지내고 싶다고 요청하기도 했다." 다음해에 비크다지르는 가축 전염병이 창궐한 남프랑스의 축사를 소독하기 위해 염산을 사용하라고 권했다.[109] 그렇지만 통령정부(1799~1804) 시대까지 기통 드 모르보 방식의 훈증법은 그다지 자주 사용되지는 않았다.

그때까지 악취는 독기가 물질화한 것으로 여겨졌고, 질병의 원인이 되는 위험요인과 동일시되고 있었다. 하지만 기통 드 모르보는 악취가 잠재적으로 유해한 부패물질로 '구성된', '일종의 동화시키는 힘'을 가지고 있다고 여전히 확신하면서도, 그 안에서 어떤 종류의 물질의 속성을 발견하고, 화학변화로 그것을 파괴해야 한다고 생각하고 있었다.

악취제거는 마침내 성공을 거두었다. 새로운 물질이 등장한 것이다.

이제는 역겨운 악취를 덮어서 감추는 것이 아니라, 그것을 파괴하는 것이 문제였다. "화학자들이 보기에 그 둘의 차이는 매우 크다. 덮어서 감춘 악취는 부분들이 끊임없이 떨어져 나가려는 성향을 가지고 있는 물질의 혼합에 불과하다. 그러나 냄새를 파괴하는 것은 어떤 종류의 화합의 결과이고, 이러한 화합으로 냄새를 내는 물질을 파괴하거나, 염기와 결합시켜 그것의 속성을 변화시키는 것이다."[110] 라부아지에의 발견은 기통 드 모르보가 뒷날 자신의 고유한 이론을 완성시킬 수 있게 해주었는데, 대체로 기통 드 모르보는 독기를 지니고 있는 부패성 물질을 빠르게 연소시키는 산화제의 사용을 장려했다.

1780년 제임스 카마이클스미스(1742~1831)는 이 프랑스인 화학자가 이끌어낸 결과를 모르는 상태에서, 초산을 훈증시켜 그와 거의 동일한 결론에 도달했다. 1795년 전염병이 발생한 러시아 함대의 군함들인 피멘호와 레벨호에서 그의 방법이 사용되었고, "악취의 파괴와 공기의 개선"[111]을 가능하게 했다. 이듬해에 카마이클스미스는 포톤의 육군병원에서도 악취를 제거하는 데 성공했다.

새로운 전략의 실험실

공중위생학자들의 관심은 인간이 밀집한 장소에 집중되어 있었다. 그들은 조절을 위한 총체적인 행동이 이루어져야 한다고 주장했다. 이로부터 인체와 공간의 악취제거 전략이 세워졌고, 반세기 뒤에 그것은 농가와 노동자 주택에 적용되었다. 병사들의 막사, 군함, 병원, 감옥 등도 앞으로 이루어질 사적 공간의 악취제거를 위한 실험실이 되었다.

이 과정에서 육군병원은 중요한 역할을 맡았는데, 그곳이 아니더라도 군대에서는 프링글의 영향으로 신체위생과 관련된 규율이 처음으로 점차 윤곽을 드러내고 있었던 것으로 보인다. 예컨대 〔프랑스의 군의관이자 위생학자인〕 장 콜롱비에(1736~1789)는 1779년에 악취를 없애기 위해 적어도 한 주에 한 번은 속옷을 갈아입고, 양말은 두 번 이상 갈아 신어야 한다고 병사들에게 요구했다.[112] 그렇지만 규율을 정하려 했던 이러한 시도의 중요성을 너무 과장해서 평가하지 않도록 주의해야 한다. 법규와 명령, 통고문 등은 이 문제에 관해 여전히 매우 조심스럽기 짝이 없었기 때문이다. 실행으로 옮겨진 경우도 매우 드물었다. 탈영병이 자신들의 행위를 변명할 때에도 병영의 위생 상태가 열악하다거나 위생 규칙이 잘 지켜지지 않고 있다는 것을 핑계거리로 내세운 경우는 없었다. 이러한 침묵은 이 문제에 관해 간부의 태만과 병사의 무관심이 있었다는 사실을 알려준다.[113]

의사들의 관점에서 보면, 긴급성이라는 측면에서는 군함이 가장 먼저 위생학의 본보기가 되어야 했다. 린드는 1758년부터 계속해서 군함의 위생 상태를 규율화하려고 노력했다.[114] 프랑스에서는 모로그 자작이 해상에서의 위생 규율을 그보다 더 자세할 수 없을 정도로 꼼꼼하게 제시했다. 그는 배 밑바닥에서 오염된 물을 자주 퍼 올려서 악취를 제거하자고 제안했으며, 상갑판과 중갑판 사이에서는 식사를 하지 못하게 했다. 아울러 오물을 끊임없이 치우라고 권유했다. 배에 탄 선원들은 몸을 씻고, 머리를 빗어야 했다. 그리고 선장은 "선원들의 옷을 바깥공기에 쐬게 하고, 해먹의 정돈을"[115] 자주 명령해야 했다.

쿡 선장의 배는 아주 좋은 본보기가 되었다. 쿡 선장은 "대양을 횡단할 때 선원이나 화물이 들여온 병원체를 모두 없애는 기술을"[116] 완전히 알고 있었다. 쿡 선장은 늘 청결함에 주의를 기울였다. 날씨가 좋아지면 해먹과 이불을 갑판 위로 옮기게 했다. 화물은 묶어 놓은 줄을 모두 풀어 내용물을 공기에 노출시켜 항해 도중에 독기가 뿜어져 나오지 않게 주의했다. 음식물은 부패의 원인이 될 수 있으므로 특히 경계를 게을리 하지 않았다. 오염된 물이 스며들 위험이 있는 예비 돛과 같은 천들은 모두 가끔씩 바람에 말리도록 명령했다. 음식물은 선창 안에 보관했는데, "항해를 하는 동안 갑판의 승강구는 꼭 닫아놓고, 송진을 발라 틈을 모두 메웠다."[117] 그리고 화물의 발산물과 선원의 발산물이 뒤섞이지 않게 엄격한 구획이 이루어졌다. 이와 같은 쿡 선장의 배는 배 밑바닥에서 피어오른 독기로 선원이 모두 죽은 유령선의 대척점에 위치해 있었고, 이른바 위생도시의 최초의 모형이 되었다. 그래서 위생도시도 사람들을 독기의 발산물로부터 지키고, 공기와 불로 습기가 가져올 위험을 미리 차단하는 모습으로 표현되었다.

지상에서 이러한 본보기로서의 역할이 주어진 것은 병원, 그 가운데에서도 특히 육군병원이었다. 미셸 푸코와 프랑수아 베갱은 병원이 이 시기부터 공기를 분배해 독기를 제거하는 기계장치처럼 변화해간 과정을 몇 가지 사례들로 보여주었다. 1767년 이후에 부아시외는 새로운 전략을 말로 분명히 표현했다. 병원에 밀집한 부상자들은 부패한 공기 때문에 죽음에 이른다. 따라서 "병자가 내뱉은 공기의 양을 줄이려면 병원의 병실들에 있는 사람의 수를 줄이고, 오염의 원인이 되는 것들도 모두 최대한 신중하게 멀리 떼어놓고, 최상의 위생 상태를 유지할 수 있게 주의를 기울여야 한다. 해로운 공기를 제거하려면 끊임없이 공기를 신선하게 해야 한다. […] 둥근 천장이나 통층 구조의 천장을 갖추고, 불은 화로가 아니라 난로로 피우고, 서튼의 기계장치나 헤일스의 환기장치를 설치해야 한다."[118] 이런 식으로 공기가 빠져나갈 길을 만들어야 한다는 것이었다. 그리고 바깥 공기가 쉽게 유입될 수 있도록 문과 창을 열어두고, 통풍구의 수를 늘리고, 각각의 침대 가까이에 통풍관을 설치하는 것이 좋다고 했다. 그리고 훈증을 해야 한다고 강조했다.[119]

이보다 20년 뒤에 알레는 '악취제거'를 최우선의 목표로 한 공중위생 전략을 제시했다. 이 공중위생학의 아버지는 부아시외의 충고를 받아들여서 악취에 대한 조직적인 전투를 설득하고 다녔다. "병자들에게는 옷은 입히지 말고, 침대 커튼은 〔삼실이나 무명실을 굵게 꼬아서 두껍게 짠 직물인〕 스크로 하는 것이 좋다. 대변기는 말끔히 청소해서 밀봉해 놓고, 소변기는 냄새가 전혀 새어나오지 않게 해야 한다. 비질을 자주 해야 하는데, 식사를 할 때나 붕대를 교체할 때에는 주의해야 한다. 물을 뿌릴 때에는 최대한 신중해야 하며, 바닥을 청소할 때에는 되도록 모래를 사용하는 것이 좋다."[120]

이러한 생각에 자극을 받아서 수많은 계획들이 모습을 드러냈다. 그 가운데에서도 1787년에 과학아카데미가 건축가들에게 협력을 요청한 사례는 특히 주목할 만하다.[121] 그들은 "건물 전체가 환기에 적합한 구조로 될 것"[122]을 목표로 했다. 설계도에서도 방사형 도면이 두드러졌다. 실현된 몇 개의 건축물들은 이러한 새로운 요청들을 구현하고 있었다. 특히 영국에서는 플리머스의 육군병원과 그리니치의 군 재활병원이 이러한 흐름을 대표하고 있었다.[123] 서더크의 기 병원 천장에 설치된 환기장치는 위층의 난로와 연동되어 작동하게끔 만들어져 있었다. 이 병원의 변소는 밖으로 전혀 냄새를 풍기지 않았다. 문이 열리면 곧바로 변기에 물이 흘러내리도록 만들어졌기 때문이다.[124] 프랑스에서는 곳곳의 육군병원, 생랑드리 병동(1748년), 리옹 병원, 생루이 병원 등이 개혁자들이 참고하는 주요 사례들이 되었다. 1786년에 샤를 프랑수아 비엘(1745~1819)은 살페트리에르 병원에 용수로와 몇 줄의 변소를 설치했다.[125] 이미 그는 (1784년부터 1786년까지) 비세트르 병원에도 대규모 하수도를 설치했는데, 하수는 퇴비를 만드는 장치를 사용해도 그다지 정화되지 않았다.

병자의 냄새를 제거한다는 것에는 신체적인 통제, 특히 배변에 대한 감시가 포함되어 있었다. 환기만으로는 충분치 않았다. 개인의 행동을 변화시켜야 했다. 그래서 병원은 지켜야 할 규칙이 많은 장소로 바뀌어갔으며, 통제가 엄격해졌다. 〔영국남부〕 고스포트 부근에 있던 헤슬러 병원에서는 더러운 속옷을 입고 있는 것이 규정으로 금지되었다. 셔츠는 4일마다 갈아입고, 시트는 2주마다 갈게 정해져 있었다. 헝겊모자, 팬티, 긴 양말은 1주에 1회 새것으로 갈아야 했다. 남자들은 3일마다 수염을 깎아야 했고, 병자가 옷을 입은 채로 자거나 옷을 이불 대신 사용하는 것도 금지되었다. "해먹의 머리 부분과 침대 주변에 빵이나 버터와 같은 음식물을 먹다 흘린 채로 두는 것"[126]도 엄격히 금지되었다. "생리적 욕구는 정해진 장소에서만 해결해야 했다."[127] "큰 소리를 내거나, 시끄럽게 하는 것"도 허용되지 않았다. 도박이나 흡연도 금지되었고, 예배가 의무로 되었다. "어떤 사람이든 모욕적인 표현, 금지된 욕설, 저주하는 말을 하거나, 만취·불결·거짓말 등의 죄를 저질러서는 안 된다"[128]고 규칙으로 정해져 있었다. 체스터 종합병원에서는 "모든 환자들은 입원할 때에 그때까지 입고 있던 옷을 벗고, 깨끗한 옷으로 갈아입도록 정해져 있었다."[129]

이러한 규정들은 획일성, 몇 세기 동안 이어져온 관습의 파괴, 무의식적 행동의 금지를 목표로 하고 있었다. 무의식적인 행동은 그 뒤 '무질서'하고 위험한 것으로 여겨지게 되었다. 그리고 이러한 선도적인 사례들을 통해서 병원은 개인위생 관념을 몸에 익히기 위한 학습의 장소가 되었다. 하지만 이러한 사고를 민중의 사적 공간으로까지 보급시키려는 생각은 아직 아무도 품고 있지 않았다. 테농은 파리 시립병원에 '수세식 변기가 설치된 변소'를 갖추게 했다. 그래서 그곳의 환자들은 새롭고 쾌적한 도구를 이용할 수 있는 특권을 지닐 수 있었다.

교도소 개혁자들도 이와 똑같은 계획에 마음을 빼앗기고 있었다. 하지만 그들은 어떤 종류의 모순된 상황을 마주하고 있었다. 사람들이 이동하지 못하게 제한해야 하는 장소에서 물이나 공기의 흐름, 오물의 이동을 어떻게 확보해야 좋을까? 죄수는 어쩔 수 없이 감옥에 가둬둘 수밖에 없지만, 그렇더라도 정체와 고정의 위험에서 벗어날 수 있는 방법은 없을까? 요컨대 공기가 확실하게 흘러들 수 있게 하는 것과 죄수를 유형에 따라 나누어 수감하는 것을 어떻게 결합할 수 있을까 하는 문제였다. 환기가 잘 되게 하려면 창과 문의 수를 늘리고 크게 만들어야 하지만, 감옥은 죄수가 빠져나가지 못하게 주위를 벽으로 에워쌀 수밖에 없었다. 이러한 모순된 상황을 해결하기 위해 하워드는 문 대신 〔문살을 격자 모양으로 짠〕 문살문을 사용하고, 판자로 된 벽 대신에 철창을 사용하라고 권했다. 여기에 돛을 단 환기장치나 수동으로 작동하는 풀무를 사용하면 〔발로 밟아 물을 퍼 올리는〕 물푸개처럼, 환기의 필요와 죄수의 운동을 적절하게 조화시킬 수 있다고 생각했다.

그러나 얼마 지나지 않아 교도소에서의 분뇨 관리가 쉽지 않은 일임이 점차 밝혀졌다. 내보내지 않고 가둬놓은 상태에서 분뇨만을 죄수로부터 제거해야 했다. 다음 세기의 학자들은 이 특수한 문제를 위생학적으로 해결하려고 노력했는데,[130] 라부아지에는 이미 1780년부터 교도소에서 배설물 냄새를 없애려는 계획을 세웠다. 그가 이러한 목표를 위해 제안한 방법은 교도소 둘레에 수로를 파고, 그곳으로 변소의 배수관이 통하게 만드는 것이었다. 2~3일마다 한 번씩 수문을 열어서 오수의 양을 조절하는데, 그때 물이 흐르는 힘으로 배설물을 수로 밖으로 흘려보내는 구조로 되어 있었다. 변소에는 가스를 빼내는 관도 달려 있었다. 그래서 지붕 뒤에 뚫린 늑대 입 모양의 배기구로 악취가 배출되어 교도소 건물 안으로는 퍼지지 않게 되어 있었다.[131]

병원과는 달리 교도소에서는 간수가 막강한 권력을 지니고 있으므로 죄수의 행동을 더 강하게 규제할 수 있었다. 교도소는 마치 수도원 같지만, 수도원과는 다른 이유로 공중위생학의 실천을 학습하기 위한 특권적인 장소가 되는 경향이 있었다. 이론가들은 노동에 부여했던 것과 마찬가지로 신체의 청결에 대해서도 교화적 가치를 부여했다. 하워드는 포츠머스 부근에 정박해 있던 감옥선에 가득 수용되어 있던 죄수들에 관해 이렇게 말했다. "나 같으면 토요일은 온종일 죄수들에게 자신들의 옷을 세탁하게 하고, 찢어진 곳을 수선하게 하고, 면도를 하게 하고, 몸을 씻게 하고, 배 안을 청소시키고, 침대를 두드려 공기를 통하게 할 것이다. 이렇게 해서 그들이 청결한 상태에 익숙해지게 만드는 것이 중요하다."[132] 몇몇 장교들은 "가장 청결한 자가 가장 정직하고 예의 바르게 행동한다. 그리고 가장 깔끔하지 못한 자가 나쁜 짓이나 난잡한 생활에 빠지는 경향이 가장 강하다"고 밝히기도 했다.

'정리정돈'[133]의 명령, 청소와 세탁의 학습에는 이렇게 다양한 목적이 숨겨져 있었다. 이제 소독이라는 문제 안으로 본능의 억압과 교화라는 문제가 은밀히 파고들었다. 범죄자의 체취도 그렇게 이해되었다. 몸을 씻는 기술을 익히고 있으면 범죄자는 빨리 구제된다. 회개한 죄인은 새로운 사회적 세례를 받을 준비를 갖추기 위해 먼저 자신의 고약한 체취를 없애서 스스로의 의지를 증명해야 한다. 체취가 그를 언제나 다른 범죄자들과 연결시키고 있기 때문이다.

이 문제에 관해서는 네덜란드의 감옥이 본보기가 되었다. 그곳에서는 죄수들이 모두 자신의 방과 침대, 깔개를 가지고 있었다. 당시의 영국 교도소 규칙을 살펴보면 똑같은 사항이 강조되고 있었다는 사실을 확인할 수 있다. 랭커스터 교도소의 규칙 제7조는 이런 내용이었다. "간수는 죄수가 사용할 수 있게 숯, 비누, 식초, 모포, 깔개, 걸레, 모래, 솔, 빗자루, 양동이, 세면기, 수건, 숯바구니 등을 갖추어 두어야 한다. 죄수와 교도소가 청결하고 위생적인 상태를 유지하기 위해서이다."[134] 앞으로 청소와 세탁이 익숙해질 것이 분명한 어떤 죄수가 교도소에 도착하면, 그는 우선 입고 있는 것을 모두 벗고, 몸을 씻고, 죄수복을 입었다. 감옥의 전염병과 싸우기 위해서는 죄수가 악취를 풍기지 않게 해야 했다(제12조). "간수는 한 명이나 몇 명의 죄수가 돌아가면서 매일 아침식사를 하기 전에 낮에 사용할 공간과 공동침실·독방 등을 청소하고, 화요일·목요일·토요일에는 그곳들을 물로 청소하도록 감시해야 한다." 필요한 장소마다 청소·세탁의 일과표가 붙어 있었다. "얼굴이나 손을 씻지 않았거나, 겉으로 보기에도 매우 불결해 보이는 죄수는" 그 날 식사를 주지 않고 굶겨도 된다고 밝혀져 있었다(제13조). 가장 청결한 죄수에게는 "노동, 청결, 정리정돈, 예배에 노력을 기울이도록 장려하기 위해" 일요일에 특식을 주었다. 유럽 대륙에도 이런 교도소들이 있었다. 〔폴란드의〕 브로츠와프 교도소나 로마의 카피톨레 교도소 등에서도 똑같은 방식으로 청소가 철저히 이루어졌다.

'1인 1침대'를 주장했던 라부아지에도[135] 죄수가 교도소에 들어갈 때 강제로라도 몸을 씻기고 목욕을 시켜야 한다고 생각하고 있었다. 나아가 환기의 역사에서 매우 획기적인 발명도 했다. 독방마다 2개씩의 환기구를 설치하도록 권유했던 것이다. 하나는 격벽 상부에 설치해 오염되어 가벼워진 공기가 빠져나가게 하고, 다른 하나는 문 위쪽에 만들어 새로운 공기가 들어오게 하자는 것이었다.

병자와 죄수들을 위해 고안된 이러한 위생학적 모델을 비크다지르가 축산업자에게 권유했던 모델과 비교해 보면 흥미로운 사실이 확인된다. 그가 제시한 건강하고 냄새나지 않는 축사, 건강하고 청결하게 질서가 잡혀 있는 가축이라는 요소에서도 집단의 건강을 확보하는 것과 개체의 행동을 규제하는 것이 동시에 나타난다. 곧 그것도 병원이나 감옥과 그리 다르지 않은 통일된 성격을 지니고 있었던 것이다.

2
냄새와 사회질서의 생리학

후각론의 짧은 황금시대와
라부아지에 혁명의 영향

18세기 말에는 일찍이 라마치니가 밝혔던, 냄새의 박물학을 만들겠다는 계획이 더는 이룰 수 없는 몽상만은 아니었다. 왕정이 붕괴된 뒤로 감각론 철학은 독점권을 인정받았고, 재건된 학술원에서 철학자들은 1803년까지 '감각과 관념의 분석'을 위한 분과를 구성했다. 감각론에 관한 지식을 구성하려면 먼저 학술용어를 정비해야 할 필요가 있었기 때문이다. 콩디야크는 후각적 지각작용을 표현할 수 있는 언어를 만들어내는 것은 그 자체만으로도 이미 그때까지 깊은 연관성을 지닌다고 여겨지던 동물성과 후각을 분리시키는 것이나 마찬가지라고 생각했다. 후각적 감각을 체계화할 언어도 없이, 어떻게 복잡하게 뒤섞여 있는 그것을 질서 있는 것으로 변화시킬 수 있단 말인가?[1]

이런 이유에서 냄새를 정의하고 분류하려고 하는 시도가 점차 늘어났다. 그것은 새롭지만 지긋지긋한 기획이었다. 어떤 것이나 주관적인 해석만 넘쳐서 학자들을 만족스럽지 못한 상태로 내몰았다. 칼 폰

린네(1707~1778)와 할러, 로리, 비레 등이 저마다 번갈아가면서 방향족 범주의 목록을 만들었는데, 어떤 것도 결정적이지는 못했다. 그래서 마침내 후각이라는 감각은 과학적 용어의 틀 안에 갇히기를 거부한다는 생각이 확산되기에 이르렀다.

그렇지만 학자들은 적어도 향료에 대한 신뢰가 분석의 오류에 기초해 있다는 확신은 가지고 있었다. '냄새 조각의 순환운동'에 관해 논한 로미외의 1756년 논문과 프레보스트(1751~1839)의 1797년 논문도 과거의 믿음을 매섭게 비판하고 있었다. 1798년에 푸르크루아는 모든 종류의 냄새가 "단지 공기나 액체 안에 냄새나는 성질을 지닌 물질이 용해되어 있는 것일 뿐"이라고 단언했다.[2] 그리고 베르톨레(1748~1822)가 마침내 결정적인 증거를 찾아냈다. 그 뒤로는 모든 물질이 "휘발성과 용해성의 성질에 따라서" 저마다 특유한 냄새를 지닌다는 사실이 받아들여졌다. 고대 ['식물학의 아버지'라고 불리는 기원전 3세기 그리스의 철학자] 테오프라스토스의 주장이 과학적인 확신으로 바뀐 것이다.[3]

푸르크루아 학설의 승리는 라부아지에의 발견이 지니는 심리적 효과를 더욱 복잡하게 했다. 호흡 현상이 밝혀져 연소와 같은 것으로 이해되자 질식에 대한 공포는 더욱 커졌다. 질식의 원리가 완전히 파악되었기 때문이다. 아울러 정기이론의 패퇴는 악취에 대한 불안을 불러일으켜 후각적 경계심을 정당화했다. 냄새나는 입자만큼 독기와 닮은 것은 없었기 때문이다.

사반세기가 지날 때까지 어느 누구도 푸르크루아와 베르톨레의 이론을 재검토하려고 시도하지 않았다. 이폴리트 클로케도 그 이론에 가담했다. 그러나 1821년 로비케(1780~1840)가 새로운 측면에서 문제를 제기했다. 그는 냄새나는 입자가 확산되려면 가스 상태의 혼합물에 그것이 들어가야 한다고 보았다. 그러려면 어떤 종류의 운반수단, 곧 '매개물'이 필요한데, 그는 유황이 매개물인 경우도 있지만 암모니아가 그 역할을 하는 경우가 많다고 보았다. 파랑뒤샤틀레도 그 가스의 역할을 중시했는데, 하나의 예일 뿐이지만 이러한 생각들은 배설물 냄새에 대한 불안감을 더욱 불러일으켰다.

이렇게 해서 린네의 논문이 발표된 뒤로 과학적 후각론이 가까스로 구상되었다. 비레는 1812년부터 근래의 발견들을 잠정적이나마 종합해서 고대 과학의 성과와 대조하는 작업을 진행해갔다. 같은 해에 영국의 윌리엄 프라우트(1785~1850)는 맛을 분석할 수 있게 하는 것도 후각이라는 사실을 증명해냈다. 대륙에서는 슈브뢸이 똑같은 사실을 확인했다. 이윽고 1821년에는 이폴리트 클로케가 『후각론』을 펴냈다. 이 책은 20세기 중엽까지도 기본서로 읽혔는데, 기괴하리만치 온갖 것들을 다 모아놓은 위대한 성과였다. 얼마 지나지 않아 끊임없이 수많은 표절의 대상이 된 이 문헌은 과학적 발견과 예감적 직감, 왠지 믿기 어려운 전설 등이 뒤섞여 있었다. 그렇지만 사전이나 전문서적을 집필하려는 사람에게는 참으로 고마운 문헌이어서, 그 뒤 특히 후각 위생과 관련된 글을 쓰려는 사람들은 이 작품을 베끼는 것으로도 충분하다고 생각했다.

클로케의 저작이 출간되었을 무렵에 감각론에는 심각한 위협이 다가오고 있었다. 후각론에 대한 관심이 높아지게끔 기초를 마련했던 감각론이 위기를 맞이했던 것이다. 라부아지에의 혁명으로 감각적 인상이 뒤로 물러나고, 물리·화학적인 분석이 앞에 나섰다. 학자들은 탐구를 두 가지 방향으로 진행했다. 한 무리의 학자들은 실체를 파악하기 어려운 독기를 저마다 독특한 도구를 사용해서 추적하려 했다. 그들은 앞 세기에 만들어진 오물의 끔직한 목록들을 검토해서 독기를 찾으려 했다. 그것들의 폐해가 여전히 사람들의 관심을 붙잡고 있었기 때문이다. 베르톨레는 부패물의 가스를 분석했고, 화학자들은 분뇨구덩이가 뿜어내는 가스의 정확한 목록을 만들어내려 했다. 장바티스트 부생고(1801~1887)를 시작으로 수많은 학자들은 기묘한 장치의 힘을 빌려서 습지의 발산물을 농축시키거나, 큰 천으로 만든 막으로 채집한 '부패요소(putérine)'를 분석하려 했다. 프랑수아 쇼시에(1746~1828)는 인간의 호흡에서 생겨나는 물질을 분석했고, 장루이 브라쉐(1789~1858)는 그보다 더 야심차게도 개개인의 체취를 결정하는 체액의 미세한 화학적 구성을 찾아내려 했다.

다른 무리의 학자들은 일찍이 폰타나 신부와 프리스틀리가 다양한 장소에서 기획했던 것처럼, 수전량계를 가지고 공기를 더 자세히 분석하려 했다. 가장 먼저 의미 있는 결과를 얻어낸 것은 라부아지에였다. "매우 많은 사람들이 닫힌 공간 안에 꽤 오랜 시간을 머물러 있는 경우에 그곳의"[4] 공기는 이상하리만치 강한 탄산가스를 포함하고 있다는 사실이 밝혀졌다. 훔볼트와 게이뤼삭(1778~1850)은 1804년에 산소가 줄어든다는 사실을 밝혀냈다. 그렇지만 마장디(1783~1855)의 거듭된 좌절에 뒤이어 수많은 화학자들도 파리의 각 구역에서 공기 함유물의 차이를 밝혀내려 했으나 실패했다. 그래서 도시의 공기를 정화하겠다는 희망은 포기되었다. 포르제(1800~1861)가 지적했듯이, "정화 요인들의 승리는 (그 뒤로는) 밀폐된 공간들에만 한정되었다."[5] 하지만 뒤마와 부생고가 새로운 분석방법을 확립하면서, 1830년대에 이르러 연구는 다시 활발해졌다. 특히 펠릭스 르블랑(1813~1886)과 장 클로드 외젠 페클레(1793~1857)는 새로운 분석방법 덕분에 공기 안에 있는 탄산가스의 농도를 기준으로 공간의 위생 규범을 정할 수 있었다.

그렇지만 감각적인 것이 완전히 권위를 잃었다고 단정하는 것은 지나치게 성급한 판단이다. 공기의 뒤섞임이 반드시 정화로 이어지지 않는다는 사실이 밝혀진 뒤로는 공기의 움직임이나 흐름을 밝히는 일에서 촉각의 역할은 분명히 전처럼 중요하게 여겨지지 않았다. 냄새가 공기오염을 정확히 반영하지 않는다는 사실을 학자들이 밝혀내면서,

후각의 역할에도 의문이 제기되고 있었다. 그렇지만 일상의 실천에서 유동하는 물체의 성질을 판별하는 작업은 계속해서 후각이 떠맡았다. 과학 안에서도 독기에 대한 믿음이 아직 강하게 남아 있었다는 사실을 잊어서는 안 될 것이다. '공기에 덧붙여진 물질'인 독기는 여전히 자신의 신비함을 잃지 않고 있었다. "화학은 그것의 위험을 우리에게 가르쳐주지 않지만, 화학보다 섬세한 우리의 감각은 사람이 오래 머물러 있던 공간의 공기 속에는 유독한 물질이 존재한다는 사실을 확실히 알려주었다."[6] 따라서 계속해서 감각의 인도를 받는 것이 필요했다. 그리고 "독기가 다량으로 존재하는 장소에서는 후각이 훌륭한 잣대가 되어 냄새로 그것을 알아내므로"[7] 그런 장소는 반드시 공기를 교체해야 했다. 르블랑도 독기는 '불쾌한 냄새'[8]로 자신의 존재를 드러낸다고 여전히 생각하고 있었다.

오염된 공기를 분석하고 정화의 정도를 측정하는 방법을 연구한 그 시대의 논문들을 주의 깊게 살펴보면, 학자들이 측정기구의 부정확함에 실망해서 원래의 의도와는 다르게 감각적인 체험에 의존할 수밖에 없었던 사정들이 드러난다. 그라시도 함대에서 환기의 기준이 된 것은 결국 후각이었다고 밝혔다.[9] 교도소 독방에서 오염된 공기가 정화되었는지를 확인하는 방법이 후각이었던 것도 마찬가지였다.

공리주의와 공공공간의 냄새

통령정부(1799~1804) 시대 이후로 공중위생학은 더욱 일관된 것이 되었다. 그 분야 사상가들의 구상, 특히 의사가 사회질서의 생리학을 인도해야 한다는 카바니스의 독특한 희망은 곧바로 지배계층의 반응을 이끌어냈다. 공중위생학의 전략은 몇 가지 점에서 여전히 과거의 유산을 계승하고 있었다. 19세기 중엽까지는 후각적 불안이 오물의 위협에 맞선 전투를 계속해서 이끌었다. 그 이유는 이미 앞에서 살펴보았는데, 파리의 주민들이 위생위원회에 민원을 제기한 것도 대부분 부패한 동물성 물질이 근처에 있는 것과 관련되어 있었다. 전문가들도 산업폐기물에 대해서는 낙관적인 태도를 보이면서도, 부패한 냄새를 풍기는 작업장에 대해서는 비난을 멈추지 않았다. 이에 관해 파랑뒤샤틀레가 보인 회의적인 태도는, 그것을 향해 비판이 격렬하게 이루어진 것에서도 알 수 있듯이 아직 예외에 지나지 않았다.

파리의 중심부에 인구가 밀집되면서 "배설물과 오물의 물결"[10]에 관한 강박관념이 생겨났다. 이러한 환상은 메르시에가 사로잡혔던, 온갖 위험한 것들이 우글거리는 '늪지 도시(ville marécag)'의 이미지를 잇고 있었다. 이러한 점에서 1826년은 분명히 하나의 분기점이 되었다. 바로 그 해에 파리가 오물의 파도에 휩싸여 잠길 수 있다는 위협이 현실로 나타났기 때문이다. 아멜로의 하수도가 막혔고, 로케트와 쉐멩 베르의 하수도도 점차 막히기 시작했다. 그래서 파리 한복판에 악취를 뿜어대는 늪이 등장했고, 도시의 성문 부근은 분뇨처리장이 오염시키고 있었다.[11] 일찍이 묘지에서 사체를 꺼내 옮겼던 것처럼 "오니汚泥를 옮기는 것"[12]이 서둘러 해결해야 할 문제가 되었다.[13] 바야흐로 배설물을 치우는 방법을 체계적으로 정비해서 도시의 배설작용을 제어해야 할 때가 온 것이다. 이 문제를 해결하기 위해 그 시대의 문학작품들에서 마치 강박관념과도 같은 이미지로 등장하던 넝마주이들에게[14] 매우 중요한 역할이 주어졌다. 넝마주이들은 집집마다 다니며 배출되는 오물을 수거하고, 정리하고, 죽은 동물의 잔해와 같은 유기물 쓰레기를 치우는 등의 일을 했다. 곧 넝마주이들은 전부터 이미 엄격한 통제를 받던 분뇨수거인의 일을 돕는 역할을 맡게 되었다.[15]

이제 분뇨구덩이 안에 쌓여 썩은 똥의 위험만이 아니라, 도시의 숨

통마저 꽉 막아버린 오물의 위험이 문제로 떠올랐다. 오물을 배출하기 위해 지상이나 지하에 설치된 기존의 수로만으로는 도시의 오물을 흘려보낼 수 없게 되었던 것이다. 왕정복고(1814~1830) 시대에 이러한 관심이 나타난 데에는 도시의 분뇨와 자신의 배설물로 온통 오염된 변두리 마을들의 독기가 파리를 위협한다는 생각이 확산된 것도 배경으로 작용했다. 18세기 말 이후 전문가들이 고립된 상태에서도 되풀이해서 지적했던 '배설물의 보복'이라는 문제가 이때부터는 행정가들의 머리에서 떠나지 않는 강박관념이 되었다. 위생위원회의 보고자는 일찍이 메르시에가 사실을 확인해서 뒷받침해준 방식으로 이렇게 썼다. "오늘날, 여러분은 파리를 벗어나기 위해 어떤 길로 가든 오물을 실은 청소용 짐마차를 셀 수 없이 많이 만나게 될 것이다. 그리고 어디를 가든 분뇨처리장에서 불어오는 바람을 피할 수 없을 것이다. 다른 지역에서 올 때, 어떤 방향에서 오더라도 들이마신 공기에 부패한 증기가 섞여 있는 것으로 파리 근교에 이르렀다는 사실을 알게 된다. […] 세계에서 으뜸가는 이 도시를 기념하는 건물의 첨탑이 눈에 보이기도 전에, 후각으로 먼저 자신이 그곳에 가까이 이르렀다는 사실을 알 수 있게 된 것이다."[16] 그 해에 위생위원회는 변두리 지역의 큰길을 따라서 포장된 넓은 수로를 만들자고 건의했다. 도시에서 배출되는 오수를 센강 쪽으로 흘러가게 하기 위해서였다.[17] 1828년 위생위원회의 보고자는 일찍이 투레가 했던 경고를 다시 새롭게 이야기했다. "파리를 에워싼 토지는 넓은 범위에 걸쳐서 모두 저 끔찍한 냄새가 나는 인분이 깊이 스며들어 있다."[18] 그러면서 이 보고자는 도시가 자신의 배설물로 포위되도록 그냥 내버려 두어서는 안 된다고 덧붙였다.

콜레라의 유행은 이러한 강박관념을 더욱 부추겼다. 1835년 위생위원회의 전문가들은 교외지역의 마을들에 쌓여 있는 오물을 시찰하기로 결정했다. 그리고 [파리 변두리의] 젠느빌리에서 그들은 길가나 안

마당 모두에 악취를 내뿜는 오물들이 쌓여 있는 사실을 확인했다.

사실 진짜 새로운 점은 (이미 오랜 역사를 지니고 있는) 부패한 물질이나 배설물에 대한 불안감이 높아졌다는 사실이 아니라, 이러한 감정이 당시 지배적이었던 공리주의와 대립하거나 (반대로) 결합했다는 사실에 있었다. 독기에 대한 공포는 손실에 대한 강박관념을 부추겼다. 그러면서 오물의 유용성이 관심을 끌었고, 배설물을 회수하려는 욕망이 후각적 경계심을 자극했다.

18세기 말에 확인했던 것과는 달리, 그 뒤로 배설물에 관한 담론에서 가장 빈번히 나타난 것은 '이익'이라는 말이었다. 구역질을 일으킬 듯한 역겨운 발산물은 독기와 손실을 동시에 나타내기에 이르렀다. 아돌프오귀스트 밀(1812~1894)은 이를 "모든 악취는 도시에서는 공중위생에 대한 침해를 뜻하고, 농촌에서는 비료의 손실을 나타내고 있다"[19]고 조금은 도식적으로 요약했다. 밀은 악취를 "다양한 요소가 손실되고 흩어졌다는"[20] 증거로 보았다. 배설물의 역겨운 냄새는 물질의 파괴를 증명했다. 향수의 은은한 향기가 돌이킬 수 없는 헛된 소비를 나타내고 있는 것과 마찬가지였다. 이렇게 공리주의와 절약의 필요성이 위생에 대한 관심을 더욱 부추겼다. 그리고 이 세 가지 요소가 저마다 악취제거를 추진했다.

회수의 욕망은 헤아릴 수 없을 만큼 수많은 계산들을 탄생시켰다. 경제학도 배설물을 계산에 넣어, 이익과 손실을 셈하려고 했다. 19세기 초에는 이미 학술원의 어떤 위원회든 파리의 오물을 모조리 센강으로 버리겠다는 생각을 하지 않게 되었다. 그것은 오물이 센강의 수질을 악화시킬 것을 걱정해서가 아니라, 이러한 방법으로 생길 손실을 피하기 위해서였다.[21] 파랑뒤샤틀레는 배설물의 수출이 파리의 중요한 재원이 될 수 있다고 생각하고, 1833년 이후에는 그 생산물을 철도로 실어 나르려는 계획을 구상했다. 그는 정부가 운송회사를 후원하기를 바랐다. 그래서 여러 사람들에게 도움을 청했다. "이 사업에 자금을 지원해 주시기를 여러분에게 요청합니다. 이 회사의 주식을 매입해 주시기를 바랍니다."[22] 그가 대략 계산한 것으로는, 1834년 한 해에 파리는 102,800제곱미터의 배설물을 배출하고, 몽포콩의 분뇨처리장 한곳에서만 1년에 50만 톤을 가져올 수 있다고 보았다.

에밀루이 베르테랑(1821~1890)은 릴에서 오물 산업으로 거둘 수 있는 이익을 3만 프랑으로 산정했다.[23] 스포니는 하수도 직결식 수세장치(tout-a-l'egout)를 채택한 영국인들은 해마다 25만 프랑의 손해를 보는 꼴이라고 밝혔다. 1857년 『의화학 저널』의 편집자는 33만2천제곱미터의 분뇨를 센강에 버리는 것은 27만5천6백톤의 비료를 잃는 것과 마찬가지라고 계산했다.[24] 이러한 것들은 그저 일부의 사례들에 지나지 않는다. 그들은 정신분석학자들이 돈과 '똥(stercus)' 사이의 관계에 대해 말한 것이 맞다고 예증하고 있는 것처럼 보이는데, 통계사와 경제사를 연구하는 사람들은 그것들을 주의해서 살펴볼 필요가 있을 것이다. 맬서스(1766~1834)에서 피에르 르루(1797~1871)에 이르는 이들에게는[25] 폭넓게 나타나는 손실에 대한 강박관념의 영향과, 배설의 사회생리학을 싼 비용으로 확보하려는 의지, 인간·재화·그것들의 흐름을 기록하려는 관심, 이러한 것들이 하나의 총체를 이루고 있기 때문이다. 어떤 측면에서든 이러한 역사를 억압하려 해서는 과거를 부분적으로밖에 이해하지 못하는 결과를 낳을 것이다.

공공공간에서의 악취제거는 전보다 훨씬 더 중요한 것이 되었고, 이제 그것은 오물을 회수하고 재활용하여 활용하는 방향으로 나아갔다.[26] 공리주의의 (잘 알려져 있지는 않은) 이러한 요소에 자극을 받아서 출현한 다양한 계획을 입안한 사람들은 모든 것을 재활용하려는 자신들의 바람을 사회적 표상의 질서 안에 투영했다. 그들은 오물을 수거해서 재처리하는 과정을 사회적 배설물을 재활용하는 본보기로 여기고 한목소리로 그것을 칭송했다. 그들은 오물을 재활용하는 것을 본떠서 사회적 배설물의 경제성을 산정했다. 18세기 말에 몇몇 공중위생학자가 세운 막연한 계획이 그 뒤로는 학술적인 계산의 대상이 되었다. 그것만이 아니었다. 언제부터인가 사람들은 죄수나 비렁뱅이만이 아니라, 생활이 어려운 사람이나 '노인'들까지 떠올렸다. 이들에게 오물을 수거하는 일을 맡기면 그들에게 지출해야 할 재정을 절약할 수 있을 것이라고 생각했다. 배설물이 유산계급의 부담을 줄여준다고 기대했던 것이다. 배설물은 이렇게 사회복지의 한 부분으로 편입되었다. 벨기에의 여러 도시들이 그 본보기가 되었다. 브뤼허에서는 노인과 서민층이 오물을 수거하고 있었다.[27] 도시의 행정기관은 여유가 없는 사람들에게 손수레를 대여해 주었다. 이런 정책 덕분에 헨트와 리에주는 도시가 매우 청결하게 유지되고 있었다.[28]

알퐁스 슈발리에(1793~1879)는 파리에 남성용과 여성용의 무료 공중변소를 설치하자고 제안하면서, 가난한 사람을 관리인으로 배치하자고 했다.[29] 그는 도로를 청소하는 청소부나 도로를 보수하는 작업자를 감독하는 역할을 빈민구호사무소에 맡기자고 주장했다. [파리 북쪽] 스탱의 시장은 실제로 그것을 시험해보기 위해 빈민구호사무소에 등록된 사람들에게 공공도로의 청소를 맡겼다.[30] 슈발리에는 1832년부터는 지방도시나 농촌에서도 인구가 밀집해 있는 곳에서 멀리 떨어진 장소를 선택해 구덩이를 파서 오물을 버리자는 제안을 열심히 홍보했다. 아울러 그는 주민들 가운데 생활이 어려운 사람을 몇 명 뽑아서 이렇게 하자고 제안했다. "당나귀나 짐말이 끄는 수레를 그들에게 주어서 평일에 마을과 주변을 '끊임없이' 돌아다니게 하자. 그들은 삽과 빗자루로 떨어져 있는 모든 오물을 수거해서, 마을의 오물처리장으로 그것을 싣고 갈 것이다. 이러한 '끊임없는 청소'는 상당한 양의 비료를 확보할 수 있게 해주고, 쾌적하고 청결한 위생상태도 유지할 수 있게 해줄 것이다."[31] 이러한 주장의 새로움은 (말똥 치우던 것을 본뜬 것이므로) 작업의 특성이 아니라, 그가 제안한 작업의 리듬에 있었다. 활동이 '끊임없이' 이루어지는 덕분에 오물의 빠짐없는 회수와 절대적인 청결함이, 다시 말해서 악취제거와 위생 상태가 함께 지켜질 수 있다는 것이었기 때문이다.

인간의 배설물은 비료로서의 우수성이 어느 정도 분명히 밝혀져 있었으므로, 그것을 수거하는 일은 점차 중요한 일이 되었다.[32] 고체 상태든 액체 상태든 그것은 비료들 가운데 가장 양분이 풍부한 것으로 여겨지고 있었다. 스포니는 "1킬로그램의 소변은 1킬로그램의 밀에 해당한다"[33]고 단언했다. 도미니크 라포르트는 이 주제에 관한 일련의 논문들을 인용했는데, 그 논문들은 지방행정관들이 분뇨의 이러한 특성에 관심을 가지게 하려는 데 목적을 두고 있었다.[34] 1720년 12월 31일의 행정명령은 이미 파리의 관할구역들에서 이러한 비료의 사용을 장려하는 여러 규정들을 포함하고 있었다. 그러나 1760년부터 1780년 사이에는 인분비료에 대한 관심이 뚜렷하게 줄어들었다. 앙시앵레짐 말기에는 전통적으로 인분비료를 사용하던 플랑드르 등의 지방을 빼고는 비료로 사용되는 분뇨의 양이 크게 줄었다. 하지만 곧 사용량을 나타내는 선이 다시 위로 올라가면서 인분비료를 사용하는 시대가 새롭게 시작되었다.[35] 그것은 공리주의의 확산과 발맞추어 나타났으며, 인분비료에 대한 관심의 회복은 위생위원회에 새로운 정책의 결정을 압박했다. (비료로서의 가치를 높이기 위해) 분뇨가 서로 섞이지 않게 하려는 의지가 강해졌으므로, 1835년에 위생위원회는 액상물질과 고형물질을 분리하는 장치를 장려한다는 방침을 정했다.[36]

영국의 사례를 본떠 제안된 하수도 직결식 수세장치는 여전히 해결책으로 채택되지 않고 있었다. 파리에 이 방식이 도입되려면 19세기가 끝날 무렵까지 더 기다려야 했다. 그렇지만 이 방식을 신봉하는 사람들은 이미 왕정복고(1814~1830) 무렵부터 있었다. 게다가 파리에는 일부에서이기는 하지만 이 시스템이 작동하고 있었다. 사관학교, 군 재활병원, 비세트르 감옥, 살페트리에르 병원, 조폐국 등에서는 센강으로 흐르는 하수도로 분뇨를 흘려보냈다. 몽포콩의 분뇨처리장에서는 원형의 큰 하수구로 액체를 센강으로 방류하고 있었는데, 1825년부터는 하수구를 통해 생마르탱 운하로 내보냈다.

이러한 방류방식은 지방도시들에서는 세기말이나 심지어 제2차 세계대전 때까지 상당히 폭넓게 사용되고 있었다. 1860년대에 될르강의 하류는 릴의 하수도라고 해도 지나치지 않을 상태가 되었다. 분뇨구덩이의 오물과 도축장의 잔해가 모두 강으로 흘러들었다. 그래서 찌꺼기가 운하에 쌓여 악취가 도시 전체로 퍼졌다.[37] 캉에서는 오동강이 말 그대로 땅속에 묻혀 있지 않은 하수도처럼 되었다. 그리고 그 문제는 100년이 넘도록 해결되지 않아, 신문들은 기삿거리가 없을 때마다 그에 관한 기사로 여백을 채웠다.[38] 1876년 니에브르의 느베르강은 '커다란 시궁창'[39]처럼 되었다. 그리고 이 도시에서는 세기말이 될 때까지 악취를 제거하기 위한 어떠한 체계적인 작업도 시도되지 않았다.

스포니에서 게노 드 뮈시에 이르는 하수도 직결식 수세장치의 지지자들은 이 방식만이 분뇨의 이동과 순환을 보증하고, 정체의 끔찍한 위협을 제거할 수 있다고 되풀이해서 역설했다. 그리고 이 방식은 분뇨구덩이와는 달리 흐름도 통제할 수 있다고 주장했다. 1882년에도 에밀 트레라(1821~1907)는 되풀이해서 이렇게 강조했다. "하수도는 끊임없이 감시할 수 있다. 게다가 감시하기 쉬울 뿐 아니라, 세상 사람들이 모두 알 수 있게 확실하고 정기적으로 이루어진다."[40]

그렇다면 어째서 이러한 해결책이 한 세기 가까운 세월 동안 방치되어 있었던 것일까? 이것은 어떻게 설명될 수 있을까? 제라르 자크메는 논쟁의 복잡성을 정확하게 지적하면서, 어떠한 다양한 이해관계들이 복잡하게 뒤엉켜 이 방식의 채택을 막고 있었는지를 훌륭하게 분석했다.[41] 그에 따르면, 이 방식을 채택하려면 건물의 소유자는 먼저 하수도 사용계약을 맺어야 했다. 그런데 이 계약은 꽤 오랫동안 매우 무거운 부담으로 여겨지고 있었다. 게다가 1856년을 기준으로 3만 2천 채에 이르는 파리의 건물들 가운데 급수시설을 갖추고 있는 것은 겨우 1만 채뿐이었다. 그리고 하수도 직결식 수세장치는 당시에 힘 있는 압력단체였던 분뇨수거 회사를 파산 위험으로 몰아넣을 수 있었다. 그렇지만 학자들이 소리 높여 거세게 저항하지 않았다면, 이 정도의 장애는 극복할 수도 있었을 것이다. 여기에서도 우리는 손실에 대한 강박관념을 만나게 된다. 슈브뢸은 그것의 위험성을 지적했다.[42] 그는 분변의 냄새를 제거하는 것은 그만큼 그 안에 포함된 양분을 없애는 것이나 마찬가지이므로, 위생을 고려해서 그러한 위험을 간과해서는 안 된다고 주장했다. 손실 그 자체라고 할 수 있는 하수도 직결식 수세장치는 물론이고, 분뇨구덩이에 많은 양의 물을 흘려 넣는 것도 그 안에 포함된 질소의 양에 손실을 가져오는 것으로 여겨졌다. 분뇨수거인들은 이러한 사실을 잘 이해하고 있었다. 그래서 그들은 물로 희석하지 않는다는 점에서 부잣집의 배설물보다도 가난한 집의 배설물을 더 가치 있게 평가하고 있었다. 외젠 벨그랑(1810~1878)은 이를 정확하게 반영해서 배설물에 대한 평가를 사회적으로 등급화하여, 배설물의 질소 함유량을 기준으로 파리의 지리적 분포도를 작성했다.[43] 공리주의는 이렇게 길거리와 공공공간의 악취제거를 추진하면서, 동시에 파리를 비롯해 프랑스의 많은 도시들에서 하수도 직결식 수세장치가 채택되지 못하게 제동을 걸었다. 공리주의의 이러한 상반된 기능에 대해서는 그것의 모순된 성격을 지적해둘 필요가 있을 것이다.

　왕정복고(1814~1830) 시대에 인분은 화학공업의 1차 원료의 지위로까지 승격되어 있었다. 새로운 분뇨처리장이 설치된 봉디에는 암모니아

제조공장이 세워졌다. 위생과 공리성의 요구가 이렇게 멋지게 결합했고, 배설물 처리라는 난제도 해결되었다. 공중위생학자들은 더 나아가 변소에서 배설물을 곧바로 양질의 비료로 바꿀 수 있는 물질을 사용할 것을 제안했다.[44] 그 뒤로도 오물의 화학은 계속해서 거창한 계획을 만들어갔다. 1844년 가르니에(1813~1881)는 오줌 처리를 위한 대규모 공업단지를 건설하려는 구상을 밝히면서 그것을 '암모니아폴리스(ammoniapolis)'라고 부르자고 제안했다.[45]

1825년은 짐승의 사체를 해체해 처리하는 작업에서도 새로운 시대가 시작되었음을 알리는 해이기도 했다.[46] 이러한 변화가 나타나기 직전에 몽포콩 주변에서는 어느 때보다도 악취가 지독하게 풍기고 있었다. 팡탱과 로맹빌에 사는 사람들은 늘 그러한 지독한 악취에 시달려야 했다. 냄새 흐름의 전문가인 파랑뒤샤틀레는 이 역겨운 공기에 대한 상세한 연구에 착수했다.[47] 다행히 지형의 영향으로 파리의 대부분은 이 악취에서 벗어나 있었다. 하지만 콩파 문 부근은 지독한 악취에 노출되었고, 바람의 방향에 따라 마레 구역과 튀일리 정원 등도 악취의 영향을 받고 있었다. 클로드 라셰즈(1797~1881)도 3년 전에 몹시 불쾌한 그 악취에 관한 기록을 남기고 있었다.[48]

1815년에 모레옹(1784~1856)은 위생위원회 활동에 관한 보고서에서 그 문제를 이렇게 제기했다. "해마다 파리에서 1만에서 1만2천 마리의 말들이 도축되는데, 그것들의 힘줄·피·기름·내장 등을 그 장소에서 팔 수 있는 물질로 바꾸려면 어떻게 하는 것이 좋을까?"[49] 1814년 3월 31일을 기준으로 하루에만 3천 마리의 동물이 도축되고 있었으므로, 사체 처리는 매우 시급히 해결해야 할 문제였던 것이다.

앙셀름 파이앵, 플뢰비네 형제, 불리에 등의 화학자들은 이미 1812년에 말의 사체에서 나오는 지방을 액화하고 살코기를 압축해 비료를 만드는 제조법을 승인받고 있었다. 1816년에는 푸크가 "말의 사체를 해체하는 작업에서 나오는 살코기와 뼈, 내장 등으로 다양한 색깔의 비누와 용해액을 만들어내는"[50] 방법을 내놓았다. 1825년 이후 그르넬에 자리를 잡은 파이앵의 새 공장은 이 공업을 혁명적으로 바꾸었다. 밀폐 처리와 〔짐승 뼈를 태워 탄화시켜 만든〕 골탄의 사용으로 기존의 지저분한 사체 해체 작업을 "건전한 작업으로 변화시키고, 막대한 수입을 얻을 수 있는 것으로 만들었다."[51]

석회로 동물 기름을 처리하게 되면서 전부터 계속 민원의 원인이 되어 왔던 이 공업의 악취를 제거할 수 있게 되었다. 젊은 장피에르 바뤼엘(1780~1838)의 연구 덕분에 뼛조각이나 고기조각, 오수 등으로 염화암모니아를 만들어내는 제조법도 발전했다.[52] 그리고 1차 원료에 대한 수요가 증가하면서 도축장의 걱정거리였던 사체 부산물들이 모조리 수거되었고, 도시도 깨끗해졌다. 플뤼비네의 공장이 클리쉬에 세워진 뒤로는 "파리에서 버려진 뼈가 수북하게 담벼락처럼 쌓여 있거나 길거리에 굴러다니는 모습은 찾아볼 수 없게 되었다."[53] 도로 포장석 위를 흘러서 도축장 부근의 공기를 오염시키던 동물의 피도 그 뒤로는 건조제를 만드는 데 사용되었고, 건조제 공장은 생산한 것을 식민지의 설탕공장으로 수출했다.[54]

공공공간의 냄새를 제거하는 데에는 이윤 추구가 비위생에 대한 강박관념보다 훨씬 확실했다. 이윤 추구로 공공공간은 동물 사체의 부패한 살덩어리, 피, 뼈 등의 악취에서 벗어날 수 있었던 것이다. 처음에는 새로운 화학공장도 역겨운 냄새를 풍겼을 것이다. 그러나 밀폐 제조기술의 진보와 탈취제 사용의 증가, 비위생적인 공장을 규제하는 법률 등으로 이러한 공해는 점차 줄어들었다.

이렇게 해서 동물의 부패한 사체가 일으켰던 격렬한 불안은 점차 해소되고 있었다. 앞 세기에 아주 세밀하게 이루어지던 고기 부패에 대한 분석이 이즈음 빨라지고 있었으므로, 이러한 변화는 뜻밖인 것처럼 보인다. 악취의 소멸은 독기의 양산을 몰아냈다. 그 뒤 동물 사체를 해체하는 작업이 보여준 본보기가 사람들을 매료시켰다. 파랑뒤샤틀레는 혁명을 이룬 것에 대해 칭찬을 아끼지 않았다. 악취가 제거되었고, 주의 깊게 선별된 사체의 각 부위도 저마다 합리적인 이용법이 생겼다.[55] 그렇다면 이제 남은 문제는 파리에서 여전히 행해지던 불법적인 동물 사체 해체 작업을 금지시키고, 새 공장에 사체를 처리할 독점적인 권한을 주는 것이었다. 파리 행정당국이 임명한 몇 명의 위원들이 이와 관련된 입법을 준비했다. 그 결과 발산물을 "매우 높은 대기로"[56] 이동시킬 수 있는 '고로高爐'의 건설이 의무화되면서, 사체 처리의 악취제거가 완성되었다.

인간 사체의 이용에 대한 언급은 당시에는 아직 금기에 속해 있었다. 파랑뒤샤틀레는 라탱 지구의 해부학 교실에서 심부름하는 소년들이 모은 인간의 지방이 적절치 않게 사용되고 있다는 사실에 관해 장황하게 서술했다.[57] 하지만 경건한 가톨릭 신자였던 그는 금기를 어기는 것으로까지 나아가지는 않았다. 그러나 1881년 기술자인 장 크레티앵은 참으로 통탄스러운 예지능력을 가진 선구적 아이디어라고 볼 수 있을 어떤 구상*을 발표했다. 그는 "모든 장례의 목적은 생명을 잃은 육체의 잔해를 유용한 물질로 바꾸어내는 것에 있어야 한다"[58]고 밝혔다.

---

* 제2차 세계대전 중에 독일의 나치 정권이 수용소에서 학살한 유대인의 시체를 가공해서 비누와 지방 등을 만들고 있다는 소문이 유포되었다. 실제로 전쟁이 끝난 뒤에 열린 뉘른베르크 재판에서는 독일이 단치히(Danzig)의 해부학 연구소에서, 인간의 시체로 비누를 제조하고, 산업적 목적으로 인간의 피부를 태우는 등의 산업적 실험을 행했다고 고발되었다.

염화물의 혁명과 공기흐름의 통제

 그 뒤 악취를 뿜어대는 가스에 대한 정확한 분석에 기초한 과학적인 악취제거 방법이 빠르게 발달했다. 기통 드 모르보 방식의 훈증법이 일상생활에 널리 보급되었다.[59] 그리고 아르투아 백작의 공장에서 1788년부터 제조한 〔액체염소인〕 '양잿물'이 그것보다도 더 성행했다.[60] 곧이어 두 가지 발명이 디종 출신의 화학자인 기통의 작품을 완성시켰다. 우선 약제사인 앙투안제르맹 라바라크(1777~1850)는 염소 대신에 염화칼슘을 사용해서 부패의 진행을 막는 방법을 발견했다. 1823년 8월 1일에 결정적인 실험이 이루어졌다. 그날 아침 7시 30분에 시신을 파내서 마테오 오르필라가 법의학 해부를 하기로 되어 있었다. 그런데 사체가 심하게 부패된 상태여서 오르필라는 라바라크의 의견을 받아들여 물에 녹인 염화칼슘을 시신 위에 뿌렸다. 그러자 '믿기 어려운 놀라운 효과'가 나타났다. "악취가 곧바로 없어진 것이었다."[61] 파리의 행정책임자이던 들라보(재임 1821~1828)는 이 실험에서 재빨리 교훈을 이끌어냈다. 그는 "수도에 있는 공공시설의 변소와 남성용 공중변소, 오수관" 등을 염화칼슘을 녹인 물로 소독하라고 명령했다. 1824년에 라바르크는 『내장 처리를 위한 교본, 악취 없이 일하는 방법을 포함하여』라는 책도 출간했다.

 루이 18세(재위 1814~1815)의 죽음은 라바라크의 성공을 더 확실히 했다. 왕의 시신은 부패가 빨리 진행되어 끔찍한 악취를 뿜어대고 있었다. 그래서 약제사가 호출되었다. 약제사는 시트를 염화칼슘 용액에 적셔, 그것을 장막처럼 왕의 시신 위에 펼쳤다. 그리고 그 시트로 왕의 시신을 감싼 뒤에 염화칼슘 용액을 한참 더 그 위에 뿌렸다. 마침내 그는 악취를 제거하는 데 성공했다.[62]

 라바라크의 물통은 곧 모든 공중위생학 사업에서 없어서는 안 될 도구가 되었다. 1826년 아멜로에서 하수도 준설에 동원된 인부들을 소독할 때에도 그것은 효과를 발휘했다.[63] 1830년 7월 혁명 과정에서 희생된 사람들의 시신을 소독했던 것도 이 새로운 액체였는데, 이 '영광의 3일'은 염화칼슘 용액의 결정적 승리를 가져왔다. 트로쉐 박사는 이노상 시장 광장과 루브르궁 주랑 앞의 무덤들에 이 용액을 뿌렸다.[64] 그로부터 며칠 뒤 파랑뒤샤틀레는 라바라크의 물통 덕분에 생외스타슈 교회의 지하묘지에 쌓여 있던 사체들에서 나는 악취를 제거할 수 있었다. 7월 혁명으로부터 2년도 지나지 않아 이번에는 콜레라가 발생했다. 그러자 사람들은 이 귀중한 용액의 힘을 빌려 도시 전체를 소독하려 했다. 파리의 행정책임자이던 앙리 지스케(재임 1831~1836)는 이 용액을 이용해서 푸줏간이나 햄을 파는 가게의 진열대를 닦고, "묘혈이나 도랑, 토목공사를 벌인 자리 등에서 솟아오르는 부패한 발산물"을 "중화하라"[65]고 명령했다. 그리고 시장의 타일과 길거리의 포장석, 큰길의 도랑 등에도 이 용액을 뿌리라고 지시했다.

라바라크의 발견으로 인체를 해부할 때 겪던 어려움도 해결되었다. 그때까지 의학부의 학생과 교수들은 해부학 교실의 끔찍한 악취 때문에 매일 고문을 받는 것 같은 고통을 겪어야 했다.[66] 오염에 대한 공포에서도 벗어날 수 없었다. 라탱 지구의 어느 좁은 거리에 있는 건물 안에서 해부가 이루어지고 있었으므로, 짐승의 사체를 해체하는 작업과 마찬가지로 주변에 사는 사람들로부터 끊임없이 악취에 대한 항의를 받아야 했다. 그렇지만 정해지지 않은 장소에서 해부하는 것이 금지되고, 의학부의 새로운 해부교실에서는 수술대를 염화칼슘 용액으로 매일 닦도록 정해지면서 문제는 단번에 해결될 기미를 보였다. 이러한 개혁으로 파리의 한 구역 전체에서 악취가 제거되었다.[67]

그렇지만 병원의 끔찍한 악취를 제거하는 문제는 여전히 해결되지 않고 남아 있었다. 라바라크는 곧바로 이 문제를 해결하기 위한 작업에 몰두했다. 그는 그 유명한 염산나트륨 용액을 만들어냈는데, 이것은 곧 효과가 있다는 사실이 확인되었다. 이 용액 덕분에 "생체의 부패가 방지되었다"[68]고 전문가들은 과장된 어조로 밝혔다. 〔신체가 썩는〕괴저성 탈저, 변질한 성병성 궤양, 심한 병원성 부패, 악성 종양도 그 뒤로는 '소독', 다시 말해 악취가 제거되었던 것이다.

또 하나의 중요한 발견은 살몽이 1825년에 만들어낸 물질이었다. 탄가루에 소독작용이 있다는 사실은 오래전부터 알려져 있었다. 살몽은 동물성 물질을 흙의 성분이나 성질을 지닌 물질로 태워서 "부패해 악취를 내뿜는 모든 배설물"[69]을 그 자리에서 소독할 수 있는 '동물성의 검게 탄 물질'을 만들어내는 데 성공했다. 그리고 실험에서 생긴 물질은 좋은 비료가 되었다. 살몽은 이렇게 해서 공중위생학자와 경제학자를 화해시켰다. 발자크(1799~1850)의 『인생의 첫출발』(1842년)에서 '피에로탱의 마차'[70]에 타고 있던 사람들은 여전히 불쾌한 마른 인분 냄새에 코를 틀어막고 있어야 했지만, 살몽은 이것을 시대에 뒤처진 비료로 만든 것이다.

18세기 중엽부터 배설물을 소독하기 위한 방법이 수십 가지씩 잇달아 고안되었다. 1858년에 스포니는 1762년 이후에 발표된 방법들을 모두 나열해 놓았는데, 기간을 이렇게 한정해도 그 숫자는 57개에 이르고 있었다.[71] 거의 한 세기 동안 가장 위대한 학자들이 모두 관심을 가지고 되풀이해서 실험을 했던 것이다. 뛰어난 화학자들 가운데 배설물의 냄새 제거를 시도하지 않았던 사람은 거의 없었다.[72] 마침내 유효한 해결책으로 등장한 것은 동물성의 검은 물질, 곧 '철을 넣은 황산염'이었다. 이 물질 덕분에 그때까지 분뇨를 퍼내는 일이 안겨주던 공포가 사라졌다. 19세기 중엽 리옹에서는 앞에서 언급했던 비료협회가 한낮에 활동을 했는데도 항의가 그다지 쇄도하지 않았다. "가게 한가운데에 분뇨구덩이 덮개가 있었는데도, 그 때문에 손님이 가까이 다가

가지 않는 일은 없었다." 파리에서는 1849년 12월 12일의 행정명령으로 분뇨구덩이를 퍼낼 때에 황산염과 염화아연을 사용하도록 결정되었다. 리옹에 비해 진보가 훨씬 완만하게 진행되었는데, 그것은 제안된 냄새 제거 방법이 매우 많아서 최선의 방법을 찾아내는 데 시간이 더 걸렸기 때문일 것이다. 특히 뇌브생오귀스탱 거리에 1817년부터 설치되어 있던, 냄새나지 않는 공중변소는 곧바로 모방되지 않았다.

사람들이 밀집해 있는 장소에서 악취를 제거하려면 공기의 흐름을 제어할 필요가 있었다. 통풍이 이루어지게 하는 것만으로는 충분치 않았으며, 공기의 흐름을 유도할 수 있어야 했다. 그렇지 않으면 구석에 공기가 고여 악취가 발생하는 것을 막을 수 없었다. 이렇게 해서 환기 분야에서의 진보도 서서히 모습을 드러내기 시작했다. 영국의 트레드골드(1788~1829)의 작업[73]과 프랑스의 실천가 다르케(1777~1844)와 이론가 페클레의 작업은 이러한 새로운 계획을 반영하고 있었다.[74]

다르케의 제자인 기술자 필리프 그루벨은 "어떤 방법이든 사람이 그것을 자유롭게 조절하지 않은 한 실패할 수밖에 없다"[75]고 단언했다. 환기하는 방법만 알고 있는 것만이 아니라, 어떤 장소의 공기를 유도해서 분산시키는 방법까지 익혀야 한다는 것이었다. 후각적 환경을 제어한다는 것은 바로 이런 의미였다.

그것을 위한 계획은 '폐쇄 회로'를 칭송하는 방향으로 나아가고 있었다. "환기가 날씨의 변화나 바람의 작용, 창의 열고 닫음 등과 같은 환기의 과정으로부터 독립된 요인들에 좌우되는 한, 공기를 능숙하게 갈아 넣을 수 없다."[76] 그루벨이 지적하고 있듯이 다르케는 "매우 규칙적으로 강력한 방법을 채용하지 않고서는 하나의 커다란 공기의 흐름이 모든 부수적인 공기의 흐름을, 변동과 중단 없이 지배할 수는 없다"는 사실을 이해하고 있었다.

이와 관련해 '피어슨의 밀실'이 본보기가 될 수 있을 것이다. 폐결핵을 앓고 있는 환자가 남프랑스에 오랫동안 체류하지 않고 자신의 집에서 요양할 수 있도록, 이 영국인 의사는 환자들에게 적합한 쾌적한 실내 온도를 만들어내려고 노력했다. 그가 생각해낸 방법은 우선 난로를 막고, 문과 창을 이중으로 만들고, 실내 온도를 조절하는 효과가 있는 일종의 인간용 온실을 만드는 것이었다.[77] 이런 생활조건의 개선은 일상생활의 양상에서 일종의 코페르니쿠스적인 전환이 이루어진 것을 뜻했다. 다르케가 1821년에 고안했던 신형 부엌에서 집안일을 하는 주부는 문과 창을 열고 닫는 것을 삼갔다. 다르케는 "그렇게 해서 머지않아 주부는 오랜 습관을 극복할 수 있게 될 것"이라고 판단했다. "예전 시스템의 주택에서는 질식을 막기 위해 주부는 모든 문과 창을 열어 많은 공기를 부엌으로 끌어들여, 집안에 가득 찬 유독한 연기와 가스와 갈아 넣어야 했다. 하지만 우리 시스템에서는 […] 통풍이 항상 이루어진다. 집안에 증기가 전혀 없다."[78]

같은 이유에서 다르케는 〔악취를 방지하기 위해 양쪽 길이를 서로 다르게 구부려 놓은 파이프인〕 사이펀의 사용과 밀폐 공정을 이용한 제조법을 장려했다. 새로운 환기법의 등장은 오븐과 보일러가 난로를 대신하게 되는 것을 앞당겼다. 매끄러운 표면이 공기의 흐름을 제어하기에 적합하므로, 새 시스템을 논리적으로 적용해가면 당연히 공기와 물이 방해를 받지 않고 흐를 수 있게 에나멜과 니스로 마감된 공간을 긍정하는 태도로 이어졌다. 세기말에 등장한 '청결하고 깔끔한' 욕실은 왕정복고 (1814~1830) 시대부터 표출된, 공기와 물의 흐름을 지배하려 했던 계속된 의지에서 그 기원을 찾을 수 있는 것이다.[79]

환기를 해야 할 공간의 내부에서 다르케는 두 가지 원리를 체계적으로 적용하려 했다. "하나는 강제 흡인이고, 다른 하나는 공기의 항상적인 공급"[80]이었다. 두 번째 것은 확실히 혁신적이었다. 이 밖에 다르케는 악취제거가 완전 연소를 전제로 하고 있다고 보았다. 그 자신이 직접 만들고, 끊임없이 선전했던 무연 난로는 바로 이러한 생각에서 비롯된 것이었다.

교도소는 여전히 사람들의 불안감 한가운데에 있었다. 다른 어떤 장소도 그곳만큼 공기 순환의 필요성이 중요한 문제로 나타나지는 않았다. 그래서 빌레르메는 환기를 할 공간을 한정하는 것이 전제조건으로 필요하다고 생각했다. 그가 보기에 죄수가 도망치는 것을 막기 위해 교도소 둘레에 설치한 담장으로 그것을 실현할 수 있었다.[81] 죄수의 배설물 냄새를 제거하는 것이 담장이 꼭 필요한 두 번째 이유였다.

교도소 내부로 논의를 한정하면, 이번에는 독방이 악취제거 기술을 차분하게 실험해볼 수 있는 실험실이 되었다. (뒤마, 르블랑, 페클레, 부생고와 같은) 걸출한 화학자들로 이루어진 위원회의 구성원들이 후각에 의지해 오염된 독방에서 완전히 악취를 제거하는 데 필요한 시간과 환기에 필요한 공기의 양과의 관계를 산출해내려 했다. 학자들은 정해진 시간마다 악취를 뿜어대는 양동이 주변에 침착하게 자리를 잡고 앉아서, "모든 독방의 환기와 정화에 기초가 될"[82] 도표를 작성하는 데 성공했다. 그러나 이 경우에 환기의 기준이 된 것은 어디까지나 죄수 배설물의 악취를 제거할 수 있는 공기의 농도였지, 인간이 살아남는 데 필요한 산소의 양은 아니었다.

똑같은 형태의 실험이 학생들의 땀과 불결한 옷으로 오염된 학교 교실에서도 이루어졌다. 그 결과 학생 한 사람에 1시간마다 6제곱미터의 공기가 있으면 악취를 제거하는 데 충분하다는 사실이 밝혀졌다.[83] 이로부터 어른들이 모여 있는 장소에서 냄새를 제거하려면 1시간마다 12제곱미터의 공기를 갈아 넣는 것으로 충분하다는 계산이 나왔다. 이러한 새로운 기준은 기술자들에게 다양한 영감을 주었다. 그루벨은 마자 교도소에서 변소의 배수관을 사용한 '하방 통풍장치'로 1200개의 독방을 '정화'하는 데 성공했다. 르네 뒤부아도 악취를 방지하는 밸브를 부착한 변기를 채용하는 완전히 다른 방법으로 파리 재판소의 독방에서 좋은 결과를 거둘 수 있었다.[84]

1853년 이후에는 앵글베르 테오필 반 헤케(1809~1867)의 기계식 환기장치가 교도소 등의 설비에서 중요한 본보기가 되었다. 에두아르 뒤크페시오(1804~1868)는 이 장치를 칭송했다.[85] 행정당국이 요구하던 수치는 1시간에 1인당 20제곱미터의 공기를 갈아 넣는 것이었는데, 브뤼셀의 프티카르메 감옥의 독방에 설치된 풍속계는 이 새로운 환기장치가 40제곱미터의 공기를 갈아 넣는다고 기록했다. 특히 밝혀둘 가치가 있는 것은 복도에서 볼 수 있는 바늘이 달린 문자판이었다. 그것은 밤낮을 가리지 않고 "환기의 실제 수치를 표시하고, 언뜻 살펴보는 것만으로도 0에서 최고 수치인 8까지의 여러 단계를 알 수 있었다."[86] 이 환기장치는 강제 통풍장치를 사용하고 있지는 않았지만, 다르케의 꿈을 실현한 것이었다. 죄수의 체취를 없애기 위해 필요한 환기를 이렇게 자유롭게 통제할 수 있게 된 것은 공기의 흐름을 끊임없이 조절하고 측정할 수 있게 된 덕분이었다. 장치가 규칙적으로 작동한 것은 목표가 성공적으로 이루어졌음을 알려주었다. "실험이 이루어진 모든 기간 동안 문자판의 바늘은 제4단계와 제5단계 사이에서 거의 일정하게 머무르고 있었다."[87] 1856년에는 보종 병원에도 똑같은 형태의 장치가 설치되었다. 이듬해에 반 헤케의 환기장치는 툴롱에서 카옌으로 500명의 죄수를 '이송하는' 임무를 맡은 '아두르호'에서 멋진 효과를 거두었다. 이 장치 덕분에 죄수를 관리하던 의사는 항해 도중에 치료가 필요하다는 증명서를 한 장도 발행할 필요가 없었다고 한다.[88]

그렇지만 사람들이 갇혀 있는 장소에서 환기장치로 냄새를 제거하려면 전제조건으로 배변의 규율이 지켜져야 했다. 행정당국자들은 하나같이 이러한 규율의 부재를 아쉬워했다.[89] 학교나 사적 공간에서 이러한 규율이 확립되기 훨씬 전에[90] 정신병원에서는 위생상태를 개선하려는 의지가 배설물을 수거하려는 계획으로 자주 연결되면서 놀랄 만한 규율적 관행을 만들어내고 있었다.[91] 카이외(1814~1884)는 환자들이 일정한 시간에 정해진 장소에서 용변을 보게 하라고 간호사들에게 시켰다. 그의 명령은 매우 의미심장했다. 관찰한 결과, 그러한 시험적인 훈련만으로도 충분히 가능성이 있다는 사실이 확인되었다. "변소로 가는 빈도에 관해 말하면, 광인은 이성을 상실했다는 바로 그 이유 때문에 대소변을 참고 살도록 쉽게 강요할 수 있다. 그러나 공공시설의 심신 장애가 없는 사람들에게는 그렇게 강요할 수 없을 것이다."[92]

같은 해 『공중위생학과 법의학 연감』에 발표된 뒤퐁셸(1804~1864)의 놀라운 계획은 집단이 생활하는 장소의 배설물 냄새를 제거하고, 시설의 구조 자체만으로 규율을 강제하려는 의지를 뚜렷하게 드러내고 있었다.[93] 병영과 병원에서 악취를 제거하기 위해 그는 '첨탑(minaret)'이라고 불리는 탑 모양의 변소를 만들자고 제안했다. 배의 돛대 꼭대기와 (아마도) 다르케의 비둘기집에서 영감을 얻어 구상한 듯한 그 바로크 건축물은 변소를 더럽힐 가능성을 모두 빼앗으려 했다. 병사나 병자들이 더럽힐 바닥이나 벽 자체가 없었다. 그들은 쇠로 만든 손잡이를 붙잡고 거의 공중에 매달린 상태에서 볼일을 보아야 했다. 변기가 쇠로 된 사다리와 같은 구조로 되어 있었기 때문이다.

다르케는 위생위원회의 동료들, 특히 가까운 동료였던 파랑뒤샤틀레와 마찬가지로 모든 산업을 위생적으로 변화시킬 것을 꿈꾸고 있었다. 강제 통풍장치 덕분에, 나아가 무연 난로와 〔열을 반사시키는 장치를 부착한〕 반사 난로의 설치로 그는 가장 악취를 심하게 뿜어대던 공장 가운데 몇 곳에서 냄새를 제거하는 데 성공했다. 양잠소도 "누에가 뱉어내는 공기와 분비물, 똥, 탈피한 껍질, 사체, 발효된 짚단 등으로 오염되어"[94] 일찍이 올리비에 드 세르(1539~1619)의 근심을 불러왔다. 1835년에 다르케는 양잠소의 악취를 제거하는 데 성공했다. 그는 마찬가지로 금과 은을 제련하는 공장의 "위생 상태를 개선했고", 담뱃잎을 태우는 담배 공장도 "위생적으로 만들었다." 이렇게 다르케 덕분에 도시 주민들에게 참기 어려운 악취를 뿜어댔던 공장들이 그 뒤에도 도시 한복판에 남아서 계속 조업할 수 있게 되었다.

이런 이유로 환기 산업이 발달하게 되었는데, 악취의 완강한 저항이 계속되었으므로 그것은 오랫동안 번성했다.[95] 이 분야에서 프랑스는 분명히 뒤처져 있었다. 프랑스의 건축가는 영국의 동업자와는 다르게 물리학의 진보에 어두웠고, 기술자들에 대해서도 경멸적인 태도를 보였다. 그리고 숫자도 적어서 다른 무엇보다 먼저 형태의 아름다움을 중시했다. 가장 우수한 건축가에게 주어지는 로마상을 받고 이탈리아 여행을 하는 편이 난방이나 환기의 원리를 공부하는 것보다 훨씬 가치 있는 일이었다. 이러한 원리에 대한 지식은 여전히 난로 제조업자에게 맡겨져 있었고, 그것이 건물 전체의 구상을 지배하는 것도 매우 드문 경우였다. 그래서 앞에서 다룬 사례들은 오히려 예외적인 것에 속해 있었다. 환기 이론가의 의견은 경청되지 않고 있었다. 민간 기술자의 동업조합이 충분히 조직되지 않아 건축가와 물리학자 사이에서 중개자 역할을 맡을 수 없었다. 영국에서는 (간단한 수준이었지만) 거의 모든 공공건물과 대다수 주택, 선박들이 환기 장치를 갖추고 있었지만, 프랑스에서는 7월 왕정(1830~1848) 때에 본보기로 몇 개의 건축물이 만들어졌을 뿐이다. 파리의 극장에는 부르주아와 귀족들이 밤마다 단골손님으로 몰려들었기 때문에 공중위생학자들은 그들의 건강을 무척 걱정했다. 그런데 바리에테 극장의 객석이 채광창을 통풍구로 이용한 다르케의 장치로 환기를 하면서, 마침내 많은 극장들이 그것을 본보기로 삼아 따라 하게 되었다.

3
정책과 공해

규정의 성립과 후각의 우위

공중위생학은 대혁명부터 파스퇴르의 발견까지의 시기에도 밖에서 힘을 빌려 자신의 역할을 수행했던 것으로 보인다. 다시 말해 당시 모습을 드러내고 있던 규칙만능주의는 앙시앵레짐에서 공포되어 그 시대에는 유효성이 의문시되던 법령들에서 자신에게 알맞은 것을 폭넓게 추려냈다. 아울러 생태학적인 상상이 커지면서 처음에는 묘지에 대해, 그 다음에는 고약한 냄새가 나는 민중들이 많이 모여 있는 장소에 대해 비난이 거세게 퍼부어졌는데, 이러한 비난을 계기로 공중위생학이 나아갈 길이 준비되었고, 불안과 경계, 통제의 본보기들이 마련되어갔다. 따라서 산업공해를 둘러싸고 19세기에 전개된 논쟁들에서 현대성의 기원을 찾으려는 것은 위험한 생각이다. 그것들은 어디까지나 이전의 것들이 최고조에 다다른 것이었을 뿐이다. 새로움은 결정이 일관되었다는 점에 있었다. 통령정부(1799~1804) 시대 이후 공해와 그것에 대처하기 위한 정책을 동시에 정의할 수 있게끔 '규정(code)'들이 점차 정비되어 갔는데, 새로운 공중위생학은 이것으로 소독 작업의 흐름을 더욱 빠르게 만들겠다는 야심을 품었다. 이번에는 공간과 사회 전체가 공중위생학의 표적이 되었다.

규칙만능주의의 등장에는 뚜렷한 역사가 존재한다. 1790년과 1791년에 산업기술과 위생 상태에 관한 두 개의 법률이 공포되었다. 하지만 효과는 매우 제한된 범위에 머물렀다. 그 법률들은 비위생적인 시설을 구분할 수 있는 기준이 명확하지 않았고, 산업 때문에 발생한 손실을 판정할 기준이나 그와 관련된 명확한 정의도 포함하고 있지 않았다. 판정기관도 무력한 상태였고, 규제도 모호하고 자의적이었다. 이와 같은 법률의 상황 때문에 앙시앵레짐 특유의 비유효성에 관한 전통적 인식은 더욱 굳어졌다.

(1802년 7월 7일인) 공화력 11년 10월 18일에 행정당국은 센 지역 위생위원회의 창설로 항구적인 자문·통제기관을 갖게 되었다. 그 덕분에 새로 야심찬 사업을 벌일 수 있게 되었으며, 동시에 전보다 규정들도 훨씬 자세하게 정해졌다. 학술원의 물리·수학분과회는 내무장관의 요청을 받아서 (1804년 12월 17일인) 공화력 13년 3월 26일에 비위생적이고 위험한 시설의 등급을 제출했다. 그 뒤 이 문서는 거의 3년 동안 행정당국의 실천지침이 되었다. 1806년 2월 12일 파리의 행정책임자인 루이 니콜라 뒤부아(재임 1800~1810)는 행정명령을 내려서 작업장을 새로 만들려고 하는 공장 경영자는 미리 개업 신청을 해야 한다고 밝혔다. 그리고 이 행정명령은 공장이나 작업장의 설계도의 제출도 의무화했으며, '전문가'가 경찰 1명을 데리고 현장을 시찰한 뒤에 '합격'과 '불합격'에 관한 보고서를 작성하게 했다.

1809년 소다 제조공장 인근의 주민들로부터 항의가 빗발치듯 몰려오자 내무장관은 다시 학술원에 도움을 요청했다. 공화력 13년 3월의 등급평가표는 여전히 모호해서 판정하기 어렵다는 사실이 드러났기 때문이다. 20년 정도 전부터 공장의 발전은 도시 주민의 항의를 불러왔는데, 그것이 너무 커져서 어느새 도시 한가운데에 공장이 들어선 것을 무관심하게 묵인하고 있을 수만은 없게 되었다. 도축장, 내장 처리장, 동물기름 용해장 등은 여전히 경계의 대상이 되었다. 하지만 악취가 나는 또 다른 시설이 점차 불안의 위계에서 특별한 위치를 차지해갔다. 그것은 감청색 안료,* 강력 접착제, 건조 인분 등을 제조하는 공장들이었다. 이런 공장들은 프랑스 전역의 대도시들에서 확산되고 있었다. 학자들이 산성 증기의 독성을 고발하는 어조는 부패성 독기의 유해성을 고발할 때의 격렬함에는 미치지 못했지만, 황산염, 토성의 소금,** 염화암모니아 등을 제조하는 공장이나 제정시대의 초기에 늘어난 소다 공장 등에 대한 여론은 매우 안 좋았다. 그리고 금속 표면에 금박을 입히는 금도금 공정이나 납·동·수은 등을 혼합한 화학 합성물을 만드는 공정 등도 사람들이 민원을 많이 제기하는 대상의 목록 안에 포함되어 있었다.[1]

황제도 새로운 비관용의 태도를 전형적으로 보여주고 있었다. 그르넬에 세워진 초성 기름 공장에서 발생한 폐수가 생클루로 흘러들어가 악취가 확산된 사건이 일어나자, 그것을 매우 불쾌하게 여긴 나폴레옹은 다시는 이러한 물질을 센강에 버리지 못하게 하라고 명령했다.[2]

이번에는 학술원의 화학분과회에 조사가 맡겨졌다. 화학분과회는 파리 행정책임자에게 공업시설을 꼼꼼하게 조사해 달라고 요구했다. 그리고 그 조사보고서를 분석한 화학분과회는 분류를 수정할 것을 제안했고, 그것은 1810년 10월 15일 칙령으로 승인되었다. 그 뒤의 모든 조치들은 이 칙령을 참고해 이루어졌다. 1815년의 명령도 이 칙령

---

* 감청색 안료(bleu de Prusse)는 시안화철 혼합물로 이루어진 짙은 청색 안료로 1704년 무렵에 처음으로 합성되었으며, 페인트 등에 사용되었다.
** 토성의 소금(sel de saturne)은 납염의 원료로 사용하는 아세트산 납을 가리킨다. 연금술사들이 납을 토성에 비유한 데서 비롯된 명칭이다.

을 대강 본뜬 것이었을 뿐이다. 이 칙령이나 명령은 모두 어떤 특정한 종류의 철학에 기초해 있으므로, 여기에서는 그에 관해 간략하게나마 살펴볼 필요가 있다.

규제는 산업주의적인 발상에 기초해 있었다. 공장경영자를 이웃의 질투와 악의로부터 지키고, 그의 안전을 보장해서 기업의 발전을 가능하게 하는 것, 이것이 주된 관심사였다. 학술원의 학자들은, 그들 자신이 스스로 밝히고 있듯이, 산업을 길들여 도시 한복판에 존재할 수 있는 시설로 만들려는 생각을 가지고 있었다. 그것은 일찍이 편자 가게, 대장간, 통 가게, 주물 공장, 방직 공장 등과 같이 "인근에 사는 사람들이 그리 달가워하지 않는 업종"에 익숙해지도록 여론을 유도했던 것과 마찬가지였다. 앙시앵레짐 시기에 계획되었던, 작업장을 교외로 이전하려는 구상은 완전히 기억에서 사라졌다.[3] 이와 같은 새로운 관용적 태도는 화학의 발전과 '불을 유도하는 기술'의 진보가 공해를 소멸시킨다는 확신 때문에 더욱 부추겨졌다. 이미 1809년의 보고서에서도 소다나 감청색 안료를 제조하는 공장들 중에는 이웃에게 전혀 불편함을 주지 않고 조업하는 곳도 있다고 적고 있었다.

그 뒤 '비위생'이라는 말의 정의도 앙시앵레짐 말기의 의학적 (그보다는 오히려 행정당국과 관련된) 문헌에 익숙한 독자들에게는 매우 제한된 것으로 바뀌었다. 18세기 말의 화학자들에게서 보였던 경고하는 말투는 자취를 감추었으며, 그 대신 이번에는 (잠시 동안이지만) 낙관론이 학자들의 말을 지배했다. 그래서 금속의 부식과 식물의 부패로 확인된 해로운 독기만이 유일하게 '비위생'이라는 말에 부합되는 것으로 여겨지게 되었다. "동물성이나 식물성 재료를 대량으로 잘게 잘라서 부패시키는" 작업장은 분명히 "주변 사람들의 건강에 해로운 것"[4]일 수 있지만, 불쾌하다는 관념이 뚜렷하게 확대된 것만으로는 '비위생'이라는 판단이 내려지지 않았다. 화학적 발산물은 대부분 "불을 이용해 만들고" 농축이 가능하다는 이유에서 '비위생'에 해당하지 않는 것으로 여겨지고 있었다. 공화력 13년 3월에 제출된 보고서는 "산·염화암모니아·감청색 안료·초산염·함석 등을 제조하는 공장이나 푸줏간·전분 가게·가죽업자·맥주제조업자 등도 (심지어 황산 제조공장마저도) 바르게 조업을 하면, 인근 사람들의 건강을 해치지 않는다"라고 분명히 밝히고 있었다.

'불쾌감'이라는 관념도 매우 제한된 것으로 여겨졌다. 우리에게는 별로 놀랄 만한 일이 아니지만, 그것은 후각적인 정의로 환원되어 버렸다. 1810년 10월 1일의 칙령 제1조는 이러한 사실을 분명한 어조로 보여준다. "이 칙령이 반포된 뒤로 비위생적이거나 불쾌한 냄새를 내는 공장과 작업장은 행정당국의 허가 없이는 조업을 해서는 안 된다." 공장의 소음에 관해서도 약간 언급되었는데, 그것은 여론에 관용을 호소하기 위한 것이었을 뿐이다. 매연도 그 자체만으로 당장 눈길을 끌지는 않았다. 먼지도 관심 바깥에 있었다. 하물며 인용한 어떤 문서에서도 경관에 대한 언급은 전혀 발견되지 않는다. 시각적으로 불쾌한 인상을 주거나 채광을 방해할 우려가 있는 경우에도 무시되었다.

따라서 공장경영자는 지주와 건물주와 같은 사람들만 아니라면 전혀 신경 쓸 필요가 없었을 것이다. 지주와 건물주는 산업의 무질서한 발전에 대한 거의 유일한 제동장치나 마찬가지였다. 고충을 평가하는 결정적인 기준은 공장과 작업장 부근에서 부동산의 매매가격이나 임대가격이 떨어지는 것이었다. 논의는 끊임없이 되풀이되었다. 1814년 2월 9일 산업장관은 1810년의 위생칙령 안에서 공장경영자와 지주·건물주 사이를 중재할 수 있는 유일한 방법을 날카롭게 찾아냈다.[5] 그렇지만 노동자의 건강과 같은 것은 거의 고려의 대상이 아니었고, 인근에 사는 주민의 건강도 부차적인 관심사였을 뿐이다.

1810년 10월 15일의 칙령은 얼마 지나지 않아 수많은 세칙들로 보완되었다. 이러한 세칙들은 1832년에 아돌프 트레뷔셰(1801~1865)에 의해 정리되어 "각종 산업과 직업에 대한 명확하고 상세한 프로그램"[6] 이 되었다. 새로운 규제에 관한 법령은 공장과 작업장을 세 개의 등급으로 나누고,[7] 조업을 시작하기 전에 허가를 받는 체계를 모든 공장과 작업장으로 확대해서 적용하는 것을 목적으로 하고 있었다. 이 법령으로 공장과 작업장의 무질서한 증가에 제동이 걸렸고, 주변에 끼치는 피해를 막기 위한 통제 수단이 마련되었다.

관용의 훈련

새로운 규제에 관한 법령의 실행을 감시하는 것은 위생위원회의 몫이었다. 1822년부터 1830년까지 왕국의 주요 도시들에는 이러한 종류의 위원회가 잇달아 만들어졌고, 기술자·화학자·의사들이 거기에 참여했다. 전문가들의 태도는 법조문의 지침이 된 원칙과 완전히 일치해 있었다. 다시 말해 위원회 구성원들이 보인 타협적인 태도를 보면, 그들이 세세하게 통제하려는 강한 실천 의지를 지닌 부대가 아니었다는 사실이 분명히 드러난다. 위생위원회의 임무는 무엇보다도 악취 때문에 발생한 불안감을 해소해서, 공장 주변 주민들이 마음 편히 생활해도 괜찮다고 보증을 해주는 것이었다. 공해에 대해 그들이 보인 낙관주의는 화학의 진보에 대한 흔들리지 않는 믿음에 기초해 있었다. 그것은 분뇨로 도시가 뒤덮이는 것에 대해 그들이 보였던 공포와 뚜렷하게 대조된다. 아우구스티누스주의에서 영감을 얻은 위생위원회의 공중위생학자들은 [불안에 대한] 배출구의 구실을 했다. 다시 말해 그들은 필요악을 감수할 수밖에 없다고 확신하면서, '관용의 은총'이 베풀어지도록 활동했다. 그들은 빛에 정화하는 작용이 있다는 이유로 불법의 어둠을 몰아내는 것만으로도 만족하게 생각했다. 어쩔 수 없이 개입을 해야 할 경우에도, 민원이나 항의의 형태로 여론이 확실히 모습을 보이고 난 뒤에야 간신히 무거운 엉덩이를 들고 자리에서 일어나는 꼴이었다. 행정당국이 파견한 공중위생학의 전문가들은 감시자라기보다는 오히려 조정자로서의 역할을 하는 경우가 많았다.

그 시대에 공공공간을 악취로 오염시키고 있던 산업의 냄새가 왜 제대로 제거되지 않았는지는 이런 이유들로 설명할 수 있을 것이다. 그것은 입법부가 후각에 부여한 중요성과는 매우 모순된 실패였다. 여전히 파리 시내에는 수많은 축사들이 위생위원회의 묵인 아래 남아 있었다. 전문가들은 대부분 화학적 증기가 그것을 가까이에서 들이마시는 노동자 이외에는 위험하지 않다고 말했다. 따라서 화학적 증기를 내뿜는다는 이유만으로 공장이나 작업장을 폐쇄하는 것은 생각조차 할 수 없는 일이었다. '비위생'이라는 개념은 이번에도 아주 가까운 장소에만 한정되어 적용되었다. '불쾌감'이라는 개념에 대해 살펴보면, 공장이나 작업장에서 일하는 자는 유독한 물질이나 불쾌한 냄새에 익숙해져서 그다지 신경을 쓰지 않는다는 이유에서 노동자는 불쾌감과는 관계가 없는 것처럼 여겼다. 예컨대 1809년에 학술원의 어떤 화학자는 이렇게 썼다. "황산, 초산, 염산, 과산화나트륨 등을 만드는 공장에 들어가면 갑자기 산 냄새가 코를 찔러대듯이 엄습해오는데, 노동자들은 대부분 그것에 신경 쓰지 않았다. 불쾌감을 느끼는 경우가 있더라도, 그것은 깜박하고 산 냄새를 지나치게 흡입했을 때에만 그랬다." 몽팔콩과 폴리니에르는 1846년에 이런 분석 결과를 내놓았다. "주목해야 할 것은 노동자들의 상당수가 작업장의 환경에 순응하고 있다는 점이다. 고충을 말하는 자는 거의 없었고, 자신이 어쩔 수 없이 살아갈 수밖에 없는 환경의 불건강함을 깨닫고 있는 자도 매우 적었다."[8] 공업이 노동자계급의 건강에 끼치는 폐해를 조사하는 것은 통계학자의 임무이고, 무감각하게 된 노동자는 그것을 측정할 수 없다는 것이다.

위생위원회의 전문가들은 기술의 진보에 대해 교묘하게 예비교육을 해서 도시 주민들이 주변에 공장이 있는 것을 받아들이게 만들고 있었다. 순서는 언제나 거의 똑같았다. 기술의 혁신이 이루어지면 주변 주민들에게 새로운 고충이 나타나고, 그러다 체념하는 태도를 보이고, 결국에는 새로운 이웃과의 관계를 묵인하는 상태에 이르게 되었다. 18세기 말에 버림을 받았으며, 1839년에는 격렬한 비난의 대상이 되었던 석탄도 점차 사회에 뿌리를 내렸으며, 그것과 함께 증기기관도 허용해야 하는 것이 되었다. 산의 증류와 가스등의 생산·연소도 똑같은 과정을 거쳤다. 파랑뒤샤틀레가 보인 태도는 이러한 허용에 대한 의지의 극단적인 사례인데, 그와 같은 의지가 있었기 때문에 새로운 감각적 요구가 확산되고 있었는데도 프랑스의 여러 도시들이 오랫동안 악취의 지배를 받았던 것이다.

그러나 악취를 내뿜는 비위생적인 상태에 대한 전투의 역사는 입법 문서만으로 모두 알 수 있는 것이 아니다. 그것은 관용이 승리한 과정과 반드시 일치하지는 않는다. 거기에는 야심찬 계획과 곤란한 투쟁도 포함되어 있다. 오욕의 대상이 되고는 했던 이러한 투쟁은 때로는 서사시적인 차원에 이르기도 했다.

통령정부(1799~1804)와 제1제정(1804~1814) 시기에 파리에서 실행된 도로청소 계획은 매우 부분적으로만 성공을 거두었다. 그 뒤 왕정복고(1814~1830) 시기에는 구체적인 계획으로 실행되지는 않았지만, 하나의 커다란 야심이 표출되었다. 지금까지 공중위생학자의 정치적인 주장이 이때만큼 분명하게 표현된 시기는 없었다. 『공중위생학과 법의학 연감』(1829년)[9]이 탄생한 이 시기에는 전부터 인간이 밀집해 있던 장소, 특히 병영이나 교도소와 같은 곳들을 소독하려는 목적의 전략이 형성되었다.[10] 그리고 엄청난 배설물의 밀물에 대한 전투도 점차 노력의 결실을 거두고 있었다. 1821년에 악취가 정점에 이른 비에브르강도 이미 일부에서나마 소독이 이루어지고 있었다.[11] 로케스, 쉬맹 베르, 아멜로 등의 하수도를 준설하는 작업은 앞에서 이미 살펴보았듯이 환기와 훈증, 소독 등의 기술을 실험해볼 좋은 기회가 되었다. 뱅센과 클리쉬의 종합적인 정화계획은 점차 심각한 문제로 떠오르던 변두리 지역의 오염을 제거하겠다는 의지를 분명히 드러낸 것이었다.

7월 왕정(1830~1848)의 처음 몇 년은 하나의 전환점이 되었다. 1832년에 발생한 콜레라의 유행은 왕국 전체의 규모로 소독 전략을 세우게끔 압박하는 요인이 되었다. 뒤에서 살펴보겠지만, 이 콜레라의 유행을 계기로 민중의 개인적 공간에 대한 소독이 시작되었고, 잠시 휴식을 취하고 있던 위생적 규칙만능주의도 다시 활동을 시작했다.

이미 새로운 불안이 생겨나고 있었다. 루이 쉬발리에는 루이 필리프 1세(재위 1830~1848)의 통치기간에 도시 환경에 대한 시각적 요구가 높아졌다는 사실을 지적했다.[12] 마찬가지로 새로운 집단적·민중적 감수성도 모습을 드러냈다. 호흡 현상이 (아울러 폐결핵이) 사람들의 의식을 더욱 강하게 지배했다. 그런데 그것은 석유 이용이 갑자기 높아진 것과 월킨스식 제련소*가 보급된 것, 가스 조명을 채택한 것들과 맥락을 같이 하고 있었다. 그때 이후에 파리에서는 석탄의 이용(1839년), 증기기관의 가동, 타르[13]나 고무를 만드는 공장의 개업(1836년) 등에 대한 민원이 늘어났다.[14] 매연이 관심의 대상이 되었지만, 이번에는 악취가 원인이 아니었다. 시커먼 매연이 빛을 차단해 폐에 해로운 영향을 끼치고, 건물의 외벽을 오염시키고, 대기를 흐리게 한다는 이유 때문이었다. 당시에 이미 채광에 대한 걱정이 생겨나고 있었던 것이다.

---

* 영국 기업가이자 제철업자인 존 윌킨스(John Wilkinson, 1728~1808)로부터 비롯된 명칭이다. 주철 제조와 산업혁명의 선구자로 불리는 그는 다양한 제철 기술을 개발했으며 와트의 회전식 증기기관을 자신의 공장에서 사용했다.

행정당국과 전문가들도 손 놓고 가만히 있지만은 않았다. (이때부터 낙관주의에도 어두운 먹구름이 끼기 시작했다.) 이미 꽤 오래 전부터 전문가와 행정관들은 벽돌로 만든 높은 굴뚝과 부수적으로는 둘레의 담장이 불쾌한 매연과 증기의 해로움에서 벗어나게 해준다고 생각하고 있었다. 그리고 실험으로 무연 난로의 효과도 증명되었다.[15] 이러한 장치들 덕분에 석유를 태우고, 담뱃잎을 건조시키고, 설탕을 정제하는 과정에서 생기는 연기구름을 없앨 수 있게 되었다. 그렇지만 행정당국이 더 굳은 마음을 가지고 매연의 폐해를 해결하기 위해 노력하려면 (그다지 성공을 거두지는 못했지만) 1854년까지 기다려야만 했다.

사람들이 느끼는 불안의 질이 바뀐 것은 공공공간에 관한 묘사들에서 후각과 관련된 것이 등장하는 기회가 줄어든 것으로도 확인된다. 1846년 몽팔콩과 폴리니에르는[16] 자신들의 역작에서 비위생적이거나 위험하거나 불쾌한 213개의 공장에서 나온 '부정적인 측면'의 범주를 자세히 열거했다. 거기에서 언급되고 있는 것들을 수량의 측면에서 살펴보면, (69.4%의 공장에서 언급되고 있으므로) 먼저 후각적인 공해의 우위가 눈에 띈다.[17] 소음(2.7%)[18]과 먼지(2.7%)에 대해서는 여전히 무관심했다는 사실이 확인되는데, 매연(21.5%)에 대해서는 분명히 관심이 높아지고 있었다. 이 기록을 1866년의 위생칙령이 공포되었을 때에[19] 언급된 부정적인 것들의 목록과 비교해보면, 해가 갈수록 소음과 먼지, 특히 매연에 대한 관심이 점차 높아졌다는 사실이 드러난다.

제2제정(1852~1870)의 정책은 이러한 감수성의 변화를 분명히 드러내고 있었다. 1853년 센 지역의 행정책임자로 취임한 주르주 외젠 오스만 남작(1809~1891)은 파리의 어두컴컴함을 줄이기 위해 애썼다. 그가 실행으로 옮긴 도시계획은 부분적으로는 중심부의 어두컴컴함을 제거한다는 목적을 지니고 있었다. (우리는 이유를 알고 있듯이) 파리는 여전히 악취가 떠도는 도시였지만, 공공공간의 관리에서 후각에 대한 관심이 맡고 있는 역할은 이미 중요성을 잃기 시작하고 있었다.

오스만의 정책은 '정화의 사회적 이분법'[20]으로 (그리 잘못되지 않게) 해석된다. 아울러 전에는 파리의 거의 모든 구역에 걸쳐 존재하던 악취가 도시 내부에서 사회학적으로 재분배된 것도 사실이었다. 그렇지만 그것은 20년 정도 전부터 어떤 종류의 변화가 서서히 이루어지면서 나타난 결과였다. 그 시대 이후에는 후각적 무관심과 가난뱅이의 몸에서 나는 냄새에 주의가 기울여졌는데, 이것은 악취를 뿜어대는 공간이 만들어낸 예전의 불안을 물려받은 것이라고 할 수 있다. 교육으로 감각의 허용한계가 평준화되지 않는 한,[21] 정화에 대한 욕구는 당연히 다르게 나타날 수밖에 없다. 이때 부르주아지를 위한 공간이 소독된 것은 그곳의 부동산 가치를 높이기 위한 목적도 있었다는 사실은 새삼 지적할 필요도 없을 것이다. 이런 종류의 장소에서는 오물과 악취가 줄어들면 그만큼 화폐가치가 커진다. 그렇지만 다양한 노동자가 북적대는 임대주택의 경우에 그것을 위생적으로 만드는 것은 오히려 거꾸로 집주인의 부담을 터무니없이 증가시키는 것으로 나타난다. 이윤의 추구가 냄새의 사회적 분화를 더욱 부추기는 것이다. 그렇다면 이제는 이러한 분화에 대해서 살펴보아야 할 것이다.

제3부

냄새, 상징, 사회적 표상

카바니스와 친화력의 감각

라부아지에의 발견에 힘입어 기존의 공기론이 포기되면서 화학이 공간의 표상들을 뒤엎었다. 그러자 냄새에 관한 이론들도 변화의 조짐을 보이기 시작했다. 후각생리학이 학문으로 확립되는 것은 완성되지 못한 채로 끝났지만, 이러한 이론적 변화 덕분에 '후각'이라는 감각은 새로운 의미를 지니게 되었다. 그리고 냄새의 메시지에도 그때까지는 생각지도 못하던 무게가 실리게 되었다.

카바니스의 저술들을 살펴보면, 감각론자의 방식을 비판하는 모습이 드러나 있다는 점이 인상 깊다. 카바니스에 따르면, 바르게 분석하기 위해서는 "어떤 감각이든, 다른 모든 감각들의 작용을 소홀히 한 채 어떤 특정한 감각의 작용만을 홀로 다루어서는 안 된다." 장미 향기가 그렇게 느껴지는 것은 "다른 감각들이 동시에 후각과 함께 작용하고 있는 덕분"인 것처럼, "모든 감각들은 서로 끊임없이 의존하고 있다."[1] 하지만 콩디야크는 이를 무시하는 잘못을 범하고 있다.

"각각의 감각은 다양한 감각기관들을 관장하는 보편체계가 미리 작동하고 있지 않으면 작용할 수 없으며, 보편체계 전체가 동시에 작용해야만 제각기 기능을 유지할 수 있다. 따라서 하나하나의 감각은 언제나 반드시 보편체계가 지니는 성향의 영향을 받으며, 조금씩 보편체계의 성향을 나누어 가진다. 하나의 감각이 받아들이는 인상의 성질은 감각체계의 감수성 정도나, 감각체계와 운동체계의 균형관계에 따라 크게 달라진다."[2]

이런 측면에서 보면 후각은 '공감 감각'이라 불릴 만하게 다른 많은 기관들과 '긴밀한 관계'를 가지고 있다. 후각이 미각과 밀접하게 결합되어 있다는 사실은 이미 잘 알려져 있지만, 코와 '장기의 관管'의 결합관계도 알아두어야 한다. 복부에 생기는 병들 가운데에는 냄새를 맡지 못하는 증상을 일으키는 것도 있다. 아울러『인간의 육체와 정신의 관계』의 저자(카바니스)는 꽤 오랫동안 논쟁이 벌어진, 코의 점막과 생식기관 사이에 깊은 관계가 있다는 것에 관해서도 플리스(1858~1928)[3]보다 한 세기나 먼저 강조했다.

이렇게 카바니스는 여러 감각기관들과 다른 여러 기관들과의 사이에 맺어진 다양한 관계를 기초로 새로운 감각론을 세우려 했다. 그의 이러한 '감각의 생리학'[4]은 멘 드 비랑(1766~1824)이 자신의『일지』에서 몰두한 감각존재론과 그다지 멀리 떨어져 있지 않으면서도 새로운 관점을 개척한 것이었다.

그러나 이러한 생리학은 모처럼 스스로 자리를 잡아가던 후각에 관한 이론들로부터 적법성을 빼앗았고, 당연히 그 뒤 후각생리학은 오랫동안 계속 정체된 상태에 머물러야 했다.[5] 게다가 왕정복고(1814~1830) 시대가 되자 의사들은 기를 쓰고 콩디야크의 체계에 반박을 시도했고,[6] 뒤늦게 생기론도 세력을 회복하면서 냄새의 과학을 소홀히 하는 경향은 더욱 강해졌다.

그렇지만 "개인의 생활은 감각들 안에 존재한다"[7]고 여긴 카바니스는 후각을 사람들 사이의 공감과 반감의 감각으로 특권시하기도 했다.[8] 맹아기의 후각생리학과 마찬가지로 카바니스는 개개인의 몸에서 나는 냄새의 특수성을 강조했다. 신체의 냄새는 연령이나 성별이나 기후에 따라 변화한다는 것만을 지적하고 만족해하던 시대는 이미 지나가버린 것이다. 어떤 사람이 내는 냄새나 후각이 작용하는 방법으로 개성이 드러난다. 푸르니에도 『의과학사전』의 '후각' 항목에서 "감각의 작용에 이만큼 개인마다 차이가 있는 기관은" 없다고 썼다.[9]

후각이라는 감각의 예민함은 생활습관에 따라 변화한다. 비헤는 "사회적 구속 안에서 살아가는 사람들은 대체로 식물적인 냄새에 친숙하지만, 야만인은 동물 사체의 부패한 냄새를 훨씬 예민하게 식별한다"고 지적했다.[10] 키르완도 문명은 강렬한 냄새를 견디기 어려운 것, 위험한 것으로 만들어버렸다고 거듭 지적했다.[11] 이렇게 의학과 마찬가지로 인류학도 동물성 냄새가 쇠퇴하고 식물성 냄새가 예찬을 받게 된 것을 뒷받침했다.

그런데 여기에서 하나의 모순이 생겨난다. 달콤하고 은은한 향기를 느끼려면 언제든 후각을 작동시킬 상태에 있어야 하므로 악취가 제거된 생활환경이어야 한다. 따라서 이러한 감수성은 냄새를 식별하는 능력에 반비례해서 키워지고 훈련된다. 비헤에 따르면, "캄차카 사람들은 알코올이 다량 함유된 멜리사수의 향기와 오드콜로뉴*의 향기를 거의 구별하지 못한다. 하지만 부패한 고기인지 해안으로 밀려온 고래인지는 멀리서도 민감하게 식별해낸다."[12]

마찬가지로 오염된 공기에 밤낮 둘러싸여 있고, 기름으로 얼룩진 냄새에 휩싸인 육체노동에 종사하며, 몸에서 후터분한 체취를 짙게 내뿜는 노동자는 후각이 마비된다. 여러 기관들의 발달을 관장하는 보상의

---

* 오드콜로뉴(eau de Cologne)는 오렌지, 레몬, 베르가못과 같은 시트러스 계열의 오일과 자스민, 올리브 등의 식물성 오일을 알코올과 섞어 만든다. 명칭은 독일 퀼른(Cologne) 지역에서 유래한 것에서 비롯되었다.

법칙에 따라, 완력이 강하게 되는 대신에 코가 막혀 은은한 향기를 구분하는 능력을 잃게 되는 것이다. 섬세한 후각은 육체노동과는 관계가 없는 사람들만 지닐 수 있는 것이다. 곧 여러 기관들 사이에 발견되는 불평등은 사람들 사이에 존재하는 불평등을 반영하고 있을 뿐이다.[13]

이런 것들이 모두 (조금 부적절한 표현일지는 모르겠지만) 후각의 부르주아적 관리라고 부를 수 있는 것의 기초를 이루고 있었다. 그리고 이를 바탕으로 은은한 향기를 최상으로 여기는 지각 구조의 체계가 구성되어 있었다.

그 사람만의 말로 표현하기 어려운 은은한 몸의 향기와 냄새에 대한 섬세한 감수성은 세련된 인격을 표현하고, 땀내 나는 노동과는 관련이 없다는 것을 증명하는 것으로 여겨졌다. 이러한 감수성에서는 신경증 발작을 일으킬 듯한 젊은 아가씨가 가장 섬세한 존재로 나타나므로, 지나치게 위험한 경우도 없지는 않았다. 그러나 이런 식으로 보호된 세계, 곧 냄새에 민감하게 반응하는 세계에서 냄새의 메시지는 중요한 의미를 지니게 되었다. 이 세계에서는 후각이 쾌락을 담당했으며, 냄새에 대한 섬세한 감수성은 순수함의 징표로 간주되었다.

이렇게 해서 지각의 역사는 다시 한 번 모순을 드러냈다. 화학적 분석이 후각의 작용을 대체하려는 경향을 보이고, 후각에 관한 연구가 지체되고 있는 동안에, 후각은 또 하나의 과정에 휩쓸려버렸다. 다시 말해 점차 세밀하고 복잡하게 계층분화가 진행되고, 사람들의 사회적인 생활습관이 세련되게 바뀐 19세기 특유의 과정에서 후각도 일정한 역할을 떠맡았던 것이다. 그래서 신체의 냄새가 섬세하게 작용하여 개인·가족·사회라는 각 층위에서 사람들의 교류를 규율하게 되었다. 그것이 사람들을 가깝게 하거나 멀게 만들었고, 유혹하는 능력을 부여받아 연인들의 쾌락을 조종했으며, 사회공간의 새로운 분할에 힘을 빌려주기도 했던 것이다.

1
빈민의 악취

빈곤의 분비물

파스퇴르의 이론이 승리를 거두기 전에, 19세기 후각의 역사에서 일어난 가장 커다란 사건은 점차 사람들이 인간 사회에서 풍기는 냄새에 주의를 기울이기 시작했다는 것이다. 악취가 나는 흙이나 고여서 썩은 물, 시신과 동물 사체와 같은 것들은 점차 논의에서 빠졌다. 그 대신 위생학 문헌이나 소설, 이제 막 모습을 드러내기 시작한 사회조사 등은 모두 하나같이 인간이라는 살아 있는 존재가 만들어내는 불안한 습지로 눈을 돌렸으며, 그것에 배어 있는 다양한 냄새들을 기록으로 남겼다. 유기체적인 것에서 사회적인 것으로 옮겨간, 후각의 영역에서 나타난 이러한 변화는 카바니스의 구상에서도 드러난다. 이제 공간이나 인간에 관한 기술은 표적을 바꾸었다. 냄새를 분석하는 관찰자들은 병원과 감옥처럼 사람들이 뒤섞여 바글거리는 장소나 분간할수 없이 뒤섞인 악취를 내뿜는 군중만을 대상으로 삼는 것에 그치지 않게 되었다. 새로운 경계심이 싹터 빈곤의 냄새를 추방하려는 것으로 나아갔다. 그래서 빈민과 그들의 허름한 집들이 뿜어대는 악취가 주목을 받기 시작했다.

이러한 전환이 일어나자 전략도 쇄신을 강요받았다. 이미 전술은 변화의 조짐을 보이기 시작해서 공공공간에서 사적 공간으로 표적을 바꾸고 있었다. 1830년부터 1836년까지 프랑스를 덮쳤던 유행병에 관한 보고서를 모두 읽은 뒤에 피오리는 이렇게 결론을 내렸다. "도로의 폭이나 주택의 적절한 배치, 마을의 청결, 진창을 건조시키는 것 등이 중요하다는 것은 계속 강조되어야 한다. 하지만 여기서 더 나아가 벽 바깥만이 아니라, 사람이 사는 방 안이야말로 위생에 가장 신경을 써야 할 장소라고 밝혀야 한다."[1] 14년 뒤에 파소도 똑같은 생각을 이렇게 멋지게 요약해서 나타냈다. "대도시의 위생은 결국 사적 주거 전체의 총합이다."[2] 바야흐로 빈민의 주거 한복판으로 들어가서 악취를 제거해야 할 때가 되었던 것이다.

이러한 새로운 구상은 부르주아지 내부에서 단일한 상징체계와 행동규범을 만들어내려는 움직임이 나타난 것과 밀접히 관련되어 있었다. 후각은 그것의 하나의 요소일 뿐이지만, 후각이 맡고 있던 역할을 과소평가하는 것은 경솔한 판단이다. 점차 확대된 사회의 분화가 자각되고, 문화의 복잡한 계층 차이가[3] 인식되면서 냄새의 분석도 복잡하게 뒤엉켰다. 그리고 냄새는 타자에 대한 결정적인 판단기준으로서의 지위를 차지하게 되었다.[4] 예컨대 파이퍼(1896~1958)가 밝히고 있듯이, 발자크는 『인간희극』에서 부르주아와 프티부르주아의 사회적 지위, 아니면 농민과 매춘부가 놓인 상황을 그들에게서 나는 냄새를 바탕으로 표현하고 있다.[5]

배설물이 뿜어대는 악취를 모두 없애면 피부에서 풍기는 개개인의 냄새가 굴레에서 벗어나며, 그 냄새는 자아의 깊숙한 정체성을 표현해준다. 이런 점에서 민중의 뒤섞인 냄새는 '개성'이라는 사고가 그 계층에서는 자라나기 어려운 증거이기도 했다. 하지만 그들의 냄새에 두려움을 품고 있던 부르주아는, 촉각의 금기 때문에도 더더욱 냄새라는 은밀한 관능적 메시지의 숨결에 가장 앞장서서 민감해졌다.

이러한 태도에는 분명히 중요한 사회적 의미가 담겨 있었다. 혐오스런 냄새를 내지 않는다는 것은, 자신이 죽은 자나 죄인처럼 고약한 썩은 내를 내뿜는 민중들과는 다르다는 것을 나타내는 것이었다. 아울러 그러한 민중을 대하는 방법을 암암리에 수긍하고 있음을 나타내는 것이기도 했다. 노동자계급의 악취를 강조하고, 그들과 같은 장소에 있는 것만으로도 악취에 물들 우려가 있다고 하는 것은 자신을 정당화하기 위해 공포감을 품는 것으로까지 나타났다. 이러한 공포감이야말로 부르주아지의 마음에 쏙 드는 것이었다. 덕분에 그들은 양심의 거리낌을 겉으로 드러내지 않아도 되었기 때문이다. 이렇게 해서 악취제거와 복종을 상징적으로 결합시킨 하나의 위생학적 전략이 도입되었다. 폭동이든 유행병이든 "사회의 참사에는 심한 악취가 함께 나타난다"[6]는 사고방식은 프롤레타리아의 악취를 제거하면 노동규율을 확립할 수 있다는 생각으로 이어졌다.

지각 행동이 바뀌면서 의학적 담론도 변화했다. 의학은 인류학과 경험론적 사회학 연구가 거둔 성과들로부터 영향을 받아 네오히포크라테스주의의 기본원리 몇 가지를 포기했다. 지형·토양의 성질·기후·풍향 등과 같은 것은 점차 결정적인 요인으로 여겨지지 않게 되었다.[7] 오히려 전문가들이 지금까지와는 달리 떠들썩하게 말하기 시작한 것은 인간이 한 장소에 밀집되거나 배설물 가까이에 있으면 위험하다는 것이었다. 그들이 특히 가장 위험하게 여겼던 것은 '빈곤의 발산물'이었다. 1832년에 나타난 콜레라 유행에 관한 보고서의 결론도 그러했다.[8] 의사와 사회학자들은 어떤 특정한 주민들이 전염병의 온상이 되었다는 사실을 이끌어냈던 것이다. 바로 악취가 나는 진창 안에서 웅크린 채 살아가고 있는 이들이었다.

이로부터 배설물이 얼마나 공포감을 계속 부추겼는지 확인된다. 배설물이 이렇게까지 떠들썩하게 이야기된 것도 드문 일이었는데, 그 뒤로도 지배계급은 배설물에 대한 공포에 휩싸여 있었다. 도저히 없앨 수 없는 생리작용의 결과물인 배설물을 부르주아들은 어떻게든 부정하려 했지만,[9] 그것은 잊을 만하면 서슴지 않고 다시 돌아와 뇌리에서 떨어지지 않았다. 배설물은 신체를 극복하려는 노력과 정면으로 대립한다. 그래서 우리가 유기적인 생명과 다시 결합할 수 있게 도우면서 그것의 과거를 생생하게 알려준다. 빅토르 위고(1802~1885)는 배설물이 이야기해주는 과거의 역사에 귀를 기울이면서 "이러한 오물의 정직함은 우리를 기쁘게 하고, 마음을 편안하게 해준다"[10]고 인정했다. 파랑뒤샤틀레를 비롯한 수많은 사람들이 아우구스티누스주의와 유기체론의 관점에 서서, 일종의 필요악인 도시의 배설작용 원리를 탐색하려는 노력을 시작했다. 이렇게 도시의 뱃속을 탐사하다가 그들은 오물을 상대로 일하는 노동자들을 만났다. 그래서 마침내 배설물을 기초로 한 사회적 표상이 탄생했다. 부르주아들은 자신들이 억압하려 했던 것을 빈민에 투영했던 것이다. 이렇게 부르주아들이 오물과 관련된 민중의 이미지를 만들어내면서, 자신의 허름한 오두막에 오물로 뒤범벅이 된 채로 웅크려 있는 냄새나는 동물이라는 모형이 등장했다. 이런 관점에서 바라보면, 빈민의 악취를 강조하는 태도와 부르주아지 내부의 악취를 제거하려는 욕망은 서로 분리되지 않는다.

이쯤에서 그때까지의 역사를 간단히 되돌아볼 필요가 있을 것이다. 이미 살펴보았듯이 18세기의 인류학은 열정을 쏟아 신체의 냄새에 몰두했지만, 그것을 빈곤과 연결시켜 이해하려고는 하지 않았다. 그 냄새에 기후나 식물, 직업, 체질 등이 끼친 영향을 알아내려고 했을 뿐이다. 노인·술주정뱅이·괴저 환자·사모예드인·마부 등의 냄새를 분석했지만, 가난한 자의 냄새를 문제 삼은 경우는 거의 없었다. 군중이 뿜어대는 냄새가 터무니없이 끔찍한 것은 사람들이 뒤섞여 밀집해 있는 상태가 위험하다는 이유에서였을 뿐이다. 하워드도 빈민이 사는 곳의 공기가 부자들 주변의 공기보다 오염되어 있다고 말했지만,[11] 빈민 특유의 역겨운 냄새를 구체적으로 서술하지는 않았다. 그가 말하려 했던 것은 기껏해야 재산 수준에 따라 악취제거 방법을 다르게 적용하는 것이 좋다는 정도였을 뿐이다.[12]

그러나 당시의 의학을 살펴보면, 어떤 종류의 사람들은 동물적인 체취를 내뿜고 있다고 생각하고 있었다는 사실이 엿보인다. 오랫동안 매우 가난한 상태에 머물러 있는 사람은 체액에 필요한 열의 공급을 받지 못해서 "인간 고유의 본능화 단계"[13]에 이르지 못해 강한 냄새가 난다는 것이었다. 곧 그러한 사람들에서 인간다운 냄새가 나지 않는 것은 그들이 퇴화하고 있기 때문이 아니라, 인간이 되기 위한 생명의 일정 단계에 이르지 못했기 때문이다. 그 결과로 사슬에 매여 있는 개와 같은 미치광이나 어떤 종류의 죄수들의 모습이 생겨났다. 허름한 오두막에 웅크린 채 똥으로 얼룩진 바닥의 깔개 위에서 액체 비료와 같은 오줌을 싸고 있는 짐승의 모습이었다. 이로부터 오물로 뒤범벅되어 아무데서나 똥오줌을 싸는 인간의 이미지가 생겨났고, 그 이미지는 뒤이어 7월 왕정(1830~1848)에서 나타난 프롤레타리아의 이미지, 곧 고약한 냄새를 풍기며 일하는 인간이라는 이미지의 전조가 되었다.[14]

18세기에는 이러한 이미지와 합치되는 범주에 속하는 인간들이 몇몇 더 존재하고 있었다. 당연히 맨 먼저 꼽을 수 있는 것은 매춘부였다. 매춘부도 오물과 관계가 깊어서 배설물이 없어지면 매춘부도 자취를 감추게 될 것으로 여겨졌다. 그래서 쇼베는 이렇게 밝히기도 했다. "피렌체에서는" 도로는 포장되고, 하수구는 덮개가 놓이고, 쓰레기는 성채의 담장 안에서 수거되고 있었다. 그리고 "거리 곳곳에 꽃들과 향긋한 냄새가 나는 나무들이 늘어서 있어서"[15] 거리의 여인은 한 사람도 눈에 띄지 않았다.

유태인도 더러운 인간으로 여겨지고 있었다. 그들에게 혐오스런 냄새가 나는 것은 그들이 애초부터 가지고 있는 특유의 불결함 때문으로 여겨졌다. 쇼베는 이에 관해서도 말했다. "이들 헤브라이인들이 모이는 곳, 그들이 자기들 세상인 양 활개 치는 구역에서는 어디든 심한 악취가 났다."[16]

수공업자들도 혐오스런 냄새를 풍기고 있었고, 넝마주이는 그러한 악취의 정점에 있었다. 넝마주이는 오물이나 사체로부터 피어오르는 역겨운 냄새를 온몸에 덮어쓰고 있었기 때문이다.[17] 집안의 하인들도 여건이 좋아지고 위생상태 개선되었지만, 여전히 지저분한 냄새를 풍기는 인간들로 여겨지고 있었다. 1755년에 말루앵은 하인들이 기거하는 장소는 최대한 환기에 주의를 기울이라고 충고했다.[18] 1797년에 후펠란트(1762~1836)는 하인을 아이들의 방에서 멀리 떨어뜨려 놓으라고 지시했다.[19]

19세기로 접어들면서 콜레라의 대유행이 끝날 때까지 사이에는 배설물에 대한 강박관념과 연결되어 있는 인간의 이미지, 다시 말해 '근대의 욥'*이라고 할 수 있는 '오물더미 속의 인간(homme-fumier)'의 이미지가 신화로 되어 정착했다. 점차 실행되기 시작한 사회조사는 가장 먼저 도시의 최하층 사람들을 대상으로 하고 있었다. 진창·먼지·분뇨를 상대로 일하는 사람들, 성을 파는 사람들과 같은 악취의 무리였다. 경험론적 사회학의 개척자들은 하수도 청소부·장처리업자·도축업자·분뇨수거인·오물처리장이나 준설현장에서 일하는 노동자 등과 같은 유형의 사람들에게 관심을 보였다. 파랑뒤샤틀레는 거의 8년에 걸

---

* 구약 「욥기」의 주인공인 욥(Job)은 "발바닥에서 머리 꼭대기까지 고약한 부스럼"이 생기는 시련을 겪으며, "질그릇 조각으로 제 몸을 긁으며 잿더미 속에 앉아 있었다." (욥기 2:7–8)

쳐서 파리 시내에서 이루어지는 매춘의 실태를 조사했는데, 그러한 조사가 인식론적으로 얼마나 큰 의미를 지니고 있었는지는 다른 곳에서 이미 강조했다.[20] 위생위원회의 기록에서도 이런 유형의 사람들이 특히 관심의 대상이 되었다는 사실이 확인된다.

매춘부와 같은 유형 말고, 다른 사례를 살펴보자. 진창에 빠져 있는 수인이라는 소재도 여전히 자주 언급되고 있었다. 이론가의 시각에서 보면, 그러한 이미지는 이미 과거의 것임에 틀림없다. 그런데도 교도소의 실태를 조사한 다양한 연구를 살펴보면,[21] 그러한 수인의 이미지는 분명히 살아남아서 드물지 않게 묘사되어 있었다. 의사인 샤를 코튀(1778~1849)는 랭스 교도소의 감옥을 방문했을 때의 상황을 자세히 묘사했다. "안으로 한걸음 들어서자마자 엄습해오는 악취에 지금도 숨이 막히는 것 같다. [⋯] 되도록 상냥한 말투로 위로하며 말을 걸자, 퇴비와 같은 깔개 안에서 여자 하나가 얼굴을 드러냈다. 간신히 머리만 치켜세우고 있어서 마치 잘려나간 머리가 오물 위에서 굴러다니고 있는 것처럼 보였다. 불쌍한 여인은 얼굴만 내밀고, 몸은 오물더미에 파묻혀 있었다." "입을 것이 없어서 오물 안으로 파고들어 매서운 추위를 견딜 수밖에 없었던 것이다."[22]

악취의 원형이라고 할 만한 넝마주이는 1822년 한 해에만 17건이나 파리 위생위원회의 보고서 안에 등장했다.[23] 넝마주이들은 길에서 주워 모은 뼈나 동물의 사체와 같은 온갖 잔해들을 오물처리장에 버린 뒤에, 그곳에서 그것들을 분류하는 일을 했다. 행정당국은 끔찍한 악취를 풍기는 그러한 처리장을 도시 안에서 없애려고 애쓰고 있었다. 그렇지만 '부르주아의 오물'을 치우는 넝마주이만큼은 위원회도 민중의 악취를 전염시킬 우려는 없을 것이라며 눈감아주고 있었다. 넝마주이는 빈민의 냄새를 온몸에 짊어지고 있었고, 그 냄새에 절어 있었다. 그들이 뿜어대는 악취는 상징적인 가치를 지니고 있었다. 욥이나 썩어가는 죄수와는 달리 넝마주이는 자신의 싼 오물 위에 웅크리고 있지는 않았다. 눈살 찌푸려지는 쓰레기의 상징이던 그들은 타인의 오물 위에서 살아가고 있었던 것이다.

뇌브생메다르 거리나 트리페레 거리, 불랑제 거리와 같은 곳을 둘러보면, 다음과 같은 사람들이 눈에 띄었다. "누더기를 걸치고, 속옷이나 양말도 없이, 대개는 신발도 신지 않고, 어떤 날씨든 태연히 거리를 돌아다니고, 자주 비에 젖은 채로 돌아온다. […] 거리의 오물들 중에서 주워 모은 여러 가지 물건을 짊어지고 돌아오는 것이다. 그들에게서 왈칵 풍겨나는 악취는 그들의 몸에도 모두 깊게 스며들어 있어서, 마치 퇴비가 움직이고 있는 것과 같은 착각을 불러일으킬 정도이다. 어쨌든 거리에서 하는 일이 1년 내내 오물을 줍기 위해 돌아다니는 것이므로 그렇게 되지 않을 도리도 없을 것이다."²⁴⁾ 자신의 보금자리로 돌아온 뒤에도 그들은 냄새나는 오물에 둘러싸여 더럽고 끔찍한 냄새가 나는 깔개 위에 벌렁 드러누웠다.

블랑디 바레크리겔은 빈민의 집을 방문했던 콩도르세(1743~1794)에서 엥겔스(1820~1895)에 이르는, 나아가 빌레르메에서 빅토르 위고에 이르는 모든 이들에게서는 어떤 종류의 주술에 걸려 있는 것 같은 감정이 뒤섞인 모습이 발견된다고 밝혔다. 그들의 경악한 눈에는 눈앞의 것들이 "넝마주이의 쓰레기통 주택", "지옥의 거처", "무섭도록 야만적이고 강렬한, 또 하나의 세계로부터 뿜어져 나오는 악취", "영겁으로 회귀하는 저승의 힘"²⁵⁾으로 보였다. 후각적 태도에 관한 연구와 지옥의 악취에 관한 빈번한 기술들, 이것들은 그 자체로 이 책의 논지가 나아갈 방향을 전적으로 보여주고 있다. 배설물이든 매춘부든 넝마주이든, 규제와 배척 사이를 이리저리 오가는 끊임없는 왕복운동이 후각에 관한 담론의 리듬을 이루고 있으며, 위생학자나 사회조사에 종사하는 사람들의 태도를 규정하고 있었다.

주목할 것은 동성애자도 오물에 가까운 악취 나는 인간들이었다는 점이다. '항문애의 상징'[26]으로 변소와도 가까운 존재로 여겨진 그들은 동물적인 악취를 풍기는 무리였다. 펠릭스 카를리에가 밝혔듯이, 남색가가 유독 강렬한 향기를 좋아한다는 사실은 사향과 배설물 냄새의 친근성을 보여주는 것으로 여겨졌다.[27]

뱃사람에 대해서는 그다지 많이 다루어지지 않았으므로 자세히 살펴보자. 온갖 종류의 악취들이 고여 있는 장소인 선박은 일찍부터 환기와 악취제거 기술의 실험실이 되어 있었다. 따라서 그곳에서 생활하는 사람들을 살펴보는 것은 분명히 매우 의미 있는 일일 것이다. 아르튀르호의 비극적인 운명이 보여주듯이, 뱃사람들이야말로 어느 누구보다도 역겨운 냄새의 희생자가 되어 목숨을 잃을 위험에 놓여 있는 사람들이 아니었던가?

「선박위생요람」을 작성한 이들의 생각은 단호했다. 뱃사람들한테서는 고약한 냄새가 나서 사람들이 싫어한다는 것이었다. "그들의 생활은 늘 방탕해서 술에 흠뻑 취하는 것을 최고의 행복으로 여겼다. 몸은 담배냄새에 절어 있었고, 여기에 포도주와 알코올 냄새가 뒤섞였다. 그리고 마늘과 같은 색다른 것을 즐겨 먹어서 그런 음식물 냄새도 뒤섞여 있었다. 옷에서도 땀과 먼지, 담뱃진에 찌들어 있는 냄새가 났다. 그래서 가까이에 있는 사람들을 몸서리치게 만들었다."[28] 강한 정액 냄새가 "정력이 왕성하고 호색한" 뱃사람들의 악취를 더욱더 부추겼다. 그들이 오랫동안 금욕생활이나 자위행위를 강요받았기 때문이다.

그렇지만 다행히 뱃사람은 냄새를 잘 맡지 못했다. (여기에서 선원과 민중의 이미지가 겹쳐지는데) 그들은 섬세한 감각을 가지고 있지 않아서 고등선원들처럼 불쾌감을 느끼지 못했다. 이타르(1774~1838)가 아베롱의 야생소년이 자신의 배설물에 불쾌감을 나타내지 않았다고 밝혔듯이 말이다.[29] 이렇게 위생학자들은 민중의 악취와 그들의 코의 둔감함을 연결시켰고, 그것 때문에도 부르주아의 악취 혐오는 더 심해져갔다. 뱃사람들은 (자주 사용하기 때문에) 시각이 "예민해 잘 본다"는 것은 인정되었지만, 폭풍이나 대포의 굉음에 익숙해 "청각은 약간 둔감했고", "후각도 잘 사용하지 않아 둔감했고, 촉각도 거친 일 때문에 둔해져 있었다. 미각은 허겁지겁 음식을 먹어 미묘한 맛을 알지 못하기 때문에 혀가 거의 맛을 느끼지 못하는 지경에 이르러 있었다."[30] "뱃사람들의 감각기관은 모두 작용이 활발하지 못했다. 거친 육체노동 탓에 신경이 둔해지고, 지적 활동에 종사하지 않아 마비되어 버린 것 같았다."[31] 뱃사람들은 신선하고 아름다운 꽃들의 향긋한 냄새에도 무감각할 것이라고 여겨졌다. 그들은 들판의 풍경으로부터 멀리 떨어져 있으면서 "어느덧 그것의 매력을 느끼거나 할 정도의 섬세한 감각을 지니지 않게 되었다."[32] 평소 늘 거친 감정만 느끼는 뱃사람들이 섬세한 감정 따위를 가질 수 없는 것은 분명했다. 고등선원이 품고 있던 이런 생각은 뱃사람들의 열등함을 보여주었다. 그렇다면 뱃사람들이 고등선원을 존경해야 하는 것은 당연한 일일 것이다. 이처럼 민중의 감성은 불완전하지 않더라도 적어도 열등한 것이었고, 그것은 생각이 빈곤하고 감정이 유치하다는 사고로 이어졌다.

콜레라의 유행이 사그라들자 도덕적 측면을 문제 삼은 조사가 다시 이루어졌는데, 프롤레타리아의 빈곤상태만이 대상이 되었다. 그 뒤로는 상징적으로 오물과 결합되었던 특정한 더러운 사람들의 악취가 아니라, 민중 전체의 악취가 주된 표적이 되었다. 하인과 유모, 문지기들에게서 혐오스런 냄새가 난다는 것은[33] 부르주아의 가정에 프롤레타리아의 냄새가 전파되어 간다는 것을 뜻했다. 이것은 당시 '현지 유모'를 제외하고는 이와 같은 직종의 사람들이 자유롭게 드나들지 못하게 통제하는 것을 정당화하는 이유가 되었다.

신경증을 앓던 플로베르(1821~1880)는 민중의 냄새에 대한 이러한 혐오감을 누구보다도 또렷하게 보여주었다. 플로베르는 "지하실의 환기 구멍으로 이따금 새어나오는" 냄새에 시달렸다. 1842년 5월 2일 보낭팡 부인에게 보낸 편지에서 그는 이렇게 썼다. "무사히 돌아왔습니다. 다만 승합마차 지붕 위의 자리에서 옆에 있던 놈들이 후터분한 악취를 내뿜는 바람에 고생했습니다. 내가 출발할 때에 당신도 보았던 그 프롤레타리아 무리 말입니다. 덕분에 밤새 거의 잠도 못자고, [앞에 챙이 달린 모자인] 카스케트도 잃어버리고 말았습니다."[34] 위스망스는 이렇게 지나치게 예민한 후각을 더 극단으로 보여주었다.

의학적 담론을 언어학적으로 분석해서 연구한 자크 레오나르는 몇 개의 용어들, 곧 '비참한·더러움·깔끔치 않음·악취·냄새'와 같은 용어들이 빈번히 결합되어 사용되고 있었다는 사실을 강조했다.[35] 민중을 교화해서 가정생활에 익숙해지게 교육해 통제하려 했던 노력이 결실을 맺기까지, 적어도 사반세기 동안 '프롤레타리아에게는 혐오스런 냄새가 난다'는 생각이 틀에 박힌 문구처럼 통용되고 있었다. 부자들에게는 공기와 빛, 멀리 바라보이는 널찍한 대지, 소중히 가꾼 정원이 있었다. 빈민에게는 사방이 막힌 어두운 공간, 낮은 천장, 무겁고 탁한 공기, 짙게 풍기는 악취가 있었다. 사료들을 살펴보면, 일일이 셀 수조차 없을 정도로 이런 종류의 말들이 되풀이되고 있다는 사실을 확인할 수 있다. 파리 위생위원회의 기록과, 1848년에 헌법제정국민의회의 명령으로 작성된, '농업·공업 노동에 관한 조사서'가 대표적이다.

빈곤 상태에 관한 이런 유형의 기술들에는 몇 가지 중심적인 이미지가 따라다녔다. 일찍이 특정한 직공들에게서 풍겨나던 악취와 마찬가지로, 빈민의 악취는 그들이 자신들의 배설물을 깔끔하게 처리하지 못하고 있기 때문이라는 것과, 그들이 더러운 것에 '찌들어 있기' 때문이라는 것이었다. 토양이나 나무, 벽처럼 노동자의 피부와 (그 이상으로) 그들의 입고 있는 옷에는 고약한 냄새가 나는 물이 스며들어 있다고 여겨졌다. 의사인 야생트 르댕은 퐁페린의 방적공장에서는 아이들이 발육부전에 빠져 있다며 이렇게 썼다. "아이들이 이런 상태에 빠져 있는 것은 공장에서 더러운 기름을 대량으로 사용해서 오염된 나쁜 공기를 마시고 자랐기 때문인 것 같다. 아이들이 몸에 걸치고 있는 의복에는 그런 더러움이 모조리 '스며들어' 있으므로 곁에 다가가면 코를 찌푸리게 하는 냄새가 난다."[36] 세콩디니의 방적공장도 못지않게 비위생적이었다. 아이들의 모습은 겉보기에도 끔찍했다. "작업장에서 나오는 아이들의 모습을 보면, 기름에 찌든 누더기를 걸치고 있었다." [발레스의 소설에 나오는] 자크 뱅트라는 기름 냄새를 풍기면서 퓌이의 중학교 교실을 순회하던 점등원에게 불쾌감을 느꼈다.[37] 1884년이 되어서도 의사인 아르눌은 여전히 망설임 없이 이렇게 말했다. 릴 지방의 빈민이 "부자들에 비해 상스러운 것은 그들이 하는 일 때문이 아니라, 그들이 (집이 없어서) 좁고 더러운 판잣집에 살고 있기 때문이고, 그들이 몸 깊숙이 '스며들어' 있는 불결함을 주변에 뿜어대고 있기 때문이며, 그들이 언제나 오물과 함께 살고 있기 때문이다. 그들은 오물을 멀리 치워버릴 시간이나 수단도 없고, 오물의 끔찍함에 관해 제대로 교육을 받지도 못했다."[38] 티에리 르뢰도 제1차 세계대전 직전 프랑스 북부 지역의 노동조건을 조사하면서 이렇게 썼다. 방적공장에서 일하는 여공들은 기계에서 흘러나오는 액체 때문에 [갈색의 찐득한 액체인] '시럽(chirots)'*이라고 불렸으며, "아마의 수액 냄새를 풍기고 있었다. 그 냄새 때문에 공장 밖에서도 방적공장 직원이라는 사실을 금방 알 수 있었다. 그 냄새는 그녀들의 피부에 달라붙어 있었던 것이다."[39] 조금 시기는 어긋나지만 대중소설도 이러한 노동자의 냄새에 관해 이야기하면서 그것이 불쾌감을 불러일으켰다는 사실을 전하고 있다. 소설들

---

* 'chirots'는 프랑스 단어 'sirops(시럽)'의 방언이다.

에서 공장은 그곳에서 일하는 사람들의 모습을 묘사하기 위해서라기 보다는, 숨 막히는 악취와 열기를 강조하기 위해 등장하고 있다.[40]

서민이 입고 있는 옷에 짙게 배어 있는 찌든 담배냄새도 작품의 주요 소재 가운데 하나였다.[41] 어떻게 보면 18세기 말에는 담배냄새가 거의 용인되지 않았던 듯하다. 그러나 방귀나 변소 냄새에 비하면 지배계급도 어느 정도는 봐주고 있었던 것 같다. 19세기 전반이 되면, 파이프 담배와 〔담뱃잎을 썰지 아니하고 통째로 돌돌 말아서 만든〕 엽궐련에 이어서 〔얇은 종이로 가늘고 길게 말아 놓은〕 지궐련도 등장하면서 담배가 공공장소를 점령해갔다. 언뜻 보기에 이런 현상은 악취제거를 꾀하던 움직임에 역행하고 있는 것 같다. 그렇지만 당시의 의학 안에는 연기에 소독효과가 있다는 생각이 여전히 남아 있었다는 사실을 잊으면 안 된다. 담배의 보급에 앞장선 것은 뱃사람들과 나이 많은 병사들이었다.[42] 제정 시대의 나이 많은 근위병들이나 왕정복고(1814~1830) 시대의 예비역 군인들과 같은 이들 말이다.

그 뒤 담배에는 반드시 수상쩍은 혐의가 따라다녔다. 담배는 조야함의 징표였다.[43] 대부분의 위생학자들이 담배를 고발했다. 미슐레는 담배가 성욕을 감퇴시키고, 여자들을 고독에 빠뜨린다고 비난했다. 블랑키(1798~1854)는 "그것이야말로 모든 무분별의 기원"[44]이므로 여자아이가 흡입하지 못하게 해야 한다고 주장했다.

담배에 대한 혐오감은 때로는 사회학적 의미를 띠고 있었다. 포르제는 뱃사람들이 내쉬는 숨이나 손과 옷에서 담배냄새가 짙게 난다고 못마땅해 했다. 그러나 일종의 보상행위와 같은 것이라고 마지못해 인정하면서 적어도 양은 줄여가야 한다며 이렇게 말했다. "어쨌든 뱃사람들은 여러분이 커피나 무도회, 연극관람을 즐기듯이 나름의 이유로 담배를 즐기는 것이다. 그것은 문학가가 볼테르를 탐독하고, 학자가 추상적인 문제에 열중하는 것이나 마찬가지이다."[45] 뷔레트(1804~1847)

는 『흡연자의 생리학』에서 "담배만이 가난한 자의 상상력에 도움을 주기 때문이다"라고 한탄하듯 썼다.[46]

하지만 담배의 승리는 자유주의의 승리를 보여주는 상징이기도 했다. 담배는 남자끼리의 교제가 이루어지게 된 것의 증거였으며, 머지않아 그것을 위한 소도구가 되었다. 담배의 보급에는 징병제의 영향도 컸다. 징병제와 마찬가지로 담배는 평등주의적이고 '애국적'인 미덕을 과시하는 것이었다. 그 세계에서 담배는 귀족의 칭호를 획득했다. "담배를 피우는 남자끼리는 서로 평등하다. […] 부자도 가난한 자도 모두 싫은 기색을 보이지 않고 사이좋게 늘어서서 마주한 채 피우고 있지 않은가? 담배를 팔고 있는 곳이라면 어디에서나 말이다."[47] 물론 평등은 그곳에서만 적용되는 것이었지만, 담배는 "입헌 정부를 떠받치는 강력한 기둥"[48]이었다. 그리고 7월 왕정(1830~1848)과 함께 담배의 승리는 더욱더 확고해졌다. 그런데 우리에게 중요한 것은 이렇게 담배가 대대적으로 보급되어간 것과 정확히 똑같은 궤적으로 노동계급은 악취를 뿜어댄다는 시각이 굳어져갔다는 점이다.

의사의 기록이나 빈민이 사는 곳을 방문했던 사람들의 기록을 보면, 프롤레타리아의 냄새는 참을 수 없다는 강한 혐오감이 뚜렷이 드러난다. 이렇게 새로 싹트기 시작한 불관용의 자세가 왜 이제까지 지적되지 않았던 것일까? 전에는 의사가 이런 혐오감을 품은 모습은 보이지 않는다. 단지 감염을 두려워하며 주의하는 모습만 보였을 뿐이다.[49] 1860년대에 들어서면 민중의 냄새에 대한 혐오감이 노골적으로 표출되기 시작했다. 그때까지 없던 새로운 불관용의 자세가 싹튼 것인지, 감수성의 비약이 있었던 것인지 그 이유는 확실치 않다. 어쨌든 의사한테 환자가 있는 집은 매일 참고 견뎌야만 하는 고문의 장소처럼 되어 있었다. 몽팔콩과 폴리니에르는 거리낌 없이 이렇게 말했다. "그들이 살고 있는 곳에 있을 때에는 숨이 막혔다. 그런 악취의 소굴에는 도저히 들어가서 살 수 없을 것이다. 가난한 자들이 사는 곳으로 왕진을 간 의사는 방에서 풍기는 악취를 견딜 수 없어서 대개 출입구나 창 가까이로 가서 처방전을 썼다."[50]

가난한 환자는 무덤덤했지만, 이제 의사는 동물적인 냄새를 참지 못했다. 1851년 의사인 주아레는 이렇게 썼다. "그 집으로 들어가자마자, 주변에 감도는 악취가 훅하고 코를 찔렀다. 그 냄새는 말 그대로 숨이 막히는, 참으로 참기 어려운 것이었다. 악취가 풀풀 나는 동물의 [우리 바닥에 깔아 놓은] 깔짚 냄새로 여겨질 정도였다. 병자의 침대 주변에서 냄새가 가장 심하게 났는데, 문이 반쯤 열려 있어서 바깥 공기가 들어오는데도 방에 냄새가 고여 있었다. 나는 손수건으로 입과 코를 막았는데, 그 여성 환자를 진료하는 동안에도 손수건을 떼지 않았다. 그런데 그 집의 가장이나 환자는 그런 지독한 악취를 불쾌해 하는 모습을 보이지 않았다."[51] 블랑키는 릴의 건물 지하실에서 나는 냄새를 덮어써서 몸에서 그 악취를 뿜어대던 더러운 남자들에게 공포심을 느꼈다. 그래서 그는 "사람들이 가득 들어차 있는 오두막"[52]의 출입구 앞에서 걱정을 하면서 성난 목소리로 이렇게 말했다. '유령'들이 꿈틀거리고 있는 그러한 지옥으로 '무모하게' 내려가려면, 의사와 경찰관을 함께 데려가야 한다고 말이다.

공장의 내부, 선박의 갑판 위, 병자의 방은 '지각의 허용한계', 곧 '후각적 관용의 한계'가 사회적 부속물이라는 사실을 알려준다. 부르주아의 악취 혐오는 신체 접촉에 대한 공포심을 만들어내고 이를 정당화했다. 청진기를 사용한 것은 여성의 수치심 때문만이 아니었다. 병자의 악취도 원인이었던 것이다.[53]

자습감독이나 중등학교 교사나 교수도 혐오감을 자아냈는데, 이는 신체의 메시지를 통해 감지할 수 있는 사회적 차이를 표현하고 있는 것들 가운데 하나이다. 폴 제르보는 교수에 관해 당시 그들의 이미지는 '반反영웅' 그 자체였다고 훌륭하게 밝혔다.[54] 욕구 불만을 품고 있으며 어느덧 젊음이 지나간 이 독신자들에 대해서, 그들의 학생이던 부르주아들이 기억하고 있던 것들은 정액의 냄새와 클클한 담배냄새였다. 그것은 이들이 출세의 꿈을 이루지 못한 별 볼 일 없는 자들이라는 의미를 나타냈다. 민중 출신의 성직자들로부터 풍겨오는 체취와 마찬가지로,[55] 그들의 냄새도 출신을 드러내고 있었던 것이다.

악취 혐오는 점차 서민층 안으로도 침투해갔다. 새로운 감수성이 노동자의 주변인에 도달했다. 그들은 자신의 밤을 육체노동의 질긴 흔적을 지우기 위해 보내는 사람들이었다. 다른 문화에의 적응은 경계에 선 노동자들에게 지금까지 알지 못했던 고통을 가져왔다. 그때까지는 사람들과 뒤섞여 잘 때의 따뜻함을 기분 좋게 받아들였지만, 이제는 그것을 혐오하게 되었던 것이다. 철도공사의 인부로 일하던 노르베르 트뤼캥은 침대를 함께 쓰던 동료가 뿜어대는 담배와 증류주 냄새에 구토를 할 뻔했다. 그는 그 뒤로는 타인과 접촉할 때마다 혐오감을 느끼게 되었다고 고백했다.[56]

움막과 오두막

1832년 콜레라가 크게 유행한 뒤에 민중의 주거와 그곳에 자욱한 숨 막히는 공기가 일제히 논의의 대상이 되었고, 새로운 불안감이 모습을 드러냈다. 후각을 위협하는 불안감의 위계에서 '집 안의 혼탁한 공기'[57]가 공공공간의 분뇨구덩이의 지위를 대신하게 되었던 것이다. 그 동안 벌어진 일들은 앞에서 이미 살펴보았으므로 자세히 서술할 필요는 없을 것이다. 그래서 여기에서는 몇 가지만 간략하게 지적해 두려고 한다. 파리 시내에서 일제히 비난의 대상이 되었던 것은 민중들이 사는 건축물의 공용 공간에서 풍겨오는 악취였다. 요컨대 분뇨와 오물이 뿜어대는 악취가 불만의 표적이 되었다. 그런데 이 계층에게는 배설물도 오물도 아직 사적인 것이 아니었다. 따라서 악취를 고발하려면 그곳에 사는 사람들의 뒤섞여 살아가는 상태를 고발하는 것으로 이어질 수밖에 없었다. 이에 관해 위생학자들이 서술하고 있는 내용들을 살펴보면 놀라울 정도로 모두 서로 비슷한 의견을 제시하고 있다는 사실이 확인된다. 라셰즈, 아탱(1805~1861), 바야르(1812~1852), 블랑키, 파소, 르카드르(1803~1883), 테트레, 르댕과 같은 대다수의 위생학자들이 모두 입을 모아서 똑같은 생각을 집요하게 되풀이해서 밝히고 있다. 이러한 강박관념적인 불만의 표현이 어떤 역할을 담당했는지를 심리역사학의 측면에서 자세히 분석해 보는 것도 매우 흥미로운 일일 것이다. 쥘베르베르그오카르가 밝히고 있듯이, 대중소설도 속이 울렁거리는 냄새가 떠도는 집안 광경을 묘사하는 데 한몫을 했다. 대중소설의 작가들이 사회조사의 담당자들로부터 실마리를 얻고 있었다는 사실을 고려하면, 이는 전혀 이상한 일이 아니다.[58]

시궁창에 고여 있는 오줌 냄새, 도로 포장석 위에 말라 있거나 벽에 얼룩져 있는 오줌 냄새. 빈민의 주거를 시찰하러 방문하는 사람들은 이러한 냄새의 공격을 피할 수 없었다. 꼬불꼬불 구부려져 길게 이어진 골목을 빠져나가야 간신히 건물에 도착할 수 있었다. 안으로 들어가면 "천장이 낮고, 좁고 어두컴컴한 통로를 지나야 했다. 그 통로에는 각층에서 흘러나온 온갖 오물이나 기름기 있는 오수가 악취를 내뿜으며 개울처럼 흐르고 있었다."[59] 빈민들이 사는, 냄새나는 집으로 들어가는 일은 어두컴컴한 지하세계를 탐험하는 것이나 마찬가지였다. 블랑키는 릴의 비좁은 안뜰과 루앙의 허름한 판잣집 안으로 경계심과 호기심이 섞인 상태로 발을 들여놓았다. 일찍이 파랑뒤샤틀레가 파리의 하수구 안을 똑같은 감정에 휩싸여 돌아보았던 것처럼 말이다.

통로 막다른 곳에 있는 작은 안뜰은 좁든 어둑어둑하든 눅눅하든 블랑키의 눈에는 모두 밑바닥에 오물이 깔려 있는 우물처럼 보였다. 식물의 잔해가 썩고 있었으며, 빨래와 설거지를 한 물이 뒤섞여 흘러들어 고여 있었다. 그곳에서는 온갖 악취가 뒤섞여 피어오르고 있었으며, 모든 층에서 혐오스런 냄새가 짙게 풍겨나고 있었다. 마찬가지 방식으로 표현하면, 계단은 마치 배수구 같았다. 역겨운 냄새를 뿜어대는 구정물이 폭포처럼 흘러내리고, 각층의 〔계단 중간에 있는 넓은 곳인〕 층계참마다 움푹 파인 곳에 구정물이 고여 있었고, 변소에서 흘러나온 오물도 모여 있었다. 변소는 문이 열려 있어서 더러운 똥이 잔뜩 달라붙은 변기가 한눈에 보였다. 의사인 바야르는 파리의 제4지구에 있는 건물의 층계참에서 들은 "구정물이 철퍼덕거리는 소리"가 오랫동안 기억에 남았다.[60] 이런 건물들에서는 모든 것이 한덩어리가 되어 악취를 내뿜고 있었다. 장소에 따라 약간의 정도 차이만 있을 뿐이지 모든 곳에서 분뇨 냄새가 심하게 났다. 이런 상태에서는 냄새를 상세히 분석하는 것은 아무런 의미가 없었다.

방으로 들어가면, 온갖 도구와 더러운 속옷, 식기 등이 뒤섞여 발 디딜 틈도 없이 쌓여 있었다. 그 뒤죽박죽인 곳에 빈민은 종종 동물과 함께 "파묻혀" 있었다.[61] 오두막이라기보다는 오히려 축사라고 하는 것이 적합하게 보일 정도였다. "가난한 자는 비좁은 오두막 안에 틀어박혀 있고 싶어 했다."[62] 그 뒤 이와 같은 비좁은 오두막이 공기론자들이 품고 있던 강박관념의 표적이 되었다. 학자들은 구체적인 환기 기준을 세우고 있었으므로, 그런 장소에서는 분명히 공기가 부족할 것이라고 생각했다. 그 뒤 악취는 독기의 존재를 드러낸다기보다는 오히려 질식의 위험을 나타내는 것으로 여겨져 심리를 압박했다. 이것은 심리의 중요한 변화인데, 새롭게 싹튼 경계심이 어떤 것이었는지를 알려준다.

실제로 논의는 이러한 주거의 비좁음에 주된 초점이 맞추어졌다. 잠자는 장소가 옹색했을 뿐 아니라, 안뜰과 통로도 비좁고 답답했다. 당시의 기록들을 보면, 평소 넉넉한 생활에 익숙해져 있던 부르주아의 눈에는 그러한 비좁음이 숨 막히는 듯한 느낌을 주었던 것 같다. 공기의 부족에 대한 공포심을 가지고 있었기 때문에 직공들이 바글바글 모여서 살아가는 다락방의 질식할 듯한 분위기가 더욱 강조되었을 것이다. 그래서 낮은 천장의 다락방이나 문지기가 개처럼 웅크리고 있는 수위실, 상인이 거주하는 가게 뒷방, 학생이나 점원이 사는 좁은 셋방 등이 비난의 표적이 되었다.

그런데 빈민의 숙소나 노동자의 공동주택은 훨씬 더 끔직한 상태였다. 루이 쉬발리에는 지방에서 이제 막 올라온 노동자들이 혐오스런 냄새를 풍겨서 동료들에게 따돌림을 당했다는 사실에 관한 기록을 전하고 있다.[63] 도시 노동자들은 리무쟁이나 오베르뉴에서 온 계절노동자들의 몸에 배어 있는 그 지방 특유의 냄새를 싫어하고 업신여겼다. 그것이 '차별'의 원인이 되는 바람에 농촌에서 올라온 이 노동자들은 좀처럼 도시 생활에 섞이지 못했다.[64] 마르탱 나도(1815~1898)*도 지난날을 회고하면서, 크뢰즈 지방에서 올라온 벽돌공들이 공동주택에서 악취를 풀풀 풍기면서도 무덤덤한 태도를 보였다고 새삼스럽게 화를 내며 이야기했다. 오송빌 자작 클레롱(1843~1924)이나 피에르 마제롤도 이러한 공동주택의 선반에 놓인 치즈나 돼지기름에서 풍겨나는 냄새를 비난 섞인 어조로 말했다.[65]

그나마 리무쟁 노동자들의 공동주택은 규율이 있는 편이었다. 부르주아들의 머릿속에는 어딘가 있는 빈민들의 숙소에서 밤마다 어처구

---

* 농장의 심부름 소년 출신으로 후에 혁명가로 활동하며 의회의원이 된 인물이다. 14살 무렵부터 채석공으로 일하며 글을 쓰는 법을 배웠다고 한다. 프랑스 2월 혁명에 가담하였으며, 가짜 이름으로 교사로 근무하기도 했다. 의회에 들어간 뒤에는 공공운송수단 설립 등 공공사업부분에 많은 관심을 기울였다.

니없는 혼란 상태를 보이고 있지는 않을까 하는 상상이 떠나지 않았다. 그런 집을 살펴보려고 찾아갔던 사람들은 모두 온갖 것들이 뒤섞여 있는 광경을 보고는 말문이 막혀 버렸다. 그곳에서는 오물과 오물이 사이좋게 살고 있고, 짐승 같은 행동이 버젓이 행해지고 있는 것처럼 보였기 때문이다. 그곳에 사는 사람들은 누구든 가리지 않고 태연하게 육체적 관계를 맺는다는 소문마저 있었다.[66] 빅토르 위고는 그러한 숙소인 '자크레사르드(Jacressarde)'에 사는 사람들을 묘사하면서 이렇게 말했다. "이 사람들은 서로를 알고 있을까. 아니, 그들은 상대를 냄새로 분간하고 있었다."[67]

이러한 민중의 주거에 대해서 피오리는 이렇게 썼다. "한 명이 살기에 너무 좁은 독방도, 많은 사람들이 바글바글하게 모여서 사는 넓은 방도 모두 하나같이 나쁜 영향을 끼치고 있었다."[68] 이 계층에게 병자가 있는 방은 전날의 그 습지가 다시 출현한 것이나 마찬가지였다. 의사인 스미스는, 그곳에는 적도의 밀림에 있는 늪의 조건들이 모두 갖추어져 있다고 말했다.[69] 곧 그곳에는 부패한 냄새를 뿜어대는 열기가 들어차 있고, 그 열기는 실조증과 쇠약함을 불러오는 완만한 질식의 원인으로 작용하고 있다는 것이었다.[70] 나쁜 냄새는 공기가 부족하다는 증거이고, 공기가 부족하면 노동력을 제대로 쓸 수 없게 된다. 수치스러운 게으름도 대부분은 "비위생적인 주거의 더러운 공기에서 비롯된 쇠약"에서 오는 것이다.[71] 그래서 의사와 위생학자들은 입을 모아서 '가난뱅이에게 공기를 주어야 한다'고 외쳤다. 이렇게 환기를 하고, 악취를 제거하려는 것은 경제적인 필요 때문이기도 했다. 가브리엘 앙드랄(1797~1876), 피에르 샤를 알렉상드르 루이(1787~1872), 장바티스트 부이요(1796~1881), 오귀스트프랑수아 코멜(1788~1858)과 같은 수많은 사람들이 비좁고 답답하게 뒤섞여 살아가는 생활이 끼치는 영향을 다양하게 측정하며 되풀이해서 관찰했다. 장루이 보들로크(1745~1810)에 따르면, 연주창도 잡거 생활이 원인이 되어 생기는 병이었다. 콜레라에 관한 연구에서도 "증상의 위중함이 주거의 비좁음과 거의 언제나라고 할 수 있을 만큼 밀접한 관계를 지니고 있다는 사실"[72]을 확인했다. 이 병이 "티푸스와 유사한 성격을 지니고, 치사율이 높은" 것도 주거의 비좁음이 원인이 되어 나타난 것이었다. 빌레르메도 콜레라가 빈민의 숙소에서 특히 창궐했다는 사실을 강조했다. 사람들의 밀집도가 가장 높은 집에서 사망률도 가장 높게 나타났다는 것이다.

공기의 신선도를 측정해서 사람들이 밀집해 있는 상태가 끼칠 피해를 미리 아는 데에는 어떤 물질적 기구보다도 후각이 더 낫다. 그러나 공공공간의 경우와 마찬가지로, 여기에서도 채광에 대한 관심이 높아지고 있었다. 이 영역에서도 변함없이 시각의 우위를 가져온 대전환이 시작되고 있었던 것이다. 보들로크는 컴컴한 장소는 무기력, 신체의 부어오름, 근육의 이완 등을 가져온다고 지적했다. 빛의 부족은 혈액순환에 지장을 주어 젊은 아가씨의 빈혈증을 불러온다. 장 스타로뱅스키는 이러한 빈혈증이 상상의 영역에서 차지하고 있는 위상을 강조했다.[73] 밤의 어둠은 살아 있는 것들을 슬프게 하고, 마음을 황폐하게 만든다. 그리고 어슴푸레한 빛은[74] 건강과 노동 의욕을 해치고, 성적인 도덕심을 위태롭게 한다. 그래서 미슐레도 어린아이와 아직 젊은 아이 엄마에게 "고운 햇볕을 흠뻑 쬘 기회"를 주는 것이 남편의 가장 큰 의무라고 말한 것이다.[75]

농부가 비위생적이며 땀에 찌든 고약한 냄새가 난다는 것은 이미 오래전부터 계속 이야기되어 왔던 주제이다. 〔세르반테스의 소설에서〕산초 판자가 〔농부의 딸〕둘시네아의 겨드랑이에서 분명히 냄새가 날 것이라고 상상하는 장면을 보더라도 그러한 사실을 알 수 있다.[76] 루소와 같은 시대를 살아가던 사람들이라고 해서 불만을 말하지 않았던 것은 아니다. 이미 살펴보았듯이, 투레부터 메르시에까지 도시 주변의 전원에서 풍겨오는 분뇨구덩이의 냄새는 불만의 주요 대상이었다. 농촌의 특성도 이러한 악취 혐오와 깊게 관련되어 있을 수밖에 없었다. 이미 1713년에 라마치니는 악취를 풍기는 퇴비가 가까이에 있으면 위험하다고 경고했고, 삼에서 섬유를 추출하는 작업은 그보다 더 끔찍한 악취를 내뿜고 있다고 지적했다.[77] 프리스틀리나 잉엔하우스가 이루어 낸 발견이 중시되기 전부터 수목이 가까이 있으면 위험하지는 않은지 두려워하고 있었다. 가뜩이나 흙에서 피어오르는 공기가 해로워 농부의 목숨을 위협하고 있다는데, 수목의 해로움이 그것을 더욱 부추기고 있는 것은 아닌지 걱정하고 있었던 것이다. 채소밭에 떠도는 공기도 비료가 내뿜는 악취와 뒤섞여 온갖 위험이 숨겨져 있었다. 농촌도 습지와 마찬가지로 독기를 발생시키고 있다고 여겨졌던 것이다.[78]

이 모든 것들은 (자연을 예찬한) '쥘리의 정원'이나 루소의 몽상과는 매우 동떨어져 있다. 언뜻 보기에는 서로 대립되는 두 가지 상징체계가 교차하고 있는 것처럼 여겨진다. 이러한 이중성은 뒤이은 19세기에도 계속해서 농촌에 대한 상상력이 복잡하게 나타나게 하는 요인이 되었으나,[79] 18세기에는 모순이 아직 표면적인 것에 지나지 않았다. 루소와 그의 추종자들이 예찬한 정원은 향긋한 냄새가 풍겨나는 공간으로 묘사되었다. 그 공간 안에는 농촌에 떠도는 악취도, 거기에 모여 사는 농민들의 모습도 보이지 않는다. 그저 꽃들의 그윽한 향기가 구석구석까지 짙게 풍기고 있을 뿐이다. 요컨대 마치 고독함을 위해 만들어진 것처럼 보이는 전원이다. 그곳을 찾아온 여행자의 눈을 방해하는 것이라면, 기껏해야 홀로 외롭게 서 있는 농가나 물레방아, 산속 오두막 정도이다. 아니면 작은 마을이나 양치기의 모습이 잠깐 눈에 띌 뿐이다.

농민이나 전원생활에 관한 이러한 목가적인 환상은 19세기까지 유지되었다. 회화적인 즐거움을 추구하는 여행도 그랬지만, 회화의 그림들이 특히 그러한 환상을 키우고 있었다.[80] 촉각과 후각이 끌어들여지는 의학적 실천의 일상적 접촉과는 달리, 시각으로 행해지는 민족학은 거리를 두는 것을 허락한다. 그것은 혐오감을 피하게 해주었다. 화가의 그림붓은 손쉽게 현실을 변모시켜 상징체계 안으로 편입시켰다.

그렇지만 이러한 농촌도 얼마 지나지 않아 대기의 순수함에 몸을 담그는 산꼭대기와 대립하는 것으로 여겨지면서 어두컴컴한 색조로 묘사되었다. 골짜기 밑바닥에는 사회적 발산물이 남아 있으므로 여행자는 산의 비탈진 곳에 머물러야 했다. [세낭크루의 소설에서] 오베르망은 저지대를 피하라고 말하고 있으며, [발자크 소설에서] 의사 브나시는 저지대의 집들을 헐어버리라고 했다. 이것이 전혀 터무니없는 계획만은 아니었다. 이미 1756년에 하워드가 보기에 [잉글랜드 중부] 카딩턴의 농민들은 야만인이나 마찬가지의 삶을 살아가던 '진창의 오두막집'을 보기 좋은 전원주택으로 변화시키는 데 성공했기 때문이다.[81]

발자크는 농민을 묘사하면서 그들의 악취에 노골적인 혐오감을 드러내고 있는데, 파이퍼는 그런 장면들을 찾아서 정리해 놓았다. 예컨대 다음과 같은 구절은 그와 같은 사례의 하나이다. "들판에서 살아가는 사람들로부터 물씬 풍겨난 강렬한 야성의 냄새가 식당에 가득 차 있었으므로, 감각이 예민한 몽코르네 부인은 도저히 참을 수 없었다. 그래서 무쉬와 푸르숑에게 그들이 그곳에 더 머물러 있겠다면 자신만이라도 나가겠다는 뜻을 분명히 밝혔다."[82]

발자크가 『시골의사』(1833년)와 『농민들』(1844년)을 썼을 때에는 이미 여러 해 전부터 시골에서 자욱하게 풍기는 악취가 떠들썩한 논의의 대상이 되어 있었다. 파리 위생위원회에 보고된 농촌마을의 보고서이든, 농민의 생활환경을 조사한 의학논문이든, 7월 왕정(1830~1848)이나 제2공화국(1848~1852) 시대에 취합된 조사서이든, 모두들 하나같이 위생적이지 않은 농촌 공간을 격렬히 비난하고 있었다. 그래서 당시의 프랑스 농촌을 대상으로 하는 사회사 연구들은 모두 이러한 비난의 목소리를 상당히 많은 분량으로 다루게 된다. 나도 예전에 19세기 중엽 리무쟁 지방 농민들의 비위생적인 상태에 관해 20쪽 가까운 분량으로 정리한 적이 있는데,[83] 여기에서 그러한 농촌 묘사를 자세히 다루면 아무리 요약하더라도 쓸데없이 길어질 것이다. 그런데 그러한 농촌을 연구하는 사람이라면 부르주아의 관점에 서 있는 관찰자의 수많은 말들을 아무런 의문도 품지 않고 인용하기보다는 오히려 복잡하게 뒤엉킨 이미지의 체계를 해석하려고 하는 것이 훨씬 유익한 시도일 것이다. 역사적 사실들에서 무엇보다 중요한 것은, 본질적인 것은 거의 변화를 겪지 않았을 어떤 현실이 아니라, 전통적으로 이어진 그 현실 안에서 모습을 드러낸 새로운 지각의 방식과 새로운 불관용이다. 지배계층 내부에서 일어난 이러한 감각의 변화와, 그러한 변화가 가져온 말들의 물결이 마침내 위생 혁명을 명령하고, 근대로의 길을 만들어냈던 것이다.

표상의 질서 안에서도 어떤 전복이 나타났다. 섬세한 도시 주민들이 그토록 혐오했던 진창과 오물이 농촌의 이미지를 잠식해가면서, 농민은 그때까지와는 달리 퇴비나 배설물에 익숙하고 축사 냄새가 온몸에 배어 있는 시골뜨기로 여겨지게 되었다. 반대로 공공공간의 악취를 비난의 표적으로 삼았던 도시에서는 이윽고 오물들을 (점차) 추방해서, 반세기 뒤에는 빈민들의 때를 벗기는 데에도 거의 성공을 거둘 수 있게 되었다. 이렇게 해서 도시와 농촌 공간의 관계가 뒤집혔다. 도시는 부패한 것이 없는 장소, 돈이 넘치는 장소가 되었다. 그러나 시골은 빈곤과 부패의 냄새를 뿜어대는, 배설물을 상징하는 장소가 되었다.[84] 농본주의 이데올로기[85]는 100년이 넘는 오랜 세월에 걸쳐서 농촌을 떠나 돈을 벌려고 도시로 올라온 노동자들이 받았던 대접과 도시에서 여행이나 관광을 온 사람들의 태도에 전형적으로 나타났던 농촌에 관한 표상들에 의문을 제기하기에 충분치 않았다. 도시와 농촌 이미지의 새로운 관계가 확립되려면 수도·기계장치·전기 등이 집안일에 보급되고, 생태주의자의 선동이 성공할 때까지 기다려야 했다. 그렇지만 그것은 이 책의 주제가 아니다.

7월 왕정(1830~1848)에서 농촌의 오두막에 대한 시찰을 담당했던 사람들이 정리한 보고서를 보면, 대부분의 진술들이 큰 차이가 없이 몇 개의 문구가 되풀이해서 나열되어 있다. 너무나 틀에 박혀 있어서 읽기 지겨울 정도이다. 그러한 모습은 1836년부터 이미 나타났는데, 이것은 의사인 피오리가 보고서에서 관심을 보였던 것들을 분석해 보더라도 뚜렷이 확인된다.[86] 비좁은 집, 좁은 창, 공기와 채광의 부족, 타일이 깔리지 않아 눅눅한 바닥, 유독한 연기, 가축의 분뇨 냄새와 세탁·취사를 하면서 나는 냄새가 뒤섞인 고약한 악취, 지나치게 집과 가까운 곳에 있는 축사와 목장, 아울러 그곳에서 숨 막힐 듯이 나는 부패한 냄새, 농촌을 묘사할 때에는 늘 이러한 것들이 등장했다. 이 밖에 잠잘 때 흘린 땀이 배어 있는 섬뜩한 '깃털이불'을 사용하고 있는 것이나, 사람과 가축이 함께 살면서 경쟁하듯 숨을 쉬고 있는 것, 〔육류를 가공한〕 햄과 같은 것들이 잡다하게 천장에 매달려 있는 것 등이 시찰관들에게 비난의 표적이 되었다. 그렇지만 농민의 신체가 청결하지 않다는 지적은 거의 등장하지 않았다. 시찰관들은 농촌의 동물적인 냄새에 대해 강박관념을 가지고 있었기 때문에 세련됨이 결여되어 있다는 것은 아직 문제가 되지 않았던 것이다. 이제 막 모습을 갖추어가던 규범 체계가 그렇게 빨리 농민들에까지 적용될 수는 없었다.[87] 그래서 농민에게는 단지 퇴비나 가축의 배설물을 멀리하라거나, 문과 창을 되도록 크게 열어두라는 것과 같은 요구만 주어졌다.

19세기 후반이 되면 빈민의 악취도 그다지 위협적이지 않게 되었다. 위생학의 발달과 함께 빈민들은 아직 위생학으로부터 뒤처진 채 남겨진 특정한 거주 지역으로 몰아넣어졌다. 농민들은 그 뒤로도 계속 그러했지만, 도시에서는 계절노동자나 하녀, 문지기, 프랑스 북부의 (방적공장에서 일하는 여공들인) '시럽'처럼 유독 더러운 업무를 맡고 있는 특정한 노동자들이 사람들의 혐오감을 덮어쓰게 되었다. 그렇지만 그런 혐오감도 어느새 마치 군대 동료들이 추억을 이야기하며 농담을 주고받는 것처럼, 뭔가 옛날을 회상하는 느낌으로 바뀌었다.[88] 에밀 졸라(1840~1902)의 『잡탕단지』에 나오는 뒷계단 장면도 이런 맥락에서 읽어야 한다. 느닷없이 모습을 드러낸 민중을 보고 불쾌하게 생각하지만, 민중에게 진짜로 특별한 위협을 느끼고 있었던 것은 아닌 것이다.

이처럼 바야흐로 프롤레타리아가 그 위협적인 냄새를 잃어버리면서, 실업자나 부랑자가 독특한 냄새의 소유자로 여겨지게 되었다. 공쿠르 형제는 풍뎅이의 냄새에 관해 이렇게 말했다. "경찰 관계자에게 그것은 부랑자의 독특한 냄새, 다리 아래에서 자는 사람에게 배어 있는 냄새이다. 노역형을 하는 죄수의 냄새, 갇혀 있는 죄수의 냄새인 것이다."[89] 그래서 우리는 다시 감옥으로 돌아오게 된다. 프롤레타리아의 막연한 냄새를 지각하는 것으로 시작했던 순환이 이제 한 바퀴 돈 것이다. 그 뒤로는 위협의 냄새, 학자들이 주의를 촉구하는 냄새는 인종의 냄새가 되었다.[90] 그렇지만 이것은 또 다른 역사이다.

빈민에 대한 교육

7월 왕정(1830~1848)으로 돌아가 보자. 빈민의 악취를 탐지해냈으면, 그들의 악취를 제거해야 했다. 그러려면 그들을 소독해야 했다. 중요한 것은 역겨운 유기물의 냄새를 없애는 것이었다. 그 냄새야말로 죽음의 존재를 나타내고, 그냥 두면 전에 그토록 수많은 사람들의 목숨을 앗아갔던 '뇌염'[91]이 다시 문제가 될 우려가 있었다. 뒷날 (실증주의

사회학자] 에밀 뒤르켐(1858~1917)이 엄격히 구분할 것을 강조했던 것과는 달리, 17~18세기 위생학자의 계획에는 도덕적 요구가 포함되어 있었다.[92] 특히 7월 왕정 시대에는 도덕적 의미가 도드라졌다. 민중에게서 동물적 냄새를 제거하고, 그들을 배설물한테서 멀리 떼어놓는 것은 사회의 병폐와 맞서기 위해 실행된 치료 가운데 하나였다. 악취가 해결되면 폭력도 없어질 것이라고 기대되었다. 1821년에 위생위원회에 보고하며 모레웅은 "청결함을 사랑하는 민중은 질서를 사랑하고 규율을 사랑하게 된다"[93]고 썼다. 위생은 "정신적 악덕에 대한" 특효약이었던 셈이다. 일찍이 1820년에 제랑도(1772~1842)도 밝혔듯이 "청결함은 온전하게 보전하기 위한 수단이기도 하지만, 질서와 보전의 정신을 나타내는 징표이기도 하다. 빈민의 대다수가 얼마나 청결함과는 동떨어져 있는지, 보기만 해도 한심한 지경이다. 이것은 그들이 빠져 있는 정신적인 병폐의 우려할 만한 징후이다."[94]

그로부터 20년 뒤에 몽팔콩과 폴리니에르에게는 냄새나지 않는 노동자라는 이미지가 간절한 꿈처럼 되었다. "청결·절제·노동, 이것들이야말로 깨끗한 공기와 함께 노동자계급의 안녕을 위해 필요한 기본 조건이다." 상태가 좋은 노동자의 집이란 "사치스럽지는 않지만 눈에 거슬리는 것이나 악취를 풍기는 것이 전혀 없는 것이다."[95] "노동자는 좋은 공기를 듬뿍 마시고, 생활에 필요한 물도 충분히 사용할 수 있다. 그래서 기력이 왕성해져 그때까지보다 더 열심히 돈벌이를 할 수 있게 된다. 나아가 자신의 집에 만족하면 재산이나 법률을 지키려는 마음도 커지고, 자신의 의무를 완수하려는 책임의식도 더 가질 수 있게 된다."[96] 이러한 지칠 줄 모르는 노동자는 악취를 풍기지 않는다. 그래서 폴린을 사랑한 에밀 졸라도 "가정을 꾸려나가는 그 팔뚝의 건강한 냄새"[97]를 찬미했다.

그렇지만 이 시대에는 아직 욕실은 어림도 없었으며, 신체위생은 매우 범위가 제한되어 두세 종류의 특정한 직업에만 적용되고 있었다. 다시 말해 광부나 탄가루를 뒤집어쓴 화부, 지배계층과 밀접히 접촉하는 어떤 특정한 종류의 고용인 정도에게만 목욕이 권장되고 있었던 것이다. 그리고 목욕이라고 해봐야 몸에 묻은 기름기를 닦아내거나, 찌든 냄새를 없애고, 흙을 제거하는 정도였다. 아니면 고작 "얼굴을 씻는" 정도에 지나지 않는 경우도 많았다. 그렇지만 기름에 찌든 의복에 대한 투쟁은 아무리 강조해도 모자랄 만큼 중요하게 여겨졌다. 청결함은 무엇보다도 기름때로 얼룩지지 않은, 고약한 냄새가 나지 않는 옷을 입고 있는 것을 뜻했다.[98] 그래서 그 뒤로도 꽤 오랫동안 민중에게 신체위생을 위한 요구사항으로 가장 강조되었던 것은 그들이 입고 있는 허름한 옷들을 빨아서 입게끔 하는 일이었다. 카데 드 보는 1821년에 이렇게 단언하기도 했다.[99] 민중계급의 여자들은 기름때로 얼룩진 옷과 허름한 속옷을 입고 있어서 여자다운 분위기가 나지 않고, 성적 매력도 감퇴되어 있다고 말이다.

도시에서는 '공용시설'의 불결함을 해결하고, 좁은 안뜰에 쌓여 있는 오물들을 없애는 것이 가장 시급한 과제였다. 이것은 공동변소를 반은 사적인 것으로 하는 방법, 다시 말해 같은 층에 살면서 공동변소를 이용하는 집들에 열쇠를 지급하는 방법으로 이루어졌다.[100] 이러한 계층에게 '사생활'의 발전은 무엇보다 먼저 다른 사람의 배설물과 냄새로부터 자신을 지키는 것이었으며, 배변을 집 안에서 해결할 수 있게 고안해서 갑작스런 사태로 수치심을 느끼지 않아도 되게 만드는 것이었다. 누구든 뒤섞여 함께 사용할 수밖에 없는 공동변소 특유의 상황을 제거하는 것, 문을 닫는 것, 배기구를 설치하는 것, 이러한 것들이 배변의 규율을 확립하기 위해 꼭 필요한 전제조건이었다. 이러한 규율이 있어야만 비로소 악취를 뿌리 뽑을 수 있었다. 길에서 방뇨를 하는 자가 없는지 감시하는 것도 중요한 일이었고, 그것이 문지기가 해야 할 일 가운데 하나가 되었다. 파소는 문지기는 필요하면 바깥에 울타리를 만들어 두거나 도랑을 판자로 막아도 된다고 썼다.[101] 요컨대 이러한 기획은 '공동의 것'을 점점 '사적인 것'으로 변화시켜 가는 것을 목표로 하고 있었다. 벽에 얼룩진 채 스며들어 있는 냄새를 없애기 위해 석회를 바르거나 자주 덧칠을 하는 것도 보완조치로 자주 권장되었다. 그렇지만 이러한 개선을 이루려면 물을 공급하는 회사에 가입을 해야 했다. 이처럼 여러 개의 장애가 둘러싸고 있었기 때문에 이러한 실천은 좀처럼 쉽게 보급되지는 않았다.

농촌이나 수많은 작은 마을들에서는 퇴비를 소유하고 사용하는 농민들과 지방관들 사이에 분뇨의 악취를 둘러싼 끝없는 다툼이 벌어졌다. 농민들의 저항은 거세게 펼쳐졌고, 궁지로 내몰려 가끔은 폭력적인 양상을 보이기도 했다.[102] 그리고 그 다툼은 대부분 위생학자의 패배로 끝났다. 퇴비를 땅에 묻어버리려고 아무리 애를 써도 결코 받아들여지지 않았던 것이다. 이 밖에 농가의 독기를 없애기 위해 석회를 사용하거나, 새로 창을 만들거나, 집 사이의 담장을 허물거나 하는 조치들이 추진되기도 했다.[103]

남은 방법은 이상적인 시가지를 조성하는 것이었다. 뮐루즈나 브뤼셀, 파리의 로슈슈아르 거리와 같은 노동자용 공동주택을 만드는 일이었다. 이러한 시가지의 입안자들과 빌레르메를 비롯한 위생학자들은 전략을 매우 자세히 가다듬었다.[104] 뒤섞여 살아가지 않고, 가족의 사생활을 보호하고, 복도나 계단 같은 공간에 풍기는 악취를 없앨 수 있도록 하기 위해서 논의가 되풀이되었다.[105] 그러나 위생적이자 도덕적인 효과를 노린 이런 교묘한 전략은 매우 상징적인 것이기는 했지만, 당시에는 아직 몇몇 사람들의 관심 안에서만 존재하고 있었다.

우리에게 더 중요한 것은 민중들이 사는 집을 시찰하려 했던 움직임들이다. 여기에서도 1832년의 그 끔찍한 유행병이 새로운 전략을 만들어낸 모습이 확인된다. 재앙이 발생했다는 소식이 전해지자 구역마다 위원회가 조직되었다. 그들의 임무는 구역 안의 모든 집들을 방문해서 비위생적인 것의 원인을 찾아내고, 집주인들에게 당국이 정한 여러 규칙을 지키도록 명령하는 것이었다. 위원회들은 실제로 그러한 임무를 수행했다. 뤽상부르 구역의 위원회 등은 2개월도 되지 않는 기간에 980여 채의 집을 방문했다. 파리의 행정책임자 지스케는 이러한 조직들에게서 2천 개가 넘는 보고서를 받았다고 밝히기도 했다.[106]

바다 건너 영국에서도 1848년에 위생위원회가 설치되었는데, 그 전에도 이미 민중들이 생활하는 주거지는 '주요 위생 단속 지구'[107]로 되어 있었다. 여기에서는 지구위원회가 권한을 맡았다. 런던에서는 호별 방문에 앞서서 경찰관이 돌아다니면서 보고서 항목을 정리하는 임무를 맡고 있었다. 그 보고서에는 "씻어내도록 해야 할 집, 석회를 발라야 할 집, 악취를 없애야 할 집, 안뜰이나 지하창고에 타일을 깔아야 할 집, 물을 공급해야 할 집, 배수와 환기를 해야 할 집 등 일정하게 조치를 해서 정화해야 할 집들이 유형별로 점검되어"[108] 있었다. 그리고 의사들이 적혀 있는 그 내용이 올바른지를 판단한 뒤에, 집집마다 통지서를 보냈다. 통지서를 받은 집주인들은 2주 안에 명령된 사항을 수행해야 했다. 1853년 한 해에 경찰관들은 전체 가구의 20%가 넘는 3,147채의 집을 돌아보았으며, 1,587통의 '통지서'를 집주인들에게 보냈다.

비위생적인 주거를 단속하는 법률은 프랑스에서도 오랫동안 기다려지고 있었다. 그리고 1846년부터 파리 위생위원회가 준비를 시작해서 1848년 11월 20일 파리에서 행정명령이 내려졌으며, 1850년 4월 13일에는 법으로 선포되었다. 초안을 만들었던 보그 후작의 말에 따르면, 이 법은 주거에 대한 "더욱더 빈틈없는 지도체제"[109]의 확립을 목표로 하는 것이었다. 그래서 법에 부가사항으로 첨부된 시찰카드의

견본을 보더라도,[110] 공동변소의 실태나 그곳에 자욱한 냄새를 조사하려는 준비를 이미 갖추고 있었다는 사실이 확인된다. 몽팔콩과 폴리니에르는 분명히 이 법을 환영했을 것이다. 두 사람은 전부터 동물원의 동물우리를 대하는 듯한 태도로 정부가 빈민들이 사는 주거를 감시해야 한다고 생각하고 있었기 때문이다.[111] 파소도 경찰관이 노동자의 공동변소를 시찰하고 조사서를 작성하게 해야 한다고 요구하고 있었다.[112] 그렇지만 실제로 이 법률은 거의 시행되지 않은 채 끝났는데, 이에 관해서는 모든 연구가 같은 결론을 제시하고 있다.[113]

집 안의 공기[1]

질식 공포증과 유전성 냄새

18세기 중엽부터 개인주택을 건축할 때에는 공간을 다양한 기능에 따라 나누고, 각자의 용도에 알맞은 형태로 집을 짓는 것이 추진되었다. 쾌적함을 바라는 욕구가 새롭게 높아진 것에 발맞추려 했던 것이다. 이러한 새로운 집들을 살펴보면, 아니 그보다는 건축가들의 설계도면을 보는 것이 더욱 확실하겠지만, 방들이 서로 통하도록 되어 있던 구조가 없어지고, 복도의 수가 늘어나면서 방들의 독립성이 지켜지게 되어 있다는 사실을 확인할 수 있다. 손님을 위한 접대공간과 가족이 어울려 지내는 공간도 분리되었다. [프랑스 건축가] 클로드니콜라 르두는 개개인이 통풍이 잘되는 공간에 있는 것이 육체적으로든 정신적으로든 모두 치료에 꼭 필요하다고 말했다.

이러한 집의 변화에 걸맞게 새롭게 감각의 변화를 촉구하는 요구들도 일제히 나타났다. 이미 1762년에 자캥 신부는 집에 나쁜 냄새가 가득차지 않게 하고, 부엌을 청결히 해야 한다고 강조했다.[2] 실내에서 물을 너무 많이 사용하지 않게 주의하고, 니스도 적당히 칠하고, 연기가 나지 않게 하고, 개나 고양이를 침실로 들이지 말라고 했다. 그리고 침실은 변소에서 멀리 떨어뜨려 놓고, 커튼은 열어두라고도 권했다. 자캥 신부의 책을 보면 알 수 있듯이, 오로지 19세기에만 사생활의 위생화를 추구하고, 악취를 탐지하고 제거하려는 전략이 정착해갔다고 생각하는 것은 잘못이다. 그러한 사생활의 위생화는 지배계급을 위해 매우 일찍부터 모색되어 왔던 것이다. 그러나 1832년 이후가 되자 불안감이 갑자기 커졌고, 새삼스럽게 악취가 강조되었다. 그리고 어떤 권고든 한목소리로 같은 것을 이야기해서 집단심리 안에 일어난 급격한 변화가 모습을 뚜렷이 드러냈다.

다시 말해 이러한 감수성의 변화는 더 폭넓은 목표 안에 포함되어 있었다. 그러한 목표에 따라 부르주아는 민중을 더욱 빈틈없이 감시하려고 계획하면서, 동시에 그 민중으로부터 자신을 구별하고 지키고 싶다는 마음에 사로잡혔던 것이다. '악취제거'라는 이 책의 주제는 집 안에 틀어박히려고 하는 경향, 요컨대 '사적 영역의 조성'이라는 것과 연관될 수밖에 없다. 곧 로베르 모지가 "부르주아의 행복은 자신의 집 이외의 곳에는 없다"[3]고 말했던, 이미 18세기부터 시작된 '가내화(domestication)'와 연관될 수밖에 없는 것이다. 얼마 지나지 않아 '가족위생'이 된 '가정위생'의 발전은 신체위생의 발전과 마찬가지로 공공생활로부터의 후퇴의 이면을 이루는 것에 지나지 않았다. 그것들은 사적 공간의 의료화에 의존했고, 하나의 주거양식을 만들어냈다. 부르주아는 자신의 집을 지키고, 빈민의 냄새와 그 위협으로부터 동떨어진 곳에 머무르며, 유행하는 나르시시즘의 쾌락을 맛보고, 신체의 메시지의 미묘한 맛을 즐기려 했다. 그러면서 그 뒤로는 이러한 신체의 메시지가 그때까지는 없던 섬세함을 갖춘 감정의 교류를 빚어내게 되었다.

선량한 자캥 신부의 시대 이후로 몇 개의 중요한 사건이 잇달아 나타났다. 라부아지에 덕분에 공기를 정화하는 것은 공기의 움직임이 아니라는 사실이 밝혀졌다. 일정한 공간을 전제로 하면, 새로운 공기를 갈아 넣어야 비로소 성분이 변질된 이 유체를 본래대로 바꿀 수 있었다. 따라서 중요한 것은 생명체의 양적·질적 필요에 부응하기 위해 사람들이 사는 공간에 맞추어 통풍만이 아니라 환기를 도모하는 것이었다. 그래서 개개인에게 몇 제곱미터의 공기가 필요한지, 개인의 차이에 따른 기준이 정해져갔다. '정화'는 이미 공기의 움직임이 아니라, 깨끗한 공기가 얼마나 있는가 하는 성분의 문제였으며, 공기의 유통을 조절하는 문제였다. 랑뷔토 거리를 관통하는 공사가 진행되었지만, 의사인 바야르는[4] 공공공간의 통풍이 더 나아지리라고 기대하지 않았다. 다만 그 덕분에 인근 주민들이 호흡할 수 있는 공기가 비축될 수 있을 것으로만 생각했다.

게다가 실내에서의 후각의 기능은 전과 달리 호흡이라는 생명기능과 밀접한 관계를 맺게 되었다. 7월 왕정(1830~1848)은 호흡 행위에 지그시 귀를 집중시키던 사회였다. 공기의 질에 주의를 기울이는 새로운 욕구가 생겨났고, 오염된 공간이나 짙은 냄새가 혐오되었으며, 도무지 떨어지지 않는 폐결핵이 가장 끔찍한 죽음의 병으로 여겨졌다. 그 뒤로는 천식도 올바르게 이해되면서, 그것에 빗대어 나타내는 것이 점차 틀에 박힌 문구처럼 사용되었다. 이것은 모두 주위의 공기를 두려워하고 걱정하는 똑같은 불안감에서 비롯되었으며, 학문적 권위가 그러한 불안감을 더욱 부추겼다. 루이 쉬발리에는 집단을 덮친 질식 신화가 어떻게 도시에 대한 새로운 관점을 만들어냈으며, 도시의 공간들과 그곳에 있는 건물이나 배기구가 어떻게 받아들여지게 되었는지 분석했다. 그는 안개가 그때까지와는 달리 공포감을 불러일으키게 되었다는 사실도 밝혀냈다. 델핀 게이(1804~1855)는 그것을 "사람을 오싹하게 하는 독기를 모조리 모아서 뒤섞어 놓은 것만 같은 두려움"이라고 표현했다. "증기와 연기가 뒤섞여 지면에서 지붕까지 모두 뒤덮고 있는 모습, […] 굴뚝에서 뿜어져 나온 것과 하수구에서 피어오른 것들이 뒤섞여 하나로 된 그 상태는 얼마나 끔찍했던지 목숨마저 위협할 정도였다."[5] 그 사회는 집 안에 틀어박히고 싶다는 유혹에 쫓기면서도, 한편으로는 "실내의 공기에 둘러싸이는" 것에 공포심을 품고 있었다. 그래서 둘 사이에서 번민하여, '일광욕'을 동경하면서도 빈혈증이나 신경쇠약증을 보이는 여자들을 서늘한 실내에 가두어두었던 것이다.

섬세한 감수성의 발달은 공공공간이나 사적 공간에서 '영역 침해'[6]라는 관념을 불러왔다. 요컨대 몸에서 나오는 분비물이나 분뇨가 자아의 영역을 침해하는 것들 가운데 하나로 여겨지게 되었던 것이다. 그것들은 모두 타인을 침해하는 것이었다. 곁에서 다른 사람의 냄새가 난다는 것은 점차 견디기 어려운 것으로 되었다. 프랑수아 쇼시에가 공중으로 발산되는 땀은 놀랍도록 썩기 쉬운 성분으로 되어 있다고 밝혔듯이 말이다.

사생활의 영역 안에서는 가족의 냄새도 꺼려지게 되었다. 이에 관한 경고는 1840년 무렵이 되어서야 비로소 모습을 드러냈다. 온갖 미덕을 지닌 것으로 그토록 예찬되던 가족에 위험이 숨어 있다고 경고하기 위해서는 위생학의 특별한 설명이 필요했다. 파스퇴르 이전 시기에 사람들의 심성에 생겨난 이러한 경향은 그다지 주목을 받고 있지 않았으므로 특별히 강조해 둘 필요가 있을 것이다. 병의 유전이나 〔병에 걸리기 쉬운 소질인〕 소인素因과 같은 사고방식이 불안감을 불러일으켰다는 사실에 대해서는 비교적 자세히 연구되어 있는데, 여기에서 강조하는 경향과 이러한 불안감의 출현은 같은 흐름 안에 있었다.

이미 1844년에 당시의 가장 위대한 위생학자 가운데 한 사람인 미셸 레비(1821~1875)는 독자들에게 '가족 공기(atmosphere familiale)'가 끼치는 해로움에 주의하라고 호소하면서 "가족이 내뱉은 숨"[7]에 주의를 기울여야 한다고 경고했다. 도시의 공기가 사회가 뱉어낸 발산물의 총합으로 이루어진 것과 마찬가지로 '가족 공기'는 개개인의 인간들이 뱉어낸 공기의 총합으로 이루어진다.[8] 위생학자들은 공공공간을 대상으로 되풀이해서 떠들썩하게 이야기했던 그 위협을 그대로 사적 공간으로 들여오려고 했다. 그런데 여기에서는 이미 호흡할 수 있는 공기의 양이 부족해지거나 집단 위생이 결여된 것과는 관계가 없는 어떤 특수한 위험이 나타나기 시작했다. 특별히 민중의 악취가 침입해오지 않더라도 '가족 공기'를 그 자체만으로도 의심해야 하는 경우도 있었던 것이다. 가족은 혈연으로 연결되어 있으므로 유전으로 똑같은 성질의 독기가 누적되어 해로운 영향을 끼칠 수 있었고, 그 자체만으로도 병이 발생할 위험이 숨어 있었다. 가정의 공기는 '생명의 체질'[9]에 '집단적 기질'이 배어들게 한다. 다시 말해 가족 구성원 사이에 '독기의 교류'가 끊임없이 되풀이되면서, 저마다의 가족들이 자신들만의 냄새를 지니게 되고, 나아가 '특이한 풍토병'을 지니게 된다는 것이다. 그리고 그 집의 벽에는 그러한 독기가 배어 있다는 것이다.

미셸 레비의 말을 들어보자. "이렇게 생각해 보면, 알아보려고 하는 것은 밀집 상태나 연소·조명 등으로 발산되는 가스 때문에 공기가 오염된다는 따위의 우리가 이미 알고 있는 사실이 아니다. 핏줄이 같아 똑같은 소인을 지닌 사람들은 서로 온갖 방식으로 끊임없이 영향을 끼치고 있고, 그 때문에 그들만의 특유한 공기가 만들어진다는 사실이다."[10] "한곳에 같이 살고 있으면, 함께 사는 사람들이 저마다 뿜어대는 공기가 서로 부딪친다. 그렇게 서로 공기를 뱉어내서 포화상태에 이르면 어떤 균형이 유지된다. 그리고 그러한 포화상태는 구성원들이 이미 지니고 있는 병적인 소인을 더욱 발달시키고, 없던 사람에게는 소인을 싹트게 한다."[11]

따라서 좋은 가족위생이란 구성원들이 저마다 자유롭게 자신의 공기를 내뿜을 공간을 만들어 서로 오염되지 않게 방지해서, '가정의 공기'가 끼치는 해악을 바로잡는 것이었다. 일찍이 사회에서 내뱉어진 다양한 발산물들이 뒤섞이는 것에 대한 두려움이 도시로부터의 탈출이나 집안으로의 은둔에 대한 바람을 불러일으켰던 것과 마찬가지로, 가족이 내뱉은 발산물이 뒤섞이는 것에 대한 두려움이 구성원 저마다의 사적 공간을 매우 소중히 여기는 태도를 낳았다. 가정 한복판에서 다른 사람의 발산물에 대한 혐오감이 싹텄고, 그것이 지금까지 살펴보았던 18세기 중엽에 나타난 개인화의 과정을 더욱 부추겨갔던 것이다. 그리고 이런 혐오감에서 개인의 침대가 생겨났고, 그것이 승리를 거두면서 개인의 독방이 확산되어갔다.

그렇지만 민중들에게 아직 이러한 바람은 어울리지 않는 것이었다. 나아지기를 바라고는 있었지만, 프롤레타리아의 가족은 핏줄 안에 누적된 독기의 악영향이 유발하는 병의 위협에서 벗어날 방도가 거의 없었다. 〔목이나 귀 뒷부분, 겨드랑이에 멍울이 생기는〕 결핵성 목 림프샘염에 걸린 소년과 빈혈증이 있는 소녀는 그들의 집에 떠도는 냄새의 풍경에 어울렸다. 빈민의 악취가 유전적 열등함과 같은 것으로 여겨지게 되던 것이다.

위생학자들의 요청과 새로운 감수성

새롭게 자리 잡은 사고는 가정 공간과 그곳에 떠도는 냄새에 관한 규범을 새롭게 만들어갔다. 새로운 원리를 세우려 했던 것이다. "가장 건강한 상태에 있는 집은 뭐니 해도 홀로 세워진 고립된 집이다." 1825년에 비달랭은 『가정위생론』에서 이렇게 말했다.[12] 집집마다 사회가 내뿜는 발산물의 오염을 피해야 했을 뿐 아니라, 옆에 있는 가정의 독기가 침투해오는 것도 피해야 했다. 이러한 불안감 때문에 영국

식 주택을 예찬하는 목소리가 높아지기 시작했고, 이윽고 동경의 대상
이 되기에 이르렀다. 영국식 주택은 농장으로부터 떨어져 있고, 상점
이나 상가로부터도, 나아가 사무실들로부터도 떨어져 있는 독립 주택
이었다. 아돌프오귀스트 밀은 런던에서는 한 집에 한 가족밖에 살지
않는 생활방식이 완전히 정착되어 있다고 강조했다.[13]

　깨끗한 공기가 옆에 충분히 있게 하는 것과 공기의 흐름을 조절하는
것도 매우 중요한 요구사항이었다. 그러나 이것은 상세히 연구가 되어
있으므로 여기에서 구태여 다시 자세히 논할 필요는 없을 것이다. 다
만 한 가지 언급해 둘 것은, 미슐레가 미셸 푸코보다 훨씬 먼저 이러한
위생학자들의 요구에 감시하려는 목표와 교화하려는 의도가 밀접히
결합되어 있다는 사실을 분명히 밝히고 있었다는 점이다. 미슐레는 앙
시앵레짐 시기의 귀족 저택에 관해 이야기하면서 "통풍을 쐬하는 것,
청결히 하는 것, 감시하는 것, 이 세 가지가 모두 똑같이 곤란했다"라
고 밝혔다. "복도, 통로, 비밀 계단, 좁은 안뜰, 게다가 다락방과 난간
이 달린 평평한 지붕, 이렇게 끝없이 뒤얽힌 미궁과 같은 공간은 예기
치 못한 사건이 자주 일어나기에 알맞은 장소로 되어 있었다."[14]

　실내에 고여 있는 공기를 내보내고, 방들마다 짙게 스며들어 있는
냄새를 몰아내는 것이 이제 위생학자들의 주된 과제가 되었다. 그래
서 위생지침의 작성자들은 사생활의 냄새가 고여 있는 장소를 찾아내
도록 끊임없이 독자에게 강조했다. 이러한 위생학자들의 노력 덕분에
당시 주택에 자욱했던 냄새의 실태가 어떠했는지를 알 수 있게 되었
다. 새롭게 싹튼 불안감에 내몰려 집 안의 실태를 조사해 기록하라는
명령이 떨어졌고, 그렇게 해서 엄청난 숫자의 문서가 축적되었다. 조
사서와 각서, 아니면 우연히 실상을 다루고 있는 서술들까지 포함하면
자료가 매우 풍부히 갖추어지는데, 그것들 중에 집 안의 냄새가 더욱
짙게 되었다는 확증을 주는 것은 전혀 없다. 그렇지만 그런 풍부한 자

료들 덕분에 당시 집안에 자욱했던 다양한 종류의 냄새들의 일람표를 작성해볼 수는 있다.

벽에 배어 있는 독기는 공공공간보다도 오히려 사적 공간에서 더 생생한 공포감을 불러일으켰다. 그래서 이 독기가 걱정거리로 떠올랐는데, 이것은 예전부터 있던 불안감이 새삼스럽게 다시 문제로 나타나게 된 것이라고 할 수 있다. 오히려 새로 꺼림칙한 걱정거리로 여겨지게 된 것은 눈에 잘 드러나지 않는 방의 구석진 귀퉁이나 벽 사이의 틈과 같은 곳이었다. "그런 장소는 거의 공기가 통하지 않고" 어두컴컴해서 어떤 좋지 않은 일이 벌어지고 있다고 해도 전혀 이상하지 않았다. 아이들이 자는 방에 가득 찬 냄새도 문지기의 비좁은 방에 떠돌던 냄새에 조금도 뒤지지 않았다. 계단과 복도에도 특별히 주의를 기울여야 했다. 복도는 통풍을 조절하는 데 방해가 되고 있었기 때문이다. 거기에서 공기는 고여서 냄새를 뿜어댈 수 있었고, 햇빛도 잘 비치지 않아 위험한 것으로 변질될 수도 있었다. 아니면 공기의 흐름이 지나치게 빨라져서 세찬 바람을 불러올 수도 있었다. 계단도 주의를 기울여야 했다. 계단은 집안의 악취를 끌어들이는 굴뚝과 같은 역할을 해서 잡다한 냄새가 모여들었다. 그래서 그 냄새들을 밖으로 내보내서 없애야 했다. 계단에서 농탕질을 하는 남녀의 밀회도 단속해야 했는데, 그것이 집의 구석진 곳에 따라다니는 저속함의 근원이었기 때문이다.

[벽을 오목하게 꾸며 침대를 들여 놓은] 알코브는 "원시적인 판잣집을 아무렇게나 칸막이해 놓은 것에 지나지 않는 것"[15]이어서 대부분 악취가 나기 쉬운 장소였는데, 콜레라가 유행하던 기간에는 생명을 위협하는 가장 끔찍한 장소로 여겨졌다. 그곳에 배어 있는 냄새를 없애지 않으면, 이 고요한 친밀함과 쾌락의 은둔처는 갑자기 재앙의 장소로 돌변하는 저주를 받을 수 있었다. 실제로 이 시기에는 이미 알코브에 대해서 음습한 독기를 품은 눅눅함만 주로 서술되고 있었다. 검소한 집에

서는 알코브 대신에 커튼을 사용하고 있었는데, 이것도 마찬가지로 추방해야 할 대상이었다. 다양한 가구들에 숨어 있는 공기도 주의해야 할 것이 되었고, 꼼꼼히 그 냄새를 분석해서 가구 특유의 위험성을 또렷하게 드러냈다. 옷장이나 장롱에 후터분하게 고여 있는 공기는 쥐나 벌레가 번식하기 좋은 장소를 만들었다. "게다가 옷장을 청결히 해 놓지 않으면 그곳에 고인 공기가 변질해 경우에 따라서는 썩은 냄새가 나는 원인이 되었다. 그런데도 위험이 없다고는 할 수 없었다."[16]

후펠란트는 깃털 침대가 "진짜로 독기가 고여 있는 장소이고, 1년 동안 그 위에서 잠을 자면 끔찍한 영향을 몸에 받지 않는 것이 이상할 정도"[17]라고 썼다. 존 싱클레어(1754~1835)도 깃털 침대를 악취를 빨아들여서 모으는 그릇과 같다고 말했다.[18] 샤를 롱드(1795~1862)는 깃털 침대만이 아니라 깃털로 만든 베게나 이불도 없애야 한다고 더욱 단호하게 주장했다. 그는 깃털 이불이 대체로 분비를 왕성하게 만들어 자위행위의 유혹을 불러일으킨다고 비난했다.[19] 고약한 냄새를 풍기는 나쁜 습관은 육체가 내뿜는 눅눅한 열기 안에서 길러진다고 여겨졌다. 이 시기에는 잠옷을 사용하는 관습이 보급되고 있었는데, 존 싱클레어는 잘 때 잠옷을 입으라고 권하면서도, "공기의 흐름을 방해하지 않게끔 목과 소매의 단추는 풀어 두는 것이 좋다"고 충고했다.[20]

갖가지 용도로 나누어진 방들의 특유한 냄새는 빈민의 오두막집을 나타낸 노골적인 묘사를 보면 곧바로 확인된다. 전에 비해 배설물 냄새에는 그다지 신경을 곤두세우고 있지 않았는데, 실내에서 사용되던 요강만큼은 논란을 빚고 있었다. 최악의 대상은 부엌이었다. 부엌에서 일하는 하인들은 〔그릇 등을 닦는〕 개수대 냄새에 찌들어 있었는데, 이 냄새는 이때부터 부르주아의 감수성에서 계속해서 불안의 대상이 되었다. 세기말이 되어서도 부엌에 짙게 배어 있는 복잡하게 뒤엉킨 냄새를 놓고 불만을 토로하는 소리가 끊이지 않았다.[21] 옆에 있는 방들을 오염시킬지 모를 환기구, 개수대 아래에 밀어 넣은 뚜껑 없는 쓰레기통, 이제 막 빤 세탁물에서 풍기는 눅눅한 세제 냄새, 이런 냄새들이 불결한 하녀의 몸에서 나는 냄새와 뒤섞였다. 이 모든 것들이 합쳐진, 뭐라 말로 표현하기 어려운 냄새는 부르주아의 집 한복판에 남아 있는 민중의 냄새의 잊히지 않는 상징처럼 되어 있었다.

위생학자는 개인의 독방에 대해서는 구석구석 세심하게 주의를 기울였는데, 연약한 딸의 방에는 유독 더 신경을 썼다. [발자크의 소설에서] 사랑하는 딸 세자린의 방의 구조에 주의를 기울인 세자르 비로토의 태도는 이를 잘 보여준다. 실제로 실내의 공기에는 목숨을 위협하는 냄새가 숨어 있을 수도 있었다. 베로 상점가의 어떤 환전상은 자신의 방에 자욱한 독기에 시달렸고,[22] 자다가 꽃이 내뿜은 공기 때문에 숨이 막힌 아가씨와 여자들의 수도 셀 수 없이 많았다. 문명의 발달은 새로운 위협을 만들어냈는데, 다행히 후각이 그것을 경계하는 역할을 맡았다. 예컨대 난로를 땔 때 불에 달아오른 철판의 냄새도 새로운 위협이었다.[23] 기 튀이리에는 난로를 벽난로로 넣어서 사용하는 경우는 좀처럼 없었다고 지적했는데,[24] 그러면 분명히 일산화탄소가 빠져나가기 어려웠을 것이다. 그리고 발을 따뜻하게 하려고 사용하던 화로에서 뿜어져 나오는 석탄 증기도 있었다.[25] 어떤 사람들은 이 화로야말로 영국인이 우울함을 지니게 된 원인이라고 말하기도 했다. 짐승기름으로 만든 촛불 냄새를 대신해 새로 등장한 등불용 가스의 냄새나 두 가지가 뒤섞인 냄새,[26] 집안에서 기르는 동물에게서 나는 냄새 등, 위생학자들은 이 모든 것들의 위험성을 강조하고 고발했다. 이런 비난 덕분에 갑자기 고양이의 인기가 높아지기도 했다. 고양이는 개에 비해 그다지 냄새가 나지 않기 때문이었다. 꽤 앞선 시기의 일이기는 하지만, 장피에르 샤린에 따르면 루앙의 부르주아지한테는 신발을 침실에서 멀리 떨어뜨려 두는 관습이 있었다. 잠잘 때 불쾌한 냄새에 시달리

지 않기 위해서였다.[27]

모든 병원과 감옥에 개인침대가 보급되기에는 아직 상당히 이른 시기였지만, 프티부르주아는 개인의 독방을 요구하기 시작했다.[28]

이렇게 위생학자들은 실내의 위생과 도덕성을 보장하기 위한 요구 사항을 정하려고 일찍부터 열심히 노력했다. 위대한 후펠란트가 세상에 보낸 메시지는 금세 유럽 전역으로 퍼져갔는데, 그는 하인만이 아니라 꽃이나 더러워진 직물까지 모두 실내에서 내보내라고 권고했다. 요컨대 독기를 뿜어낼 우려가 있는 것은 모두 멀리 하라고 명령했던 것이다. 특히 그는 아이들을 낮에 시간을 보냈던 장소에서 그대로 재우지 말라고 요구하기도 했다. 몇 년 뒤에 롱드는 지켜야 할 행위를 알기 쉬운 경구의 형태로 요약했다. 침실 안에 "들이마실 공기를 허비할 만한 것은 어떤 것도" 두지 말아야 한다. "내뱉은 공기를 침대 주변에 모아두지 말아야 한다. 따라서 램프·불·동물·꽃과 같은 것을 두면 안 되고, 침대와 알코브의 커튼은 모두 열어두어야 한다."[29]

위생학자들은 이 특권적인 장소에서 호흡하기 위해서는 1시간마다 12에서 20제곱미터의 공기가 필요하다고 했다. 너무 오랜 시간 창문을 열어두는 것도 삼가야 했기 때문에 분리된 그 공간은 넓을 필요가 있었다. 의사들은 길거리를 가득 채우고 있는 부패하고 비도덕적인 공기와 마찬가지로 집 안의 악취로부터 침실을 지키기 위해 애썼다.

집 안의 호흡에 신경을 쓰는, 이런 극단적이리만큼 민감한 감수성은 과연 위생학자들만의 것이었을까? 그 위생학자들은 단지 당시 사람들에게서 나타난 새로운 태도를 반영하고 보급하고 있었던 것은 아니었을까? 당시의 문학을 살펴보면 이러한 판단이 올바르다는 것을 보여주는 작품들이 적지 않다. 파이퍼는 발자크에게서 위생학자들과 똑같은 감성을 찾아냈다.[30] (『인생의 첫출발』, 『고리오 영감』, 『피에르 그라수』, 『뉘싱겐 상사』, 『자신도 모르는 희극 배우들』과 같은) 이 소설가의 작품들에서는 부엌의 공기에 관한 서술이 적지 않게 발견된다. (『라 샹트리 부인』, 『입문자』에서는) 발자크가 매우 일찍부터 쓰레기더미의 냄새나 청소가 제대로 되지 않은 방에 가득한 악취에 주의를 기울였으며, (『아첨하는 고양이의 집』에서는) '사무실 특유의 냄새'에도 민감했다는 사실도 확인된다. 독신 남자들이 뿜어대는 냄새로 오염된 사무실 공기와 같은 것은 빠르게 틀에 박힌 형식처럼 자리를 잡아 갔다.[31] (앞의 책에서) 발자크는 오래된 건물의 한 구석에 있는, 공기가 잘 통하지 않는 방에서 나는 고유한 냄새를 분간해냈다. 그리고 체온을 간직하고 있는 침대의 역겨운 냄새를 식별하는 방법도 알고 있었다. (『영생의 묘약』에서는) "먼지투성이인 낡은 벽장이나 옷장에서 풍기는, 기름 썩은 듯한 냄새"를 밝혀냈다. 그는 시체 안치실에 들어찬 냄새도 자주 분석의 대상으로 삼았다. 인간과 공간의 통일이라는 사고방식에 집착했던 발자크는 각각의 방들에서 나는 특유한 냄새와 그곳에 사는 인간의 기질을 비교해서 이해했다. 곧 그는 집안에 이어지는 병과 '가족 공기'의 특수성을 연관시켜 바라보는 위생학자들과 똑같은 사고방식을 지니고 있던 것이다.

그런데 뒤집어 생각하면, 파리와 같은 곳에는 좋은 향기로 가득한 집도 있었다는 것이 된다. (『봉급생활자』, 『아첨하는 고양이의 집』에서 표현되어 있듯이) 그런 집은 침실과 현관도 꽃들의 향기로 가득 차 있었다. (『결혼한 젊은 두 여자의 회고록』에서처럼) 물건을 넣어두는 가구도 향기가 나는 나무로 만들어졌고, 결혼을 앞둔 아가씨의 혼수품을 보관해 두는 옷장의 작은 서랍은 방에 꽃향기를 퍼뜨리고 있었다.

발자크는 약국, 무도장, 공연장, 여관, 법정처럼 거의 공개적인 어떤 장소에 감도는 냄새를 묘사해서 보여주기를 좋아했다.[32] 가장 혐오의 대상이 되었던 것은 하숙집 냄새였다.[33] 하숙집으로 들어가면, "숨이 막힐 듯이 짙고 고약한, 기름이 썩은 것 같은 냄새가 났다. 오싹하고 음울하게 코를 찌르는 냄새가 입고 있던 옷에까지 스며들었다. 식사를 마친 뒤의 방이나 조리실, 배급소, 구빈원과 비슷한 느낌의 냄새였다. 하숙인들은 늙은 사람이든 젊은 사람이든 모두들 저마다 타고난, [코와 목에서 점액을 배출하는] 카타르성 염증을 앓는 사람과 같은 고약한 냄새를 뿜어대고 있었다. 그것들이 하나가 되어 빚어내는, 가슴을 찔러대는 것 같은 냄새의 성분을 측정하는 방법이라도 찾는다면 어쩌면 그러한 하숙집의 냄새를 말로 표현할 수 있을 것이다." 이 점에서도 발자크의 생각은 위생학자들과 똑같았다.

파스퇴르의 혁명을 맞이할 때까지 방과 가구의 특유한 냄새에 민감한 이러한 감수성은 시각적인 것의 우세를 제치고 지속되었으며, 때로는 매우 예민한 모습을 보였다. 보들레르와 공쿠르 형제, 위스망스 등을 대상으로 한 다양한 연구들을 살펴보면 그러한 감수성의 추세를 확인할 수 있는데, 그것은 '공간의 영혼'[34]에 대한 탐구를 넘어서 다양한 방과 다양한 '감정상태(Stimmung)'의 조화를 추구하는 신경증적인 탐구로까지 이어졌다. [마르셀 프루스트의 『잃어버린 시간을 찾아서』에서] 작은 할아버지 아돌프의 방이나 사냥꾼의 작은 숲속 오두막에 갇혀있던 냄새는 작은 마들렌 과자나 게르망트 저택의 포장석만큼이나 강렬한 계시를 가져다주었다.[35] 그리고 그로부터 반세기가 지나면 가스통 바슐라르가 내적 공간의 감각적 구성을 분석하려 했다.[36] 여기에서 중요한 것은 후각의 계시에 관해 오랫동안 특권적인 지위를 부여했던 이러한 새로운 감수성의 형성과 그것의 계보에 관해 역사적인 연대를 확정할 수 있다는 사실일 것이다.

집 내부의 다양한 방들에 저마다 감도는 특유한 냄새는 그것이 일단 의식되면 점점 더 짙게 느껴졌으며, 그로부터 가정의 공기가 서로 불쾌하게 섞이지 않게 하려는 욕구가 생겨났다. 가정의 온갖 냄새가 뒤섞여 하나로 합쳐지려는 기세를 막아야 했다. 냄새의 혼합은 그 자체가 뒤엉켜 생활하는 것을 증명하는 문란한 것으로 여겨지게 되었다. 따라서 불쾌한 냄새를 없애고, 사적 공간을 오로지 내면에 감도는 은은한 냄새의 장소로 만들어야 했다. 그러려면 구석진 곳에 고여 있는 공기를 쫓아내야 했고, 냄새를 가려내서 가장 강한 냄새는 오염된 장소에 가두어 두어야 했다. 새롭게 싹튼 불관용의 태도는 유기체의 냄새와 은은한 향수의 향기가 뒤섞이게 용납하지 않았다. 그리고 이러한 혼합을 피하게 하는 것이 근대적인 부엌과 욕실, 변소의 역할이었다.

내적 독백에 어울리는 은밀한 장소의 확보는 개인의 방이나 손님을 위한 거실의 향기를 자유롭게 해주었다. 이런 장소 덕분에 사적 공간의 한복판에서 '후각의 미학'이 생겨났다. 은밀한 사생활의 장소를 장식하는 데 어울리는 향기의 기술이 등장한 것에 발맞추어 향수 가게도 발달해가는 조짐을 보였다. 향기의 기술과 향수 가게의 발달은 동일한 의지에 기초해 있었던 것이다. 곧 자신이 전하는 메시지에 섬세한 변화를 주고 싶다는 관심과, 개성을 나타내서 돋보이고 싶은 의지는 뿌리가 같았다. 이런 점에서 여성의 침실에 감도는 냄새의 교묘한 연출과, 그곳을 찾아온 자가 맡은 여자의 냄새를 서로 떼어서 이야기하는 것은 의미가 없을 것이다.[37]

이렇게 사람들은 개인의 방에서 악취를 제거하려고 고심했는데, 그러한 관심의 대상이 된 개인의 방이야말로 이와 같은 일련의 과정을 상징하고 있었다. 개인의 방은 뚜렷하게 은밀한 냄새의 장소로 되어갔다. 이 은밀한 장소에서[38] 사랑에 빠진 사람은 연인의 냄새를 홀로 조용히 만족할 때까지 맛볼 수 있었다.[39] 냄새의 힘을 빌려서 방은 영혼을 비추는 거울이 되었다. 눈물과 남모를 쾌락의 이 은밀한 장소에 걸맞게 고안해낸 교묘하고 섬세한 분위기로 알코브의 동물적인 관능성을 대신하려 했던 것이다.

행위와 기준

18세기 말에 선박·병영·감옥·병원은 환기와 악취제거 기술을 개선하기 위한 실험실 역할을 맡고 있었다. 우리가 이미 보았듯이 이 점에서만큼은 단절이 없었다. 다음 세기에 이곳들은 가정에 적용된 위생활동들이 구체화되고, 새로운 과학적 요구에 따라 다양한 규범들이 정해지는 장소가 되었다.[40]

먼저 하워드와 함께 그런 장소를 살펴보자. 이번에는 감옥이 아니라 베네치아의 검역소이다. 직원들이 상품을 정화하는 그곳에서는 온갖 화물이 장소를 옮겨가며 털어지거나 뒤옆어지거나 하고 있었다. 직물은 펼쳐서 털었는데, 때로는 끈에 묶어서 펼쳐 놓기도 했다. 모피와 가죽은 위아래로 흔들어 털었고, 모든 물건을 햇볕에 말렸다.[41]

다음에는 (1827년에) 샤를 롱드가 방의 청소에 관해 말하고 있는 것에 귀를 기울여보자. "시트와 같은 것들이나 직물, 매트리스, 베개는 모두 매일 흔들어 털어야 한다. 털고 있는 동안에는 통풍이 될 수 있도록 마주보고 있는 창을 양쪽 모두 활짝 열어 두는 것을 잊지 말아야 한다."[42] 매트리스는 "부패한 동물성의 물질을 없애기 위해" 적어도 1년에 1회는 두들겨 터는 것이 바람직하다. 존 싱클레어도 일상적인 청소에 필요한 행위를 열심히 정리해 놓았다. "방의 창을 열어 시트와 같은 것들이나 직물, 커튼을 신선한 공기에 노출시키고, 모든 유해한 증기를" 침대로부터 몰아내야 한다.[43]

공기를 갈고, 물건을 두들겨 털어내고, 들어올리고, 옮기고, 수상쩍은 방의 구석진 곳을 비로 쓸어내는 것, 이러한 것들이 청소 행위의 규정을 이루고 있었다. 여기에서 중요한 것은 먼지와 싸우는 것이 아니었다.[44] 그보다는 오히려 가구나 다양한 종류의 방들로부터 오염된 공기를 내보내고, 악취를 없애서, 부패를 예방하는 것이 주된 목표였다.

먼지는 거미줄과 마찬가지로 환기가 제대로 되고 있지 않다는 것을 증명하는 것에 지나지 않았다. 분명히 먼지는 수많은 과학적 연구의 대상으로 되어갔지만,[45] 그것은 먼지 안에 숨겨져 있을지 모를 부패한 물질을 찾아내기 위해서였다. 포르제가 선박에서 비를 사용하라고 권고했던 것도 손이 닿지 않는 장소에 쌓일 우려가 있던 쓰레기나 찌꺼기를 없애기 위해서였을 뿐이다.[46] 이런 점에서 시대를 착각하는 오류에 빠져서 19세기의 청소습관을 파스퇴르의 혁명이 불러온 먼지에 대한 신경증적 태도와 섣불리 연결시켜서는 안 될 것이다.

어쨌든 가장 시급하고 중요한 일은 호흡에 필요한 넓이의 기준을 적절하게 정하는 것이었다. 이미 아버스노트는 한 사람이 생명의 위협을 받지 않을 공기량의 최저기준을 측정하려 했다. 하워드도 죄수의 독방은 길이 10피트, 높이 10피트, 폭 8피트이어야 한다고 강조했다. 물론 하워드는 그것의 근거를 분명히 제시하려 하지는 않았지만 말이다.[47] 테농은 병원에서 병실의 천장 높이를 병의 성질에 따라 바꿔야 한다고 생각하고 있었다. 열이 있는 병자는 회복기의 병자보다 더 많은 공기가 필요하다는 이유에서였다.[48] 라부아지에도 1786년에 공간의 크기를 정할 기준을 만들려고 하고 있었다.[49]

19세기가 되어 오염된 공기에 대한 분석에서 진전이 이루어지자, 학자들은 '유기체와 공간의 조화'[50]에 관해 연구했다. 그렇지만 해가 갈수록 이 문제는 시시포스의 바위와 같은 양상을 띠었다. 측정기준은 불분명하지만 르블랑과 페클레는 의견이 일치했다. 그들은 1인당 1시간마다 6~10제곱미터의 공기가 필요하다고 했다.[51] 이것이 가정위생 전문가들이 파악한 공기의 필요량이었다.[52] 그렇지만 신중한 그들은 모든 과학적 측정을 제쳐두고 침실 안에서 잠잘 때에는 그보다 갑절 정도의 공기를 공급해주는 것이 바람직하다고 했다. 그리고 몽팔콩과 폴리니에르는 이를 기초로 마구간에 가둔 말들에게는 1시간에 20

제곱미터의 공기가 필요하다고 주장했다.[53]

이와 같은 공기의 기준에 기초해서 최적 공간이라고 할 만한 것이 정해졌다. 그렇지만 이것들은 여전히 불확실한 추정에 지나지 않는 것이었다. 특정한 공간 안에 들어가 있는 사람 한 명이 들이마시는 공기의 양은 통풍이 얼마나 이루어지고 있는가에 따라 달라지기 때문이다. 나아가 공기의 필요량은 사람마다 다르고, 온도와 습도에 따라서도 다르다. 그런데도 페클레는 망설이지 않고 결론을 내렸다. 그는 실내에서 고체가 차지하는 면적을 빼고 계산하면, 30대의 침대를 갖춘 병실에는 1,335제곱미터의 크기가 가장 적합하다고 결정했다. 피오리와 뒤이어 몽팔콩도 이러한 기준을 가정 공간에 적용했다.

정부는 꽤 일찍부터 위생학자들이 계산해서 정한 기준을 받아들이고 있었다. 1848년 4월 20일의 행정명령은 사람마다 40제곱미터의 공간을 제공하도록 명령하고 있었다. 같은 해에 파리의 위생위원회 안에 설치된 비위생 주택 대책위원회도 사람 한 명이나 방 하나마다 13제곱미터의 면적을 적용하는 것이 바람직하다고 권고했다. 기체물리학이 앞 세기에 활동한 위생학자들의 권고가 잘못되지 않았다는 것을 뒷받침하고 있었다는 사실에도 주의를 기울일 필요가 있다. 피오리는 방의 천장 높이가 3미터 이하여서는 안 되고, 적어도 3미터 50센티는 되어야 한다고 했다. 그렇지 않으면 머리의 위치가 "공기가 가장 희박하고 비위생적인 곳"[54]에 놓이게 된다는 이유에서였다.

사실 앞에서 살펴본 기준들은 대부분 이론적인 차원에 머물러 있었다. 프랑스는 이 책에서 지금까지 살펴본 전략을 실천으로 옮긴 사례를 폭넓게 찾아볼 수 있을 정도로는 나아가지 않았다. 그렇지만 몇몇 도시들에서는 시대의 흐름을 좇아서 전통 주택의 구조 변경이 권장되었다. 여기에는 위생학자의 다양한 명령과, 쾌적함을 추구해서[55] 집안일 하는 공간·손님을 접대하는 공간·가족이 모여 단란하게 지내는 공간 등으로 공간을 기능별로 구분하려는 의욕, 다른 사람에게 임대할 수 있는 공간을 늘려서 수익을 거두려는 의도 등이 하나로 합쳐져 있었다. 그래서 1894년 알프레드 드 포빌(1842~1913)이 본보기로 묘사한 릴 지방의 주택은 불쾌한 냄새를 쫓아내려는 온갖 방안들이 구상되고 있었다. "부엌, 세탁장, 변소는 부속 건물로 몰아넣어야 한다. 그렇게 하면 그곳에서 풍겨오는 불결한 냄새가 집 안으로 들어오지 않고, 안뜰이나 정원으로 빠져나갈 것이다."56) 같은 변화가 투르에서도 나타났다. '개인'의 비좁은 정원에 보기 흉한 새 건물을 세워서, 1층에는 부엌을, 2층과 3층에는 화장실과 세탁실을 몰아넣었다.

이런 점에서 19세기 초엽에 만들어진 몇 개의 모범 사례는 결코 가볍게 여겨서는 안 될 중요성을 지니고 있었다. 곧 그것들은 장차 폭넓게 보급될 본보기들이었던 것이다. 지배적인 경향에만 사로잡히면 혁신적 경향의 느리고 미약한 발걸음을 놓칠 수 있다. 예로부터 이어진 전통의 유지를 지나치게 강조하면서 고집스럽게 생활태도를 바꾸지 않고 있었다고 말이다. 그렇지만 역사가는 수량적인 역사만이 아니라, 예외적인 사실과 현상도 다루어야 한다. 특히 그것이 선구적인 사실과 현상인 경우에는 더욱 그렇다.

우리가 다루고 있는 이 분야에서는 영국이 주도권을 쥐고 있었다. 영국식 해결책은 매력적이었다. 그 안에 포함된 다양한 개혁들이 프랑스에서는 반발을 일으키기도 했지만, 그래도 역시 매력적이었던 것만큼은 분명했다. 영국에서는 "아무도 다음의 진실에 이견을 내세우는 자는 없었다. 곧 주거 안에서 혐오스런 냄새가 난다는 것은 […] 공공의 위생이 위협을 받고 있다는 것이다."57) 아돌프오귀스트 밀은 영국식 전략을 다음과 같은 3개의 원리를 적용하는 것으로 요약했다. 부엌과 수세식 변소에 가장 먼저 "수압이 높고, 자유롭게 수도꼭지를 돌리는 수돗물을 공급할 것", 하수도 청소부를 없앨 것, 새롭고 편리한 설비를 채용할 것, 이 세 가지가 핵심이었다는 것이다. 새로운 설비에 관해서는 프랑수아 베갱이 참으로 멋지게 연구를 해 놓았는데,[58] 어쨌든 여기에서는 물 흐름의 조절이 공기 흐름의 조절, 오물의 자동 배출이나 폐기와 함께 계획되고 있었다.

19세기 중반 무렵에 런던에서는 30만 명의 주민이 물을 공급받고 있었다. 글래스고에서는 "부유한 집들은 어느 곳이나 층마다 수세식 변소와 뜨거운 물이 나오고 샤워 장치가 있는 목욕탕을 갖추고 있었다." 몇몇 중소도시에서도 시의 재정을 투입해서 수도 설비와 수세식 변소가 동시에 설치되었다. 총체적인 정화 시설이 단번에 실현되었던 것이다. 럭비에서는 1100호마다 "700에서 750호의 집에 수도가 설치되어 있었다. 수도꼭지는 적어도 2개씩 마련되어 있었는데, 1개는 부엌에, 1개는 수세식 변소에 설치되었다."[59] 크로이턴, 워릭, 도버에서도 비슷한 설비들이 발달해 있었다.

이렇게 수십 년이 지나자 영국과 대륙 사이에는 상당한 격차가 벌어졌다.[60] 영국인에 비하면 프랑스인은 꽤 오랫동안 불결함을 아무렇지도 않게 여겼고, 물의 사용을 좋아하지 않았으며, 강한 체취에 대해서도 관대한 태도를 유지했고, 배설물이나 오물의 처리도 개인들의 책임으로 계속 떠맡기고 있었다. 그렇지만 이러한 프랑스인의 태도가 단지 뭔가 모르게 개혁을 경계하는 마음을 가지고 있었고, 영국에 비해 가난했으며, 도시화가 늦게 진행되었다는 이유에서 비롯되었다고 결론지을 수는 없을 것이다. 사람들의 행동을 지배하는 것은 신체, 생체 기능, 감각의 메시지에 대한 집단적 태도이기 때문이다. 역사가들이 이러한 신체 문화의 과거에 거의 귀를 기울이지 않아 왔던 것은 매우 유감스런 일이라고 할 수 있을 것이다.

프랑스에서는 수세식 장치가 설치되지 않았고,[61] 수도의 설치도 늦추어졌으며, 편리한 설비의 개발이 진행되지 않았다. 그래서 프랑스에서 본보기를 만들려는 노력은 오로지 통풍과 가정 안에 새로운 공간을 만드는 것에만 의지할 수밖에 없었다. 이와 관련해서 획기적인 것은 전용 방의 설치였다. 리옹 뮈라르와 파트리크 질베르망에 따르면,[62] 이 아이디어는 1827년으로 소급되는데 그해에 다르케가 출판한 『욕실 규정』에서도 모습을 드러냈다. 그로부터 17년 뒤에는 피오리가 화학자와 기술자들이 내세운 새로운 요구사항들을 정리했다. "널찍하고, 천장이 높고, 바닥에는 포장석이 깔리고, 청소가 구석진 곳까지 잘되어 있고, 천장과 바닥 부근의 통풍이 잘 되는 곳이 좋은 부엌이다." 흡기구를 "주로 사용하는 난로의 배기구에 연결해" 설치해서 "그것으로 공기가 통하게 하고, 석탄이 탈 때 나오는 발산물을 빨아들여야 한다."[63] 그리고 개수대에서 나는 냄새는 덮개를 덮어 막아야 한다.

물이 부족했고, 분뇨를 처리할 체계도 없었기 때문에, 공중변소의 설계를 맡은 위생학자들은 더 지혜를 짜내야 했다. 목표의 중요성은 잘 이해되고 있었다. 1858년 이 문제를 검토하기 위해 임명된 그라시는 위원회에 보고하며 "변소는 가장 청결한 장소여야 한다"고 했다.[64] 변소의 정화가 사적 공간 전체의 악취제거로 나아가기 위한 출발점으로 기대되는 기묘한 발상의 전환이 나타났던 것이다. 이것은 하수도 청소부를 도덕적인 노동자의 본보기로 하려고 했던 파랑뒤샤틀레의 태도를 떠올리게 한다. 빈민구호시설의 공중변소, 민중이 사는 집의 공동변소에 이어서, 부르주아의 화장실이 위생 규율을 배우기에 가장 적합한 장소가 되었다. 그라시는 "좌변기 위쪽에 선반과 같은 장애물을 설치하지 말고, 좌변기 위에 올라타는 자가 없게 하고, 좌변기라는 명칭이 가리키는 것 이외의 자세를 취하는 자가 없게 해야 한다"[65]고 말했다. 변소의 청결함은 '감시와 규율의 문제'였던 것이다.

우선 학교 교육에서 배변 교육이 행해졌으며, 그곳에서 교육한 내용이 그대로 사생활 안으로 퍼져갔다. 엄청나게 많은 문헌들이 이 문제와 관련된 기록을 남겼다.[66] 감독관과 위생학자들은 모범적으로 규범을 정하고, 장치를 선택하고, 다양한 실천을 시도해서 학생들을 가르친 교장을 표창했다. 예컨대 라 레위니옹 거리에 있는 남학교 교장은 며칠에 걸쳐서 학생들을 교육해서 좌변기 위에 올라타지 않고 걸터앉는 습관을 붙여 주었다.[67] 똑같은 요구사항이 몇 번이고 되풀이되었다. 교사는 자신의 자리에서 공중변소의 바닥에서 천장까지 한눈에 볼 수 있어야 했다.[68] 로제앙리 게랑은 여자 기숙학교에서는 규율이 더 엄격했다고 썼는데,[69] 그것은 사실이었다. 교사는 여학생들에게 최대한 소변과 대변을 참으라고 엄하게 교육하고 있었다. 숙녀다워지려면 자신의 생리적 요구를 통제해서 모든 육체적 욕구에 저항하는 방법에 익숙해져야 한다는 이유에서였다.

위생학자들은 머리를 짜내 구상해낸 설비를 권장하는 것만으로는 만족할 수 없었다. 새로운 목표는 변소를 진짜 하나의 방으로 만들어버리는 것이었다. 그래서 주거 공간에서 변기는 더욱더 중요하게 여겨지게 되었다. 변기의 장식은 날이 갈수록 사치스럽게 되었는데, 빅토리아 왕조 때의 영국과, 샤를 드 골(1890~1970)이 일찍이 지적했던 것처럼 〔빌헬름 1세와 빌헬름 2세의 재위기간인 1871~1918년의〕 독일의 빌헬름 시대에서 화려함이 정점에 이르렀다.[70] 변소를 하나의 방으로 승격시키려고 했던 이러한 놀랍고도 뜻 깊은 계획이 실현되는 과정에서는 화려함과 사치를 추구하는 경향이 나타날 수밖에 없었다. 그라시는 이상적인 변소의 이미지를 이렇게 요약했다. 수세식 변기는 빨아들이는 관이 부착되어 있는 깔대기 모양인데, 유약을 바른 도기로 만들거나, 아니면 유약을 바르지 않고 제작된 옹기에 니스 칠을 해야 한다. 〔엉덩이를 대고 앉는 부분인〕 변좌와 덮개는 손질되어 윤기가 나는 참나무 재질로 만들어야 하고, 바닥도 마찬가지이다. 옆에 소변기를 따로 설치해서 요강을 그곳에 비우게 해야 한다. 그러면 오줌의 시큼한 냄새가 집 안에 퍼지지 않게 할 수 있을 것이다. 흡기관이나 흡인 장치가 있으면 냄새를 제거할 수 있을 것이다. 어쩔 수 없는 경우에는 구덩이 상부에 배기구를 설치하면 악취를 배출할 수 있을 것이다. 변기를 하나 이상 설치하거나, "터키의 방식대로 낮은 칸막이로 나누어 구멍을 나란히 두거나 하는 것"은 모두 금지해야 한다.[71] 가장 먼저 없애야 할 것은 예전처럼 뒤섞여 함께 배변을 보아 분변 냄새가 뒤섞이는 것이었다. 이제 그것은 참을 수 없는 일이 되었다.

거듭 강조해서 말하는데, 실제로 이러한 이상이 실현된 경우는 극히 일부로 제한되어 있었다. 지방에서는 부르주아들조차도 창에서 오물더미 위로, 아니 길 위로 그대로 분뇨를 쏟아버리는 것이 여전히 가장 흔한 방식이었다. 1849년까지 르 아브르에서는 부자가 새로 세운 집에만 분뇨구덩이가 설치되어 있었다.[72] 파리에서는 거의 1세기 전부터 비난의 표적이 되었던 이 설비가 이곳에서는 진보에 속해 있었던 것이다. 리모주에서도 사람들은 20세기 초까지도 여전히 시청사로부터 100미터도 떨어지지 않은 마이뉴 광장의 하수구에 분뇨를 쏟아버리고 있었다.

근대적인 수세식 변소(water closet)보다 뒤늦게 점차 화장실(cabinets de toilette)이 등장했다. 이 책이 다루고 있는 시대에서는 간신히 19세기 말이 되어서야 제법 폭넓게 보급되어 갔는데,[73] 장피에르 샤린은 루앙의 부르주아지에게 그것은 대부분 "변기 하나와 세면용 물통을 하나 갖추고 있는 난방이 되지 않는 구석진 곳" 정도에 지나지 않는 것이었다고 지적했다.[74] 그렇지만 그는 흔히 테이블 아래에 숨겨져 있던 비데를 빼 놓았다. 이 비좁고 답답한 장소는 변기에서 뿜어져 나오는 증기와 향수의 에센스를 적신 스펀지에서 풍겨나는 향기가 뒤섞인, 숨막히는 곳이었다. 하지만 이제는 적어도 비누 냄새가 방에까지 풍기는 일은 없어졌다. 이런 화장실이 뒤늦게 출현했다는 것을 강조해 둘 필요가 있다. 분명히 화장실의 출현은 사생활의 공간이 특별한 것으로 되어간 오랜 과정에서 중요한 위치를 차지하는 하나의 징표이자, 19세기 가정공간의 역사에서 중추를 이루는 사건이었다.

화장실의 냄새 제거는 더욱 늦어져서 욕실이 보급된 뒤에야 점차 시작되었다. 그렇지만 욕실이 보급되었다고 해서 목욕 습관이 정착해가고 있었다고 착각해서는 안 된다. 그 뒤로도 상당히 오랫동안 욕실을 갖춘 것은 부유한 고급주택이나 관광용의 호텔, 고급 사창가만의 특권이었다.[75] 1900년에 알프레드 피카르가 남긴 기록에 따르면, 파리에서 욕실을 갖추고 있는 것은 집세가 높은 집에 한정되어 있었다.[76] 그런 욕실에서는 벌거벗은 채 돌아다니거나 마음 내키는 대로 몸짓을 할 수 있었다. 이렇게 아무한테도 방해받지 않고 기분 좋게 자신의 세계에 빠져들 수 있었기 때문에, 그 뒤로도 오랫동안 이 공간에는 음탕한 분위기가 감돌았다. 그리고 수도꼭지 주변에 흔히 새겨져 있던 [목욕을 하다가 제우스를 만나 헬레네 등을 낳은 스파르타의 왕비] 레다의 작은 조각상은 그러한 요염한 분위기를 한껏 강조하고 있었다.

19세기에는 몇 안 되던 이러한 욕실은 대부분 면적이 넓었고, 중후한 가구를 갖추고 따뜻하게 벽 덮개가 둘러쳐져 있었다. 그 이유는 이미 살펴본 그대로였다. 위생학자들은 대리석으로 만든 것은 너무 차갑다고 해서 철제 욕조를 권하고 있었다. 그리고 벽의 독기로부터 몸을 지키기 위해 벽 안쪽을 판자로 두르도록 충고했다. 그들은 특히 사방의 벽을 잘 막아서 습기나 눅눅한 냄새가 다른 방을 오염시키지 않게 지키는 것이 중요하다고 강조했다. 그러나 20세기 초가 되자 전통적인 모양새의 가구는 치워졌고, 배관공사가 이루어져 위생 설비들이 엄격한 순서로 고정되었다. 이는 욕실에서 냄새를 없앨 수 있게 했다. 더 시간이 지나자 "청결하고 품격 있는"[77] 질서정연한 공간이 중시되면서, 욕실은 그다지 감수성과는 관계 없는 순결한 장소로 되어갔다.[78]

3
사생활의 향기

부르주아지의 주거 안에서 '사생활'이 발달해가면서 냄새를 관리하는 방식도 새로워졌다. 여성이 무대를 섬세하게 연출할 수 있게 되면서, 향기가 강하게 나지 않게 억제하면서도 새로운 가치가 부여될 수 있게끔 신체의 메시지에 세밀한 계산이 이루어졌다. 시각의 영역에는 여전히 다양한 금기가 존재하고 있었으므로, 후각이 놀라울 정도로 중시되었다. 곧 '여성의 공기'가 '성적 매력'을 빚어내는 요소가 되었던 것이다. 그렇지만 젊은 아가씨들에게는 여전히 처녀성이 칭송되었고, 배우자의 새로운 표상이나 역할과 덕목의 이미지는 아직 노골적인 성적 도발을 허용하고 있지는 않았다. 수줍음을 잃지 않으면서도 욕망을 내보이는 것, 이것이 세련된 연애의 유희에서 후각에게 맡겨진 역할이었다. 이것은 여자와 꽃의 새로운 결합으로 뚜렷하게 선언되었다.

끊임없는 청결[1]

악취에 숨겨져 있는 위험을 줄이기 위해서 고약한 냄새가 나는 더러운 것들을 없애려는 다양한 시도들이 이루어졌다. 그리고 의학 안에서 떠오른 새로운 논의가 이러한 실천의 올바름을 뒷받침해 주었다. 라부와지에와 아르망 세갱의 업적 덕분에 피부호흡의 산물에 관해 정확하게 알 수 있게 되었고,[2] 그러면서 피부호흡을 방해하지 않는 것에 관심이 모아졌다. 브루세(1772~1838)의 생리학은 '정화'[3]의 역할을 맡고 있는 다양한 분비기관들의 위생에 세심하게 주의를 기울여야 한다고 가르쳤다. 의학이론은 신체를 각 부분으로 구분해서 파악하려는 태도를 보였으며, 이에 맞추어 '몸을 씻는 관습'이 만들어졌다. 중요한 것은 무엇보다도 손·발·겨드랑이·사타구니·생식기관을 청결하게 유지하도록 끊임없이 주의를 게을리 하지 않는 것이었다. 브루세는 강한 자극을 피해야 한다는 주장을 내세웠고, 덕분에 금속산화물이 포함된 화장품을 금지하도록 하는 움직임에 박차가 가해졌다. 감각론은 이미 그것을 비판하는 다른 주장이 등장하기 시작했는데도, 여전히 큰 영향력을 지니고 있었다. 그리고 열심히 꼼꼼하게 손을 씻어서 촉각의 민감함을 계속 유지해야 한다고 엄하게 훈계하고 있었다.[4]

육체적인 아름다움의 기준에서도 위생에 최대한 주의를 기울여야 했다. 당시에는 파르스름한 정맥이 비쳐 보이는 진주색 피부라는 귀족주의적인 이상이 아름다운 얼굴의 본보기로 되어 있었다. 퐁파두르 부인의 얼굴색처럼 티 하나 없이 새하얗게 빛나는 피부가 거의 한 세기 동안 최고의 모범으로 여겨지고 있었던 것이다.[5] 이러한 아름다움의 기준을 지키려면 남들에게 보이는 신체 부위를 씻어야 했다. 그리고 "부드럽고, 하얗고, 살이 늘어지지 않고, 포동포동한"[6] 손을 유지하기 위해 외출을 함부로 하지 않고, 밖에 나가더라도 시원한 나무그늘 아래에만 머무르거나 장갑을 껴서 보호해야 했다.

빈민의 때를 벗겨낸다는 것은 그들을 가르쳐서 현명하게 만드는 것과 같았다. 그리고 부르주아에게 몸을 씻도록 설득하는 것은 그가 자신이 속한 계급의 미덕을 익히게 하는 일이었다. 프랭클린(1706~1790)

이 말한 '지혜의 13가지 원리'*에서도 '청결'이 중용과 순결이라는 원리 앞에서 열 번째로 언급되었다.[7] "위생은 건강을 유지하고, 평소 질서와 청결함과 절제를 존중하는 관습을 익혀 정신을 배양하는 것이므로, 그것만으로도 아름다움의 정수이기에 충분했다. 그것이 지닌 가장 큰 이점은 건강한 육체를 신선하게 하고, 영혼을 순결하게 하는 것이었기 때문이다."[8] 비달랭은 경제와 청결 사이에서 생각지 못한 뜻밖의 관계를 발견했다.[9] 청결은 넓은 의미에서 보면, 식품과 의복의 낭비를 막는 것이었다. 아울러 폐기물로 버릴 것을 골라내거나 관리하기 쉽게 하는 것이었고, 때로는 폐기물을 재활용하기 쉽게 하는 것이기도 했다. 곧 청결은 손실을 막기 위한 전투에서 사용되는 수많은 무기 가운데 하나였다.[10] 이런 점에서 자신의 육체를 결코 더럽게 두지 않게 하고, 부패한 것을 만지지 않게 하며, 피부의 겉면에서 모든 분비물을 충분히 닦아 없애라고 가르치는 것은 훌륭한 예비교육이 되었다.

수줍음을 강조하는 사고방식은 신체위생의 실천을 진전시키기도 했지만 가로막기도 했다. 기묘하다고 할 수도 있겠지만, 후각은 곳곳을 에워싸고 있는 금기의 그물 안에 갇혀 있었다. 리차드 세넷은 빅토리아 왕조 시대의 부르주아지가 사람들 앞에서 방뇨를 하게 되지는 않을까 하는 불안감에 휩싸여 생리적·심리적인 혼란에 빠져 있던 것처럼 묘사했다.[11] 하지만 실제 예절규범에 관한 지침서들을 보면, 그런 것 때문에 사람들이 긴장하고 있었다는 흔적은 거의 발견되지 않는다. 그렇지만 거기에는 그때까지는 없던, 냄새에 대한 미묘한 감수성이 분명히 발견된다. 1838년 브라디 백작부인(1782~1847)은 감각이 싫어하는 일을 하인들에게 시켜서는 안 된다고 말했다. 예컨대 아플 때를 제외하고는 결코 "그들에게 신발을 벗기게 해서는"[12] 안 된다는 것이다.

---

* 벤저민 프랭클린은 자서전에서 지침으로 삼았던 13가지 덕목으로, 절제, 침묵, 질서, 결단, 절약, 근면, 진실, 정의, 중용, 청결, 침착, 순결, 겸손을 꼽았다.

이렇게 위생을 보급하려는 요인들이 다양하게 기회를 엿보는 가운데, 신체위생의 발달을 가로막으려는 움직임도 계속되었다. 우선 주거 내부의 설비가 제대로 갖추어지지 않고 미진한 상태에 머물러 있었다. 이것은 무엇보다도 의사들이 물을 마음껏 사용하는 것에 대해 불신감을 깊게 품고 있었기 때문이다. 이는 위생학자들의 말에서도 이와 관련된 금지사항이나 주의를 필요로 하는 사항들이 길게 나열되고 있었던 사실에서도 쉽게 확인된다. 몸을 씻는 일정표는 여전히 월경 주기에 맞추어져 있었다. 1개월에 1회 이상 목욕을 하라고 권유하던 전문가는 거의 없었다. 후펠란트는 1주에 1회 목욕을 하라는 대담한 처방을 내놓은 몇 되지 않던 의사들 가운데 하나였다. 미카엘 프리들란데르(1769~1824)는 함부로 목욕하는 것은 좋지 않다고 하면서도, 더 대담하게 어린아이는 1주에 1~2회 목욕을 하는 것이 좋다고 밝혔다.[13]

물에 몸을 담그는 것은 위험을 무릅쓰는 행위였다. 따라서 성별, 나이, 체질, 건강상태, 심지어 계절마다 목욕을 하는 시간이나 수온, 주기 등을 조정해서 위험을 조절할 필요가 있었다. 목욕은 청결함을 유지하기 위한 흔한 일상적인 습관이 아니라, 온몸에 큰 영향을 끼치는 행위였다. 그래서 정신의학자와, 때에 따라서는 도덕주의자들마저도 목욕에 의지하곤 했다. 이것은 목욕이라는 행위가 양면적인 의미를 지니고 있었음을 보여주는데,[14] 산부인과 의사가 불안을 품은 것도 그 때문이었다. 알렉시 들라코(1792~1860)는 매춘부가 불임증에 걸리는 것은 몸을 씻는 데 지나치게 얽매여 있기 때문이라고 지적했다. 그는 "몸을 씻는 데 열중한"[15] 나머지 어머니가 되는 기쁨을 맛볼 수 없게 된 여성이 적지 않다고 말했다. 심지어 목욕은 미용에도 좋지 않다고 했다. 지나치게 목욕을 자주하는 여성은 "대개 혈색이 나쁘고 비만인데, 조직이 발달해서가 아니라 물에 불어서 그렇게 되기 쉽다."[16] 젊은 아가씨가 지나치게 목욕을 하면 허약체질로 될 우려도 있다고 했다.

투르델은 식후나 몸이 약해졌을 때, 월경을 하고 있을 때에는 물에 몸을 담그는 것을 삼가야 한다고 지시했다. 레옹 로스탕(1790~1866)은 뇌출혈을 피하기 위해 목욕할 때에는 머리를 단단히 싸매는 것이 좋다고 권고했다.[17] 목욕탕에 들어가면 오싹 한기가 드는데, "다시 한기가 들면" 곧바로 밖으로 나가서 재빨리 몸을 닦고, 피로를 풀기 위해 잠시 벤치에 누워 있어야 한다고도 했다. 그러면 방에 습기가 들어올 걱정을 하지 않아도 된다는 것이었다.

몸을 씻는 시간을 줄이고, 자기만족의 쾌감도 막는 구실을 하는 샤워가 완전히 정착되기까지 목욕탕은 이래저래 물의를 빚었다. 벌거벗는 것이 금기처럼 되어 있었던 것도 목욕탕의 보급을 막는 요인으로 작용했다. 생식기관을 씻는 행위도 문제였다. 셀나르 부인은 여성들에게 "목욕을 마칠 때까지 눈을 감고 있어야 한다"[18]고 했다. 마치 거울처럼 물에 적나라한 모습이 비출 수도 있다는 이유에서였다. 의사인 마리 드 생튀르셍(1763~1818)은 젊은 아가씨가 목욕을 하면서 당황해 어쩔 줄 모르는 모습을 이렇게 묘사했다. "처음 목욕탕에 들어간 아가씨는 부끄러워서 얼굴을 붉히며 투명한 물 안으로 들어가는데, 지금까지 본 적이 없는 자신의 은밀한 부위가 비추어지고 있다는 것을 깨닫고는 얼굴이 더 붉어진다."[19] 이 작가는 이러한 상황을 장황하게 설명하면서, 사춘기 아가씨에게 때를 정해서 신체위생의 관습을 가르쳐 주어야 한다고 주장했다.[20] 브라디 백작부인은 이렇게 결론은 내렸다. "거주하는 곳에서 규칙으로 정해진 경우에는 그에 맞추어 목욕을 해야 한다. 그렇지 않으면 1개월에 1회 목욕을 하는 것이 적당하다. 욕조에 깊게 몸을 눕히는 것에서는 뭔지 모르게 게으르고 유약한 성향이 엿보인다. 그것은 젊은 아가씨한테 어울리는 행동이 아니다."[21]

이러한 상황을 돌아보면, 논의는 활발했지만 실천은 지지부진했던 까닭이 이해된다.[22] 사람들은 의사의 명령에 따라 목욕을 했다. 목욕하는 취미를 지니려면, 적어도 병을 치료하기 위해서라는 보증이 필요했다. 목욕이 하나의 큰 의식儀式과 같았다는 사실도 그리 놀랍지 않다. 물을 길어 와서 통이나 대야, 철제 욕조를 가득 채웠다가 다시 버리는 일은 결코 만만치 않았다. 그것은 세탁이나 계절이 바뀔 때 하는 대청소와 마찬가지로 어떤 것을 원래의 상태로 되돌리기 위한 주기성을 특징으로 하는, 가정의 중요한 관례 가운데 하나였던 것이다.

그래서 주로 나타난 변화는 몸의 일부를 씻는 관습이 확산된 정도에 그쳤다. 이것은 아직 일부 사람들로 한정되어 있기는 해도, 발 씻기·손 씻기·뒷물·반신욕이 보급되어가는 것으로 나타났다. 어쨌든 몸을 더럽히지 않으려고 주의하는 태도가 출현했으며, 몸을 씻는 주기도 변화하기 시작했다. 게다가 그것이 중요하다고 말하는 전문가들의 의견도 영향을 끼치면서, 부르주아지 안에서는 위생에 주의하는 관습을 몸에 익히려는 태도가 생겨났다.

브루세의 이론은 '배설'이라는 현상을 중시했는데, 이러한 배설의 생리학 때문에 신체의 각 부분을 씻는 데 주의를 기울이는 관습이 중요하게 떠올랐다. 아울러 도시의 위생을 위해 노력하던 사람들의 이상과 실천을 떠받치고 있었던 것도 바로 이와 같은 생리학이었다. 위생학자는 부르주아에게 신체위생의 중요성을 끈질기게 설득했고, 도시의 배설물에 대해서도 끝까지 그것을 배척하려고 노력했다. 그런데 실은 이 두 가지는 오물의 위협을 없애버리려고 했다는 점에서 똑같은 기획이나 마찬가지였다. 그것은 악취의 위험보다는 오히려 오물이 잔뜩 쌓이는 것을 두려워하고 있었던 것이다.

몸을 씻는 주기가 빨라질수록 세정에 사용되는 물약의 수도 늘어났다. 그것은 신용이 낮아진 향수를 대신해서 사용하게 된 것들인데, 몸에 활력을 주는 효과가 있다고 예찬되던 마사지를 할 때에 몸에 문지르는 용도로 사용되면서 더욱 빠르게 확산되었다. 마사지를 할 때만이 아니라, 평소 몸을 단정히 손질할 때나 씻을 때에 어떤 것들을 사용했는지는 목록으로 쉽게 확인된다. 일부러 머리에 때를 묻히는 포마드의 유행은 이미 한물간 것이 되어 있었다.[23] 이유는 분명했다. 머리의 위생을 위해 엉클어진 것을 풀고, 주기적으로 가는 빗으로 빗질을 하고, 잠자리에 들기 전에도 머리를 빗은 뒤에 따 두어야 했다. 살레르노학파가 제창한 금지령이 여전히 영향력을 행사하고 있어서 머리를 잘 감지는 않았다. 셸나르 부인도 먼지를 떨어내려면 마른 수건으로 닦는 게 좋다고만 권했다.[24] 멋쟁이 여성이 그나마 할 수 있는 일이라고는 스펀지에 비눗물을 묻혀서 조심스럽게 살짝 머리를 매만지는 정도였다. 샴푸가 쓰이게 된 것은 제3공화국(1870~1940) 때의 일이었다. 하지만 그것도 다행이었다고 할 수 있을 것이다. 그때까지도 머리에서 풍기는 냄새가 여성성의 비책 가운데 하나였기 때문이다. 여성은 향수도 함부로 사용해서는 안 된다고 되어 있었다.

구강위생도 상세해졌다. 샤롱 롱드는 입에서 고약한 냄새가 나지 않게 매일 이빨을 열심히 닦으라고 충고했다. 대부분의 사람들이 앞니만 닦고 있었는데,[25] 그는 모든 이빨을 다 닦아야 한다고 강조했다. 셸나르 부인은 좋은 향기가 나는 가루를 사용하라고 권유했다.[26]

몸 구석구석까지 위생에 주의를 기울이는 관습도 중요했지만, 체취에는 질이 좋고 청결한 속옷을 입는 것도 그 못지않게 중요했다.[27] 이에 관해서도 속옷을 갈아입는 주기가 짧아지는 변화의 모습이 나타났다. 위생학자들은 1주일에 1회는 갈아입게 하려고 노력했다. 세탁 주기가 짧아졌고,[28] 더 신경을 쓰게 되었으며, 청결한 속옷의 좋은 냄새에 민감해졌다. 그래서 속옷을 넣어두는 상자나 옷장 서랍 등에도 향수를 넣어두게 되었다. 이런 관습은 신체위생이 확산되기 훨씬 전부터 보급되어 있었으나, 위생의 관습은 그것을 더욱 촉진시켰다.[29]

그렇지만 부르주아들에게도 새로운 생활태도는 매우 지지부진한

걸음으로 정착해갔다. 화장실이 거의 없었던 것을 보면 그러한 사실이 확인된다. 비데가 폭넓게 사용된 것도 19세기가 거의 지나갈 무렵이 다 되어서의 일이었다.[30] 영국에서 들여온 욕조를 사용하는 것은 오랫동안 〔고상한 척하거나 잘난 체하는〕스노비즘의 징표였다. 1900년의 시점에 서도 파리의 부르주아들은 대부분 이따금 족욕기에 발을 담그는 것만 으로도 여전히 만족스럽게 생각했다.[31] 경매물품의 목록을 보면, 당시의 의사들은 반신욕을 하기 위한 욕조를 꽤 갖추고 있었던 것 같다. 그 것은 그들이 위생을 촉진하는 임무를 지닌 선봉대였기 때문이다.[32]

이런 시기였기 때문에 지배계층도 낯선 생활습관을 민중에게 강요 할 수 없었다. 그래서 민중은 여전히 기름에 얼룩지고 고약한 냄새가 나는 생활에서 벗어나지 못했다. 공중목욕탕의 타락하고 비도덕적인 혼욕을 무릅쓰지 않는 한은 말이다. 기 튀이리에의 지적에 따르면, 니 베르네 지방에서 신체위생과 관련된 관습이 폭넓게 정착한 것은 1930 년 이후의 일이었다.[33] 그때까지 학교와 병영, 체육클럽에서 이루어진 훈련은 단지 외양에만 집중되어 있었다. 빗을 사용하는 것을 둘러싸고 벌어진 싸움이나, 관습적으로 교사가 위생을 지도하기 위해 순회하던 양상, 푸예 부인(1833~1923)이 『두 어린이의 프랑스 순례』에서 하고 있는 다양한 충고들에서도 그러한 사실이 뚜렷이 확인된다.[34]

그러나 몇몇 특정한 장소들에서는 부르주아들의 기획에 따라서 다 듬어진 규범들이 빠르게 적용되고 있었다. 이 경우에도 감옥은 기숙사 와 함께 실험실의 역할을 맡고 있었다. 감옥에서는 새로운 요구들을 반영한 듯한 선구적인 실천들이 다양하게 이루어지고 있었다. 1820년 이 되자 빌레르메는[35] 죄수들의 머리카락을 똑같이 자르고, 아침마다 얼굴을 씻게 하고, 손은 하루에 여러 차례, 발은 매주 씻기라고 요구했 다. 나아가 그는 1주일에 1회씩 죄수들을 대상으로 위생검사를 실시 하라고 했다. 그는 당국이 새로 수감된 죄수의 몸을 씻기고, 머리를 짧게 자르는 것을 규칙으로 정하기를 바랐다. 한 세기가 지난 뒤에 위생학자는 학교의 아이들에게도 똑같은 것을 요구했다.

부르주아지의 갓난아기에게 젖을 먹이러 '방문하는' 유모들도 위생 규범을 따라야 했다. 그것은 분명히 양육을 맡긴 가정에서 지키던 규범보다도 더 까다로운 것이었다. 의사들은 이러한 유모들에 대해 하루에 한 번은 목욕하고, 입과 가슴과 생식기관을 매일 씻는 것을 의무로 정하라고 권고하고 있었다.[36] 정확히 확인할 수는 없지만, 이 여성들이 자신들의 집으로 돌아가 어느 정도 영향을 끼치지는 않았을까?

시골에서는 냇가에서 미역을 감는 것이 유일하게 몸을 씻는 관습이었다. 전통적으로 불결한 이 계층을 위생학자들이 정한 규칙들이 만들어낸 지배적인 가치와 상징체계에 편입시키려면, 물을 지배하는 문제를 먼저 해결해야 했다. 이에 관해서는 아직 연구가 그다지 진행되어 있지 않지만, 19세기 중반에는 두드러진 진전이 나타났다는 사실만큼은 확인된다. 이 점에서는 미노 마을에서 있었던 일이 참고할 만한 좋은 사례이다. 그곳에서는 물을 사용하는 장소를 새롭게 정비해서, 공동체 안에 가축에게 물 먹이는 곳, 빗물 저장소, 참나무 저수조, 세탁장, 급수장 등과 같은 복잡한 물의 이용 체계를 갖추어갔다. 그래서 1875년 무렵에는 마을의 물 관리 체계가 어느 정도 완성되었다.[37] 마을 여자들의 사교 공간도 더는 사용하지 않게 된 우물가를 벗어나서 새로운 작업 공간들을 중심으로 바뀌었다. 동시에 가정위생과 신체위생의 전략이 시작되었고, 물론 똑같이 지지부진한 걸음걸이이기는 했으나 도시에서 가다듬어진 복잡한 전략이 잇달아 펼쳐졌다. 이처럼 농촌지역에서도 물길을 통제하는 것으로 일상의 다양한 행동을 규제하는 새로운 기구가 창출될 수 있었던 것이다.

후각과 우아함의 새로운 표상

7월 왕정(1830~1848) 시대로 접어들자 〔겉치레와 허세 따위로 멋을 부리는〕댄디즘을 뽐내는 사람이나 '남색가'가 아닌 한, 점잖은 신사는 이미 향수를 사용하지 않게 되었다. 기껏해야 희미하게 담배냄새를 풍기는 정도였지만,[38] 그마저도 여성이 담배냄새 때문에 고통을 받지 않게 언제나 주의를 기울여야 했다.[39] 유행이나 의상을 연구한 역사가들이 훌륭하게 밝혀 놓았듯이 남성이 자기를 과시하듯 드러내는 시대는 이미 끝나버렸던 것이다. 잘 알려져 있듯이 남성의 멋은 이런저런 섬세한 차이들로 더욱 풍부해졌지만, 이렇게 완성된 멋의 새로운 전형은 이미 향기로운 분위기에는 그다지 눈길을 두지 않고 있었다. 곧 냄새를 강하게 내지 않는다는 것이 평소에 늘 위생에 주의를 기울이고 있다는 증거가 되었고, 바로 그것이 좋은 취향인지를 판단하는 근거로 여겨지고 있었다. 청결함을 상징하듯이 속옷에서만 은근하게 풍기는, 있어도 괜찮은 냄새, 이것이 냄새나지 않는 부르주아임을 나타내는 징표였다. 따라서 부르주아에게는 이미 체취를 감추기 위한 짙은 향수 따위는 필요치 않았던 것이다.

그 대신 이미 알고 있듯이, 여성이 남성의 깃발이 되었고, "남편이 생산한 재물의 의례적 소비의 담당자"[40]가 되었으며, 아버지나 배우자의 지위나 재산을 상징하는 사명을 지니게 되었다. 그 뒤로는 공들여 만든 옷감이나 현란한 색감, 과시하는 듯한 화려한 아름다움은 여성만의 것이 되었다. 그것들은 낭비의 징표였고, 그러한 낭비야말로 노동과는 무관한 여성의 높은 지위를 뽐내는 것이었기 때문이다.

후각의 영역에서도 우아함의 전형은 더욱 세련되어졌다. 19세기 말까지 사람들에게 허용되었던 향기의 범위는 매우 좁았다. 어느 정도 유행의 흐름은 있었지만, 상류사회는 마리 앙투아네트의 궁정에서 정한 미학을 지키고 있었다. 특히 7월 왕정 시기에 의사들이 장려했던 냄새의 위생은 향기의 메시지가 섬세함을 벗어나지 않는 것이었다. 향수는 자연의 은은한 향기로 제한되었고, 사향·용연향·사향고양이향과 같은 동물성의 강한 향기는 피하라고 권장되고 있었다.[41]

이처럼 섬세함이 선호되고 요구되면서 미용술도 아름다움과 '우아한 청결함'[42]을 일치시키는 것을 목표로 새롭게 바뀌었다. 그것은 (흰 것이든 붉은 것이든) 연지나 가루분을 사용하지 않게 되었고, 포마드도 필요 이상으로는 사용하지 않게 되었다는 사실에서도 확인된다.[43] 에티엔 투르텔은 위생과 유행의 새로운 요청을 이렇게 멋지게 정리해서 나타냈다. "청결을 지키기 위한 물약과 때를 씻어내고 피부를 부드럽게 하기 위한 기름이 진짜 화장품이다. 유분이 섞인 여러 가지 묽은 액체, 신선한 유지방, [향유고래에서 얻는] 고래왁스, 식물지방, 카카오 기름, 비누, 아몬드 페이스트 등이 그와 같은 것들이다." 그는 특히 "금속산화물은 결코"[44] 사용해서는 안 된다고 덧붙였다. 피부에 공기가 통하게 숨구멍을 열어 두려면 안료나 연고로 덮지 말아야 했다. 그렇게 해서 여자다운 냄새가 퍼지게 하는 것이 중요했다.

모든 관찰자들이 한목소리로 향수가 유행하지 않게 되었다는 사실을 알려주고 있다. 외젠 리멜(1820~1887)과 같은 거물급 전문 조향사들은 모두 이러한 상황을 한탄했다.[45] 멋쟁이 여성들도 더는 집안으로 조향사를 불러들여 향수를 만들지 않았다. 향기를 섬세하게 분간할 수 있게끔 코를 훈련시키는 영역이었던 조향 작업이 모습을 감추어갔던 것은 명백한 사실이었다.[46] 1860년에 루이 클레는 목욕용 향수를 사실상 제조하지 않게 되었다고 밝혔다.[47] 가루분을 사용하지 않게 되면서, 머리카락에 향수를 사용하는 문제를 놓고도 오랫동안 논쟁이 계속되었다. 이 문제에 관해서도 남달리 멋을 부리는 여성만이 과감하고 대담한 모습을 보이고 있었던 것 같다.[48]

젊은 아가씨는 향수를 사용하지 않는 것이 좋은 취향이 되었다. 향수를 써서 노골적으로 남자의 마음을 자극하는 모습을 보이는 것은 수줍은 처녀에게는 있을 수 없는 일이었다. 그것은 짝을 찾고 싶다는 속내를 공공연히 드러내는 것이나 마찬가지로 여겨졌다. 게다가 향수를 사용하는 것은 앳된 아가씨에게만 주어진 좋은 기회를 함부로 버리는 일이기도 했다. 아직 남성의 정액으로 더럽혀지지 않은 청결한 몸에서만 나는 냄새를 일부러 없애버릴 필요는 없었기 때문이다. 아무리 연한 향수라 해도 필요치 않았다. "처녀가 내뿜는 꽃박하의 달콤한 향기는 아라비아의 모든 향수를 모아놓은 것보다 더 달콤하게 사람을 취하게 한다"[49]고 여겨지고 있었기 때문이다.

어떤 경우에도 향수를 피부에 바르는 식의 행동은 하지 말아야 했다. 단지 (장미·질경이·누에콩·딸기 등을 증류한 액체를 사용해서 만든) 향기로운 화장수나 오드콜로뉴와 같은 것들만 허용되어 있었다.[50] 몸이 닿지 않게 주의하는 예절이 어느 때보다 강하게 지켜졌다. 이러한 예절이 강조되면서 몸을 꾸미는 장식품들의 숫자도 줄었고, 크기도 작아졌다. 옷장에 은은한 향기가 감돌게 하고, 그 향기가 속옷에 깊게 스며들게 하는 것은 좋은 취향이었다. 하지만 몸을 씻을 때 사용하는 천을 향수로 적시는 것은 어느새 좋은 취향으로 여겨지지 않고 있었다. 마음을 설레게 하는 달콤한 향기는 오로지 손수건[51]을 비롯한 몇몇 물품들에만 허용되었다. 곧 무도회에 가지고 가는 작은 꽃다발을 싼 레이스나 부채와 같은 것들이었는데, 특히 관능을 부추겼던 것들은 장갑과 [손가락 끝이 밖으로 나오는 여성용] 목 긴 장갑, 실내화였다.

그러나 이러한 새로운 금기들에는 만족스러운 보상이 주어졌다. 향수는 친숙한 물건들에 스며들었고, 그 냄새는 여자의 매력을 멀리까지 퍼뜨리고 확인시켜 주었다. 그것들은 후각의 보석상자가 되어서 여성의 향기를 알 수 있게 하고, 돋보이게 하는 임무를 맡고 있었다. 요컨대 화해하기 어려운 것을 화해시키는 사명을 지니고 있었던 셈이다. 거리를 두는 것이 결국에는 유혹에 도움이 되었다. 이 얌전하지 않은 수줍음은 에로티시즘의 편에서 작용했다.

이러한 복잡한 의도를 생각하면, 동물성 향수가 쓰이지 않고 꽃향기가 인기를 끌게 된 것이 매우 자연스러워 보인다. 몸의 냄새와 경쟁하지 않는 꽃향기로 여자와 꽃의 기묘한 공모가 이루어진 것이다.

1838년에 샤를 롱드는 이렇게 밝혔다. "아침 햇살이 가져오는 자연의 향기, 후각은 여기에 쓰여야만 한다."[52] 브라디 자작부인은 타협적인 의견을 밝혔다. "일부러 조합한 향수는 쓰지 말라고 했지만, 자연의 꽃들이 내뿜는 향기라면 육체에 아무런 해를 끼치지 않는 한 매우 훌륭하다."[53] 이렇게 당시에는 얼마나 자연적인 것인가가 우아함을 결정하고 있었다. 향수보다 폭넓게 허용되어 있던 화장수와 향수의 목록을 나란히 놓고 살펴보면, 제2제정(1852~1870) 중반까지는 어떤 변화도 없이 똑같이 유지되었다는 사실이 확인된다. 1860년 무렵이 되자 향수제조업자들이 제품의 질을 높이려는 노력을 시작했는데, 손수건에 뿌리는 향수에 사용된 기본적인 에센스의 종류는 여전히 많지 않은 숫자였다. 외젠 리멜에 따르면 장미·재스민·오렌지 꽃·아카시아·제비꽃·월하향이라는 여섯 가지가 밑바탕이었다.[54] 이 여섯 가지 향료를 바탕으로 어떻게 조합할지를 고민해서 다양한 '향기의 다발'을 만들어내는 것이 향수제조업자들의 솜씨였다. 포마드를 만들 때에는 황수선·수선화·물푸레나무·라일락·산사나무·고광나무 등도 사용되었다. 어느 누구도 이러한 상황이 이론가들의 명령이 엄격했기 때문이라고는 단정할 수 없을 것이다. 오귀스트 드베이(1802~1890)가 1861년에 지적했듯이, 파리의 조향사들이 "강렬한 향기, 어질어질하게 신경을 자극하는 향기를 멀리하고 […] 상쾌한 향기의 향수만 만들려"[55] 하고 있었기 때문이다.

강한 향기를 피하려고 하는 이러한 경향이 그 시대 사람들에게는 합리적인 것으로 받아들여지고 있었다. 의사들은 18세기 말에 벌어졌던, 곧 동물성 향수가 신용을 잃고 부패물질로 여겨지게 되었던 해묵은 싸움을 계속해서 벌여갔다. 그리고 그들은 동물성 향수가 거의 사용되지 않게 된 것을 좋은 일이라고 반겼다. 호흡에 관한 올바른 위생학을 세워야 한다는 생각이 확산되었고, 그것만으로도 동물성 향수에 대한 경계심은 더욱 높아졌다. 정신의학이 발달하면서 동물성 향수를 몸에 뿌리면 심리적인 혼란이 발생될 수 있다는 우려도 커졌다. 이미 1826년에 의사인 레옹 로스탕은 "향수의 남용이 온갖 신경증을 불러온다"[56]고 하면서, "히스테리·건강염려증·우울증이 그러한 신경증의 가장 흔한 사례"라고 밝혔다. 그는 특히 빈혈증이 있는 젊은 여성들에게서 그런 위험이 심각하게 나타나는데, 임신한 여성과 마찬가지로 그런 여성들은 후각착오증이나 심지어 악취환각증에 시달릴 수도 있다고 말했다. 의사인 오브리는 그런 젊은 여성을 대상으로 연구한 논문에서 그들이 "뿔이 타는 냄새와 같은 고약한 냄새들을 견딜 뿐 아니라 열렬히 찾기까지 한다"[57]고 밝혔다. 이는 그 자체만으로도 빈혈에 시달리기 쉬운 젊은 여성들에게 향수를 사용하지 말고 권할 충분한 이유가 되었다.

의학에서 사용한 말들을 살펴보면, 명료하지는 않지만 암묵적으로 숨 막히게 강한 향기는 부도덕하다는 인식을 가지고 있었다는 사실이 확인된다. 그것은 특히 여성을 대상으로 경고하는 말들에서 뚜렷한데, 파스퇴르의 혁명이 시작되자 그에 발맞추어 공격은 급격히 거세졌다. 향수로 사람을 유혹하거나 "품행이 좋지 않은 선정성"[58]을 드러내려 하는 것은 "타락하고 불건전한" 교육의 증거로 여겨졌다. 그런 행위는 신경을 일부러 자극하고 〔남성의〕 '여성화'를 불러와 음란한 성향을 부추긴다는 것이었다. 타르디외(1818~1879)는 '쿵쿵이들'을 측은한 '성도

착자'의 긴 목록에 포함시켰다. 그야말로 탄력을 회복시키고 소독 효과가 있는 화장수의 전성시대였다.

이러한 정신의학의 전략의 영향으로, 부패에 대한 두려움 때문에 강한 향수에 이의를 제기했던 시대에 비해 교화적인 성격이 훨씬 강해졌다. 그 덕분에 향수의 사용 하나만 봐도 알 수 있듯이, 이폴리트 클로케의 방대한 저작이 출간된 뒤로는 조금 정체된 상태였던 후각생리학도 다시 활발해졌다. 경험론적 심리학이 후각에 대해 새삼스레 관심을 보이기 시작한 것도 바로 이 무렵이었다.[59]

그렇지만 모든 일이 그렇듯이 사정이 그리 간단치만은 않았다. 자연적인 냄새가 예찬되고, 자극적인 동물성 향수가 고집스럽게 기피된 시기가 오래 지속되었다는 사실은 분명히 다른 의미도 지니고 있었다. 그러한 세련된 후각의 태도는 사회심리에 관해서도 많은 것을 알려주는데, 여기에서는 일단 지금까지 자세히 살펴보지 못한 몇 가지만 지적해 두려고 한다.

로베르 모지는 부르주아들에게 부는 존속하기 위해 필요한 것이었다면서, "부르주아는 과시하기 위해 자신의 부를 사용하려 하지 않는다"[60]고 썼다. 이것만 놓고 보더라도 낭비의 상징인 향수가 왜 적대시되었는지를 알 수 있다. 덧없이 사라지는 향수는 수량을 중시하는 정신을 경시하는, 용납할 수 없는 손실의 징표였기 때문이다. 그러나 사실을 돌아보면, 19세기의 부르주아들에게는 이러한 논의가 그다지 적합해 보이지 않는다. 좀바르트(1863~1941)가 지적했듯이, 19세기의 부르주아는 이미 쾌락과 감각적인 모든 것을 적대시한 채로 단순히 의무만 완수하려는 인간이 아니었기 때문이다. 그들은 자신들의 지위를 인정받고 싶다는 생각에서 혈통을 동경했고, 귀족적인 방탕함을 부러워하면서 그것을 따라 하기 시작하고 있었다. 날이 갈수록 부르주아들은 사회 안에서 본능을 억제하는 인간을 대표하지 않게 되었다. 오히려 그들이야말로 사치를 과시하려는 욕구에 새롭게 불을 지핀 장본인들이었다. 어느새 〔18세기 이후 상류계급의 저택들이 새롭게 들어선〕 앙탱 거리의 유행이 그 눈부심으로 〔그 이전까지 상류계급의 주거지였던〕 생제르맹 거리의 수줍은 매력을 가려버렸다. 따라서 상황을 제대로 이해하려면 앙탱 거리의 편에서 생각해볼 필요가 있다.

7월 왕정(1830~1848) 중반까지 좋은 예절의 기준을 결정한 것은 앙탱 거리였다. 지금까지 많은 사람들이 이 일대에 단순한 것을 찾으려는 새로운 경향이 어떻게 정착해갔고, 그것이 어떻게 우아함의 규범으로 자리를 잡게 되었는지를 분석했는데, 특히 필리프 페로는 그 작업을 멋지게 수행했다. 왕정이 부활한 뒤로 사회적인 위계는 더 세분화되고, 상징도 더 복잡해졌으며, 전혀 예상치 못한 구획선이 나타났다. 청결함에 주의를 기울이는 새로운 습관이 부유한 자와 가난한 자를 나누었고, 부자들의 세계는 외부에서는 도저히 알기 어려운 상세한 온갖 규범들로 더욱 세분화되었다. 후각의 메시지에 섬세한 것이 선택된 것도, 다양한 사회적 차이들을 만들어낸 이러한 복잡한 전략 안에서 그것이 일정한 역할을 맡고 있었기 때문이라고 할 수 있을 것이다.[61]

그렇다면 우아함을 예찬하던 이 사회계층이 유독 꽃향기를 선호하고 동물성 향기를 기피했던 것도 '왕정의 부활'에서 비롯된 현상으로 해석할 수 있지 않을까? 그러한 경향은 앙시앵레짐 말기의 유행으로 돌아가는 것과 현란한 멋쟁이들에 대한 반감을 나타내고 있기 때문이다. 곧 반혁명의 상징이었던 '왕당파 멋쟁이'까지는 아니더라도, 적어도 과거의 그 '화려한 장신구를 한 멋쟁이여자'들과 통령정부 시대의 출세한 멋쟁이들을 향해 등을 돌리는 태도를 보이고 있다. 나아가 제정시대의 궁정에서 인기 있던 화려하고 아름다운 의상을 거부하려는 태도도 엿보인다. 그러나 유행은 매우 다양한 요소들이 복잡하게 뒤엉켜 있기 때문에 때로는 상반된 학설들이 모두 자신의 입맛에 맞게 그것을 해석할 수도 있다. 따라서 유행에 대한 해석보다는 다른 원리에 기초해 그것을 이해하려는 편이 더 확실할 것이다.

　19세기에는 여성의 미덕들 가운데에서 '수줍음'이 유독 절대적으로 강조되고 있었다. 화장이 금지되거나 짙은 향수가 혐오된 것은 도덕·시각·미학과 관련된 복잡한 상징체계의 일부를 이루고 있었다. "꾸밈이 없는 청결함, 몸과 마음의 자연스런 매력과 우아함, 명랑함과 수줍음, 이러한 것들이 아름다움을 꾸미는 가장 효과적인 방법이었다."[62] 거칠어진 육체에서 풍기는 칙칙한 냄새나 강렬한 향기, 사향 냄새가 나는 가루분 등은 매춘부의 침실이나 유곽에나 어울리는 것이었다. 역설적이게도 그러한 매춘부는 우아함을 더욱 또렷하게 정의할 수 있게 해주는 역할을 맡고 있었다.

　자연스럽고 은은한 향기를 내뿜는 '여자-꽃'이라는 상징주의가 점차 확산되었는데, 여기에는 충동을 억압하려는 강한 의지가 작용하고 있었다. 은은한 향기는 청결한 몸이라는 이미지를 떠올리게 했고, 몸은 영혼을 비추는 거울이었다. 이것도 동물성의 위협을 누그러뜨리고, 여성이 지닌 욕망을 억압하려는 커다란 전략이었다고 할 수 있을 것이다. 여성은 장미이고 제비꽃이고 백합이니, 어떻게든 사향 냄새를 풍기는 고양이와 같은 동물만은 되지 말라는 것이었다.[63] 이렇게 해서 여자에 관한 말들에서 꽃의 이미지가 우위를 차지하게 되었고, 동물 계통에서 빌려온 이미지는 버려졌다. 이처럼 우위를 차지한 식물 계통 안에서도 들과 밭에 청결히 핀 꽃들이 주된 상상력의 원천이 되었다. 열대의 덩굴풀이나 이국의 식물, 유독한 꽃들과 같은 것들에 마음을 빼앗기는 이국 취향은 아직 먼 미래의 일이었다. 앳된 여성을 둘러싸고 자라난 이러한 달콤한 상징주의는 터무니없는 것으로 여겨지고 있었기 때문인지, 오랫동안 연구대상으로 다루어지지 않고 등한시되었다. 거기에는 집요하리만치 정성을 기울여 여성을 신성화하려는 기도가 숨겨져 있었기 때문이다. 여성은 마치 성모 마리아의 제단을 장식한 꽃들처럼 아름답게 피어났고, 성체의 축일에 제단을 장식한 꽃의 모습처럼 꾸며졌다. [세례를 받은 뒤 처음으로 하는] 첫 영성체를 장식한 꽃의 사랑스런 향기처럼 여성이 지니고 있는 온갖 미덕들이 향긋하게 풍겨와 생명을 깨끗이 해주었다. 그러면 어느새 몸과 마음을 어지럽힌 동물성의 위협은 두려워하지 않아도 되었다. 여기에서는 순결에 대한 설교들이 의학적 담론보다 더 중요하게 작용했을 수도 있을 것이다.

신체 메시지의 정교한 계산

그렇다면 중요한 것은 '수줍음(pudeur)'이 무엇을 뜻하고 있었는지, 그것의 의미를 자세히 들여다보는 일일 것이다. 무슨 말이든 새초롬한 태도를 보이면서 노골적이지 않게 유혹하는 것, 갑작스럽게 마음의 흔들림을 고백하고는 부끄러움에 볼을 붉히는 것, 알지 못하는 사이에 혹시라도 어떤 잘못을 저지르지는 않을지 끊임없이 신경 쓰는 기색을 보이는 것, 이러한 태도는 매우 정교한 성적 전략을 나타내고 있다. 섬세한 향기의 메시지라는 것도 그러한 전략의 하나는 아니었을까?[64] 젊은 여성의 몸에서 풍기는 자연스런 냄새와, 어렴풋하게 한 옅은 화장은 유혹의 올가미 중에서도 가장 관능적인 것으로 받아들여지고 있었던 것은 아닐까? 드베이는 이러한 '수줍음의 관능성'을 이렇게 짧게 요약했다. "향수는 진짜로 상쾌하고 은연중에 후각에 작용할 수 있게 만들어야 한다."[65]

이러한 커다란 전략 안에서 후각은 새로운 역할을 맡게 되었다. 사랑스런 향기의 유혹은 노골적인 도발보다 수줍으면서도 느낌이 더 풍부했다. 그래서 나체의 매력보다도 더 마음을 흔들었다. 그야말로 모호함으로 사람을 유혹하는 것이었다. 향기의 유혹은 겉으로는 무심한 척하는 장점을 지니고 있었다. 몸을 감싸고 있는 옷은 슬며시 몸의 굴곡을 숨기고 있는 것 같지만, 실제로는 그것을 노골적으로 드러내고 강조했다. 이에 비하면 향기로운 몸에서 은은하게 발산되는 사랑의 메시지는 그나마 수줍음에서 벗어나지 않는 것이라고 할 수 있었다.

사교계의 관습이 변화한 것에 맞추어, 아니면 그보다 앞서서 후각의 학문적 표현도 변화해갔다. 개개인이 저마다 다른 냄새를 풍기고 있다는 사실이 이때만큼 주목을 받은 시대는 없었을 것이다. 박식한 장피에르 바뤼엘은 개개인의 냄새를 식별하는 학문적 방법을 발견했다는 말을 들었다. 그가 혈액의 냄새에 관한 발견을 경찰에 제공했기 때문이다.[66] 여기에서 중요한 것은 냄새의 문양이 지문보다 앞서서 제안되었다는 사실이다. 정체성 역사의 잘 알려지지 않은 한 부분이다.

당시에는 아직 의사들 안에서는, 인간의 성에 관해 분비물 냄새가 성욕을 자극하는 역할을 담당하고 있다는 주장을 인정하는 사람은 없었다. 레옹 로스탕은 동물에게는 그런 성질의 냄새가 생식본능을 왕성하게 하는 역할을 하고 있지만, "인간한테는 그렇게 말할 수 없다"[67]고 했다. 샤를 롱드는 관능의 기능은 촉각에 주어져 있어서 애무만이 성욕을 자극한다고 단언했다.[68] 이폴리트 클로케도 동물한테는 후각이 "욕망을 부추기는 거친 감각"이지만, 인간에게는 '부드러운 감각'이라고 썼다.[69] 블루먼바흐(1752~1840)와 죔머링(1755~1830)과 같은 인류학자는 흑인이 동물에 더 가까운 존재임을 증명하기 위해, 흑인들이 냄새가 지니는 성적인 힘에 유별나게 민감하다는 사실을 근거로 들었다.[70]

그러나 여자들은 집이라는 공간의 한복판에 자리를 잡고, 그것의 연출가가 되었다. 그들은 수줍고 정도를 벗어나지 않는 범위 안에서 생활환경을 관능적으로 만들기 위해 정교한 설계를 고안해내기 시작했다. 이미 일상생활의 공간은 상징의 숲으로 변화해 있었다. 이 시대의 상상력은 다른 어떤 장소보다도 실내공간에서 잘 드러나는데, 발자크도『결혼의 생리학』에서 그러한 사실을 의식하고 있었다. 관능적인 것만 아니라면, 식물성 향수는 집안이나 방의 분위기를 장식하기에 알맞았다. 그렇지만 사향은, 아니 사향만이 아니라 백합이나 월하향도 금지되어 있었고, 장미도 환영을 받지 못했다.

향로는 여전히 상류사회의 젊은 여성이 가지고 있어야 할 필수품 가운데 하나였다.[71] 훈향은 아직 쓰이지 않게 된 것은 아니었지만, 병자의 방에서만 사용하려는 경향이 있었다.[72] 새로 유행한 것은 밀랍으로 만든 향초였는데,[73] 그것은 원래부터 생활필수품이었으므로 아무런 의심도 받지 않았다. 여기에서 중요한 것은 유혹하려는 의도를 필요성이라는 구실로 숨기는 것이었다. 속옷에 향수 냄새가 스며들게 하는 것도 위생의 필요 때문으로 이야기되었다. 그래서 편지지에서 풍겨나는 은은한 향기도 편지를 쓴 여성한테서 풍기는 자연스런 향기가 스며든 것이라고 생각하는 것도 전혀 이상한 일이 아니었다.

발자크는 향수의 향기로 가득하면서도, 감정에 거슬리기 않게 저택의 현관이나 방을 그려내는 데 명수였다.[74] 〔『아첨하는 고양이의 집』에서〕 소메르비외 부인 저택의 얄미울 정도로 정교한 향기의 연출은 오귀스틴을 압도했으며, 생드니 거리의 양장점 아가씨와 세련된 귀부인을 가르고 있는 장벽을 생생하게 깨닫게 해주었다. 발자크가 창조한 세계에서 여자의 방은 향긋한 냄새의 정점으로 묘사되었다. 이것은 매우 당연한 일이었다. 발자크의 작품에서 좋은 냄새는 대부분 꽃·여자·파리 여성·젊음·연인·부유함·청결함·무구함과 같은 어휘들과 관련되어 있었기 때문이다. 그렇지만 악취는 오염·더러움·바글바글함·가난함·늙음·민중 등과 같은 말들과 연결되어 있었다.

새를 좋아하는 것도 그렇지만, 꽃을 가까이하는 것도 순수함의 징표였다. 브라디 백작부인은 "여성은 꽃을 좋아하는 존재로 태어났다"고 단정했다.[75] 매춘부들조차도 실연했을 때에는 그러한 취미로 마음을 달랬다. 노발리스(1772~1801)에서 네르발(1808~1855)에 이르는 낭만주의 작가들에 따르면, 앳된 여성은 현세의 육체를 지니지 않은 은밀한 존재이다. 그들은 영원의 부름에 민감하고, 마치 들에 핀 꽃처럼 시 너머를 향한 향기로운 길을 열어준다.

꽃과 여자의 이러한 친근성, 양자의 긴밀한 결합은 더욱더 여자를 상징적인 변신으로 초대했으며, 양자의 혼동을 부추겼다. [네르발의 작품에 등장하는] 오렐리아의 음영이 꽃핀 정원으로 변할 때까지 굳이 기다릴 필요도 없이, 이미 세낭쿠르도 소박한 제비꽃에 대해 이렇게 말했다. "문득 눈에 보이는 것만으로도 갑자기 욕망을 불러일으키는 매력을 갖추고, 그러면서도 어렴풋한 불안을 품게 하고, 특별한 이유도 없이 허무함을 느끼게 하는 꽃, 그것은 사람을 사랑한다는 막연한 감정이고, 사랑받기를 바라는 은밀한 감정이며, 섬세한 사랑이다."[76]

호색한 남자들이라면 망설이지 않고 꽃을 따서 향기를 맡으려 들지만, 미슐레는 그것을 말렸다. 그리고 정원사인 남편에게 그렇게 하기보다는 "가냘픈 꽃을 줄기 위에 남겨 두고, 자연 그대로 키워가는 편이 낫다"고 권유했다. "어떤 꽃은 접붙이기를 해주고, 다른 수액을 부어주어야 한다. 그런 꽃은 아직 어려서 성숙하지 않은 것이다. 어떤 꽃은 수줍고 사랑스러우며 물을 잘 빨아들인다. 이런 꽃에는 단지 물을 주기만 하면 된다. 생명의 물을 주는 것말고 다른 것은 하지 않아도 된다. […] 사랑의 꽃가루는 바람을 타고 흩어진다. 그러므로 단단히 바람을 피해서 흩어지지 않게 해야 한다. 무엇보다 꽃가루를 풍부하게 지켜가는 것이 중요하기 때문이다."[77] 이미 활짝 피어 몸을 흔들고 있는 무심한 꽃이라면, 열매를 얻을 수 있다고 기대하는 것만으로도 남자의 기쁨은 더 커진다.

꽃이 이렇게 받아들여진 것은 새로운 사건이었다. 그것은 잉엔하우스가 광합성의 구조를 밝힌 덕분이었다. 그는 "꽃과 잎이 뿜어내는 유해한 공기와, 향기를 옮기는 발산물은 전혀 다른 것"이라면서 이렇게 말했다. "앞의 것은 위험하지만, 뒤의 것은 본성 자체가 해롭지 않다." "식물의 향기는 식물이 발산하는 독기와는 아무 관계가 없다."[78]

이러한 분리는 결정적이었다. 향기가 강한 식물일수록 위험성이 크다는 사고방식이 없어지게 되었기 때문이다. 꽃은 잎만큼 공포스러운 것이 아니었던 것이다. 위험을 피하기 위해서는 식물을 곁에 두고 자지만 않으면 되었다. 낮에는 식물을 놓아둔 장소로 바람이 통하게 하고, 너무 잎이 커다란 식물은 실내에 두지 않는 편이 좋았다. 아니, 오히려 햇빛을 받은 꽃향기를 맡으면 여성의 상처받기 쉬운 신경은 평온을 되찾을 수도 있었다. "식물에는 무릇 신경질이라는 것이 없기 때문에 여성에게는 다정한 반려이고, 마음을 진정시키고 기력을 회복시켜주는 친구이자, 서로 사이좋게 하나가 될 수 있는 친구이다."[79] 그렇지만 이렇게 말하면서도 미슐레는 도덕적인 배려를 잊어서는 안 된다는 충고를 빼먹지 않았다. 꽃다발의 '혼돈'이 위험하므로 작은 아가씨들은 그 냄새를 맡지 못하게 하라고 말이다.

새로운 이론에 힘입어 꽃은 단번에 위세를 되찾았다. 18세기의 정원에서 꽃이 맡은 역할은 미약했다. 가난한 자의 정원에서는 기껏해야 채소밭 주변을 꾸미는 정도였고, 이미 살펴보았듯이 영국식 정원의 인공적인 자연환경에서도 후각은 보조적인 역할만 맡고 있었다. 후각이 맡은 역할은 시각과 청각이라는 고귀한 감각이 만들어낸 인상을 보강하는 것에 지나지 않았다. 조경이나 자연 풍광의 정원에 관해 다룬 19세기 초의 연구서들을 읽어보면, 이 분야에서는 거의 변화가 없었다는 사실을 알 수 있다.[80] 변화의 움직임은 활짝 내다보이는 넓은 정원에서가 아니라, 온실과 부르주아의 좁은 정원 울타리 안에서 시작되려 하고 있었기 때문이다.

19세기가 되어 온실이 보급되어갔다는 사실은 사생활을 연구하는 역사가가 주목할 만한 가치가 있는 사건일 것이다. 본보기가 된 온실의 형식은 한 가지로 제한되지 않았다. 겨울 정원, 이국적인 식물을 한 해 내내 보호하기 위해 높은 온도를 유지한 온실, 오렌지 정원을 이어받은 양식의 그리 온도가 높지 않은 온실 등 다양했다. 오렌지 정원과 같은 온실은 기후가 좋지 않은 기간에 식물을 추위로부터 보호하기 위한 방식으로 되어 있었다. 오랫동안 귀족과 대부호만의 것이었던 온실은 점차 그 수가 늘어났는데, 영국과 중앙 유럽에서 먼저 유행이 시작된 뒤에 프랑스로 보급되었다.[81]

건축 전문가들은 온실이 안채와 이어져야 한다고 주장했다. 추위나 비를 피해서 쉽게 발걸음을 할 수 있어야 한다는 이유에서였다. 건축가들이 구상한 향기로운 여정의 소박한 중간 단계인 온실은 '정원(pleasure ground)', 다시 말해 프랑스에서는 '꽃밭(potager-fleuriste)'이나 '꽃정원(jardin-fleuriste)'이라고 불리게 된 것으로 이어졌다.[82]

이러한 온실은 주거공간의 연장이었고, 사생활 영역이 확대된 것을 증명하는 것이기도 했다. 어떤 경우든 이러한 산책의 장소에는 꽃으로 장식된 오솔길이나 벤치가 있어야 했다. 따라서 온실은 우연한 만남의 장소가 되었고, 밀회와 연애라는 모험의 장소가 되었다. 온실은 가정 공간에 온통 둘러쳐진 감시의 눈길을 피할 수 있게 해주었다. 그곳은 일종의 도피처였던 것이다. 여름에는 온도가 높지 않은 온실이라면 휴게실이나 독서실, 식당으로 쓰였고, 무도장으로 쓰이기도 했다.[83]

이것저것 따져보면 온실은 위험하지 않은 장소라고는 할 수 없었으므로 그것의 '병약한 우아함'을 반드시 규제해야 했다. 온갖 식물이 발효할 수도 있었고, 부식토가 부패할 수도 있었다. 까딱 잘못하면 온실이 끔찍한 습지처럼 되어, 주거지 한복판에 있는 독기의 저장소가 될 수 있었다.[84] 반드시 환기가 필요했다.

시간이 지나며 온실은 부르주아지에게도 보급되었다. 1866년에 에르누프 남작(1816~1889)은 온실이 "이제 어느 정도 멋진 정원이라면 꼭 갖추어야 할 부속품"[85]처럼 되었다고 했다. 그에 따라 프랑스에서는 에밀 졸라의 『쟁탈전』에서도 드러나듯이, '온실 살롱'이 유행했다.[86]

적어도 중부 유럽에서는 매우 빨리 여자와 꽃향기가 온실 안에서 교묘한 조화를 이루었다. 극단적인 경우에는 온실이 계속 확대되어 주거 공간마저 점령할 기세였다. 온갖 식물과 꽃들이 벽과 계단을 채우고, 방 안으로까지 파고들었다. 가정 공간은 꽃장식과 하나가 되었고, 주거의 중심부는 식물 향기로 채워졌다.

박물학자인 생뱅상(1778~1846)의 말을 들어보자. 그는 자신이 1805년 의기양양하게 빈을 방문했을 때 어떤 일에 놀라고 매료되었는지를 이렇게 묘사했다. "그곳에서는 대부분 귀부인의 주거공간이 온실로 꾸며져서 겨울에도 멋진 꽃들이 향기를 내뿜고 있는 것을 볼 수 있었다. 내게 그런 모습은 처음이었고, 나는 그것에 곧 마음을 빼앗겼다. 지금도 C⋯ 백작부인의 집이 황홀하게 떠오른다. 소파 주변은 재스민 꽃이 에워싸고 있었고, 거실 한쪽과 이층까지 온통 독말풀이 뻗어 있었다. 거실에서 침실로 가는 통로는 숲을 지나는 듯한 기분이었다. 아프리카 히스·수국·동백과 같은, 그 시절에는 매우 진귀했던 꽃들이 숲을 이루며 피어 있었다. 이 밖에도 값비싼 나무와 풀들이 띠를 두른 듯이 곳곳에 심겨져 있었고, 각양각색의 제비꽃·크로커스·히아신스와 같은 꽃들이 바닥을 빈틈없이 채우고 있었다. 건너편에는 욕실이 있었는데, 거기에도 온실이 만들어져 파피루스와 붓꽃이 대리석 욕조와 수도의 주변을 뒤엉키듯이 장식하고 있었다. 이에 질세라 이중창도 꽃이 핀 아름다운 식물로 장식되어 있었다."[87]

중·상류층 부르주아, 나아가 프티부르주아를 위한 정원의 미학이 생겨난 것은 19세기 초엽의 일이었다. 외국의 정원만이 주목의 대상이 되어 존재가 두드러져 있지는 않지만, 이 책의 주제와 관련해서는 이것이야말로 중요한 사건이었다. 부르주아의 정원은 조경사들이 좁은 공간을 대상으로 되풀이해서 궁리한 끝에 만들어진 것이었다. 이때 풍경을 만들어내기 위해 자연과 맞서려 하는 것은 어처구니없는 일일 것이다. "부르주아 저택 옆의 1아르팡도 되지 않는 공간에서는" 꽃밭과 (이것만이 유일하게 볼 만한 것이었는데) "작은 숲 말고는 어울리는 짝을 찾을 수 없었다."[88] 경계가 좁아 시각의 즐거움을 만족시키기에 적합한 정원을 설계하기 어려워지자 조경사들은 시선의 법칙에서는 얻을 것이 많지 않다는 사실을 깨닫고, '유쾌한 풍광'으로 목표를 좁혔다. 그래서 자연 풍광의 정원에서도 후각에 대해 무시할 수 없는 지위를 부여하게 되었다.

이러한 정원이 만들어진 것은 가브리엘 투앵(1754~1829)이 화단의 수를 늘리고, 꽃들이 풍성하고 아름답게 핀 공원을 부흥시키려는 열의를 불태우고 있던 시기와 일치한다. 그의 몇몇 제자들, 특히 샤를프랑수아 바이(1800~1862)는 스승이 지향했던 원리를 부르주아 정원의 울타리에 응용해서, 그것을 체계화하려고 노력했다.

정원의 주인이 '우아함'에 뜻을 두고 있다면, 먼저 '꽃 정원(jardin-fleuriste)'과 '채소밭 정원(jardin-potager)'을 구별하겠다는 각오를 품어야 했다.[89] 프티부르주아 계층에 속한 사람들은 채소밭 가장자리나 둘레에만 꽃을 심으려 하는 관습을 좀처럼 고치려 하지 않았는데, 그것을 먼저 바꿔야 했던 것이다.[90] 감상용 정원은 울타리로 에워싸고, 채소밭은 담으로 둘러쌌다. 혼동을 없애는 것이 중요했다. 주거공간과 이어진 공간은 주거공간을 넓혀주면서, 동시에 그것과는 구별되는 독자적인 공간으로 만들어졌다. 이미 1808년에 라보르드(1773~1842)도 말했듯이, "안채를 늘리면서도 조금은 분리되도록 만들었다."[91]

정원에서 시간을 보낼 때에도 실내에서와 마찬가지로 나름의 규칙이 있었다. 여기에서도 똑같은 요구를 받고 있었기 때문이다. 정원은 "더할 나위 없이" 청결해야 했고, "우아하고 단정한 분위기"가 유지되어야 했다. 곧 정원은 "집과 비슷해서, '자연의 모사물(imitation de la nature)'이라기보다는 오히려 깔끔하게 배열된 '자연물의 전시실(galerie d'objets naturels)'이었던 것이다."[92] [정원의] 갈퀴로 [청결함을 위해 가정에서 사용하는] 빗자루의 작업을 보완했던 셈이다.

그렇지만 정원에는 상반된 기대도 걸려 있었다. 식물로 꾸며진 주거의 이 좁은 공간 안에서 산책로는 어떻게든 최대한 길게 고안되어야 했다. 정원은 집 안에 틀어박혀 있으면서 생기는 다양한 폐해를 극복하기 위해, 걸어 다니면서 마음껏 숨을 쉴 수 있는 장소가 되어야 했다. 그래서 정원은 꼬불꼬불 구부러진 좁은 길로 이루어진 미궁처럼 되었다. 이러한 좁은 길은 가브리엘 투앵이 처음 유행시켰다. 그는 프랑스식 정원에서 나타나던 기존의 구획이나 식물 배치의 형태를 극복하려고 고심해서, 여러 종류의 원형 화단이나 구부러진 화단들을 많이 고안해냈다.

산책도 즐기고 휴식하기도 쉽게 하려고 노력하면서 점차 식물을 이용하는 방식도 다양해졌다. 잎이 무성해 서늘하리만치 시원한 나무그늘과 향긋한 냄새가 풍기고 푸르른 좁은 길은 은밀한 장소를 제공해서 수줍음을 지키라는 규칙을 위협했다. 부자들 집의 온실과 마찬가지로 정원의 나무그늘은 사랑이 시작되는 유혹의 장면이 펼쳐지는 장소가 되었다. 이런 점에서 부르주아의 사생활에서 정원의 좁은 길이 얼마나 큰 역할을 맡고 있었는지가 드러난다.[93] "이제 정원에 있어야만 입술은 자기도 모르게 비로소 사랑의 고백을 이야기했으며, 행복의 맛을 처음으로 맛보았으며, 갑자기 또렷한 붉은 기운을 띠게 되었다."[94]

7월 왕정(1830~1848) 시기에 잠시 등장했던 이 푸른 저택은 그 뒤 온실의 수가 늘어나고, 장식용 식물에 금속 울타리가 쓰이기 시작하고, 정원 조성이 본격적으로 유행하기 시작하면서 모습을 감추었으므로 잘 알려져 있지 않다. 그러나 그들의 존재는 식물의 고고학 [곧 식물의 사회적 전용의 기원과 형성에 관한] 연구가 가능하리라는 것을 보여준다.

이렇게 해서 나뭇잎이 우거진 저택들이 다양하게 생겨나면서 그것을 말로 표현하기 위해 용어들도 정밀해졌다.[95] 부아타르(1789~1859)에 따르면, [넝쿨식물을 올린 아케이드인] '요람(berceau)'이라는 말은 "낙엽으로 덮인 짧은 좁은 길"이 아치형으로 정돈되어 빛이 잘 통하지 않는 (그래서 사람들의 시선에서 벗어날 수 있는) 것에만 한정해서 사용해야 한다. 이런 종류의 작은 산책로는 인동덩굴이나 재스민, 향긋한 클레마티스 등으로 꾸미고, 가벼운 나무구조물만 설치해야 했다. 정원의 정자는 대부분 원형이었는데, 금속으로 된 둥근 지붕을 얹고, 튼튼한 판으로 지지되어야 했다. 그리고 이것도 같은 종류의 식물들로 덮여 있어야 했다. '쉼터(reposoir)'는 돌로 만든 단순한 모양의 벤치가 가장 많았고, 조각상이나 흉상 옆에 설치했다. 라일락과 금작화의 작은 숲은 나무그늘을 만들어주었고, 영국식 정원의 그림처럼 아름다운 풍경의 소박한 변형과도 같은 것이었다. 호화로운 정원에는 작은 별장이나 식물원, 무도장, 식당, 노천극장 등이 설치되기도 했다.

공간이 좁았다는 사실을 고려하면, 정원을 산책하면서 후각으로 얻는 즐거움은 시각으로 얻는 것보다 결코 뒤떨어지지 않았다. 멀리까지 바라볼 풍경이 없었으므로 시각으로든 후각으로든 모두 꽃이 가장 큰 즐거움이 되었다. 정원이 더 활발히 조성되고 분수와 연못이 많이 만들어질 때까지 부르주아의 정원에서는 새가 지저귀는 소리 말고는 청각으로 얻는 즐거움은 별로 없었다.[96]

이렇게 해서 '요람 쉼터(berceau-reposoir)'가 감각의 모범으로 규정되어 모든 공간을 잠식해 갔다. 젊은 여성들은 꽃다발의 뒤섞인 냄새를 맡는 것이 아니라, 정원을 산책하면서 은은한 향기를 알아차리고, 꽃

들의 소박한 언어와 신비를 이해하는 법을 배웠다.[97]

당시의 조경사들이 칭송하면서 추천한 향수들이 대부분 꽃과 관목에서 추출한, 섬세한 향기가 나는 것이라는 사실이 눈길을 끈다. 가장 감미로운 향수의 목록은 논리적으로 당연히 꽃향기가 나는 향수들이 거의 독점하고 있었다.

그 가운데에는 강한 향기를 지닌 물푸레나무처럼 나중에는 잘 쓰이지 않게 되었지만 유독 인기를 끌던 식물도 있었다. 라파제 부인은 몽펠리에의 감옥에 갇혀 있으면서 물푸레나무가 머리에서 계속 떠나지 않았다고 말했다.[98] 꽃은 그다지 아름답지 않으므로 분명히 향기 때문이었을 것이다. 그리고 나중에 점차 가난한 자의 꽃으로 되어간 바질·분꽃·수레국화 같은 것도 있었다. 하지만 부르주아 정원의 두 여왕은 누가 뭐래도 노랑장대와 제비꽃이었다.[99]

꽃은 집 안에도 활짝 피어 있었다. 안주인의 화장실 안에만 있었던 것이 아니었다. 상자 화단이나 창문 온실, 꽃항아리[100]에 꽃들이 가득했다. 거기에 활짝 피어 있던 꽃들은 우아함의 심판자들이 권장했던, 장미·재스민·은방울꽃·물푸레나무·제비꽃과 같은 것들이었다.[101] 그렇지만 이국의 식물은 너무 관능적인 것으로 여겨지고 있었다. 당시 프랑스에서는 아직 자신의 집을 식물원으로 바꾸어버리는 것이 좋지 않은 취향으로 여겨지고 있었던 것이다.[102]

제2제정(1852~1870)이 되자, 여성들에게서는 옷에 꽃 장식을 곁들이는 것이 유행했다. "앞자락 장식에는 생화가 사용되었다. […] 소매나 치마를 장식할 때에도 흔히 생화가 사용되었다. 옷자락이나 주름만이 아니라, 몸 앞부분 전체를 꽃으로 겹겹이 장식하기도 했다."[103] 여기에는 장미·황금색 꽃무·은방울꽃·재스민·물망초 등의 꽃들이 사용되었다. 아직 앳된 아름다운 여인들은 자기만의 취향에 따라 그러한 꽃들로 정성껏 머리를 장식해서 미모를 돋보이게 했다.[104] 그렇지만 예절규범에는 나이든 여성은 생화를 사용하지 않는 것이 좋다고 되어 있었다. 젊은 여성과 꽃 사이의 결합은 나이를 먹으면서 끊어졌던 것이다. 싱싱한 향기를 잃은 여성한테는 조화가 남겨져 있었지만, 그마저도 조심스럽게 장식해야만 했다.

이렇게 다시금 꽃이 예찬을 받기 시작하자, 꽃을 파는 상업도 활기를 띠게 되었다. 파리에서 저녁마다 센강 기슭에서 열린 꽃시장에는 사람들의 발길이 끊이지 않았다. 여러 광장들에서 1주에 2회 꽃시장이 섰고, 큰길들에도 시장이 생겼다. 1835년 트롤로프 부인(1779~1863)은 새로 생긴 상점가를 걸어가면서 "문득 눈을 감으면 마치 근사한 화단에 있는 것처럼 생각되었다"[105]고 했다. 이처럼 달콤한 감각을 느낀 것은 어쩌면 그것이 파리에서는 그리 친숙하지 않은 것이었기 때문일 수도 있다. 어쨌든 점점 더 많은 사람들이 꽃시장으로 모여들었다. 7월 왕정(1830~1848)의 초엽에는 다리와 강기슭, 인도로 엄청난 숫자의 꽃 파는 여인들이 몰려들었고, 이들은 도덕주의자들의 새로운 문제 가운데 하나가 되어 있었다.[106]

화분이나 꽃다발이 폭넓게 유행했다. 드베이는 그 모습을 "볼품없는 여공까지도 자신의 다락방을 장식했다"[107]고 기록했다. 양장점에서 일하는 여인들에 관해 폴 드 콕(1793~1871)은 이렇게 말했다. "진귀한 꽃이 없어도 괜찮았다. 꽃무나 물푸레나무와 같은 꽃만 있어도 그녀들은 만족스럽게 여기면서 꽃병에 꽃을 가득 꽂았다. 그리고 1주일 정도 좋은 향기를 맡으며 즐거워했다."[108] 꽃과 함께 있는 양장점 아가씨라는 이미지는 사람들을 안심시켰다.

자연히 향긋한 냄새가 나는 작은 방이 고약한 냄새가 나는 허름한 오두막집이나 더럽고 오염된 공장의 상징적인 대립물로 묘사되기 시작했다. 꽃이 있다는 것은 쾌활하고 청결하고 부지런한 젊은 아가씨에게 적합한 노동의 장소가 있다는 증거처럼 여겨졌다.[109] 다락방에 있는 우아한 꽃은 그곳이 청결하다는 증거였다. 그렇지만 매춘부들은 커튼으로 창가의 꽃다발을 돋보이게 해서, 꽃으로 손님을 끌어들이기도 했다. 불법적인 매춘부들도 꽃의 언어를 알고 있었던 것이다.

시골에서는 꽃이 그다지 다양한 의미를 지니지 않았다. 아가씨들이 〔나무와 가죽 조각을 붙여 공예품을 장식하는〕 쪽매붙임을 할 때 영감을 받은 것은 청초한 꽃들이었다.[110] 정성어린 꽃부리 장식들은 채소밭 가장자리에 은근슬쩍 꽃들이 심어지게 하는 데 영향을 끼쳤다.

〔성모와 성녀 필로메나를 숭배한〕 아르의 본당 사제 비앙네(1786~1859)가 이미 본받아야 할 모범으로 자리를 잡고 있었기 때문에, 농촌의 성직자들의 활동은 젊은 아가씨라는 존재에 중점을 둔 새로운 주제에서 영감을 받았다.[111] 마리아의 자녀들과 종들은 제단에 꽃을 빼놓지 않으려고 끊임없이 신경을 썼다. 사제관 정원의 꽃만으로는 충분치 않아 꽃을 심고 가꿨다. 그 편이 바구니 가득 꽃을 채우기 쉬웠고, 성체가 지나는 길을 꽃잎으로 뒤덮는 자신들의 책무를 완수하기에도 좋았다.

부르주아의 정원에서는 아가씨와 꽃 사이에 깜짝 놀랄 만한 대화가 오가며, 둘 사이의 미묘한 친근성을 증명하고 있었다. 마치 피아노가 그러했듯이, 백합과 장미, 제비꽃과 같은 꽃들이 은밀한 대화상대가 되어서 참기 어려운 첫사랑의 한숨을 들어주는 역할을 맡았다.

하얀 색깔과는 달리 마음을 어지럽히는 백합꽃의 짙은 향기에 취한 것이라고는 해도, 마음속의 생각을 꽃한테라도 들려주고 싶다는 그 순결한 생각을 어느 누가 탓할 수 있을까. 〔빅토르 위고의 소설 『바다의 노동자』에서〕 폭풍에 휘말린 〔남자 주인공〕 질리아가 암초의 험한 바위표면에 매달려 몸이 긁혀지던 동안에, 그리고 빈민들이 악취가 나는 '자크레사르드'의 숙소에서 부대끼는 동안에, 꽃향기로 가득한 작은 정원은 〔여자 주인공〕 데뤼셰트의 가슴 깊은 곳에서 나온 한숨소리를 들어주고, 그 순결한 사랑을 다정하게 감싸주고 있었다. 빅토르 위고는 아가씨가 몸소 뜰에 물을 주었다고 했다. 데뤼셰트의 숙부는 "여자이기보다는 오히려 꽃으로 있기를 바라면서 그녀를 키웠다."[112] 황혼이 정원에 내려 앉으면, "그 모습은 어둠의 세계의 희미한 영혼이 꽃으로 피어나는 것처럼 보였다."[113] 봄이 오면 사랑 때문에 예민해진 질리아는 말을 듣지 않아도 대화를 저절로 이해했다. "데뤼셰트가 어떤 꽃에 물을 주고, 어떤 꽃의 향기를 맡는지를 보는 것으로 질리아는 그녀가 무슨 향기를 좋아하는지를 알았다. 그녀가 가장 좋아하는 것은 메꽃의 향기였다. 다음은 카네이션이었고, 세 번째는 인동덩굴, 네 번째는 재스민, 다섯 번째는 장미였다. 백합은 바라보기만 하고 향기를 맡지는 않았다. 질리아는 이 향기의 선택에 따라 마음속으로 그녀를 창조해냈다. 그는 향기 하나에, 그녀의 완벽한 점을 하나씩 덧붙여갔다."[114]

역사가들은 빈민의 숙소인 '자크레사르드'에 바글거렸던 사람들과 암초를 상대로 싸운 남자의 프로메테우스적인 모습만을 친절하게 묘사하는 데 그친다. 그렇지만 데뤼셰트가 가슴 깊숙한 곳에서 토해낸 한숨에 귀를 기울이지 않으면, 사회기구를 움직여간 부르주아지의 심란하고 매력적인 꿈과 욕망을 제대로 이해할 수 없다. 물푸레나무와 백합, 장미의 역사는 석탄의 역사에 뒤지지 않는 큰 가르침을 지니고 있는 것이다.

발자크도 젊은 아가씨와 자연의 숨결이 빚어낸 신비한 조화를 이렇게 묘사했다. "그녀(포쇠즈)에게 은은한 향기는 끝없는 기쁨이었다. 나는 어느날 아침 꽃들의 영혼을 키우는 비가 많이 오자 그녀가 온종일 물푸레나무에서 발산되는 향기를 맡는 것을 보았다."[115]

하지만 제2제정(1852~1870) 말기가 되자 향긋한 냄새가 나는 꽃들의 역사는 양상이 크게 바뀌었다. 나폴레옹 3세(재위 1852~1870)의 요구*에

---

* 나폴레옹 3세는 파리 재건사업을 벌이며 대규모 녹지와 공원을 건설하는 데 힘을 쏟았다. 뷔트쇼몽 공원, 몽수리 공원 등이 이때 조성되었다.

따른 새로운 '공원 미학'이 원예에 혁명을 불러왔다. 1879년에 에두아르 앙드레(1840~1911)는 "요즘에는 사람들이 꽃만이 아니라 잎이 아름다운 식물도 좋아하게 되었다"[116]고 기록했다.

그 뒤로는 식물을 고르는 기준에서 향기가 아니라 시각이 압도적으로 우위를 차지하게 되었다. 사람들은 황제의 취향에 맞추어 식물을 골랐으며, 여러 가지 식물이 모여졌을 때에 만들어질 장식적 효과를 생각해서 식물을 골랐다. 가장 인기가 있었던 것은 색깔이 아름다운 식물이었다.[117] 이국의 식물도 늘어났다. 공장생산으로 원예가 이루어지는, '식물 매뉴팩처'[118]가 본격적으로 등장한 덕분에 이국 식물이 크게 번성하게 되었던 것이다.

부르주아 중에서도 가장 부유한 계층은 식물 박물관에 열중했는데, 그런 커다란 온실에 자욱한 향긋한 냄새는 지난날의 청초한 멋을 잃어버렸다. 우아함과 식물의 새로운 결합이 시작되었던 것이다. 〔꽃으로 장식된 아름다운 그림으로 유명한 체코의 장식예술가〕무하(1860~1939)가 일세를 풍미하기 전에 이미 상징주의 예술이 다양하게 그것을 드러내고 있었다. 여자는 이제 어떤 때는 화려하게 핀 꽃이 되었고, 어떤 때는 독 있는 꽃이 되었다. 그녀는 덩굴에 둘러싸여 아름다운 꽃을 마주보고 있었다. 하지만 그녀는 이제 백합꽃의 향기를 맡는 것을 두려워하지 않고, 꽃에 마음을 털어놓지도 않게 되었다.[119]

향수 역사의 짧은 변동

여기에서 향수의 역사를 돌아보려 하는 것은 감당할 수 없는 짓일 것이다. 그것은 여러 권의 책으로 다루어도 모자랄 만큼 방대한 주제이기 때문이다. 그러므로 감각의 역사와 직접 관련된 몇몇 주요한 사건들만 간략하게 살펴보려고 한다. 루이 16세의 즉위에서 프랑수아 코티(1874~1934)의 향수 제조에 이르기까지 계속 부드러운 꽃향기가 유행했다. 하지만 역사가 순환하는 것은 아니지만, 향기에 대한 유행이나 기호는 짧은 주기로 변화하게 마련이다. 그래서 은은한 향기만 찾는 경향이 이따금 갑자기 중단되는 일이 생기기도 했다. 그래서 잠깐이었지만, 반세기만에 사향과 용연향이 다시 반격에 나섰다.

공포정치 시기에 향기는 정치적 입장을 나타내고 있었다. 향수는 새로운 이름을 부여받으며 당파의 상징처럼 되어 있었다. '삼손의 포마드'를 바르는 것은 애국자다운 신념을 드러내는 것이었다. 루이 클레도 "셔츠나 손수건에 백합 향수와 여왕수를 뿌리는 것은 숙청을 찬양하고, 단두대를 칭송하는 것이나 마찬가지"[120]였다고 썼다. 〔1794년 7월 27일 온건파가 공포정치를 하던 혁명정부를 무너뜨린〕 테르미도르의 반동 이후에, '왕당파 멋쟁이'들은 강렬한 향수를 뿌려서 반동적인 태도를 나타냈다.[121] 1830년 혁명에서도 마찬가지로 향기가 정치와 연결되어 '입헌 비누'나 '영광의 3일 비누'와 같은 상품이 유행했다.[122]

〔나폴레옹이 권력을 장악한〕 총재정부(1795~1799), 통령정부(1799~1804), 제1제정(1804~1814)에 이르는 시기에는, 동물로부터 채취한 강한 냄새의 향수가 다시 인기를 끌었다. 귀족들이 사교계로 복귀했으며, 제국의 새로운 귀족도 늘어난 시대였으므로 향수 제조는 더욱더 활기를 띠었다. 그리스와 로마 시대에 대한 탐닉이 기름 바르기와 향수 목욕의 부활을 가져왔다. "그 무렵에는 금보다 비쌌던 고대의 향유를 누구나 머리

에 발랐다. 탈리앙 부인(1773~1835)은 딸기나 나무딸기로 목욕을 하고, 우유와 향수를 적신 스펀지로 몸을 살짝 문질렀다.”[123] 어떤 증언을 보더라도 하나같이 〔나폴레옹 시대의 황궁이던〕 튀일리 궁전에서는 루이 16세의 궁정보다도 더 짙은 향기가 풍기고 있었다고 밝히고 있다. 아침마다 황제는 머리와 어깨에 가장 좋은 품질의 오드콜로뉴를 한 병씩 듬뿍 뿌렸다. 나폴레옹은 마사지를 세게 받는 것을 좋아했다. 황후인 조제핀이 사향이나 사향고양이향, 용연향을 좋아했다는 사실은 이미 널리 알려져 있다. 황후는 〔카리브해에 있는〕 마르티니크의 향수도 좋아했다. 〔황후가 1810년 나폴레옹과 이혼한 뒤에 여생을 보낸〕 말메종 성에 있는 황후의 방은 사향 냄새로 자욱했고, 60년이 지난 뒤에도 사라지지 않고 남아 있었을 것이다.[124] 황제 부부가 주고받은 편지를 읽어보면, 두 사람의 성적인 교류에 신체의 향기가 얼마나 큰 역할을 맡고 있었는지를 알 수 있다. 향기에 대한 이런 감수성은 위생학자가 내놓은 금지령과는 어긋나는 것이었다. 곧 레스티프가 내세운 장미수의 에로티시즘과는 크게 동떨어져 있었던 것이다.

앞서 보았듯이, 왕정복고(1814~1830) 시대에는 향수에서도 복고 경향이 나타났다. 취할 듯한 강한 향수를 꺼리는 ‘노부인의 천하’[125]가 막을 열었다. 사향은 발로뉴의 ‘백합 다발 아가씨들(demoiselles Touffedelys)’* 에게는 어울리지 않았을 것이다. 아름다움의 심판자가 된 노부인들은 은은한 식물성 향기에 정을 느낀 자신들의 고풍스런 취향을 젊은 아가씨들에 물려주려 했다. 1838년에 브라디 부인은 “향수는 이미 유행이 지났다”라며, 향수의 장례식에 조문이라도 하듯이 이렇게 말했다. “향수는 건전치 못해 여성에게 어울리는 것이 아니었습니다. 향수는 사람

---

* 도르빌리(Jules Barbey d’Aurevilly, 1808~1889)의 소설『투슈 기사*Le Chevalier Des Touches*』에 나오는 자매를 가리킨다. ‘투프들리스(Touffedelys)’에는 ‘백합 (lys)’의 ‘다발(Touffe)’이라는 의미가 있다.

의 마음을 잡아끄는 것이기 때문입니다."[126] [발자크의 『결혼한 젊은 두 여자의 회고록』에서] 루이즈 드 숄리외는 돌아가신 할머니의 집에 여전히 남아 있던 '원수부인 가루분'의 은은한 향기를 맡으며, 어렸을 때의 그리운 추억에 빠졌다.[127]

담배냄새가 몹시 자욱해진 것도 마침 이 무렵이었다. 장뇌도 맹렬한 위세로 보급되기 시작해서 주변에 자신의 냄새를 흩뿌렸다.[128] 빈민을 진료하던 의사들은 장뇌를 권장했으며, 특히 라스파이(1794~1878)는 예방 효과가 있다고까지 선전했다. 그래서 사람들은 장뇌를 핥거나 냄새를 맡았고, 병자들의 침대에 가루를 뿌려 놓거나 바르기도 했다. 마사지나 찜질을 할 때도 사용했다.

1840년 무렵이 되자,[129] 향기의 폭은 더 복잡해졌다. 꽃과 담배가 마주보고 있는 상황은 끝났으며, 남자다움을 과시하려는 유행도 가라앉았다. 그러면서 조금씩 새로운 향기의 미학이 생겨날 조짐이 보이기 시작했다. 거기에는 아마도 쓰지 않는 기관은 쇠퇴한다고 이야기했던 네오라마르크주의의 영향도 있었을 것이다.[130] 어쨌든 그로부터 13년 뒤에는 나폴레옹 3세의 궁정에서 향수가 한창 인기를 끌게 되었다. 일찍이 숙부 나폴레옹의 측근들이 향수를 칭송했던 것과 마찬가지였다.

하지만 그 둘의 향수는 이미 같은 것이 아니었다.[131] 향수의 제조와 판매에 관한 일련의 자료들을 살펴보면, 향수 산업이 수공업적인 제조에서 벗어나 급속히 발달하고 있었다는 사실이 뚜렷하게 확인된다.[132] 화학적 제조법이 도입되었고, 소형 분무기가 생산되었다. 그리고 뒤이어 용제로 대량으로 추출하는 방법이 고안되면서 향수 제조는 비약적으로 발달했다.

오드콜로뉴를 예외로 하면, 향수 제조는 오직 파리와 런던에 집중되어 있었다. 1868년의 만국박람회는 이 두 도시 향수 상인들에게 대대적인 승리를 안겨주었다.[133] 스페인, 독일, 러시아, 아메리카의 공장에서도 이제는 흔한 제품만 다루지 않게 되었다. 향수무역협정이 체결되었고, [독일을 가리키는] 라인강 저편 지역의 모조품도 모습을 감추었다. 몇몇 향수 가게가 찬란한 번영을 이루어갔다. 이미 1858년에 즐레 상회는 [프랑스 파리 인근] 뇌이에 공장을 세웠을 뿐 아니라, [러시아의] 상트페테르부르크, [독일의] 함부르크, [벨기에의] 브뤼셀에도 지점을 세웠다. 파리의 향수 상인은 세계 각지에서 원료를 수입했고, 세계 각지로 제품을 수출했다. 그렇지만 여전히 가장 중요한 공급지는 [프랑스 남부] 그라스와 니스 지방이었고, 가장 향기가 좋은 라벤더는 영국에서 들여왔다. 19세기 중반이 지나자 동방과의 교역도 역전되어, 이제는 오스만제국이 더 많이 수입을 하는 처지가 되었다. 그 뒤로는 파리에서 만든 장미 에센스가 가장 품질이 우수하다는 평판을 받게 되었다.[134]

1840년 이후에도 향수 제조법은 발전해갔다. 향수업자들은 앞으로의 성공에 대한 희망에 부풀어 있었다. 뒤늦게 칸트의 사상이 뒤집힌 것이었지만, 이러한 상황이 나타난 데에는 여러 가지 역사적 사건들이 원인으로 작용했다고 볼 수 있을 것이다. 예컨대 새로운 유행 산업이 융성하게 된 것, 나폴레옹이 튀일리 궁전으로 복귀한 것, 이국 취향과 세계주의를 지향하던 시대의 경향 등이 복합적으로 영향을 끼쳤다. 아울러 알렉상드르 뒤마가 18세기의 향수 취미를 부활시키려고 애썼던 것도 어느 정도는 관계가 있었을 것이다. 뒤마와 함께 공쿠르 형제도 18세기의 애호가들이었다. 새삼스럽게 루이 15세의 양식에 열중하기 시작했던, 색다른 것을 좋아했던 다른 이들의 열의도 이러한 흐름에 일조했다.[135] 그 뒤 부르주아들은 열등감을 가지지 않고 귀족의 흉내를 낼 수 있게 되었고, 상징적 가치를 축적하려는 노력을 기울일 수 있게 되었다. 그것이 바로 '제국의 연회(fête impériale)'의 깊은 의미였다. 이렇게 해서 향수는 사치와 방탕함이라는 혐의로 내려진 추방명령이 일시적으로 해제된 이 좋은 기회를 붙잡아 그것에 올라탈 수 있었다. 아니

그보다는 이 새로운 시대의 특징이었던 '미학적인 혼합주의'에 올라탔다고 하는 편이 더 올바를지도 모르겠다. 보들레르의 『서한집』은 어떤 문화적 사실의 반영이었던 것이다. 영국 요정극의 무대를 향긋한 향수의 숨결이 감쌌다. 파리에서는 오페라 「아프리카의 여인」이 처음 공연되었을 때 이 아이디어를 모방했다.[136]

　1858년에는 찰스 프레데릭 워스(1825~1895)가 파리풍의 고급 의상점을 창시했다.[137] 워스의 살롱은 은은한 꽃향기가 풍기는 온실과 같은 멋이 있었고, 여자의 침실을 연상시키는 분위기를 자아내고 있었다. 거꾸로 그의 살롱이 여자 침실의 실내장식에 영향을 주기도 했다. 이미 이 무렵에는 파리와 런던에 애스킨슨·뤼뱅·샤르댕·비올레·르그랑·피에스·겔랑과 같은 큰 규모의 향수 회사들이 존재하고 있었다. 향기의 다발도 이미 전처럼 소박한 것이 아니었다. 비올레 상회의 조제사였던 루이 클레는 이미 1860년에는 다발을 만드는 데 3~4년의 연구가 있었다고 말했다. 그렇지만 새로운 미학은 이제 막 싹트는 단계에 있었다. 앙시앵레짐 시대의 향수 상인들이 만들었던 규범들이 워낙 강하게 자리를 잡고 있었으므로, 거기에서 벗어나는 것이 그리 쉬운 일은 아니었을 것이다.

　그런 와중에 향수를 조합하는 조향사들도 구상을 다듬어가기 시작했다. 1855년에는 피에스(1820~1882)가 '냄새의 음계(gamme olfactive)'를 주장했다.[138] 당시의 화학자들은 웃음을 터트렸지만, 이제 조향사들은 (헬리오트로프·바닐라·오렌지 꽃으로 이루어진) 완전화음이라든가, (안식향·카네이션·백리향으로 이루어진) 불협화음 등을 이야기하기 시작했다.[139] 음악학교의 교사들의 기법에서 용어를 가져왔지만, 그렇다고 해서 어떤 이론을 만들어내려 했던 것은 아니다. 단지 어떤 실천적인 시도가 문제였던 것이다. 확실히 향기의 비밀, 곧 그 신비의 대부분은 냄새의 조합에 달려 있었다. 나아가 향수병이 세련되고 멋진 모양으로 되어 있었던 것도 향수 상인들이 지금까지와는 다른 어떤 야심을 가지고 있었다는 사실을 알려준다. 수정의 영원성은 향수의 덧없음과 동맹을 맺었다. 〔발자크 소설 『세자르 비로토』에 나오는 향수제조업자〕 비로토의 천재적인 기발함은 이제 웃음을 불러일으키게 되었다.[140]

현대적인 조향사의 모델을 찾아가다 보면, 결국 위스망스가 1884년에 발표한 『거꾸로』*라는 작품에 이르게 된다. 〔그 작품의 주인공〕 데제셍트는 조향에 관한 모든 기법을 터득했다.[141] 그의 위대한 조향은 질서정연하게 나타났다. 그것은 〔향수를 처음 뿌렸을 때 나는 향인〕 탑 노트와 〔잔향인〕 베이스 노트를 가지고 있었다. 그는 기존의 조합에 의지하지 않고, 자신의 시상이 이끄는 대로 향수를 만들었다. 우선 '꽃들이 활짝 핀 초원'으로 배경을 준비하고, '인간 본질의 가벼운 비'로 분위기를 빚어냈다. 거기에 '내리쬐는 햇빛에서 노니는 땀에 젖은 웃음과 기쁨'을 떠올리게 하는 향기로 어떤 정감을 섞었다. 그런 뒤에 다시 '공장이 뱉어내는 숨'으로 날카로운 소리 느낌의 현대성을 새겨 넣었다. 프랑수아 코티가 〔자연적인 향과 진일보한 향이 종합되어 차례로 나타나는 향수인〕 '오리강'을 만들어낸 것은 그로부터 20년 뒤의 일이었다.

새로운 미적 디자인에 공을 들이게 되면서 말도 세련되어졌다. 제조의 폭이 넓어지고, 여러 가지 향기의 조합이 탐구되어간 것과 함께 언어도 상상력에 더 호소하게 되었던 것이다.[142] 마치 온갖 꽃들이 만발한 들판처럼 향의 이름이 나열되었는데, 전체가 하나의 무리를 이루어 소박한 시적 풍경을 말들어내는 가운데 몇 가지 핵심적인 꽃의 무

---

* 몰락해 가는 귀족 가문의 후예가 세상으로부터 벗어나 자기만의 탐미적인 인공낙원을 구축하려다 실패한다는 내용의 소설이다. 예민한 감성의 소유자인 데제셍트 공작은 1년간의 은둔생활 동안 예술은 물론이고 시각, 청각, 후각 등 다양한 감각적 행위에 심취한다. 심지어 그는 새로운 종류의 향수를 개발하려는 시도까지 하지만, 이것은 그의 신경을 결정적으로 망가뜨려 버린다.

리가 돋보이고 있었다. 꽃다발에 사용된 이름은 ('빛이 비칠 때'처럼) 들판에서 풍기는 향기의 매력을 알기 쉽게 강조하고 있었다. 제비꽃, 장미, 라벤더는 향수 이름에서도 여왕의 자리를 차지했다. '동양'이라는 말도 아직 빛을 잃지 않고 있었다. 외젠 리멜에 따르면, 그것은 니부어(1733~1815)의 『아라비아 여행기』와 그 밖의 다른 여러 종류의 이집트 여행기들이 인기를 끈 덕분이었다.[143] 나일강에 잠시 머물렀던 플로베르도 정열을 담아서 사막의 냄새를 이리저리 열거하고 있었다.[144] 이스탄불의 [향료, 직물, 소금 등을 파는 난장인] 바자르에 대한 묘사는 할렘의 매력을 더 부추겼다. 향수의 이름도 동쪽 세계에 대해 현실과 동떨어진 이미지를 퍼뜨리고 있었다. 공쿠르 형제는 [『마네트 살로몽』에 등장하는] 아나톨 바조쉬를 묘사하면서 이렇게 썼다. 콘스탄티노플이라는 이름을 듣는 것만으로도 "그는 시와 향긋한 냄새가 뒤섞인 몽상에 사로잡혔다. […] 그 몽상 안에서는 '투르크 왕비의 향수'이나 '할렘의 훈향', '투르크인의 등에 내리쬐는 태양'과 같은 상념들이 한꺼번에 생겨나서 서로 뒤엉켰다."[145]

그러나 가장 흔한 이름은 여전히 귀족과 명문의 명성을 등에 업은 것이었다. 여기에서도 고급향수 상인이 유럽 각국의 궁정과 밀접한 관계를 가지고 있었다는 사실이 드러난다. 제3공화국(1870~1940)의 한복판에서 고급향수가 보급되고 있었던 것은 각국의 황족 부부가 사람들에게 친숙하고 인기를 끌고 있었기 때문이기도 했다. '정치적인 그리움'이 사치품에 대한 욕망을 부채질하고, 왕비와 공주의 보증서가 제품의 고급스러움을 보증하는 역할을 맡고 있었던 것이다. '삼국동맹 포마드'까지는 아니더라도, '승마 클럽'이라거나 '황제의 꽃다발'과 같은 것을 몸에 뿌리는 것은 마치 명성 높은 가문들로 구성된 사교계에 받아들여지는 것 같은 착각을 가져다주었다.

수십 년이 지나자 냄새의 미학은 매우 당연한 것이 되었다. 향료가

들어간 비누의 가격도 떨어졌고, 오드콜로뉴는 공장에서 생산되기 시작했다. 향수 제품을 다루는 소매점의 숫자가 늘어났고, 고객층도 넓어졌다. 지방의 의사나 변변치 않은 인사들의 집 화장실 선반에도 향수병이 놓이게 되었다.[146] 화장비누가 대중화되기도 전에 이미 오드콜로뉴가 사회적 특권을 잃었다는 사실은, 가난한 자들도 나름대로 자신의 분비물이 뿜어대는 부패한 냄새와 싸우기 시작했음을 알려주는 증거일 것이다.

4

도취와 향수병

시간의 숨결

19세기 초에 감각론은 선도적 계층에서는 다른 것을 거의 용납하지 않을 만큼 위세를 떨치며, 감각의 기쁨을 누리려는 경향을 더욱 부추기고 있었다.[1] 이를 뒷받침하듯 문헌에 기록된 것만 보더라도 향기의 기쁨, 특히 전원의 향기와 관련된 것들이 많다. 자연의 향기를 맡으면 다양한 감정이 자각되면서 뭔가에 이끌린다고 밝히고 있다. 발자크는 이러한 후각의 각성을 이야기하기에 알맞은 사례이다. 발자크 소설의 주인공들은 (『마라나 가』, 『집행자』처럼) 꽃이나 건초, (『농민들』, 『결혼한 젊은 두 여자의 회고록』처럼) 숲과 들판에서 풍기는 막연한 냄새에 관능이 자극된다. [『농민들』에 나오는] 에밀 블롱데는 "원기왕성하고 번식력이 강한 풀들에서 풍기는 냄새"에 관해 이렇게 말한다. "그것이 코를 덮치면 한 가지 생각만 든다. 그 풀들의 영혼이 가져다준 생각일 것이다. 그 순간이면 나는 장밋빛 드레스가 이 오솔길을 지나며 휘날리는 자락을 떠올렸다."[2] [『마을 사제』에 나오는] 젊은 아가씨도 봄의 향기를 맡으며 생각지도 못한 자신의 운명을 깨달았다.[3]

젊은 플로베르는 막막한 모래사장과 들판의 냄새에 마음이 흔들렸다. 바다와 해조류의 소금기 어린 냄새, 풀냄새, 퇴비의 강렬한 냄새, 어느 하나만으로도 [자신의 집이 있는] 크루아세에 대한 그리움이 솟구쳤다. 플로베르의 경우에 그러한 그리움에는 배설물이나 사체가 뿜어대는 썩은 냄새에 마음이 끌리는 낭만주의자의 정서도 겹쳐 있었다.[4] 그로부터 20년 뒤에는 공쿠르 형제의 주인공인 아나톨 바조쉬가 식물원에서 일하면서 "커다란 동물적 행복감"에 빠졌다. 아나톨의 이와 같은 태도는 강한 냄새의 매력이 되살아나고 있었다는 것을 보여준다.[5]

그 뒤 후각은 자아와 세계의 공존을 계시하는 '순간의 충격' 너머의 것을 추구했으며, 내적 존재와 냄새나는 풍경이 서로 관계를 맺으면서 만들어내는 섬세한 변화를 냄새로 구분하려 했다. 사람들은 시간에 따라 바뀌는 순간의 향기에 민감해졌다. 시간과 날짜, 계절에 따라 달라지는 냄새의 색조는 내면의 기상학을 가져왔다. 그것은 루소에 뒤이어 멘 드 비랑과 같은 사람들이 확립하려고 노력한 것이었다. 콩디야크의 철학에서 벗어나려 했던 열망과 내면을 성찰하려는 끊임없는 시도는 멘 드 비랑으로 하여금 그가 창조하려 했던 경험심리학의 영역 안으로 네오히포크라테스주의 의학의 발걸음을 끌어들이게 했다. 1815년에 그는 "내 감각은 인상을 받아들이는 능력이나 활동이 매우 다채롭게 변화한다"고 썼다. "예컨대 희미한 냄새에도 마음이 흔들리는 날이 있는가 하면, (이런 날이 보통이지만) 아무 냄새도 나지 않는 날도 있다."[6] 향기가 마음에 남은 날은 기뻐서 엉겁결에 적어두지 않을 수 없다. 예컨대 그는 1815년 5월 13일에는 "향긋한 향기를 맡아서 황홀하다"라고 썼고, 1816년 7월 13일에는 "공기가 향기롭다"라고 적었다.[7]

그렇지만 계절에 따라 변화하는 냄새와 영혼의 움직임 사이의 조화를 가장 깊게 통찰해 글로 남긴 사람은 바로 늙은 세낭쿠르였다. "제비꽃은 가을에도 핀다. 향기에는 변함이 없지만, 가을의 제비꽃에는 독특한 멋이 있다. 적어도 떠오르는 느낌이 똑같지는 않다. 봄과는 다른 상념으로 사람을 초대해서 가슴 뛰는 기쁨은 느껴지지 않을지 모르지만, 더 진지한 생각과 꾸준한 기쁨을 맛보게 한다."[8]

그 뒤 냄새에 대한 추억은 작품의 주요 소재가 되었다. 멘 드 비랑은 냄새라는 섬세한 감각을 매우 상세하게 다루었다. 그는 냄새가 심정과 사고를 가로막고 있는 장막을 없애고, 과거와 현재를 떼어놓는 거리를 없애며, 의식에 자아의 통일을 가져오고, '이제 다시는'이라는 우수로 사람을 유혹한다고 했다. "추억은 대개 냄새를 맡는 감각과 관련되어 있고, 분명히 그 감각 자체와 같은 성질을 지니고 있다. 요컨대 순수하게 감정적이다. 자아와 세계가 공존한다는 감정은 다양한 내적 인상으로 구성되어 있는데, 그러한 내적 인상과 냄새 사이에는 밀접한 관련이 있다. 그것은 후각만의 고유한 특징이다. 다양한 냄새들은 저마다 청춘일 때에 느낀, 가슴에 복받치는 말로 표현하기 어려운 감정과 관련되어 있다. 그리고 정도의 차이는 있지만, 언제나 똑같은 감정을 불러일으킨다. 향기로운 숲의 한가운데에 있으면, 아직 젊어서 다시 사랑을 할 수 있을 것 같은 자신감이 되살아나지 않을까. 그곳에는 사고와는 독립된 심정의 움직임이 있다. 그리고 이 심정의 움직임이 또렷이 드러날 때, 우리는 잃어버린 것들을 하나도 빼놓지 않고 뼈저리게 되새기게 되고, 영혼은 우수에 빠진다."[9]

몇몇 시인들이 개인적인 경험을 밝히자 금세 그것은 과학적 진리가 되었다. 1819년에 발간된 『의과학사전』에도 후각에 관해 '부드러운 추억'의 감각이라고 적혀 있었다.[10] 다루고 있는 냄새의 종류나 추억의 내용은 되도록 좁게 제한되어 있었다. 예컨대 1821년 이폴리트 클로케는 평소와는 다른 서정적인 어조로 '봄기운 가득한 숲의 향기'를 맡으면, '지금은 죽은 친한 친구의 모습'이 떠오른다고 고백했다. 그러면서 "지나간 날들의 빛나는 사건이 이것저것 떠오르고, 앞날에 대해서도 야망에 물들어 목표를 좇으려는 것보다는 순수한 행복을 찾으려는 기분에"[11] 마음이 이끌린다고 했다. 의사인 오귀스트 베라르(1802~1846)는 1840년의 『의학사전』에서 훨씬 냉정하게, 후각은 "추억과 상상력에 작용한다"[12]고 썼다. 발자크도 『루이 랑베르』(1883년)에서 결코 뒤지지 않는 학자풍으로 이렇게 정리했다. "이 감각은 어떤 감각보다도 더 두뇌의 조직과 밀접히 결부되어 있고, 이것이 손상되면 분명히 사고 기관에 눈에 보이지 않는 혼란이 생겨난다."[13]

테니슨(1809~1892), 모어(1779~1852) 등과 같은 수많은 작가들에 이어서 조르주 상드(1804~1876)도 추억의 기쁨에 흠뻑 빠졌다. 놀랄 만큼 두툼하게 느껴지는 어떤 문헌 안에서 조르주 상드는 향기의 추억을 어머니의 모습과 연관시키고, 자신의 존재감과도 연관시킨다. "그런 모습으로, 메꽃이 핀 것을 보며 어머니는 내게 말했다. '냄새를 맡아보렴. 멋진 꿀 향기가 날 거야. 그 향기를 기억해 두렴!' 지금 생각하면 그것이 최초의 냄새의 계시였다. 왜 그런지 알지 못했어도 누구나 겪은 적이 있는, 추억과 감각의 거룩한 결합 말이다. 나는 메꽃을 볼 때마다 처음 그 꽃을 땄던 그 장소, 스페인의 산과 길이 생각난다."[14]

현재에 되살아난 과거가
우리를 취하게 한다. 깊디깊은, 마법의 매혹![15]

그 뒤로 이러한 매혹을 떠올리는 것은 매우 흔한 일이 되었다. 그렇지만 이것과는 느낌이 다른 사례도 하나 살펴보자. 이번에는 후각이 청각과 결부되어 있다. 1870년에 장바티스트 알퐁스 카(1808~1890)는 "내가 아직 아주 어렸을 때"라며 이렇게 썼다. "사랑하는 아버지가 어떤 곡을 만들었다. 1821년에 바르셀로나를 덮친 페스트를 노래한, 비통한 주제의 곡이었는데, 당시 곧잘 불리던 것이었다. 그런데 그 노래의 2절을 흥얼거리자 […] 내 코에 물푸레나무의 향기가 또렷하게 풍겨왔다. 반대로 물푸레나무의 향기를 맡으면, 어느새 바르셀로나를 덮친 페스트가 떠오르면서 그 해가 기억났다."[16]

그러나 냄새의 추억이라는 소재는 점차 통속적이고 진부한 것이 되었다. 가스통 르루(1868~1927)의 작품에 나오는 검은 옷을 입은 여자의 냄새, 탐정 조제프 룰르타비유의 수사를 불러온 냄새는 그러한 쇠락한 모습을 잘 보여주는 사례이다.

하지만 냄새의 추억이 진부한 것이 되어가면서 추억의 내용은 점차 더 깊어졌다. 이 점에 관해서는 파이퍼는 그저 지난날만을 회상하는 단순한 기억과는 대조적인 '복합적 기억(memoire complexe)'이 등장했다고 지적했다. 『보바리 부인』의 짧은 몇 구절만 살펴봐도 그의 말을 곧바로 이해할 수 있을 것이다. "엠마는 반쯤 눈을 감고, 크게 숨을 쉬고, 지나가는 청량한 바람을 들이마셨다. 두 사람은 말도 주고받지 않고, 그저 몰려드는 몽상에 잠겼다. 달콤하고 그리운 지난날들이 마음에 되살아나서 옆에 흐르는 개울 위에 남모르게 풍요롭게 흘러넘쳤으며, 고광나무가 옮겨오는 부드러운 향기가 그대로 마음을 채웠다. 되살아난 날들이 두 사람의 추억에, 풀밭 위로 늘어져 흔들리지 않는 버드나무의 그림자보다 더 길게 우수에 찬 그림자를 드리웠다."[17]

[외젠 프로망탱의 『도미니크』에 나오는] 도미니크의 쾌락은 훨씬 더 섬세해져서, 사랑하는 자가 옆에 있을 때에는 맛볼 수 없는 관능의 기쁨을 향기의 추억 안에서 찾는다. 떠나간 마들렌을 생각하면서 도미니크는 이렇게 고백한다. "입고 있던 옷과 몸짓과 같은 사소한 특징, 늘 풍부히 감돌았기 때문에 눈을 감아도 그녀인 줄 알 수 있었던 그 이국적인 향수, 아울러 요즘에 입었던 옷의 색깔까지 […] 이 모든 것이 똑똑히 되살아났다. 그 추억은 그녀가 곁에 있던 때와는 또 다른 감동을 맛보게 했으며, 살며시 어루만지며 사랑하고 싶은 안타까운 감정이 솟구쳤

다."[18] 사랑에 빠진 청년은 홀로 남겨진 채 전원에 틀어박혀 시간을 보냈는데, 겨울은 소리나 풍경, 냄새와 같은 모든 것이 추억에 잠기기에 가장 알맞은 계절이었다.

향기의 영원성은 보들레르가 좋아했던 주제였다. 그것으로 후각은 과거를 떠올리게 하는 놀라운 능력을 부여받았다. 사랑하는 사람이 죽었을 때, 병에 담긴 향수와 옷장이나 무덤에 남은 냄새만큼 그리움을 자아내는 유품이 또 있을까?[19] 그리고 어떤 냄새를 맡으면, 그 사회의 지나간 문명이 그대로 다시 살아난다. 지위가 높은 어느 노부인의 이야기인데, 그녀는 루이 18세의 생클루 성과 루이 14세의 베르사유 궁전에서 풍기던 것과 똑같은 배설물 냄새를 맡고는 감동했다. 그래서 배설물 냄새 따위에는 신경 쓰지 않고 귀족다운 대범함을 지켜가던 앙시앵레짐 시대를 회상하면서, 비올레르뒥(1814~1879)에게 지나간 자신의 청춘에 대한 그리움을 털어놓았다.[20] 테오필 고티에(1811~1872)도 향기의 "화강암처럼 굳건한"[21] 힘의 도움을 받아서 과거로 "그의 영혼을 옮겨" 살아 있을 때의 모습을 떠올렸다. 향은 시대를 초월해 이어졌다. 거룩한 향기가 피어오르면, 제물로 바쳐진 과거가 떠올라, 민감한 신자의 눈앞에 모습을 드러냈다. "시간의 알싸한 향"[22]은 마음을 흔들어 놓았다. 그래서 향수 안내서는 마치 역사서와 같은 모습을 하고 있었다. 그런 안내서를 다룬 작가들 가운데 하나인 루이 클레는 향기를 사랑하는 정열이 역사에 깊게 매료된 마음과 어떻게 분간할 수 없을 만큼 굳게 결합되어 있는지를 분명히 깨달으며, 그와 같은 생각을 글로 표현했다. 〔위스망스의 『거꾸로』에 나오는〕 데제셍트는 자신의 주변에 풍기는 냄새를 과학적으로 다시 만들어 과거를 되살려내려고 했다. 이처럼 역사는 냄새 안에 모습을 감추고 있으며, 냄새와 뒤섞여 하나가 되었다. 곧 냄새를 맡는다는 것은 자아의 통일과 시간의 통일을 이루는 행위였다.

침실의 향로

학자들은 개개인이 특유한 냄새를 지니고 있다고 거침없이 말했다. 그렇다면 자신의 냄새를 맡고, 자기 몸의 냄새가 어떻게 변화하는지를 자세히 관찰하는 것은 자신의 모든 본성을 깨닫는 것이나 마찬가지였다. 〔에밀 졸라의 『삶의 기쁨』에서 여주인공인〕 폴린 크뉘는 자신의 성숙한 살 냄새를 맡고서 곰곰이 여자의 운명을 생각했다.[23) 자신의 몸을 바라보고 즐기는 것과 마찬가지로 혼자서 남몰래 자신의 냄새를 즐기는 것도 '다 큰 아가씨'의 나르시시즘이었다.

〔겉모습으로 성격이나 운명을 판단하는〕 골상학도 이런 사고의 확산에 기여했다. 골상학에서 "냄새는 얼굴의 윤곽이나 피부의 색깔, 목소리와 마찬가지로 인간의 성격을 나타내는 것"[24)이었다. 이미 잘 알려져 있듯이, 발자크는 이러한 골상학으로부터 큰 영향을 받았다. 그래서 〔그의 작품 속에서〕 선량한 비로토는 향수 상인이라는 직업을 가지게 되었고, 어둡고 음침한 로겡은 비염을 떠안게 되었다.

의학과 골상학은 위생학을 확산시키고, 관능적인 행위를 지도하는 역할을 스스로 떠맡았다. 냄새가 그렇게 개개인의 본성을 드러내는 것이라면, 다른 사람의 냄새를 맡는다는 것은 아찔할 만큼 의미심장한 행위가 아니었을까? 사회적 혐오감의 감각인 후각은 동시에 친근감의 감각이기도 했다. 향수의 은근한 메시지, 흰 피부, 화장의 향기는 여자의 냄새로 사람들을 유혹했다.[25) 사랑하는 사람의 몸에서 나던 냄새에 대한 추억은 그리움과 슬픔을 더 부추겼다. 이러한 섬세한 주의는 부르주아지 특유의 것이었다. 그들에게는 연인의 몸에서 풍기는 냄새를 배우는 일이 감정교육 프로그램의 하나로 자리 잡고 있었다.[26)

이런 점에서 보면, 발자크의 작품 안에는 당시의 의학적 견해와 우아함의 규범이 모두 표현되어 있었다. 냄새의 메시지에 매혹되는 것에 마음을 빼앗긴 발자크는 '향기의 유혹'[27]이라고 할 만한『골짜기의 백합』을 썼다. "하얀 드레스를 바람에 펄럭이며 그녀는 두세 걸음 가벼운 걸음으로 걸어갔다. […] 오, 나의 백합이여! 언제나 더럽혀지지 않고, 활짝 피어 있으며, 영원히 희고, 고결하고, 그윽한 향기를 풍기는 고독한 백합이여! 나는 이렇게 말했다."[28] 주인공인 펠릭스 드 방드네스는 〔프랑스 화학자〕카데 드 보에게서 착상을 얻었던 것 같다. 발자크의 소설 안에서 여자의 몸에서 풍기는 자연스런 향기는 꽃처럼 섬세한 매력을 지니고 있는 것으로 묘사된다. 빈도만 놓고 보면, 머리카락 냄새에 대한 서술이 가장 많다. 그 다음으로는 (목, 어깨와 가슴의 드러난 부분, 앞가슴, 팔, 손, 얼굴 등) 몸에서 눈에 잘 띄는 부분들이 많이 표현되었다. 드물지만 허리와 몸통 주변의 향긋한 냄새를 표현한 경우도 있었다. 새로운 위생학의 규범이 청결함을 권장하고 수줍음이 강조되고 있던 때였지만, 이처럼 냄새는 금지되어 있지 않았다. 오히려 냄새는 사회관계에서 중요한 요소로 여겨지고 있었다.

보들레르에 이르러 여자와 들판에 핀 꽃과의 시적인 결합은 모습을 감추었다. 원래 이러한 결합은 에로티시즘의 영역에서 오래전부터 연애 장면의 소도구로 으레 등장하던 향긋한 숲의 정경을 대신해서 나타난 것이었다. 그런데 어느새 양상이 바뀌어 옅은 아지랑이처럼 가볍게 감도는 여자의 향기는 자취를 감추었다. 이제 성적인 욕망을 자아내는 것은 수줍은 몸에서 은은하게 풍기는 향기가 아니었다. 그것은 나체의 향기였으며, 누운 잠자리의 눅눅한 기운과 열기가 더해져 더 강하게 풍기는 향기였다. 시각적인 은유도 자취를 감추었다. 어느덧 여자는 백합이 아니라, 향주머니가 되었다. 그리고 물결치듯 펼쳐지는 머리카락과 살, 숨결, 피로 이루어진 '향기로운 숲'[29]에서 가져온 향기의 꽃다발이 되었다. 여자의 향기는 방과 침대라는 밀실의 에로티시즘을 더욱 은밀하게 만들었다. 여자는 침실에 피운 향로[30]이자 향기의 다발이 되었다. 반대로 시큼텁텁한 담배는 역겨운 냄새가 되었고, 곰팡이 냄새가 고약하게 나는 방은 여자의 부재를 나타냈다. 이렇게 육체가 내뿜는 냄새가 주거공간에 생명을 불어넣었고, 그곳은 향기가 경쟁하는 무대가 되었다. 침실이 자아내는 분위기로 욕망이 눈을 뜨고, 관능이 미칠 듯이 불타올랐다.

보들레르의 시적 감수성은 점차 강렬한 향수가 유행하고 매춘부와 같은 여자가 여자다움의 본보기처럼 여겨지던 세상을 반영하고 있었다. 그는 땀 흘린 육체에 마음이 끌렸고, 동물성 향수를 사랑했다. 그리고 아마도 그러한 감정들보다 더 강하게 불결한 실내를 혐오하는 마음을 가지고 있었다.[31] 이러한 시인의 취향은 유곽에 자욱했던 짙은 화장의 냄새를 가정 안으로 들여오려 했던 것으로 볼 수 있을 것이다.[32] 하지만 심판관들은 애욕의 무대를 가정 안으로 들여오려는 그런 행동을 쉽게 용납하려 하지 않았다.[33]

한편, 뜻밖에도 에밀 졸라의 코는 제대로 구실을 하지 못했다.[34] 자크 조제프 파시(1864~1898)의 후각 판정을 기준으로 하면,[35] 이 소설가는 불쌍한 열등생이었다. 레오폴 베르나르는 이런 사실을 잘 알지 못했는데, 그런 그도 일찍이 졸라의 소설에 냄새가 서술된 것은 자연주의 문학의 특징으로 보아야 한다고 지적했다.[36] 알랭 드니제는 〔20권으로 구성된 졸라의〕 '루공마카르 총서' 전체를 자세히 분석해서 더 정확하게 비판했다.[37] 곧 졸라의 작품에는 시대는 분명히 큰 차이가 있지만, 파스퇴르 이전 시기 의학이 고유하게 가지고 있던 냄새에 대한 강박관념이 그대로 표현되어 있다는 것이다. 졸라는 공공장소든 사적인 장소든, 가난한 자의 집이든 부자의 집이든, 어느 곳이나 그곳에 가득한 냄새를 묘사했다. 이러한 졸라의 글에서는 콜레라가 크게 창궐한 뒤인 1835년 무렵에 기승을 부렸던, 위생학자들의 말들에 언제나 따라다니던 것과 같은 불안감의 영향이 드러난다.

마찬가지로 이 소설가가 여러 인물들의 냄새를 꼼꼼히 묘사했던 것도 시대에 뒤처진 그러한 사고에서 온 것이었다. 그 내용은 이제까지 이 책에서 살펴본 것과 다르지 않았다. 장소·감정·애욕 사이에 세워진 체계적인 조응관계에 따라, 사생활의 다양한 영역은 후각을 기준으로 세세하게 분할되었다. 그것은 마치 위생학자와 건축가, 기술자들의 꾸준한 작업을 집대성해 놓은 것처럼 보인다. 〔『파리의 복부』에서〕 카딘과 마르졸랭이 서로 즐겁게 장난치는 장면도, 〔『쟁탈전』에서〕 르네 스카르의 정열적인 행동도, 모두 냄새의 리듬에 맞추어 진행되었다. 르네가 품은 감정과 그녀가 맛본 기쁨의 색조도 그녀와 막심이 몰래 사랑을 나눈 방의 분위기에 맞추어 변화했다. 르네가 가장 격렬하게 관능의 쾌락에 취하게 된 것은 관능적인 향기가 가득한 온실 안이었다.

하지만 졸라의 소설에는 시대에 뒤처지지 않은 측면도 있었다. 졸라의 작품에 등장하는 주인공들은 냄새의 메시지로 자신들의 욕망에 눈을 떴으며, 내면 깊은 곳의 자아를 인식했다. 그 메시지가 그들을 행동으로 내몰거나 가로막거나 했던 것이다. 베르나르가 이미 지적하고 있듯이, '루공마카르 총서'에 등장하는 인물들에게는 대개 냄새로 일깨워진 감각이 "스스로 의식하든 그렇지 않든 행동의 제1원리이며 궁극의 원리"[38]였다. 보들레르는 유곽의 난잡하고 농염한 분위기를 가정으로 끌어들이려 했으나, 세상은 그것을 용납하지 않았다. 졸라가 냄새에 극적인 역할을 부여하려 했던 것도 용납할 수 없는 일이었을 것이다. 졸라는 후각과 촉각이라는 식물적이고 동물적인 생명의 감각을 시각과 청각이라는 지적이고 미적인 감각과 같은 차원에 놓는 것으로 시끌벅적하게 도발을 했던 것이다.

졸라의 세계 안에서는 성적 유혹에 관한 감각도 사회계급에 따라 다르다. 민중들에서는 촉각이 중요한 작용을 한다. 정원에서도 거리에서도 신체의 접촉으로 몸의 굴곡이 뚜렷이 느껴지면, 욕망에 불이 붙는다. 여기에는 남성적인 정복욕도 위세를 떨친다. 하지만 부르주아지에게 욕정과 감정의 움직임을 지배하고 있는 것은 후각이다. 비록 잠깐이라도 살과 살이 맞닿더라도 남모르게 문득 풍겨오는 몸의 향기를 맡지 않으면 소용이 없다.[39] 이성으로부터 풍겨오는 냄새에 이런저런 공상이 펼쳐지고, 마음이 끌리면서 피가 끓어오른다. 그러면서 유혹하는 듯한 주변의 분위기에 빠져들어 마침내 결합이 이루어진다.

욕망의 리듬의 새로운 관리

민중들에게 촉각이 가장 우선시되었다는 것은 욕망이 고조되었다가도 금세 가라앉는다는 것을 뜻하기도 했다. 이에 견주어 섬세한 냄새의 메시지는 부르주아들의 완만한 애욕의 리듬과 어울렸다. 순간의 향기는 곧이어 다가올 쾌락의 전조로 사람을 더욱 유혹하고 도취시켰다. 향기의 덧없음은 그들이 주고받는 사랑의 비연속성을 상징했다. 슬며시 사랑하는 사람의 향기를 맡는 것은 머지않아 찾아올 달콤한 애무의 순간을 예감하고 애타게 기다리는 것이었다.[40]

냄새에 대한, 관음증과 같은 어떤 태도에서 욕망의 새로운 리듬이 생겨났다. 향기가 아직 머물러 있는 물건들의 냄새를 맡는 것이 사진을 보는 것보다 훨씬 더 생생하게 연인의 모습을 은밀히 간직할 수 있게 해주었다. 멀리 떨어져 있는 상대의 향기를 맡는 것, 플로베르가 루이즈 콜레(1810~1876)에 품었던 그 비연속적이면서도 성급히 포기하지 않은 사랑도 확실히 그와 같았다. 향기에 대한 이러한 애착은 '신비한 접촉'에 대한 갈망이었다. 그래서 〔플로베르의『감정 교육』에서〕 프레데릭 모로는 아르노 부인이 자아내는 분위기에 휩싸여 살아갈 수 있었고, 〔『보바리 부인』에서〕 레옹도 엠마의 모습을 쫓을 수 있었던 것이다.[41]

플로베르의 편지를 살펴보면, 편지지·실내화·손수건·장갑·향기로운 머리카락과 같은 것들이 냄새의 전시물처럼 되어 있었다는 사실을 알 수 있다. 이러한 관습은 머지않아 하나의 의식儀式처럼 되었고, 점점 더 복잡해졌다. 시각과 후각이 하나로 결합된 모습이 특히 자세히 묘사되어 있는데, 이것은 1846년 8월부터 9월까지 쓴 편지를 몇 통 인용하는 것만으로도 충분히 확인된다.[42]

8월 6일 "당신의 실내화, 손수건, 머리카락, 초상화를 가만히 바라보고 있습니다. 편지를 다시 읽으면서 그것에 배어 있는 사향 냄새를 맡습니다."

8월 8~9일 "다시 당신의 실내화를 바라보려고 생각하고 있습니다. […] 왜 그런지 당신처럼 사랑스런 느낌이 듭니다. […] 그것의 냄새를 맡으면 마편초 향기가 납니다. 당신의 향기가 물결이 밀려오듯이 내 마음을 채워줍니다."

8월 11일 "당신의 드레스 주름과 부드러운 머리카락에 감싸여 살아가는 꿈을 꾸고 있습니다. 그래요. 당신의 머리카락을 옆에 두고 있습니다. 아, 이 무슨 향기인지! 당신의 아름다운 목소리와 당신의 어깨가 얼마나 그리운지! 당신 어깨의 향기를 깊게 들이마시고 싶습니다."

8월 13일 "장갑을 곁에 두고 있습니다. 좋은 향기가 나고, 아직도 당신 어깨의 향기를, 기분 좋은 열기를 지닌 당신 팔의 향기를 맡고 있는 듯한 기분이 듭니다."

8월 14~15일 "마편초 향수를 사용하고 계십니까? 당신의 손수건에도 적셔져 있나요? 속옷에도 사용해 주세요. 그래도 당신 자신에게는 향수를 사용하지 말아 주세요. 가장 훌륭한 향수, 그것은 당신, 당신 자신으로부터 풍기는 향기이기 때문입니다."

8월 27~28일 "사랑스런 오렌지 꽃에 감사합니다. 편지에 온통 향기가 풍깁니다."

8월 31일 "다시 오렌지 꽃에 고마워합니다. 편지에서 그윽한 향기가 납니다."

그리고 9월 20일에는 끝맺는 말로 이렇게 썼다. "긴 머리카락에 몇 번이고 입맞춤을 합니다. 가끔은 안쪽이 파란 그 사랑스런 실내화의 냄새를 들이마시며 머리카락의 향기를 맡습니다. 거기에 당신의 머리카락을 다발로 묶어서 두었기 때문입니다. 장갑은 한쪽 실내화 안에 넣었고, 그 옆에는 목걸이와 편지를 두었습니다."

이런 편지의 내용을 살펴보면, 사랑의 감정이 한결 더 심해질 때, 아니면 사랑에 대한 그리움이 거세질 때 향기에 관한 말이 유독 많이 쓰이고 있다는 사실이 확인된다. 반세기가 지난 뒤에는 이런 유형의 성애에 '페티시즘'이나 '신경증'과 같은 이름표가 붙여졌다. 그래서 정신의학 분야가 아니고서는 다른 사람한테 쉽게 고백할 수 있는 유형의 행동은 아닌 것이 되었다.

졸라의 『삶의 기쁨』도 이런 태도를 핵심 주제로 하고 있다. 이 소설은 유전적인 퇴화로 신경증을 앓는 인간이 다른 어떤 것보다 후각에 강하게 영향을 받으며 살아가는 모습을 묘사하고 있기 때문이다. 루이즈에게서 풍기는 헬리오트로프의 향기가 되풀이해서 행동의 동기로 서술되어 있다. 선량한 베로니크가 분별력을 바르게 깨닫고, 폴린에게 서로 사랑하는 두 사람이 가져야 할 행동거지를 가르쳐준 것도 후각 덕분이었다. 가엾은 라자르가 몇 주 동안이나 미칠 듯한 시간을 보낸 것도 루이즈가 벗어둔 장갑에서 풍기는 냄새 때문이었다.

"작센 가죽으로 된 장갑에는 여전히 가죽 냄새가 강하게 남아 있었다. 아가씨가 좋아하던 헬리오트로프 향수가 그 짐승 특유의 가죽 냄새를 흐리게 완화시키고 있었다. 냄새에 극도로 민감한 라자르는 '꽃과 짐승이 뒤섞인' 그 냄새에 격하게 마음이 흔들려 정신없이 장갑에 입을 맞추고는 열락의 추억을 탐했다. […] 홀로 되면 다시 장갑을 꺼내서 그 향기를 맡고, 입을 맞추었다. 그렇게 하고 있으면 지금도 그녀를 두 팔로 꽉 끌어안고 있는 듯한 느낌이 들었다."[43] 이렇게 "사랑하는 여자와의 뜨거운 추억"[44]에 잠긴 라자르는 "진짜 방탕함"에 빠져 수척해졌다.

시간이 조금 지나자 가죽 냄새가 지닌 최음제적인 효능을 둘러싸고 매우 다양한 성과학적 논의들이 이루어졌는데,[45] 상대가 없이 행해지는 자위적인 후각적 쾌락이라는 미묘한 문제가 주로 공격의 대상이 되었다. 그런데 이미 에드몽 드 공쿠르도 졸라의 라자르에게 누이를 만들어 주고 있었다.[46] 아직 말 그대로 소녀에 지나지 않던 셰리는 향수를 매우 좋아해서 그것에 빠져 있었다. 살짝 사향을 묻혀 은밀하게 금지된 열락을 맛보기도 할 정도였다. 그녀는 침대 안에서 남몰래 그 향기를 맡는 행위를 그만둘 수 없게 되었고, 도취해서 넋을 잃고 황홀경에 빠졌다. 셰리를 낳은 모친도 광증이 있었다. 셰리는 결혼을 하려고 생각하지 않았다. 어머니에게 아무것도 배우지 못한 셰리는 남성을 알지도 않는데도 자신이 임신했다고 생각했다. 에드몽 드 공쿠르가 창조한 여러 여주인공들 중에서도 가장 색다른 이 아가씨는 의사들이 자위에 열중하는 여성은 그렇게 되리라고 우려했던 그대로의 불행한 운명을 밟아갔다. 그래서 그 기묘한 대리만족적인 쾌락과는 다른 열락은 맛보지도 못한 채 처녀의 몸으로 죽어갔다.

이 소설이 세상에 나왔을 때 정신의학자들은 이미 10년도 훨씬 전부터 후각적 페티시즘을 학문적으로 정의하려고 노력하고 있었다. 1857년에 타르디외는 여성이 배설을 할 때 나는 냄새를 맡으며 쾌감을 느낀다는 '킁킁이들'의 추잡한 행동을 라틴어를 사용해 기록했다.[47] 그로부터 10년 정도 지나서는 경찰관인 귀스타브 마케(1835~1904)가 이런 종류의 '킁킁이들'이나 '머리칼 애호가'의 무리, '손수건 도벽자'들의 기괴한 행동을 기록으로 남겼다. 이러한 무리들은 좋은 향기가 나는 여자의 목덜미 냄새를 잠깐이라도 맡아보려고 백화점에서 여자 손님의 뒤를 바짝 붙어서 따라다녔다.[48] 샤를 페레(1852~1907)는 성욕의 발생에서 후각이 맡고 있는 역할을 분석했고,[49] 알프레드 비네(1857~1911)는 페티시즘 연구에 기초해서 레스티프의 작품을 자세히 분석했다.[50] 빌헬름 플리스, 하겐에서 시작해 헤이브록 엘리스로 이어지는 성과학자들도 '성적 본능'에 끼치는 후각의 중요한 역할을 연구했는데, 이에 관해서는 나중에 다루겠다.

위스망스도 이 세계로 우리를 안내해주었다. 〔그의 소설의 등장인물인〕데제생트는 예술의 세계에 향기의 조향사가 들어간 것을 일찌감치 예고하고 있었다. 데제생트의 애인들 가운데에는 틀림없이 후각 페티시즘의 징후를 보이던 여자도 있었다. 그 여자는 "머리가 이상하게 되고, 신경증을 앓아, 젖꼭지를 향수로 적셔 열락을 맛보았다. 그렇지만 그녀가 말로 표현할 수 없는 극도의 열락에 빠진 것은 누군가 빗으로 머리카락을 빗겨주거나 애무를 받는 순간에, 비가 올 것처럼 흐린 날에 짙게 낀 그을음 냄새나 건축공사 중인 집에서 나는 회반죽 냄새를 맡을 때로 정해져 있었다. 여름에 소나기가 세차게 쏟아진 뒤에 지면에서 피어오르는 먼지의 냄새를 맡아도 그랬다."[51]

무엇보다도 위스망스의 책은 이미 한 세기 전부터 교조처럼 되어 있던 냄새의 위계에 반기를 들고 있었다. 데제생트는 인공적인 형상을 한 꽃들을 특별히 선호해 모으면서 자연스런 향기의 매력이라는 것을 부정했다. 공장 냄새로 자욱한 '팡탱의 들판'에 마음이 끌린 그는 자연에 대한 새로운 관계를 주장하며 '현대성(modernité)'의 향기를 찬양했던 것이다.[52]

위스망스가 이 책을 쓰고 있을 때, 때마침 후각의 역사는 커다란 변동을 겪고 있었다. 시대의 불안감이 거기에 집중되어 있었기 때문이었다. 얼마 뒤에 가스통 르루의 작품에서도 범죄자의 유전적 체질이나 퇴행적 현상에 대한 공포감이 배경으로 놓이게 되었다. 〔주인공인〕 조제 프 룰르타비유는 어려서 부친과 함께 악당의 무리 안에서 성장한 덕분에 동물 못지않게 냄새를 잘 맡는 능력을 지니게 되었다. 어머니는 품위 있고 멋진 향수를 뿌리는 미인이었지만, 룰르타비유는 망설이지 않고 재빠르게 지면으로 몸을 굽혀 엎드려 킁킁거리며 땅의 냄새를 맡았다. 그리고 수많은 수수께끼 범죄를 멋지게 해결했다.[53]

　다윈 이후의 인류학은 인종이나 민족의 고유한 냄새를 강조했다. 장 로렌(1855~1906)은 마르스 광장에서 열린 만국박람회에 북적거리던 흑인들의 냄새 때문에 속이 메슥거렸다.[54] 에드가 베릴롱(1859~1948)에 따르면, 체취가 아메리카에서 인종적인 혐오를 만들어냈으며, '차별'의 바탕이 되었다.[55] 얼마 뒤에는 '독일놈(Boche)'*의 체취를 몹시 싫어하는 애국심이 모습을 드러냈는데, 그보다 앞선 시기의 의사인 오귀스탱 카바네(1862~1928)는 영국인의 체취에 대해 가슴이 답답해지는 것 같다고 썼다. 카바네에 따르면, 그들의 체취는 실로 강렬해서 방 안에 그 냄새가 깊이 스며들기라도 하면 몇 년이 지나도 없어지지 않을 것 같았다. 해초나 해조류가 가까운 곳에 널려 있는 땅에서 살아서 그런 체취가 난다는 이야기도 있었고, 그들의 여행가방 재료로 사용된 가죽 때문이라는 이야기도 있었다. 일본의 학자인 아다치 분타로(1865~1945)는 서양인의 체취가 지독하다고 밝히기도 했다. 이러한 인종적 대립을 정리하면서 에드가 베릴롱은 "냄새에 대한 혐오감보다 강한 것은 없을 것"[56]이라고 했다. 이처럼 베릴롱은 후각에 생각지 못할 만큼의 높은 가치를 부여했으며, 후각을 인종을 형성하는 특권적인 도구로까지 여겼다. "틀림없이 가족의 형성이나 가정환경의 단단한 인연은 후각

---

* 제1차 세계대전 당시 독일인을 부르던 경멸적인 의미를 담은 비속어이다. '독일인'을 의미하는 알르망(Allemand)과 '대가리, 앞잡이'란 의미의 카보쉬(caboche)가 합쳐진 단어인, '알보쉬(alboche)'에서 비롯된 말로 여겨진다.

의 유사성과 공감에 의존하고 있다."

마지막으로 남은 하나의 주제는 이것만큼 성가시지는 않다. 바로 우비강 상사의 '몇 가지 꽃들'(1912년)이나 겔랑 상사의 '여명'(1913년)이 환기시킨, 향기로운 여자의 이미지이다. 고급향수 상인 덕분에 향기로 멋을 부리는 것에 관한 새로운 규범이 만들어졌다. 그리고 그 사이에 무대도 새롭게 바뀌면서, 여자의 하얀 살결과 그 배경을 장식한 식물 상징이 새로운 풍경을 만들어갔다.

5
노고에 대한 조롱[1]

파스퇴르의 이론이 승리를 거두기 전까지 악취제거 전략의 표적이 되었던 것은 공공공간과 부자들의 저택이었다. 대부분의 주민들은 그러한 전략이 추진되더라도 별로 관련이 없었다. 민중들은 오직 병원과 감옥, 병영을 통해서만 새로운 규율을 익혀갔다. 학교 교육에서도 1860년대로 접어든 뒤부터야 위생 규율을 보급시키려는 시도가 받아들여졌다.[2] 당장은 읽고 쓰고 셈하는 것을 가르치는 문제가 더 중요했기 때문이다. 그 뒤 군대의 규율이 정해졌고, 학교생활의 조건을 규격화하려고 하는 움직임도 생겨나기 시작했다. 나아가 파스퇴르의 원리가 널리 신뢰를 얻어간 것과 함께 규범화된 가치와 표상, 겉모습과 행동의 규범들이 서서히 정착해갔다.

이런 점에서 전통적인 생활습관이 꽤 오랫동안 뿌리 깊게 이어지면서, 악취를 제거하려는 계획에 끈질기게 저항했던 것은 어찌 보면 당연한 일이었다. 그래서 배설물과 더러움, 오염된 공기를 상대로 싸운 관리들과 위생학자들은 온갖 실망을 맛보아야 했다. 그들의 그러한 실망은 사람들이 감각의 앙시앵레짐에 얼마나 충실했는지를 알려준다.

애먹은 배설물과의 전쟁

인간의 배설물과 퇴비, 오물로부터 멀어지려고 하는 정책에 대해 프랑스에서는 격렬한 저항이 일어났다. 하수도 직결식 수세장치가 자리를 잡지 못했던 것에서도 저항의 정도가 어떠했는지를 엿볼 수 있는데, 이러한 저항의 태도는 다양한 측면에서 설명할 수 있다. 우선 서양의 학자들은 오래전부터 배설물에 치료 효과가 있다는 믿음을 지니고 있었다. 마드리드에서는 〔1792년에 아란다 백작을 수반으로 들어선 스페인의 계몽주의적 개혁정부인〕 아란다 내각이 등장하기 전에는 길에 배설물이 여기저기 흩뿌려져 있었다. 피에르 쇼베는 의사들이 건강을 지키기 위한 방법으로 배설물의 악취를 사방에 퍼뜨리는 방법을 권장했다고 기록했다.[3] 나아가 그는 분뇨수거인의 냄새가 없어지면 "머지않아 우리는 페스트의 피해를 입게 될 것"[4]이라고 덧붙였다. 적어도 몇몇 학자들은 이런 생각에 동조하고 있었다. 유행병이 덮친 마을의 길 위에 배설물을 뿌려 놓자고 제안했던 이들도 있었다. 푸르크루아는 과연 오물에 그런 효능이 있는지 의심을 품고는 있었지만, 공공연히 그것을 반박하는 것으로 나아가려고는 하지 않았다.[5]

사람들의 이러한 믿음은 병을 치료하기 위한 일정한 지침이 되기도 했다. 〔영국의〕 찰스 2세(재위 1660~1685) 때의 일이었는데, 행정당국은 악취로 페스트를 퇴치하려고 런던의 분뇨구덩이 덮개를 모두 열게 했다. 이것은 히포크라테스주의가 부흥했다는 사실을 알려주는데, 1787년의 『계통적 백과사전』에도 그런 행동의 취지가 당당히 밝혀져 있다.[6] 그로부터 반세기 뒤에는 파랑뒤샤틀레가 〔동물의 창자로 작업을 하는〕 장처리업자나 하수도 청소부가 건강한 것은 그 때문이라며 오물의 치료 효능을 칭송했다.[7] 폐결핵에 걸린 여성 세 명이 오물을 상대하는 일을 해서 치료되었다는 사례도 들었다. 파랑뒤샤틀레는 그들을 면담한 뒤에 "세 사람 모두 눈에 띄게 피부가 윤기가 나고, 살집이 좋다"고 말했다. 나아가 그는 이렇게 덧붙였다. "내가 알고 있는 사례들 중에는 몇몇 용기가 있는 환자가 분뇨구덩이에 몸을 반이나 모두 담가 치료한 경우도 있다. 다리의 병이나 류머티즘, 그밖에 다른 치료법으로 효과를 보지 못하던 질환들이 그것으로 치료되었다."[8] 몽포콩의 오수 저장소에서 흘러나온 물은 인근에서 말 치료약으로 쓰였다.[9] 1875년에도 프랑수아조제프 리제(1819~1907)는 봉디의 하수처리장 부근에서는 콜레라가 유행한 적이 전혀 없었다고 강조했다.[10] 실제로 환자를 치료하던 의사들 가운데에서도 배설물 냄새가 불쾌하기는 하지만, 비위생적이지는 않다고 생각하는 사람들이 있었다.

대부분의 의사들은 부패한 냄새가 위험하다고 믿고 있었으므로, 이런 생각은 의사들 사이에서는 분명히 소수의견에 지나지 않았을 것이다. 하지만 이런 이론이 민간의 속설을 뒷받침하는 역할을 하면서, 오물의 특효성에 대한 사고는 매우 폭넓게 퍼져 있었다. 1789년에 샤를프랑수아 바이는 푸줏간에서 일하는 도축업자들은 자신들이 건강한 이유를 도축된 동물들의 피와 기름, 내장의 냄새를 맡고 있기 때문이라고 생각하고 있다고 기록했다.[11] 1832년이 되어서도 끔찍한 오물처리장에서 일하는 노동자들은 분뇨 냄새가 몸에 좋다고 믿고 있었다.[12] 20년 정도 뒤에 그들을 대상으로 설문조사가 실시되었는데, 이지도르 브리셰토(1789~1861)의 분석에 따르면, 그때까지도 분뇨수거인들은 자신들이 덮어 쓴 배설물 냄새가 몸에 해롭지 않다고 생각하고 있었다.[13] 나아가 브리셰토는 이런 종류의 노동자들이 쉽게 아내를 만나 결혼하는 사례가 많다고 거듭 강조했다.

그런데 배설물에는 다른 지원군도 있었다. 비료상인, 농학자, 화학자들이 한목소리로 탈취제가 분뇨의 질을 떨어뜨린다고 주장하고 있었던 것이다. 그들은 이렇게 분뇨의 질이 낮아지면, 사려는 사람이 줄어들어 비료의 가치도 떨어지게 된다고 주장했다.[14] 1858년 릴에서 당국이 분뇨구덩이를 소독하려고 했을 때, 이 분야의 전문가들은 이런 이유를 내세우며 반대했다.[15]

　부르주아지가 악취를 제거하려 했던 것은 그들이 부유하거나, 적어도 생계에 어려움을 겪지는 않았기 때문이다. 다시 손노동으로 되돌아갈 필요가 없었기 때문에 악취제거가 가능했던 것이다. 그렇지만 짚더미를 깔고 뒤섞여 살아가는 가난한 자들은 악취에 파묻혀 살아가면서도 악취를 제거하려는 조치를 반기지 않았다. 그들은 자신들의 방식대로 살아가고 싶다고 주장했다. 농민들도 꼭 필요한 비료를 자신들의 집에 마련해둘 수밖에 없다며 따르려 하지 않았다.[16] 도시에서는 넝마주이들이 당국의 조치에 반대했다.[17] 7월 왕정(1830~1848)이 시작되면서 당국이 서둘러 진창을 제거하겠다고 결정하자 그들은 폭동을 일으키기도 했다. 오물의 산을 자신들의 힘으로 지키려 했던 것이다. 1832년 4월 1일부터 15일까지 넝마주이들은 진흙을 나르는 짐마차의 통행을 가로막고, 그것을 불태웠다.[18] 군중도 폭도들의 편을 들었다. 그들도 소독이라는 조치에 불안감을 품고 있었던 것이다. 곳곳에 소독액이 뿌려진 것도 소동을 부추기는 데 한몫했다. 그것을 지배계층이 자신들을 죽이려는 음모를 꾸미고 있다고 받아들이는 사람들도 있었던 것이다.

　이렇듯 오물에 집착하는 사람들의 마음을 더 잘 이해하기 위해서는 유아의 심리에 배설물이 맡고 있는 역할을 돌아보고, 심리의 발달에 항문이 큰 역할을 맡고 있다는 사실을 떠올려볼 필요가 있을 것이다. 갓난아이는 엄마의 모습을 보기 전에, 냄새로 먼저 그 존재를 감지한다. 공간에 대한 인식도 청각과 후각의 차이에서 생겨난다. 갓난아이가 남성과 여성을 구별하는 것도 그들이 서로 다른 냄새를 내기 때문이다. 갓난아이의 배설물 냄새는 엄마를 부르는 신호이다. 엄마와 교류하면서 갓난아기는 "아래로는 뭔가 느껴지는 것을 배설하고, 위로는 뭔가 느껴지는 것",[19] 곧 젖이나 젖병을 받아들이게 되는 것이다. 20세기 초가 되어 영국식 기저귀가 보급되기 시작하면서 어린아이가 엉덩이를 드러낸 채 돌아다니지 않게 되었고, 아이들이 똥과 오줌도 싸면 옆에 있는 사람이 재빨리 닦아주는 관습도 없어졌다. 이렇게 해서 배변의 규범이 완성되었고, 점차 정착해간 그 규범을 우리도 받아들여 따르게 되었다.

나아가 배설물 냄새에 관능의 자각을 촉구하는 역할이 있었던 것도 염두에 두어야 할 것이다. 이와 관련해 이본느 베르디에는 샤티용 지방의 숲지기들을 다루면서, "배설물 냄새가 남자의 관능적인 감성을 높이는 역할을 맡고 있었다"[20]는 사실을 밝혀냈다. 이것은 매우 흥미로운 연구라고 할 수 있는데, 19세기 민중의 성적 욕망에 관해 우리가 알고 있는 것은 모두 세련된 부르주아의 눈을 통해 얻은 지식들뿐이기 때문이다. 그 부르주아들은 자신들과 똑같은 혐오감을 가지고 있지 않던 사람들의 성욕은 이해하기 어려운 처지에 있었다. 이런 점에서 지배계급이 금지령을 내렸는데도 대다수 사람들이 강렬한 냄새에 애착을 보이고 있었다는 사실은 사회심리의 역사를 다루기 위한 하나의 단서가 될 것이다.

당시 사회를 지배하던 담론은 배설물에 관한 행위를 동물적 본능으로 여기면서, 그것을 어린아이나 민중과 관련짓고 있었다. 반대로 배설물을 시각과 후각으로부터 배제하기 위한 신체규율을 지니고 있던 부르주아지의 행위는 분별력 있는 것으로 규정되었다. 그렇지만 귀족들은 예절규범 안에서 배설행위의 금지령에 대해서는 이따금 실로 대범한 행동을 보이기를 꺼리지 않았다. 아울러 민중은 민중대로 배설물과 사이가 좋다는 것을 공공연하게 과시했다. 그래서 상스러운 것을 배제하려 했던 부르주아지를 무시하듯이, 자신들은 추잡한 행위를 좋아한다고 소리 높여 주장했다.[21] 그들은 사육제의 난투를 우쭐해하듯이 야단스럽게 배설물을 흩뿌리거나, 보란 듯이 방귀를 뀌거나, 때로는 알몸이 되었다. 이런 일련의 '배설물에 관한 행위'는 흘러넘친 것을 깨끗이 밖에 내놓고 싶다는 민중들의 의지가 표현된 것이었다. 아울러 그것은 분뇨구덩이 안에서 행해지는 축적과정과는 정반대의 모습을 하고 있었다. 이러한 방종한 행동은 배변의 예절이라는 규율을 거부하려는 의지를 나타낸 것으로 알려져 있다. 하지만 억제를 강요받은 나머지 일시적으로 배출구를 찾은 행동이 아니라면, 일반적으로 '신체의 디오니소스적인 기능의 상실'[22)]에 저항하려는 의지의 표현이었다고도 할 수 있을 것이다.

추잡한 말을 정화하려는 움직임은 17세기 초부터 나타났는데, 이에 대한 저항은 더 완강했다. 천박한 욕설이 빈번히 등장하는 유형의 문학은 그다지 연구되어 있지 않는데, 악취를 제거하려는 전략이 행해지던 바로 그 시대에 그런 유형의 문학도 전성기를 맞이하고 있었다. 학자들이 부패의 끔찍한 위험을 고발했지만, 문학은 그에 아랑곳하지 않고 마치 약이라도 올리듯이 부패를 상세히 묘사했다. "차례차례 여러 종류의 다양한 이미지를 사용해가면서 불결한 것, 사물이 썩어가는 모양, 부패한 사물의 냄새, 썩어 문드러진 사체, 끈적끈적한 것, 배설물, 쓰레기, 쓰레기장, 오수 저장소, 하수구와 같은 것들이 나열되었다. 여기에서 인간의 배설물은 오물이나 쓰레기의 한 종류였을 뿐이다."[23)]

부패에 매혹된 이러한 심리는 지배계급이 사로잡혀 있던 부패에 대한 불안감의 민중적 형태에 지나지 않을 수도 있을 것이다. 하지만 다르게 이해할 수도 있다. 도미니크 라포르트는 왕의 고상한 말에 저속한 말도 포함되어 있듯이, 언어도 '배설 공간'이 될 수 있다고 했다.[24)] 사육제에서 배설물을 뿌려대거나, 고약한 냄새가 나는 분뇨구덩이 퍼내는 작업을 비웃거나, 추잡한 말을 사용하면서 즐거워하는 행동은 일종의 역할 분담으로 해석할 수도 있을 것이다. 민중은 계층마다 받아들일 수 있는 냄새의 허용한계가 다르다는 사실을 깨닫고, 악취를 제거하기 위한 행위에 공동전선을 펼치며 공공연하게 맞섰던 것이다. 오물을 흩뿌리거나 그와 상응하는 말을 내뱉는 것은 규율을 거부하는 것과 같은 지위를 인정받았다. 가난한 자들은 자신의 오물을 뿌려대면서, 오물을 꺼리는 것 못지않게 자신들과의 접촉을 꺼리던 자들에게 도전을 하고 있었던 셈이다. 그래서 그들은 자신들 '배설물의 계급'을 행동과 말로 더 강조해 나타냈던 것이다.

공기에 관한 두 가지 관념

악취제거 전략에 맞선 민중들의 이러한 저항은 환기를 거부하려는 태도와도 밀접히 관련되어 있었다. 시골에서는 아직 '인격'이라는 관념이 널리 퍼지지 않은 생활환경 때문에 동물과 사람이 하나가 되어 가정의 공기를 들이마셨다. 그것은 공동침대의 온기와 마찬가지로 다가올 겨울을 참고 견디기 위해 의지해야 할 대상처럼 여겨지고 있었다. 잘 알려져 있듯이 밤일을 하면서 동물 옆에서 시간을 보내는 것은 변함없이 이어지던 관습이었고, 사람들은 기꺼이 그러한 관습을 따르고 있었다. 오랜 세월 동안 의사들은 아직 다 자라지 않은 동물이 많이 들어가 있는 축사의 공기는 몸에 좋다고 이야기하고 있었다. 이런 관습은 뿌리 깊게 남아 있었는데, 19세기 초가 되어서야 진짜로 치료 효과가 있는지를 놓고 상당히 격렬한 논의가 벌어졌다. 대부분의 위생학자들은 그러한 관습을 비판했는데, 파리의 전문가들이 작성한 보고서를 보면 그러한 사실이 분명히 확인된다. 그렇지만 효능이 있다고 믿은 학자도 없지는 않았는데, 특히 몇몇 거물급 이론가들도 그쪽 진영에 가담해 있었다. 후각론의 영웅이라고 할 수 있는 이폴리트 클로케도 위생 규범을 지켜 동물을 청결히 유지하면 축사 공기가 건강에 좋다고 밝히고 있었다.[25] 이러한 '생기론적 공기치료법'은 19세기 내내 공인되었고, 보건위생에 관한 공문서들에는 그것을 뒷받침하는 풍부한 사례들이 갖추어져 있었다. 그래서 결핵환자들 가운데에는 동물들이 뱉어낸 공기를 마시러 가라는 권고를 받은 사람도 적지 않았다.

이런 사정을 돌아보면, 민중들이 전혀 망설이지 않고 환기를 할 생각이 없다고 말했던 것도 당연한 일이었다. 특히 추위를 많이 타는 노인들은 한쪽 구석에 가만히 웅크려 있으려 했다. 그래서 포데레는 "민중은 커튼도 창도 닫아 둔 채로 있으려 했다"[26]고 탄식했다. 학교 교사들 중에도 나이든 이들은 가르치는 학생들의 냄새를 맡는 것이 좋아서 교실의 창을 열려고 하지 않았다.[27] 하워드도 "평소 닫혀 있는 집에서 생활하던 불쌍한 노동자들은 병원이나 일터로 가서도 새로운 공기를 결코 받아들이려 하지 않았다"[28]고 지적했다. 1818년에 의사인 르그라가 조사한 것에 따르면, 레 알 지구에 사는 노인들은 방 안의 공기가 교체되는 것을 싫어했다.[29] 그리고 스코틀랜드의 위생학자인 그레고리는 "가난한 자가 있는 곳을 방문할 때면 먼저 지팡이로 창 한 두 개를 깨부수는 것으로 처방을 시작했다"고 썼다.[30]

그런데 저항은 병원에서도 나타났다. 리옹 시립병원의 의사들은 "공기가 자유롭게 통하는 것을 한사코 받아들이려 하지 않았다."[31] 그리고 팜플로나의 병원이나 런던의 몇몇 병원에서도 병실을 깨끗이 닦거나 창을 열려고 하지 않는 곳이 있었다.[32]

앞에서 볼 수 있듯이 환기에 대한 저항은 어떤 커다란 거부의지의 일부였다. 행정당국이 빈민을 구제하기 위해 행했던 규율의 강요는 그 뒤로도 좌절로 끝났다. 감옥을 대상으로 했던 것이나 병원을 대상으로 했던 것도 마찬가지였다. 역사가들의 최근 연구를 보면, 규율화를 꾀했던 말들의 엄격함과는 반대로 사람들의 행동이 얼마나 그것과 큰 차이를 보이며 무질서했는지가 분명히 드러난다. 규율의 승리를 기대하며 설치했던 다양한 시설들의 한복판에서도 권력에 반대하는 힘이 활기찬 모습을 분명히 드러내고 있다. 왕정복고(1814~1830) 시대에 리옹의 민간 자선시설에서는[33] 노인들이 담배를 피우며 놀이를 즐기고 있거나, 고아들이 서성거리며 돌아다니고 있었다. 재활병원은 술집처럼 되어 있었다. 기숙사도 신청이 많아서 한 침대에 여러 명을 눕힐 수밖에 없었고, 사람들의 간격도 비좁았다. 그런 비위생적인 공간들에 아연실색한 의사들에게 자극을 받아 7월 왕정(1830~1848) 시기에는 병원을 소독하려는 열망이 한층 강해졌다. 정부는 위생 규율을 사람들에게 불어넣기 위해 단호히 맞섰다. 시계를 설치했고, 외부 사람이 멋대로 병원 안으로 들어오지 못하게 막았으며, 변소에 통풍구를 설치하게 했다. 일찍이 앙시앵레짐의 개혁자들이 요구했던, 공기와 물의 흐름을 제어하는 체계를 반세기가 지난 뒤에 확립하려 했던 것이다. 그렇지만 정부는 이번에도 신통한 성과를 거두지 못했다.

사회의 계층구조에서 반대편에 있던 부르주아지의 저택 안에서도 환기에 관한 망설임은 없어지지 않았다. 하지만 이것은 다른 이유 때문이었다. 사람들이 부부만의 집 안에 틀어박히면서 나르시시즘이 정착했다. 그리고 타인과의 불결한 접촉이나 강렬한 냄새를 혐오하게 되면서 새로운 생활방식이 생겨났다. 그런데 이러한 생활방식은 신선한 공기를 마셔야 한다는 요청과는 잘 어울리지 않았다. 지금까지 보았듯이 방에 대해서 위생학자들은 창문을 한껏 열어젖히고 골방의 침실을 없앰으로써 얻게 될 위생과, 커튼·벽포·걸개를 늘려서 얻게 될 사적 즐거움 사이의 미묘한 균형을 유지하기 위해 애썼다. 그래서 일정한 시간마다 공기를 갈아 넣어야 한다는 규범이 정해졌고, 그것이 가정부의 주된 임무 가운데 하나가 되었다. 이를 통해 솜에 둘러싸인 것 같던 '세기말의' 주거에서 공기의 위생이 유지되었으며, 거리에서 풍겨오는 독기의 침입도 막을 수 있게 되었다. 모습도 목소리도 드러내지 않은 하인들 덕분에 〔위스망스 소설의 주인공인〕 데제셍트는 신경증에 걸리거나 질식도 하지 않은 채 자신의 진열품을 즐길 수 있었던 것이다.

더러움의 효능

다양한 사회계층에 제각기 어떤 리듬으로 규범이 보급되고 있었는지를 정밀하게 연구하는 것만큼 중요한 것은 없다. 이것을 연구해가면 이런저런 예기치 못한 사실들이 밝혀진다. 규범에 신경을 많이 쓰던 프로이트 박사는 고작해야 자신의 방에서 계단 위의 진료실로 올라가는 것이었는데도, 셔츠의 깃을 제대로 펴지 않은 채 나왔다는 것을 깨닫는 것만으로 섬뜩해 했다. 하지만 그는 부르주아 환자의 계단 융단 위에 아무렇지도 않게 침을 뱉었다.[34]

테오필 드 보르되가 경고했던 것이 떠오른다. 그는 위생학 때문에 거리에 사는 환자들이 '정액의 영기(aura seminalis)'를 잃게 되지 않을까 걱정했다. 몸에서 풍기는 강한 냄새가 최음제적인 효과를 발휘하기 때문에 가난한 자일수록 자식이 많다는 학설을 주장했던 것도 그였다.[35] 하워드는 암스테르담 병원의 의사들은 하얀 시트를 건강에 좋지 않다고 생각하고 있었다고 썼다.[36] 알다시피 위생학자들은 되도록 목욕탕을 사용하지 않는 것이 좋다고 밝히고 있었다. 이런 점에서 보면, 오랫동안 대부분의 사람들이 비록 고약한 냄새가 나기는 해도 더러움이 어떤 효능을 가지고 있다고 믿었던 것도 결코 얼토당토않은 일은 아닐 것이다.

프랑수아 루와 피에르 리샤르는 수천 개에 이르는 속담들이 수록된 자료집을 분석해서,[37] 농민들이 부르주아의 규범에 대해 저항을 펼쳐간 이면에는 덜 정교하지만 훨씬 더 감지하기 어려운 다른 규범들이 놓여 있었다는 사실을 밝혀냈다. 신체위생에 관해 살펴보면, 그들은 의료행위에 관한 전통적인 규범에 근거해 건강에 신경 쓰고 있었다. 그리고 야생의 편리함을 간직하려는 의지가 강했는데,[38] 그것이 예절규범보다 훨씬 우세했다. 배설의 생리학적 욕구가 행동을 지배하고 있었던 것이다. 속담들은 트림이나 방귀를 참지 말라고 가르쳤다. 그리고 오줌을 누고 싶은 욕구가 전파된다는 사실을 상기시키고 있었다. 아울러 목욕을 막는 그물망도 펼쳐 놓고 있었다. 목욕이 원기를 되찾기 위한 것이지, 위생을 위한 것은 아니라고 설득하면서 말이다. 체취를 비난하는 속담은 거의 없고, 오히려 그것에 관능을 자극하는 효과가 있다고 강조했다. 속담의 담론은 청결함에 관한 윤리의식도 표현하고 있는데, 나쁜 체액을 배출하거나 나쁜 냄새가 나는 셔츠를 몸에 걸치는 것은 좋은 행위로 제시되어 있었다. 심지어 함께 소변을 보는 것이 술을 마시는 것과 마찬가지로 남자끼리의 교제를 활발히 하는 것이라고 버젓이 인식되고 있었다. 놀랍게도 머지않아 정신분석이 찾아낸, 화폐와 배설물과의 연관성을 직설적으로든 비유적으로든 분명히 표현하고 있는 것들도 있었다. 이로부터 하나의 일관된 규범 체계가 존재했다는 사실이 확인되는데, 이는 일찍이 뤽 볼탕스키도 강조했던 것이다.[39] 이런 점을 고려하면, 학교와 군대가 생활습관을 바꾸려고 계획했던 것들이 지지부진한 결과만을 낳은 이유가 충분히 이해된다.

더러움은 하얀 색깔이 좋다는 미의 규범과도 대립된 것이었다. 쨍쨍 내리쬐는 햇볕 밑에서 일을 하는 농촌의 여성들을 지켜주는 것은 더러움뿐이었다. 그래서 "더러움 밑에서 예쁜 피부가 만들어진다"[40]는 말이나 "아이들은 더러운 만큼 건강해진다"[41]는 말들도 생겨났다. 여성의 생리, 더 넓게는 여성의 자궁에서 흘러나오는 점액 전체에 대해 위생 조치를 세우는 데 반대했으며, 그러한 조치를 만들려는 움직임조차 금지시키려 했던 관행도 있었다. 이에 대해서는 앞에서 다루었으므로 다시 상세히 언급할 필요는 없을 것이다.

그런데 자주 언급되지는 않지만, 관습의 변화를 막는 데 다른 어느 것 못지않게 큰 영향을 끼친 특정한 정신적 태도도 있었다. 〔프랑스의 순례자인〕 베누아 라브르(1748~1783)는 마치 오물에 매료된 사막의 교부들처럼 자신의 신체에 모여든 벌레를 양분으로 삼아 먹었다.[42] 필립 아리에스는 라브르가 '더러움의 효능'을 믿고 있었다고 표현했다.[43] 50년 뒤에는 라브르의 제자인 장마리 비앙네가 스승을 본받아 그리 좋아 보이지 않는 행동을 굳이 했다. 이 아르의 본당 사제가 보인 극단적이기까지 한 모습을 살펴보면, 이러한 정신적 태도가 어떤 것이었는지를 잘 이해할 수 있다. 이 성자는 자신의 육체를 '나의 시체'라고 부르며 채찍질하고 괴롭혔다. 시체와 같은 육체를 걱정한다고 해서 무슨 의미가 있을까. 〔중세 성인전 모음집〕『황금전설』에 자극을 받은 아르의 본당 사제는 지난날의 위대한 고행자들을 동경하며 그들을 본보기로 삼았다. 그는 자신의 옷을 가난한 사람들에게 나눠주었고, 옷을 갈아입으려고도 하지 않았다. 그는 오로지 신에 대한 봉사만을 생각했다. 이렇듯 자신의 몸을 멸시하는 태도 때문에 사제는 구역질이 날 것 같은 썩은 냄새를 갈구했다. 부패는 육체라는 껍데기의 서글픈 말로를 예고하는 것이었고, 그는 오로지 그러한 해탈의 날이 빨리 찾아오기만을 바라고 있었다. 장마리 비앙네는 수도원의 분뇨구덩이를 퍼내는 분뇨수거인의 작업을 도왔고, 퍼낸 배설물을 싣고 가는 짐마차 뒤를 따라갔다.[44] 가까이에 살았던 사람들의 말에 따르면, 그는 이를 전혀 닦지 않아서 입냄새도 지독했다. 아르의 본당 사제의 삶을 돌아보면, 〔예수가 십자가에서 죽은〕 골고다에서 떠돌던 냄새는 어떠했을까 싶다.[45] 어쨌든 그의 삶을 놓고 보면, 수많은 수도원들에서 신체위생에 대해 거세게 저항했던 것만큼은 확실하다.

코의 방종

부르주아의 규범을 거부하려 했던 사람들은 조롱하는 말들이나 반역의 말들을 만들어냈는데, 그것들은 모두 부르주아들이 배척한 것들을 거꾸로 편애의 대상으로 삼고 있었다. 그러한 말들에 엿보이는 도발적이리만치 고집스런 태도, 배설물과 썩은 냄새에 애착을 보이는 모습은 그들의 저항이 얼마나 완강했는지를 알려준다.

젊은 플로베르가 예절규범들을 비웃으며 퍼부은 경멸은 뒷날 그가 틀에 박힌 형태로 퍼부은 조소보다도 더 날카로운 것이었다. 플로베르는 지금 당장 규범을 갈기갈기 찢어버리라고 부추겼으며, 특히 후각에 관한 규범을 걷어차 버리라고 했다. "장화 안에 똥을 싸고, 창에서 오줌을 누고, '빌어먹을'이라고 외치고, 당당하게 싸고, 방귀를 참지 않고 뀌고, 담배를 추잡하게 피우고 […] 다른 사람 얼굴에 대고 트림을 할 것." 그는 1842년 3월 15일에 쓴 편지에서 친구인 에르네스트 쉬발리에에게 이렇게 권고했다.[46] [16세기 프랑스의 작가인] 라블레인 척하며 추잡한 언어를 나열해 놓고는 즐거워하던, 고등학생 무렵의 반항기에 플로베르가 가장 상투적으로 즐겨 쓰던 말은 '똥'이었다. 그는 무례한 형식에서 빠지지 않는 이 '똥'이라는 말을 사용해 수치스러운 효과를 기대하며 즐거워했다. 물론 젊은 남자끼리 서로 친한 기분으로 하고 있는 것이므로 대수롭지 않게 넘길 수도 있다. 그런데 그는 프롤레타리아의 냄새에는 매우 민감하게 혐오감을 드러내고 있었다. 이런 점에서 보면, 그는 나르시시즘의 자각에서 항문이 맡는 역할을 명료하게 인식하고 있었다. 곧 그는 자아의 상징이라는 높은 역할을 '똥'에 부여하고 있었던 것이다.[47]

『감정교육』을 쓴 이 작가는 성인이 된 뒤에도 아가씨들의 새침한 말투나, 일부러 '경박한 말'을 사용해서 내보이는 상스러움과 생리적 요구를 참으려 하지 않는 거리낌 없는 태도에 매료되었다.[48] 플로베르의 이러한 태도를 보면, 당시 교육을 잘 받은 부르주아들 가운데 적지 않은 숫자가 왜 매우 상스럽고 외설적인 분위기의 어떤 무리와의 교제에 마음이 끌렸는지 그 이유를 짐작해볼 수 있다.

미슐레는 '생체적 시간'에 줄곧 매혹되어 있었다. 그가 쓴 역사는 자라서 활짝 꽃피었다가 무너져가는 몸의 역사였다. 그래서 이 역사가는 부패한 것이나 몸에서 배설된 것을 앞에 두고 머뭇거리지 않았다. 오히려 그런 배설물이 몸에서 배출되어 역겨운 것이 되는 그 순간을 붙잡기 위해 기회를 엿보고 있었다. 미슐레는 그렇게 생명이 흘러가는 자취를 탐구하고 있었던 것이다. 이럼 점에서 보면, 역사가들 가운데 가장 위대한 이 역사가가 어린 아내 아테나이의 생리를 극구 예찬했던 것도, 아울러 그가 사향의 냄새와 같은 공중변소 냄새를 잔뜩 들이마시고 영감을 얻었다고 하는 것도 결코 놀라운 일은 아닐 것이다.[49]

쥘 발레스에 이르러 반역은 더할 나위 없이 과격한 것이 되었다. 쥘 발레스의 '코의 방종(libertinage du nez)'[50]은 단순한 도발이 아니었고, 죽음의 매혹에 빠진 것도 아니었다. 『소년』을 읽어보면 그러한 사실을 잘 알 수 있다. 작가는 자신의 후각의 예민함을 보란 듯이 드러내며 즐거워했다. 〔그의 소설의 주인공〕 자크 뱅트라의 행동을 보더라도 이 쥘 발레스라는 작가는 도무지 고상한 태도와는 거리가 멀며, 그것과는 대척점에 자리를 잡고 있다. "나는 눈을 딱 부릅뜨고, 콧구멍을 벌름거리고, 귀를 쫑긋 세웠다"[51]와 같은 표현도 있으며, "나는 콧구멍을 한껏 부풀렸다"[52]라는 표현도 있다. 이 소년은 예절규범 따위는 신경 쓰지 않고, 자신만의 기준을 정해서 냄새의 위계를 세운다. 그 위계는 세상의 기호와는 전혀 동떨어진 것이다. 소년은 동물적인 본능과 자연을 예찬하고, 생명과 활력을 사랑한다. 그리고 서민들의 대기실 특유의 떠들썩한 분위기를 좋아한다. 요컨대 퇴비와 축사, 습지의 냄새, 버

343

터와 치즈의 냄새, 과수원과 과일의 냄새가 소년에게는 가장 매력적인 향기이다. 식료품 가게의 냄새도 그러했는데, 심지어 섬세한 후각의 소유자에게는 참을 수 없는 것 가운데 하나인 무두질한 가죽을 다루는 공장에서 나는 냄새조차도 소년에게는 가장 좋은 향기였다. 물론 이러한 성향이 〔자기를 학대하는〕 마조히즘에서 비롯된 것인지,[53] 애당초부터 서민적인 감수성을 지니고 있기 때문인지는 당장 판단할 수는 없을 것이다.

"숲 건너편에, 무두질한 가죽을 다루는 공장이 있어서 〔…〕 코를 톡 쏘는 냄새가 났다. 나는 그 냄새를 좋아했다. 짙고 짜릿한, 삶의 냄새일까. 만약 삶을 냄새로 말할 수 있다면 말이다. 눅눅한 장소에서 가죽이 부패해 갈 때, 아니면 땀을 흘린 가죽을 햇볕 아래에서 건조시킬 때와 같은 냄새였다. 잠시 뒤 되돌아왔을 때 퓌이 마을에 도착하자마자, '아, 그 숲속의 가죽 공장이구나'라며 그 냄새를 곧바로 맡았다. 길을 걸어가다가 주위에 공장이 있을 때마다 2킬로 정도 떨어진 곳부터 이미 그 냄새를 맡아서 알아내고, 즐거워하며 코를 그쪽으로 향했다."[54]

자크 뱅트라의 냄새에 대한 감수성은 반항과 밀접하게 연관되어 있었다. 그의 반항의 배후에는 고통스런 과거가 있고, 후각이 다른 어떤 감각들보다도 그 과거를 또렷하게 되살려주었다. 소년의 추억 안에서 냄새는 사물을 분간하는 힘을 가지고 있으면서, 단번에 시간의 간격을 메워주는 구실을 했다. 쥘 발레스는 꽃다발의 추억과 같은 것을 하고 있는 셈이고, 그와 같은 멋진 재능은 졸라의 경우처럼 글을 쓰는 것에서 생겨난 것처럼 보이지는 않는다.

퓌이 마을의 판느삭 거리에는 식료품 가게가 하나 있었는데, "시장에 풍기는 잔잔한 냄새에 뒤섞여, 그 가게에서는 숨 막힐 듯이 뜨뜻미지근한 냄새가 강하게 났다. 소금에 절인 대구라든지 〔푸른곰팡이를 넣어 숙성시킨〕 블루치즈, 동물기름, 식물성 기름, 후추 등에서 풍기는 냄새였다. 가장 강렬한 것은 대구의 냄새였는데, 그것을 맡자 어느 결에 섬 사람들의 일이 머리에 떠올랐다. 그리고 오두막이나 아교풀, 바다표범 의 훈제 등의 이미지가 나타났다."[55]

　마을을 떠난 뒤부터 추억으로 남은 것은 언제나 뭔가의 냄새였다. 그런데 그 냄새들에는 『의과학사전』의 심리학자가 기대하는 것과 같 은 향긋한 냄새 따위는 전혀 존재하지 않는다. "내가 추억하는 것은 단지 나쁜 냄새가 나는 하수구 옆을 지나갔던 것, 그리고 좋은 향기가 나지 않는 초목 사이를 쭉 걷고 있던 것뿐이었다."[56]

　소년의 이러한 후각은 앞으로의 사회활동에 대한 참여를 엿보게 해 준다.[57] 마을 변두리에 생긴 채소밭의 양파 냄새가 싫었다는 것은 '성 실한 정원일'[58] 따위는 못하겠다는 거부감의 표현이었다. 성인이 된 뒤 에 뱅트라는 번역운동을 위해 신문을 만들며 잉크 냄새를 축사의 향 긋한 냄새에 비유하며 칭송했다. 요컨대 부르주아를 괴롭히는 냄새라 면 뭐든 좋았던 것이다. 혁명은 다시 발견된 전원, 곧 본능이었다. 쥘 발레스는 퇴비를 사랑하는 것처럼 공화국을 사랑했던 것이다.[59]

　이런 감수성은 그 뒤에도 끊이지 않고 계보를 이루어 계승되었다. 냄새의 추억은 언제나 반역과 연결되어, 본능에 의지해 제멋대로였 던 유년시절을 옹호했다. 〔루이페르디낭 셀린의 소설〕『외상 죽음』의 주인공 은 옆에 배설물이 아무렇게나 깔려 있어도 그다지 신경 쓰지 않는다. 오히려 그는 배변의 규범에 대해서는 강박관념과 같은 공포감을 품고 있다. 헨리 밀러(1891~1980)의 인생에서는 브루클린의 냄새든 사랑했던 여자들의 냄새든 점점 더 강해졌다.[60] 귄터 그라스(1927~2015)가 묘사한 난쟁이 마체라트는 할머니의 치마 안에서 마음이 편안하다는 생각을 했다.[61] 이것들은 냄새가 다른 무엇보다 저항을 뿌리 깊게 표현하고 있다는 사실을 알려준다.

대단원

파리의 악취

1880년 여름, 파리에 악취가 너무 심해서 세상이 시끄러웠다. "누구나 입을 열면 그 말밖에 없었다. '냄새가 지독하군요. 도대체 무슨 냄새일까요.' 마치 나라에 재앙이 느닷없이 찾아온 것 같았다. 파리 주민들은 당황해서 어쩔 줄 몰랐으며, 시장은 머리를 움켜쥐고, 관리들은 발만 동동 구르고 있었다."[1]

이 재난에 관한 기록들을 살펴보면, 당시 사람들이 가지고 있던 혐오감의 위계가 한눈에 드러난다.[2] 사람들의 지각 방식이 구태의연한 상태에 머무르고 있었으며, 오래전부터 내려온 불안감이 그대로 계속 유지되고 있었다는 사실이 분명히 확인된다. 사람들은 이 재난이 공공 공간에 쌓여 있는 오물이나 배설물 때문이라고 생각했지, 공장들에서 나온 냄새가 원인이라는 생각은 거의 하지 않았던 것이다.

10월 중순이 되자 신문들이 일제히 대서특필했다. 센 지역 보건위생위원회가 서둘러 문제의 원인을 찾기 위한 작업에 착수했으며, 시의회도 뒤따라 조사에 나섰다. 시장은 의사들로 구성된 별도의 대책위원회를 설치하겠다고 밝혔다. 이 사건이 계기가 되어 작성된 문헌들을 살펴봐도 그렇지만, 전문가들이 남긴 보고서를 읽어보면[3] 공공공간에서 악취를 제거하려는 전략이 실패로 끝난 것은 분명했다. 행정당국의 명령을 무시하듯 오물은 도로에 쌓여갔다. 여전히 배설물을 도로에 그냥 버리는 구역도 한두 군데가 아니었다. 아이들은 길가에 서서 오줌을 누었고, 분뇨를 퍼내는 작업도 밤낮을 가리지 않고 악취를 퍼뜨리고 있었다. 파리에서 사람들이 이용하는 마차의 숫자가 급속하게 늘어난 것도 관리들의 고충을 키웠다. 승합마차들이 모이는 정거장 주위에는 오염된 물이 고인 웅덩이가 생겨서 넓게 퍼지고 있었다. 〔군사학교가 있던〕 마르스 광장에서 생겨난 코를 찌르는 냄새가 그르넬과 그로 카이유 구역까지 퍼졌다. 공공시설의 상태에 관한 기록들을 살펴보아도, 상황은 전혀 나아지지 않고 똑같은 상황이 되풀이되고 있었다는 사실이 확인된다. 자선병원의 공중변소이든, 고급주택가의 피고용인들이 사용하는 공동변소이든, 어느 것이 낫다고 할 수 없을 만큼 모두 상상도 못할 끔찍한 악취를 뿜어대고 있었다. 그러니 민중들이 사는 집들은 말할 필요도 없었을 것이다. 상황은 도무지 나아질 기미를 보이지 않았고, 7월 왕정(1830~1848) 이후에도 바뀐 것이 하나도 없다고 여겨질 정도였다. 그렇지만 파스퇴르의 혁명 때문에 그때까지 사람들이 익혀왔던 감수성이나 냄새의 허용한계에 의문이 던져진 것만큼은 분명했다. 공화국이 승리하여 검열이 느슨해지면서 시의회에서는 거센 논쟁이 벌어졌고, 상황은 폐해에 대한 공적 차원의 논쟁과 격렬한 비난에 힘을 실어 주었다.

파스퇴르 이전 시기 신화의 종언

'파리의 악취' 사건은 파스퇴르의 여러 발견의 성과가 급속히 퍼져가고 있었던 것을 분명히 알려주고 있다. 1880년이 되자 새로운 이론에 이의를 주장하는 전문가는 보이지 않았다. '독기'가 과학의 무대에서 사라지게 되었던 것이다.[4] 이제 〔병이 저절로 생겨난다고 보는〕 자연발생설을 옹호하는 사람은 없었다. 전염성 병원균이 병을 퍼뜨리는 것이라고 학자들이 확신하게 되면서 악취와 병원체의 위협은 서로 구분해서 다루어지게 되었다. 보수파인 브루아르델(1837~1906)마저도 논쟁 과정에서 이렇게 말했다. "지독한 냄새가 난다고 해서 모두 생명을 위협하는 것이라고는 할 수 없으며, 생명을 위협하는 것이 모두 지독한 냄새가 난다고도 할 수 없다. 이것만은 몇 번이고 되풀이해서 강조할 수 있다."[5] 그 다음해에 나온 『드샹브르 사전』도 냄새가 병을 일으키는 경우는 흔치 않다고 인정하고 있었다.[6]

때마침 그 무렵에는 부패 물질이 깊이 스며든 진흙이나 흙도 더는 병의 원인이나 무시무시한 것으로 여기지 않게 되었다. 오히려 코페르니쿠스적인 전환이 일어나서, 진흙이나 흙이 지닌 여과능력이 높이 평가되었다. 이러한 여과능력은 테오필 쉴뢰생(1824~1919)이 밝혀냈으며, 파스퇴르도 그것을 인정했다. 흙이 전염성 병원균을 빨아들여 없애주는 능력을 가지고 있다면, 흙에서 피어오르는 공기나 증기도 공기의 청결함을 뒷받침해주는 것으로 볼 수 있었다. 미켈(1850~1922)은 하수에서 피어오르는 공기에도 "오염물질이 뿜어낸 증기를 포함하고는 있지만, 병원균은 포함되어 있지 않다"[7]는 사실을 밝혀냈다. 이러한 다양한 새로운 발견들 때문에 묘지가 끔찍한 장소라는, 오래전부터 이어진 생각도 점차 희미해졌다. 1879년에는 묘지가 해롭지 않다고 판정한 위원회도 등장하게 되었다. 1881년에 샤르두이에는 "땅속의 부패한 물질에서 나오는 가스는 결코 박테리아를 함유하고 있지 않다"[8]고 밝혔다. 그리고 콜랭도 땅속에 묻힌 동물의 사체는 인간에게 해롭지 않다는 점을 밝히려 했다.

그 뒤 전문가들은 고여 있는 물에서 피어오르는 공기가 독기를 옮긴다는 생각도 완전히 잘못된 것이라고 여기게 되었다. 미켈은 1880년에 그것을 이런 식으로 증명했다. "완전히 부패해서 유기물질을 다량으로 포함하고 있는 물은 증기가 되어 대부분 말라버린다. 이때 증기에는 물 안에 번식하던 미세한 균이 전혀 남아 있지 않으므로 두려워하지 않아도 된다. 그 증기를 압축해서 100그램 정도의 물을 얻을 수 있다. 그렇게 얻은 물은 증기로 되기 이전의 물과 마찬가지로 지독한 냄새가 나지만, 독기라고 할 만한 것은 전혀 포함되어 있지 않다."[9]

냄새가 병의 원인이 아니라고 여겨지게 되자, 병의 증상을 연구하는 데에서도 후각은 점차 모습을 보이지 않게 되었다. 어느새 의사들이 냄새에 대한 특권적인 분석가가 아니게 되었던 것이다. 그러면서 그들이 지독한 악취에 대해 품고 있던 혐오감도 커졌다. 자신들이 속한 중산계급 특유의 감수성을 그들도 공유해갔던 것이다. 그 뒤 후각의 전문가로 새로 등장한 것은 화학 기술자들이었다.

밀봉된 도관인가, 방류인가

그런데 역설적이게도 파스퇴르 이전 시대의 다양한 신화는 이렇게 최후의 일격을 받고 쇠퇴했지만, 학자들이 권장했던 악취제거 방법들은 쇠퇴하지 않았다. 그래서 신화가 생겨나고 있던 시대에 다듬어진 전략은 그 뒤에도 계속 이어졌다.

"배설물을 완전히 제거하는"[10] 방법을 찾아야 한다는 점에서는 모든 전문가들의 의견이 일치해 있었다. 아울러 그 무렵에는 배설물이 장티푸스를 옮긴다는 사실도 밝혀져 있었다. 그리고 페루의 〔생선이나 육류의 찌꺼기로 만든〕 인공비료와 칠레의 질산염 비료, 나아가 화학비료가 등장한 뒤부터 인분비료는 점차 사용되지 않게 되었다. 그렇지만 이 문제에 대해서는 악취제거를 위한 두 전략이 서로 대립했다. 첫 번째 전략은 '파리의 악취'를 해결하기 위해 의사들로 구성된 대책위원회의 보고서에 잘 요약되어 있는데, 무엇보다도 분뇨구덩이를 밀폐하는 기술을 중요하게 여기는 것이었다. 이 전략의 목표는 인간 환경을 다량의 미생물을 발생시킬 우려가 있는 물질과 접촉하지 않게 분리시켜 보호하려는 데 있었다. 그리고 물의 흐름을 제어하는 것이 아니라, 밀폐·진공·펌프의 사용 등과 같은 수단에 의지했다. 이때 물은 분해의 수단이 아니라, 청결의 유지라는 역할을 맡고 있었다.

요컨대 대책위원회의 의도는 분뇨구덩이를 없애는 것이 아니라, 그것을 완전히 밀봉하려는 것이었다. 그리고 그것을 위해 분뇨구덩이를 동과 철과 같은 금속으로 만든 통으로 대체하려 했다. "변기에 생긴 배설물을 안쪽이 금속으로 이루어진, 완전히 밀봉된 관으로 받아 물과 공기의 접촉을 모두 차단해버리면 된다. 이러한 도관導管을 하나로 연결하고, 모인 물질은 도시에서 멀리 떨어진 장소로까지 옮긴다. 그리고 한곳에 공장을 집중시켜 필요한 처리를 할 수 있게 한다.""빨아들이거나 밀어내는 펌프를 사용하거나 진공과 같은 특별한 수단을 사용해서 서로 흘러가게 만든다."[11] 여기에서 분변통은 밀봉된 회로의 시작점이 되고, 처리공장은 종착점이 된다. 파스퇴르도 예견했듯이, 이 방법을 채용하지 않으면 오물을 직접 바다로 나르는 수밖에 없었다. 이렇게 배설물을 눈에 띄지 않고 냄새나지 않게 해서 주민과의 접촉을 차단해버리는 것이 대책위원회에 참여한 의사들이 추구했던 목표이자 유토피아였다.

이런 의도로 실천이 이루어진 몇몇 사례도 있었다. 벨기에의 리이에르뮈르 방식이 대표적이며, 1880년에 베를리에가 리옹에 설치한, 공기를 이용한 배수체계도 있었다. 그리고 외젠 벨그랑은 이미 1861년에 파리에는 이런 방식의 해결책이 적합하다고 생각하고 있었다.

현장에서 임무를 맡고 있던 기술자들의 전략은 이들의 생각과는 달랐다. 기술자들은 외국에서 실현된 여러 방식들을 잘 알고 있었고, 1878년 국제보건위생회의에 제출된 여러 의견들에서도 도움을 받고 있었다. 그래서 기술자들은 대책위원회의 비판 따위는 개의치 않고 다른 해결책을 내세웠다. 그들은 의사들이 제시한 해결책으로는 오히려 오염이 확산될 위험이 있다고 했다. 곧 그 방식을 채택하면 펌프나 덮개와 같은 복잡한 체계를 유지하기 위해 언제나 주의를 기울여야 하고, 보수 공사도 불가피했다. 그리고 그럴 때마다 참기 어려운 악취가 날 것도 분명했다.

기술자들은 그런 일을 하느니 오물을 신속히 흘려보내 미생물이 번식하지 못하게 막는 편이 훨씬 효과적이라고 주장했다. 기술자들의 방법은 동력학에 기초해 있었다. 곧 밀봉을 하는 것이 아니라, 흐르는 물의 속도를 빠르게 해서 처리하겠다는 것이었다. 그들은 배설물을 하수구로 유도해서 단번에 방류시키면 유해성을 제거할 수 있다고 보았다. 그러면 분변통이나 도관도 필요 없었고, 모인 배설물을 퍼내서 옮길 필요도 없었으며, 배설물을 처리하기 위한 암모니아와 황산염 공장도 필요하지 않았다. 필요한 것은 단지 "한순간도 오물을 정체시키지 않게끔 되도록 빠르게 배수"[12]를 해서 정화를 위한 땅으로 옮기는 일뿐이었다. 그렇게 하면 땅이 정화작용을 해 준다는 것이었다.

이러한 기술자들의 방안은 파스퇴르 이전 시기에 영국에서 밝혀진 다양한 발견들에 근거하고 있었다. 영국의 학자들은 다음날까지는 배설물이 그리 위험하지 않고, 악취도 내뿜지 않는다고 밝혔다. 그리고 흘려보내면 그 날짜를 더 늘릴 수 있다고도 밝히고 있었다. 하천의 오염을 다룬 영국의 연구들도 하수도의 물이 안전하다는 것을 증명하고 있었다. 대륙에서는 〔프랑스 정치가〕 프레시네(1828~1923)가 이와 같은 대담한 이론을 지지하며, 그들의 생각에 힘을 실어주고 있었다.[13]

1860년대 초에 런던에서는 이러한 생각에 기초해 그물과 같은 체계를 갖춘 대규모 하수도 설비를 만들기 위한 공사가 시작되었다. 이러한 방식은 [벨기에의] 브뤼셀과 [독일의] 프랑크푸르트암마인, [지금의 폴란드 그단스크인] 단치히에서도 채택되고 있었다. 베를린에서는 루돌프 피르호(1821~1902)가 이끌던 위원회가 이 방식이 우수하다는 결론을 내리려 하고 있었다. 영국에서나 미국에서나 어느덧 하수도 직결식 수세장치는 전혀 시비의 대상이 되지 않았다. 분리식 체계로 할 것인지, 곧 급수용과 배수용의 이중체계를 갖출 것인지 하는 것만이 문제로 되어 있었던 것이다.

오물을 흐르는 물로 흘려보내서 곧바로 배출시키는 방식이 공공공간이든 사적 공간이든 가장 효과적으로 악취를 제거할 수 있는 기술인 것만큼은 분명했다. 프랑스의 도시들이 계속 악취를 뿜어댄 것은 정부가 오랫동안 이것에 반대해왔기 때문이었다.

정체인가, 희석인가

이렇게 도시에서 악취를 제거하는 일이 늦추어지고 있었다는 것은 그 자체로 매우 의미 있는 역사적 사실이다. 서로 대립하는 위생학자들의 생각은 사회적 표상과 정확히 부합해 있었다. 정체라는 전략과 배수·분해라는 전략이 충돌하고 있었던 것과 똑같은 대립이 사회적 표상에서도 발견되기 때문이다. 밀봉 방식의 가장 적극적인 지지자였던 브루아르델은 매춘과 사창가를 단속하는 법안의 가장 열렬한 옹호자이기도 했다. 이 시대에 뒤처진 선전가는 어떤 경우에서든 청결을 유지해야 한다는 관점에 기초해 밀봉과 단속을 강조했다. 그는 배설물 수거업자들의 조합을 위한 변호를 자진해서 떠맡았고, 동물 사체와 오물 등을 나르는 업자들의 변호도 맡았다. 그렇지만 개혁가들에게 밀려서 두 번 다 소송에서 졌다.

배수와 분해를 지지하는 이들은 언제나 자신들이 제시한 방안에는 평등주의의 이점이 있다고 강조했다. 분명히 이들이 제시한 방안에는 '모두를 위한 물'이라는 사고방식이 담겨 있었다. 이러한 방안을 추진하던 이들은 하수시설을 이용하기를 꺼리는 고급임대주택의 소유자를 이기주의라고 비난하며 공격하는 문서를 작성하기 시작했다. 그와 함께 오드콜로뉴와 향료가 섞인 비누도 보급되었다. 파리의 분뇨처리장에서 일하는 (대부분 공화파인) 기술자들은 부자와 가난한 자의 배설물이 똑같은 대우를 받아야 한다고 주장했다. 그들은 자신들의 생각을 퍼뜨리기 위해, 똑같은 물질을 계층이나 살고 있는 구역에 따라 다르게 처리하는 것은 옳지 않다고 압박했다.

여기에서 파스퇴르의 혁명이 사회적 표상과 사회적 전략에 어떤 영향을 끼쳤는지 살펴두는 것이 좋을 것이다. 세균의 존재가 발견되면서, 빌레르메가 창시한 전염병학은 다시 검토되어야 했다. 병을 일으킬 우려가 있는 것이 더욱 광범위해졌고, 나아가 쉽게 지각할 수도 없는 것이었기에 불안감은 더 커졌다. 마리에다비(1820~1893)에 따르면, 모든 물이 '의심'을 받았다.[14] 우리는 모든 개인도 그러했다고 덧붙일 수 있을 것이다. 다양한 사람들 사이의 생물학적인 상호의존의 관계가 넓혀졌다. 학자들은 이러한 점을 충분히 인식하고 있었다. "대도시에서의 공동생활은 모두를 서로 묶어준다. […] 바깥의 공기 안에 흩어져 있는 (세균이라는) 이 유기체는 우리의 집과 폐, 음식물, 식물 안으로, 다시 말해 모든 곳으로 침입해온다. […] 어느 한 도시의 위생은 가난한 이들이 모여 사는 구역의 위생이 유지되지 않는 한 결코 안전하지 않다."[15] 이러한 생각이 널리 퍼지면서 새로운 경고가 나오게 되었고, 사회전략도 다시 세워지게 되었던 것이다.[16]

하지만 이러한 태도의 현대성을 지나치게 확대해 평가해서는 안 된다. 새롭게 등장한 말들에만 시선을 빼앗기면, 그에 대한 저항도 있었다는 사실을 놓쳐버릴 수 있기 때문이다. 세균이 불결함과 밀접한 관계를 가지고 있다는 독단적인 신념, 나아가 불결함을 먼지나 오물과 일치시키는 독단적인 신념은 여전히 계속해서 존재하고 있었다. 1882년에 마리에다비는 빈민의 주거에는 가장 오염된 공기나 하수보다 50배에서 60배나 세균이 더 많이 있다고 밝혔다.[17] 악취는 이제 병의 근원은 아니었지만, 병원체가 있는 곳을 알려주고 있었다. 악취를 풍기는 민중은 이제 전처럼 불결함을 온몸에 뒤집어쓰고 있는 사람들은 아니었지만, 가장 두려운 존재라는 사실은 바뀌지 않았던 것이다.

그 뒤 퇴화에 대한 공포가 부르주아지의 가정을 덮쳤다. 아울러 질병을 숙명적으로 이해하는 경향이 나타났다.[18] 세균은 민중의 피를 좋아해서 거기에서 번식하며, 악덕과 불경함 속에서 창궐한다고 여겨졌다. 세균은 길거리, 허름한 오두막, ['하녀방'이라고도 불리는] 건물의 7층에 살고 있었다. 프롤레타리아와 접촉하면 감염될 우려가 있을 뿐 아니라, 체질 자체가 바뀔 수도 있었다. 독성을 지닌 세균이 사회의 먼지구덩이에서 튀어나와 슬며시 다가와 언제 어디에서 자신들의 섬세한 피안으로 파고들어 유전적 결함을 일으킬지 알 수 없었다. 부르주아들은 그렇게 되면 유전형질이 바뀌어 후손들도 모두 피해를 입을 수 있다는 불안감에 사로잡혔다.

위험은 전보다 더 널리 퍼져 있었고, 세균은 독기보다도 훨씬 은밀한 것이었다. 따라서 사회적 격리는 여전히 중요하게 여겨졌다. 방법만 전보다 섬세해졌을 뿐이었다. 수정된 전략은 매춘과 관련된 새로운 규제들에서 또렷하게 모습을 드러냈는데, 그것은 파급력이 훨씬 광범위한, 특히 전체 주민들에 대한 체계적인 위생 조사에 바탕을 두고 있는 재적응 전략의 두드러진 사례에 지나지 않았다.

에필로그

그렇지만 파리의 악취가 좀처럼 사라지지 않은 것은 관리들의 작업이 지지부진한 상태에 머물러 있었다는 사실을 알려준다. 1889년에는 의회가 하수도 직결식 수세장치를 채택하기로 결정했고, 1895년에는 아셰르의 하수로가 완성되었다. 그런데도 제1차 세계대전이 일어날 때까지 파리에서는 여름철만 되면 계속해서 악취가 났다. 지정 시설물의 감독관이던 폴 아당(1856~1916)은 해마다 재난경보를 발동하고, 가장 악취가 심한 시기가 언제인지 목록을 만들어 두려는 노력까지 기울였다. 그런데도 사태는 전혀 나아지지 않았다. 1896년에는 대책위원회가 새로 구성되었는데도 별 효과가 없었다.

풍기를 단속하던 경찰에 대해 그랬던 것처럼, 곳곳에서 관리들의 무능함을 비난하는 여론이 높아졌다. 1911년 여름에는 위기가 찾아왔다. 산책을 하던 사람들이 질식할 지경이 되었고, 저녁때가 되자 상황이 더 나빠졌다. 전문가들은 "왁스와 같은 유기물을 태울 때 나는 것 같은"[19] 냄새라고 표현했다. 이번만큼은 베르뇌유(1823~1895) 덕분에 범인이 밝혀졌다. 파리 북부 교외에 세워진 과인산비료 공장이 범인이었다.[20] 예전에 끔찍한 몽포콩이 그러했듯이, 이번에는 노동자들의 구역이 고약한 악취를 뿜어대고 있었던 것이다. 이제 사람들이 불쾌감을 느끼는 위계 안에서 공업이 배설물의 자리를 대신하게 되었다. 생활환경에 대한 새로운 감수성이 서서히 모습을 드러내기 시작했던 것이다.

맺음말

19세기 사람들은 자신들의 욕망을 큰 소리로 말했고, 그 소리는 역사의 곳곳에서 들려온다. 공화주의자들은 '아름다운' 공화국을 꿈꾸었고, 미슐레는 '민중'을 발명했다. 사회주의자들은 인류의 행복을 그렸으며, 실증주의자들은 대중의 교화를 말했다. 그러나 이러한 희망의 무대 아래에 또 하나의 말들이, 곧 독기·사향·황수선에 관한 말들이 존재하고 있다. 동물성의 강렬한 냄새, 순간의 섬세한 향기, 이것들은 반감과 혐오감, 공감과 유혹에 관해 이야기하고 있다.

역사가들은 뤼시앵 페브르의 가르침을 소홀히 여기고 감각에 관한 이러한 자료들에 주의를 기울이려고 하지 않았다. 멸시의 대상이 된 후각은 뷔퐁에게 동물적인 감각이라고 불렸고, 칸트에게서는 미학의 영역에서 추방되었다. 나중에는 생리학자들에게서 단순한 진화의 잔재로 간주되었고, 프로이트에게는 항문성과 관련지어 다루어졌다. 이렇게 후각은 계속 멸시를 받았고, 냄새를 이야기하는 말들은 금기처럼 여겨져 왔다. 그러나 이제는 더 이상 감각의 혁명에 침묵을 강요할 수는 없다. 이 감각의 혁명이야말로 오늘날 우리를 둘러싸고 있는, 악취가 제거된 생활환경의 전사前史를 이루고 있기 때문이다.

결정적인 국면을 불러온 것은 1750년과 1880년, 파스퇴르 이전 시기의 신화가 승리해서 우쭐대던 시대였다. 지금까지 과학사는 오로지 목적론적인 진리의 탐구에만 얽매여, 오류들이 일으켰던 다양한 역사적 결과들에는 눈을 돌리려 하지 않고 무시해왔다. 그러나 1750년 무렵에 프링글과 맥브라이드가 이루어낸 부패 물질에 관한 연구를 기반으로 이른바 '기체화학'이라는 것이 등장하기 시작하면서 '도시 병리학'에 관한 환상이 모습을 드러냈다. 그리고 그때까지는 없던 불안감이 솟구치기 시작했다. 배설물·진창·분뇨구덩이·사체와 같은 것들이 공포의 감정을 강하게 불러일으켰던 것이다. 사회계층 피라미드의 맨위에서 아래로 공포감이 전파되었고, 악취를 제거하려는 움직임이 갑자기 거세졌다. 부패가 곳곳에 퍼지는 것을 막고, 역겨운 냄새가 나는 부패의 위협에서 벗어나기 위해서, 후각이 독기가 있는지를 탐지하는 임무를 맡게 되었다.

당시의 학자들은 냄새에 관해 유별난 식별력을 갖추고 있었다. 그리고 그들이 제시한 도시의 형상은 냄새에 따라 구분되어 계층화가 이루어져 있었다. 곧 역병의 원인인 악취가 짙게 배어 있는 주거지의 존재에 대한 공포심에 기초해 이루어진 도시의 형상이었던 것이다. 지배계층은 그러한 피고름의 늪에 대한 공포에 휩싸여서, 사회에 가득한 냄새를 벗어나 향긋한 냄새가 떠도는 전원으로 도피했다. 그곳에서 그들이 발견한 황수선은 그들에게 자아의 이야기를 해주었고, '이제 다시는'이라는 〔우수의〕 시적 정서를 일깨워주었으며, 세계와 자신의 조화에 눈을 뜨게 해주었다.

사향노루의 생식기 가까이에 있는 주머니, 그것도 부패성의 주머니에서 채취한 사향은 동물성이며 '재-분변성'이라는 이유로 꺼리기 시작했다. 사향도 위협의 한 종류로 여겨지게 되었던 것이다. 여성의 체취를 연상시키는 그 냄새가 참기 어려운 것으로 받아들여지게 되었다.

그리고 새롭게 은은한 향기가 유행하기 시작하면서 사향은 궁정에서 추방되었다. 그와 동시에 위생학자들은 전략을 가다듬어서 공공공간의 정화를 꾀하며 악취제거에 나서려 했다.

대혁명이 종결되자 사체가 사람들을 매혹시켰다. 이제는 식물성 향기를 멀리하게 되면서 사향이 상징적인 가치를 차지하며 다시 복귀했다. 오드콜로뉴를 뒤집어쓰듯이 뿌려대고, 동물성 향수의 질식할 것 같은 향기에 빠지면서 황제 부부는 장미수와의 인연을 끊었던 것이다. 왕정복고는 냄새의 위계에도 영향을 끼쳤다. [상류계층이 사는] 생제르맹 거리의 사람들은 빈혈증에 걸린 아가씨처럼 냄새에 관해 병적이리만치 섬세한 감수성을 보였다. 식물성 향수들이 자신들의 섬세함을 다시금 강요했다. 그것들의 임무는 여성의 충동을 가라앉히고, 새로운 규율을 표현하는 것이었다.

그 시대에는 인간의 끔찍한 늪이라는 위협이 독기를 지닌 사체의 잔해와 분뇨구덩이를 대신해서 사람들에게 공포의 대상이 되었다. 불안감의 위계가 유기체적인 것에서 사회적인 것으로 전환되는 사태가 벌어졌던 것이다. 그 뒤로는 본능적인 것이나 동물적인 것, 유기체 특유의 냄새와 같은 모든 것들이 '민중의 것'으로 불리게 되었다. 그리고 딱히 누구의 것이라고 할 수 없는 군중의 끔찍한 냄새보다도, 가난한 자들의 오두막·공중변소·농촌의 퇴비에서 나는 냄새와 노동자의 피부에 번들거리며 흐르는 땀에서 나는 악취가 혐오를 받게 되었다. 플로베르는 프롤레타리아가 함께 탄 승합마차에서 숨 막힐 듯한 냄새가 나서 도무지 잠을 이루지 못했다고 썼다. 블랑키도 릴 지방의 직공들이 서로 포개질 정도로 북적거리는 '인간구덩이'에서 후텁지근하게 피어오르는 독기를 앞에 두고는 너무나 두려워 꼼짝도 하지 못했다.

그 뒤 후각에 관해 이제까지 없던 예민한 감수성이 싹텄으며, 사회적 위계를 눈에 보이는 것 이상으로 복잡하게 구성해가는 임무를 후각이 맡게 되었다. 가난한 자의 분비물을 두려워하던 부르주아지는 이러한 은은한 신체의 메시지에 예민하게 주의를 기울여갔다. 이러한 메시지는 간접적인 유혹의 담당자였는데, 신체 접촉이 금지되어 있었기 때문에 더 소중히 여겨졌다.

민중의 냄새로부터 멀리 떨어져 있기 위해 부르주아지는 고심을 거듭하면서 집에 가득한 냄새를 정화하려고 결심했다. (하녀가 방에 오래 머물러 있거나, 농민이 찾아오거나, 노동자 대표단이 다녀간 뒤에는 환기를 하는 것이 바람직했다.) 이렇게 해서 변소와 부엌, 화장실에서 칙칙한 냄새가 점차 사라졌다. 라부아지에의 화학으로 환기를 위한 정확한 기준이 정해졌다. 살롱이나 침실에서도 머리를 짜내어 교묘한 향기의 연출이 새롭게 고안되었다. 그래서 불쾌한 냄새 때문에 방의 분위기가 어지럽혀지는 일은 없어졌다. 이러한 개인의 방이야말로 사생활의 신전이었고, 가정이라는 울타리 안의 가장 깊숙한 곳에 만들어진 친밀한 공간이었다.

노발리스의 꿈 이후로 꽃과 소녀와 여인 사이에는 수많은 상징들로 이루어진 무언의 대화들이 이루어졌다. 은은한 식물의 향기가 그 대화를 이끌었고, 더욱 섬세하게 만들었다. 이러한 대화는 신체적인 거리를 유지하면서도 욕망을 이야기하고, 여성이 간접적으로 유혹할 수 있게 했다. 부르주아 정원의 그윽한 향기와 향기로운 좁은 길은 연인들의 대화에 새로운 맛을 더했다. 민중들은 수컷의 막무가내의 생식 본능 때문에 제멋대로 여자를 짓밟으려 하지만, 이곳에서는 사랑에 빠진 남자가 언젠가 찾아올 기쁨을 마음에 그리면서 가슴을 설레었다. 여자는 교묘히 애태우는 법을 알았고, 남자는 가만히 향기를 맡으면서 연인을 참고 기다렸다. 그렇게 하면 욕망이 계속 생생하게 질리지 않게 이어졌으며, 다가올 애무의 순간은 더욱더 달콤한 것이 되었다. 상대의 몸에서 나는 향기의 추억은 정념을 키우고 그리움을 부추겼다. 이러한 추억에서 신경증적인 수집 취미도 생겨났다.

한편 집 밖에서는 염화물을 사용해서 거리의 악취를 제거하려는 움직임이 진행되었고, 오물을 재활용하려는 태도도 싹텄다. 아울러 이제까지와는 달리 산업공해를 막으려는 마음도 더해지면서 악취제거가 착착 진행되어갔다. 하지만 관리들의 야심은 여기에 그치지 않았다. 그들은 빈민의 때를 벗기고, 그들의 악취를 제거하려고 했다. 그래서 불결한 건물이나 학교, 병영, 체육시설의 욕실 등을 시찰할 때에는 그것이 임무의 하나가 되었다. 그렇지만 신체위생이 최종적인 성과를 거두기까지에는 아직 오랜 시간이 더 필요했다. 당시에는 옷차림을 청결히 하게 하는 것, 특히 배변의 규범을 가르치는 것이 당장의 목표였다. 이런 상황에서 악취를 제거하려는 계획은 뿌리 깊은 저항에 부닥쳤다. 인지와 판단의 오래된 틀은 지속되었다. 관습은 생명체의 자유로운 표현에 대한 그리움을 간직하고 있었다.

후각은 악취제거라는 이 커다란 꿈과 악취를 혐오하는 새로운 감수성에 대해 남김없이 알려준다. 후각은 어쩔 수 없이 늘 따라다닐 수밖에 없는 배설물의 이야기를, 하수구의 서사시와 여성의 신비화, 식물이 구성하는 상징의 세계를 다른 어떤 감각보다도 더 자세히 들려준다. 나르시시즘이 확산되면서 사람들은 개인의 공간에 틀어박혔고, 규범이 없는 제멋대로의 삶이 없어졌으며, 여러 사람들이 뒤섞여 생활하는 잡거는 배척되었다. 근대의 역사에서 일어난 이와 같은 커다란 사건들을 후각은 새롭게 해석할 수 있게 해준다.

다양한 분열과 대립의 바탕이 되었던 것은 공기·더러움·배설물의 이해를 둘러싼 서로 다른 두 가지 인식태도였다. 여기에서 욕망의 리듬과, 욕망과 관련된 향기를 다루는 서로 다른 두 가지 관리방법이 나타났다. 그리고 이런 분열과 대립의 종착점, 그것이 바로 개인들이 독립해 살고, 악취가 제거되어 냄새가 나지 않는 생활환경이었다.

100년이라는 긴 시간에 걸쳐서 사람들의 혐오감·친근감의 역사와 정화의 역사를 장식해온 이러한 사건들은 다양한 사회적 표상과 상징 체계를 이루며 변화해왔다. 그것을 충분히 이해하지 않고서는 19세기의 사회적 갈등 밑바닥에 숨겨진 깊이를 헤아리거나, 현대의 생태학이 지향하는 꿈의 위상을 올바로 이해할 수는 없을 것이다.

　사회사는 분명히 밑바닥에서 생활하는 사람들을 중시해왔지만, 감정의 표현에 관해서는 너무나 오랫동안 귀를 기울이려 하지 않았다. 그러나 어떤 것을 더럽다고 여기는 것과 같은 사람들의 기본적인 생명의 행위에 관해 더는 침묵만 지키고 있으면 안 된다. 다윈 시대의 잘못된 인류학이 분석을 왜곡시키고 있는 것이 사실이라 하더라도, 더는 그런 핑계만 대고 있어서는 안 될 것이다.

원주

머리말

1) Jean-Noël Hallé, "Procès-verbal de la visite faite le long des deux rives de la rivière Seine, depuis le Pont-Neuf jusqu'à la Rappée et la Garre, le 14 février 1790", *Histoire et Mémoires de la Société Royale de Médecine*, 1789, p. LXXXVI.

2) Jean-Noël Hallé, *Recherches sur la nature et les effets du méphitisme des fosses d'aisances*, 1785, pp. 57-58.

3) Jean-Noël Hallé, "Air des hôpitaux de terre et de mer", *Encyclopédie méthodique. Médecine*, t. I, 1787, p. 571.

4) 18세기의 보는 기쁨에 대해서는 Mona Ozouf, "L'image de la ville chez Claude-Nicolas Ledoux", *Annales E.S.C.,* 1966(11-12월), p. 1276.

5) Lucien Febvre, *Le Problème de l'incroyance au XVIᵉ siècle*, 1942.

6) 다음 책은 뤼시앵 페브르에게서 영감을 받아 근대 여명기 감각의 역사에 기다란 장을 할애했다. 내가 알기로는 그것은 이 주제를 종합적으로 다룬 유일한 시도였다. Robert Mandrou, *Introduction à la France moderne. Essai de psychologie historique. 1500-1640*, Paris, 1961. 피에르 프랑카스텔(Pierre Francastel)의 작품이 출간된 이래로 시각에 관한 역사적 분석은 다양한 연구들을 고무시켰다. 가장 최근 연구자로는 백산달이 있다. Michael Baxandall, *Actes de la Recherche en Sciences Sociales*, 1981, 40호는 그 전체가 감각사회학의 양상에 모두 할애되었다. 그리고 환상 문학에서 거울에 비친 상과 세계인식의 변형을 연구한 대작 (Max Milner, *La Fantasmagorie*, Paris, P.U.F., 1982)에서 저자는 칸트를 이어서 감각의 역사와 정체성에 관한 질문 사이의 연결고리를 분석했다. 1967년에 Jean-Paul Aron, *Essai sur la sensibilité alimentaire à Paris au XIXᵉ siècle*이 문을 연 이후로 미각의 역사에 관한 일련의 작품이 줄지어 나왔다. 프랑스미각연구소는 먹는 행위의 역사와 심리사회학에 관심을 갖는 인문학 연구자들을 정기적으로 투르로 불러 모으기 위해 노력하고 있다. 그러나 이 연구들 가운데 아주 일부만이 미각과 관련을 갖고 있다는 것을 알아야 한다. 잘 알려진 바와 같이 미각은 빈약하다. 사실상 맛의 정교함에 기여하는 것은 후각이다. 이 후각의 역사

와 관련된 흥미로운 책으로는 로스앤젤레스 타임스의 집필자 루스 윈터의 저서가 있다. Ruth Winter, *Scent Talk among Animals*, New York, 1977. 이 책은 생리학 및 실험 심리학과 관련된 최근 연구들의 서지사항을 풍부하게 담고 있는데, 특히 프랑스의 후각론 전문가인 마냥(Jacques Le Magnen)과 홀레이(André Holley)의 작품은 주목할 만하다. 후각의 미학에 관한 주목할 만한 저서로는 Edmond Roudnitska, *L'Esthétique en question*, Paris, P.U.F., 1977이 있는데, 칸트의 후각 배제에 관한 흥미로운 연구가 수록되어 있다. 끝으로 글라히만의 작품들에 대해 언급할 필요가 있을 것이다. 요 몇 년간의 그의 연구는 엘리아스(Norbert Elias) 연구의 연장선에 있는데, 감정의 변이, 몸의 이미지의 변화, 청결제도의 성립에 나타난 사회적 제어 기술들의 연관관계를 다루고 있다. 특히 우리의 주제와 관련해서는 집안 내부의 생리학적 기능의 통합과 이러한 가정화로 생겨난 연쇄 반응들의 범위에 관한 논문들이 있다. 예를 들어 Peter Reinhart Gleichmann, "Des villes propres et sans odeur", *Urbi*, 1982(4월) 참조. 하지만 그의 주된 관심은 1866년과 1930년 사이의 유럽에 있다. 그는 파스퇴르 이전 시기의 신화들에 대해 아무 말도 하지 않으며, 이 책에서 다루고 있는 기간의 중요성에 대해서도 축소하는 모습을 모인다. 같은 분야의 또 다른 참조할 만한 저서로는 Dominique Laporte, *Histoire de la merde*, Paris, 1979가 있다. 이 책은 '똥'이란 단어의 사용에 관해 관심을 갖는데, 이것은 언어학자들을 위한 연구 주제이지만 시간이 갈수록 배설물과 관련된 동의어는 물론 줄임말도 줄어드는 것을 분명히 알 수 있다. (외설적인 언어에 관련해서는 Paul Viallaneix et Jean Ehrard, éd., *Aimer en France*, 1979, t. II, p. 414를 참조). 더욱이 냄새와 관련된 언어의 순화를 고려하지 않고 냄새의 역사를 보려 하는 것은 헛된 일일 것이다. 그러한 언어 순화는 그 자체가 악취제거를 전제로 하고 있다.

7) 이와 관련해서는 Jean Ehrard, *L'Idée de nature en France dans la première moitié du XVIIIe siècle*, 1963, p. 676 참조.

8) Jean Ehrard, 같은 책, p. 685.

9) Claire Salomon-Bayet, *L'Institution de la science et l'Expérience du vivant*, Flammarion, 1978, pp. 204 이하 참조. 클레르는 과학자들이 경험적 지식으로 주어진 문제들을 해결하기 위해 야생인간의 관찰, 철학적 허구(콩디야크의 조각상), 경험적 허구(모페르튀이의 치료된 장님), 예기치 못한 사건들(두 번째 산책에서 루소의 낙상)을 사용하는 것을 잘 분석해 놓았다.

10) Jacques Guillerme, "Le malsain et l'économie de la nature", *XVIIIe siècle*, no. 9, 1977, p. 61.

11) "맛, 냄새, 소리, 색의 온갖 다양함, 한 마디로 우리의 모든 감각은 신이 우리에게 작용하신 것이 우리의 필요에 따라 다양화된 것일 뿐이다." Antoine Pluche,

Spectacle de la nature, t. IV, 1739, p. 162.

12) Lucien Febvre, *Le Problème de l'incroyance au XVIe siècle*, pp. 461-472.

13) 이는 다음에서 강조된다. Locke, *Essai philosophique concernant l'entendement humain*, 1755, p. 78.

14) 보일은 사향이 강한 냄새를 내면서도 거의 손실을 입지 않는다는 점에 주목했다. 할러가 40년 동안 가지고 있던 종이는 미량의 용연향을 뿌렸는데도 여전히 강한 향기를 잃지 않고 있었다. A. de Haller, *Éléments de physiologie*, Paris, 1769, t. IV, p. 157. 이러한 갖가지 관찰들은 부르하버가 세운 정기이론에 힘을 실어 주었다. 그에 따르면 냄새는 냄새나는 본체로부터 떨어져 나온 미립자에서 뿜어져 나오는 것이 아니라 "휘발성이 강하고, 쉽게 사라지고, 잘 팽창되고, 무게가 없고, 눈에 전혀 보이지 않아 후각 세포가 아니면 감지할 수 없는" 미묘한 액체이다. Hippolyte Cloquet, *Osphrésiologie ou Traité des odeurs*, 1821, pp. 39-40에서 재인용. 18세기 말 '아로마(aroma)'라고 불린 정기는 대다수의 학자들에게 있어 기름질의 성격을 갖는 것이었다. 그러나 그것이 모든 곳에서 똑같은 형태로 여겨지지 않았다는 것은 명백하다. 그 시대 가장 뛰어난 화학자 가운데 하나였던 피에르 조제프 마케(Pierre Joseph Macquer, 1718~1784)는 그것들의 다양한 목록을 작성하기 위해 애썼다. 이 다양함이 바로 부르하버의 이론을 의심하게 만들었다. 아로마 그 자체가 계속해서 다양한 모습으로 증명된 이래로 근원으로서는 그것의 존재는 더 이상 유지되기 어렵게 되었다. 적어도 이미 르 캣과 조쿠르는 그렇게 생각했다. Claude-Nicolas Le Cat, *Traité des sensations et des passions en général et des sens en particulier*, 1767, t. II, p. 234; chevalier de Jaucourt, "odorat", *Encyclopédie*, 1765. 일찍이 테오프라스토스에 의해 형성되고 데카르트 학파에 의해 제기된 미립자 이론은 푸르크루아와 베르톨레가 증명해서 정립할 때까지 가설로 남아 있었다. 하지만 알레의 동시대인은 대부분 신체가 냄새로 자신을 구성하는 물질의 일부를 입자로 방출한다고 여기고 있었다.

15) 특히 뷔퐁에겐 그러했다.

16) 언어의 역할에 대한 콩디야크의 관점은 Jean Ehrard, *L'Idée...*, p. 686.

17) 특히 A. de Haller, "odorat", *L'Encyclopédie*, 1777. 이러한 생각은 프로이트에게서 발전을 이룬다. 이 책 제1부의 5장 각주 23번 참조.

18) Père du Tertre, *Histoire naturelle et morale des îles Antilles...*, 1658; Père Lafitau, *Moeurs des sauvages américains...*, 1724; Alexander von Humboldt, *Essai politique sur le royaume de la Nouvelle-Espagne*, 1811.

19) 특히 죔머링과 블루먼바흐.

20) "우리는 야생에서 길러진 아이가 양이 그러는 것처럼 풀에 코를 대고 킁킁거리며 냄새로 먹을 수 있는 잎을 가려내는 것을 보았다. 사회로 다시 돌아와서

다양한 음식들에 익숙해지자 아이는 그러한 특기를 잃어버렸다." A. de Haller, "odorat", *Encyclopédie*, 1777.

21) Claude-Nicolas Le Cat, *Traité des...*, t. II, p. 230과 Kant, *Conjectures*, p. 113 참조.

22) 이러한 사고는 할러에게서도 여전히 발견된다. A. de Haller, *Éléments de physiologie*, 1769, t. II, p. 33.

23) Chevalier de Jaucourt, "odorat", *Encyclopédie*.

24) A. de Haller, *Éléments de Physiologie*.

25) Rousseau, *Émile*, éd. Garnier, 1966, pp. 200-201. 특히 냄새들은 "풍길 때보다 예상될 때 영향력을 발휘한다."

26) Chevalier de Jaucourt, "odorat", *Encyclopédie*. "생명의 근원과 향기를 내는 본체 사이의 관계는 알려지지 않았다."

27) 뷔퐁의 이야기에서 최초의 인간은 "나는 차분히 보고, 어려움 없이 듣기 시작한다. 상쾌하게 느껴지는 가벼운 산들바람이 내게 가져온 향기는 내 내면을 꽃피우고 내게 자신에 대한 사랑을 느끼게 한다"라고 선언한다. Buffon, *De l'homme*, éd. Maspero, 1971, p. 215.

제1부. 지각혁명, 의심받는 냄새

1. 공기와 부패의 위협

1) 예컨대 1753년에 디종의 학술원이 이 주제로 모집한 현상 논문에서 1등으로 뽑힌 소바지는 여전히 공기에 관한 기계론적인 관점에 충실했다. 그의 생각에 따르면 공기라는 것은 무수히 작은 구체나 미립자로 이루어져 있으며, 그 작은 구체나 미립자들의 사이는 벌어져 있다. 그래서 그 사이로 물질이 비집고 들어간다고 보았다. 앞 세기의 부르하버는 공기가 화학적 물질교환에 전혀 관여하지 않는 도구나 매체에 지나지 않는 것으로 보았다. Boissier de Sauvages, *Dissertation ou l'on recherche comment l'air, suivant ses différentes qualités, agit sur le corps humain*, Bordeaux, 1754.

2) 1755년에 마루엥은 그 까닭을 이렇게 밝혔다. "사람은 같은 음식이라도 호흡하는 공기의 차이에 따라 다르게 소화한다." 도시보다 시골이 소화가 잘 되는 것은 이 때문이다. Malouin, *Chimie médicinale*, 1755, t. I, p. 54.

3) 18세기에 가정된 조직 개념이 지니던 중요성에 관해서는 다음의 논문을 참조할 것. Jean-Marie Alliaume, "Anatomie des discours de réforme", *Politiques de l'habitat(1800-1850)*, Paris, Corda, 1977, p. 150.

4) 다음 글은 이 주제에 관해 매우 명쾌한 학설을 펼치고 있다. Jean Ehrard, *L'Idée de nature...*, pp. 697-703.

5) 세즈는, 문학가는 아침의 공기를 마시면 "신비한 뭔가를 탐구하고 있는 듯한 기분이 든다는" 것을 잘 알고 있다고 지적한다. Paul-Victor de Sèze, *Recherches physiologiques et philosophiques sur la sensibilité ou la vie animale,* Paris, Prault, 1786, p. 241.

6) 이에 관해서는 다음 논문을 참조할 것. Owen et Caroline Hannaway, "La fermeture du cimetière des Innocents", *XVIIIᵉ siècle*, no. 9, 1977, pp. 181-191.

7) 그의 관점에서 보면, 전기 유체는 신경 유체의 본질 그 자체였다. 결국 이러한 사고는 동물 정기 이론의 그림자를 쫓아버리는 것이 된다.

8) 이에 관해서는 다음을 참조할 것. J. Ehrard, *L'Idée* .., pp. 701 이하.

9) Robert Boyle, *The general history of the air*, London, 1692. 이 점에 관해서는 다음을 참조할 것. John Arbuthnot, *Essai des effets de l'air sur le corps humain,* Paris, 1742. 특히 pp. 92 이하.

10) Thouvenel, *Mémoire chimique et médicinal sur la nature, les usages et les effets de l'air, des aliments et des médicaments, relativement à l'économie animale*, Paris, 1780 참조.

11) 히포크라테스의 업적과 의의에 대해서는 다음을 참조할 것. Robert Joly, *Hippocrate, medecine grecque*, Gallimard, 1964. 특히 "des airs, des eaux, des lieux", pp. 75 이하. 그리스 시대의 의사들은 공기에 영향력이 있다고 생각하고 있었지만, 학파마다 사고방식이 매우 복잡했다. Jeanne Ducatillon, "Polémiques dans la collection hippocratique", thèse Paris IV, 1977, pp. 105 이하 참조. 히포크라테스학파의 의사들이 쓴 개론은 의학을 인체의 지식에 종속시키는 것으로 철학자들이 시사점을 주었던 '옛 의학'과 결별하고 있다. 옛 의학은 유일자로 향하는 원인에 의해 다양한 병의 기운을 설명하려고 해서 우주론적인 관점을 채용하고, 코스학파의 의사들보다도 바람에 더 많은 중요성을 부여하고 있었다. 이 점에 관해서는 졸리(같은 책, pp. 25-33)와 뒤카틸롱이 행한 '바람(Des Vents)'에 대한 개관적 분석을 참조할 것. 그리고 최근 Antoine Thivel, *Cnide et Cos?, Essai sur les doctrines médicales dans la collection hippocratique*, Paris, 1981이 이 두 학파의 차이의 정당성에 관해 의문을 던지고 있다는 것도 확인해 두자. 체질의학에 대해서는 다음을 참조할 것. Jean-Paul Desaive, Jean-Pierre Goubert, Emmanuel Le Roy Ladurie, Jean Meyer..., *Médecins, climats et épidémies à la fin du XVIIIᵉ siècle*, Paris, Mouton, 1972.

12) John Arbuthnot, *Essai des effets de l'air sur le corps humain,* p. 268.

13) Thouvenel, *Mémoire chimique*..., p. 27. 그는 '공기의 조건'에 관해 변함없이 낡은 관점을 유지하고 있다. "너무 순수하지도, 너무 독하지도, 너무 몽롱하지도, 너무 생기 넘치지도, 너무 무겁지도, 너무 흐릿하지도, 너무 짙지도, 너무 용해가

잘 되지도, 너무 묽지도, 너무 밋밋하지도, 너무 자극적이지도, 너무 영양분이
많지도, 너무 오염되거나 너무 오염이 없지도, 너무 건조하거나 습하지도, 너무
이완적이지도 않은 …."(같은 책, p. 24)

14) John Arbuthnot, *Essai des effets de l'air sur le corps humain,* p. 275.

15) Jean Ehrard, "Opinions médicales en France au XVIIIe siècle: La peste et l'idée de contagion", *Annales. Économies. Sociétés. Civilisations*, janvier-mars 1957, pp. 46-59 참조.

16) Jacques Guillerme, "Le malsain et l'économie de la nature", pp. 61-72.

17) 다음 저작이 간략히 요점을 잘 간추려 놓고 있다. Jean-Godefroi Léonhardy의 *Supplément au traité chimique de l'air et du feu de M. Scheele*와 *Tableau abrégé des nouvelles découvertes sur les diverses espèces d'air,* Paris, 1785.

18) Priestley, *Expériences et observations sur différentes espèces d'air*, Paris, 1777-1780, 5 vol. 프랑스어로는 1774년부터 1777년까지 간행되었다.

19) Jacques Guillerme, "Le malsain et l'économie de la nature", p. 63 참조.

20) Jacques Guillerme, 같은 논문, p. 61.

21) 이 점에 관해서는 Pierre Darmon, *Le Mythe de la procréation à l'âge baroque*, Paris, J.-J. Pauvert, 1977.

22) Thouvenel, *Mémoire chimique*..., p.13.

23) 그의『자연사』를 참조할 것. 부패에 관한 연구의 역사에 관해서는 J.-J. Gardane, *Essais sur la putréfaction des humeurs animales*, Paris, 1769.

24) J.-J. Gardane, 같은 책, p. v.

25) J.-J. Gardane, 같은 책.

26) 곧 이 경우는 '유성(huileux)'이라는 것이다.

27) 고대 그리스에서는 몰약을 원형으로 한, 부패하지 않는 태양성의 방향제는 (상추와 같은) 수분을 함유한 부패하기 쉬운 작물의 반대라고 여겨졌다. Marcel Détienne, *Les Jardins d'Adonis, La mythologie des aromates en Grèce*, Paris, Gallimard, 1972.

28) John Pringle, *Mémoire sur les substances septiques et antiseptiques*, lu le 28 juin 1750; David MacBride, *Essais d'expériences*, Paris, 1766.

29) 여기에서 언급되고 있는 Barthélemy-Camille Boissieu, Toussaint Bordenave, Guillaume-Lambert Godart의 논문은 다음과 같은 제목으로 출판되었다. *Dissertation sur les antiseptiques…*, Dijon, 1769.

30) 이하 인용은 모두 J.-J. Gardane, *Essais sur la putréfaction*..., p. 121.

31) Robert Mauzi, *L'Idée du bonheur au XVIIIe siècle*, Paris, 1960, pp. 273 이하.

32) Madame Thiroux d'Arconville, *Essai pour servir à l'histoire de la putréf-action*,

Paris, 1766.

33) Godart, *Dissertation sur les antiseptiques*..., pp. 253-258.

34) 가르단의 인용에 근거함. J.-J. Gardane, *Essais sur la putréfaction*..., p. 220.

35) 이 사고방식은 철학자들에 의해 확립된 감각의 위계에 기초하고 있다. 다시 말해 플라톤적인 전통으로 되어 있었다.

36) J.-J. Gardane, *Essais sur la putréfaction*..., p. 124.

37) Jacques Guillerme, "Le malsain et l'économie de la nature", p. 61.

38) Jean Ehrard, "Opinions médicales...". 그는 독기론의 발생과 진화, 및 그것과 보일의 업적에서 생겨난 입자론(théories corpusculaires)이 본래 어떤 관계에 있었던 것인가를 연구한다. 장 에라르는 독기론과 효모론(théorie des levains), 곤충론(théorie des insectes)을 구분하고 있다.

39) Jacques Guillerme, "Le malsain et l'économie de la nature", p. 63.

40) John Cowper Powys, Morwyn. Robert Favre, *La Mort dans la littérature et la pensée françaises au siècle des Lumières*, Paris, 1878, p. 403은 니콜라 샹포르(Nicolas Chamfort)에 이어서 성녀 테레사(sainte Thérèse d'Avila)를 따라 지옥의 정의를 인용하고 있다. 그곳은 악취가 떠돌고, 사람들이 뭔가를 사랑한다는 것이 있을 수 없는 장소이다.

41) 새로운 세계가 생겨나기 위해서는 죽음이 필요하다는 낭만주의자의 고유한 신념을 참조할 것. 예컨대 빅토르 위고의 『93년Quatre-vingt-treize』에서 고뱅(Gauvin)과 시무르댕(Cimourdin)의 죽음. 그것보다 훨씬 이전의 것으로서 Novalis, *Les Songes de Heinrich Hofterdingen*.

42) Jacques Guillerme, "Le malsain et l'économie de la nature", p. 62.

2. 극단적인 후각적 경계심

1) Jean Ehrard, *L'Idée*..., p. 710.

2) Boissier de Sauvages, *Dissertation*..., p. 51.

3) Boissier de Sauvages, 같은 책.

4) 이것은 1669년에 프랑크푸르트에서 출판된 요한 베커의 책 제목이다.

5) 이 대가와 공기오염의 교정이라는 관념은 아버스노트 담론의 기초로 되고 있다. John Arbuthnot, *Essai des effets de l'air*..., 곳곳에.

6) Robert Boyle, *The general history of the air* 참조.

7) Bernardino Ramazzini, *Essai sur les maladies des artisans*, éd et trad. par Fourcroy, 1777, p. 533 (1713년 파도바에서 출간된 책).

8) Bernardino Ramazzini, 같은 책, p. 327.

9) Bernardino Ramazzini, 같은 책, p. 534.

10) 이 책의 241쪽 이하 참조.

11) M. de Chamseru, "Recherches sur la nyctalopie", *Histoire et Mémoires de la Société Royale de Médecine*, 1786, pp. 167 이하.

12) J.-B. Théodore Baumes, *Mémoire* [⋯] *sur la question: peut-on déterminer par l'observation quelles sont les maladies qui résultent des émanations des eaux stagnantes...*, 1789, p. 234.

13) Baumes, 같은 책, p. 165. 이 한탄은 1815년에 에티엔 투르텔에게서도 여전히 반복된다. Etienne Tourtelle, *Éléments d'hygiène*, Paris, 1815, t. I, p. 277.

14) Paul Savi, "Considérations sur l'insalubrité de l'air dans les Maremmes", *Annales de chimie et de physique*, 1841, p. 347.

15) Etienne Tourtelle, *Éléments d'hygiène*, p. 278.

16) 이 난해한 주제에 대한 최근 연구는 Jean Roger, *Les Sciences de la vie dans la pensée française du XVIIIᵉ siècle*, Paris, 1963, pp. 642-647. Jean-Baptiste Robinet는 *De la nature*에서 이 우주적 생명 이론의 제창자가 되었다.

17) M. Thouret, *Rapport sur la voirie de Montfaucon*(lu le 11 novembre 1788 à la Société Royale de Médecine), p. 13.

18) "Rapport fait à l'Académie Royale des Sciences le 17 mars 1780 par MM. Duhamel, de Montigny, Le Roy, Tenon, Tillet et Lavoisier, rapporteur", *Mémoires de l'Académie des Science*s, 1780; Lavoisier, *Œuvres*, t. III, p. 493.

19) 위고에게 나타나는 지하감옥의 상징적 가치와 과거부터의 메시지의 저장소로서의 역할을 상기할 것. 특히 『93년』과 『웃는 남자』를 참조할 것.

20) Boissier de Sauvages, *Dissertation...*, p. 54 참조.

21) *La Politique de l'espace parisien à la fin de l'Ancien Régime*, Paris, Corda, 1975; Bruno Fortier, "La politique de l'espace parisien", éd. Bruno Fortier, *La Politique de l'espace parisien à la fin de l'Ancien Régime*, Paris, 1975, p. 32.

22) L-S Mercier, *Tableau de Paris,* Amsterdam, 1782-1788, t. I, p. 21.

23) Bruno Fortier, "La politique de l'espace parisien", pp. 116-125.

24) Robert Favre, *La Mort dans la littérature...*, p. 398.

25) Gaston Bachelard, *La Terre et les Rêveries de la volonté*, Paris, 1948, pp. 129 이하. 바슐라르에 따르면 진흙을 향한 이러한 주의력은 양면성이 있다. 곧 진흙 안을 이리저리 뒹굴고 싶다는 잠재적인 욕망도 숨겨져 있다. 정신분석학자들은 이러한 불결한 물질로의 퇴행에 관해 다양한 논의를 해왔다. 이 점에 관해 말하자면, 배설물의 공리주의(이 책의 181쪽 이하를 참조할 것)는 어쩌면 학자들이 자기의 본능을 표현하기 위한 영사막에 지나지 않을지도 모른다. 파랑뒤샤틀레의 삶의 방식, 슈브뢸의 분석, 샤프탈의 진흙의 이용으로의 호소 등에는 이러한 무

의식의 욕망이 반영되어 있다. 그러나 진흙에 대한 연구는 미래로의 시선, 있을 지도 모를 발아에 지친 시선도 있다. 더 자세히 말하면, 그것은 상실의 강박관념과 그 강박관념을 없애고 싶어 하는 강렬한 의지의 증거라고 생각된다.

26) Pierre Chauvet, *Essai sur la propreté de Paris*, 1797, p. 24, 그리고 특히 L-S. Mercier, *Tableau de Paris,* t. I, p. 213과 J.-H. Ronesse, *Vues sur la proprete des rues de Paris*, 1782, p. 14를 참조. 메르시에와 로네스는 파리의 거리의 진흙과 '혼합물'을 정확히 분석하고 있다. 그 정확함은 그들이 이 문제를 얼마나 중요하게 생각하고 있었는지를 알려준다. 피에라르가 인용한 문헌은 릴의 진흙에 관해 마찬가지로 정확한 분석을 보여준다. Pierre Pierrard, *La Vie ouvrière à Lille sous le Second Empire*, Paris, Bloud et Gay, 1965.

27) E. Chevreul, "Mémoire sur plusieurs réactions chimiques qui intéressent l'hygiènedes cités populeuses"(lu les 9 et 16 novembre 1846), *Annales d'Hygiène publique et de Médecine légale*, 1853, p. 15.

28) E. Chevreul, 같은 책, p. 36.

29) E. Chevreul, 같은 책, p. 38.

30) Pierre Adolphe Piorry, *Des habitations et de l'influence de leurs dispositions sur l'homme en santé et en maladie*, Paris, 1838, p. 49.

31) Mercier, *Tableau de Paris*, t. IV, p. 218.

32) John Howard, *État des prisons, des hôpitaux et des maisons de force*, Paris, 1788(1784년 판본의 번역본), t. I, p. 240.

33) Philippe Passot, *Des logements insalubres, de leur influence et de leur assainissement*, 1851. 그는 이 점에 관해서 리옹의 학자 프랑시스 드베이(Francis Devay)의 *L'Hygiène des familles*를 인용하고 있다.

34) Philippe Passot, 같은 책, p. 25.

35) Philippe Passot, 같은 책, p. 25.

36) Mathieu Géraud, *Essai sur la suppression des fosses d'aisances et de toute espèce de voirie, sur la manière de convertir en combustibles les substances qu'on y renferme*, Amsterdam, 1786, p. 34.

37) Lind, *Essai sur les moyens les plus propres à conserver la santé des gens de mer*, Londres, 1758, p. 17.

38) Duhamel du Monceau, *Moyens de conserver la santé aux équipages des vaisseaux; avec la manière de purifier l'air des salles des hôpitaux*, Paris, 1759, p. 131.

39) John Howard, *État des prisons...*, p. 14.

40) John Howard, *Histoire des principaux lazarets de l'Europe*, Paris, an VII, t. II, p. 144.

41) 양모 옷은 수분이 스며들기 쉽다는 문제에 대해서도 마찬가지이다. 당연히 이

것은 또 다른 문제일지도 모른다.

42) Pierre Chauvet, *Essai sur la propreté de Paris*, p. 17.

43) Mercier, *Tableau de Paris,* t. VII, p. 226.

44) 이 점에 관해서는 다음 저작에 길게 언급되어 있다. Alfred Franklin, *La Vie privée d'autrefois*, t. V II, L'hygiène, Paris, Plon, 1900, pp.153 이하.

45) 파리 행정당국의 무력함에 대해서는 다음을 참조할 것. Arlette Farge, *Vivre dans la rue à Paris au XVIIIᵉ siècle*, Gallimard, 1979, pp. 193 이하. 특히 p. 209.

46) 이러한 인부들은 실제로 부패한 오줌을 사용하고 있었다. Bernardino Ramazzini, *Essai sur les maladies des artisans*, p. 149 참조.

47) Mercier, *Tableau de Paris,* t. XI, p. 54.

48) Pierre Chauvet, *Essai sur la propreté de Paris*, p. 18.

49) La Morandière(1764). Augustin Cabanès, *Mœurs intimes du passé*, Paris, 1908, p. 382에서 재인용.

50) Arthur Young, *Voyages en France*, Paris, Colin, 1976, p. 382.

51) John Pringle, *Observations sur les maladies des armées dans les camps et dans les garnisons*, 1793(1755년 초판 출간), p. 300. 프링글은 1711년부터 홈베르크 (Homberg)가 행한 실험에 의거하고 있다.

52) Géraud, *Essai sur...*, p. 38.

53) Laborie, *Cadet le jeune, Parmentier, Observations sur les fosses d'aisances et moyens de prévenir les inconvénients de leur vidange*, Paris, 1778, p. 106.

54) Pierre Chauvet, *Essai sur la propreté de Paris*, p. 38.

55) Mercier, *Tableau de Paris,* t. XI, p. 55.

56) Thouret, *Rapport sur...*, p. 15.

57) Géraud, *Essai sur....*, p. 66.

58) Géraud, 같은 책, p. 96.

59) 파랑뒤샤틀레는 이렇게 말했다. Parent-Duchâtelet, *Rapport sur les amélio-rations à introduire dans les fosses d'aisances. Hygiène publique*, t. II, p. 350.

60) *Dictionnaire philosophique*, "déjection(배변)" 항목.

61) Mercier, *Tableau de Paris*, t. X, p. 250.

62) Nougaret et Marchand, *Le Vidangeur sensible*, 1777. 이 희곡을 공연한다는 생각만 으로도 얼마나 격렬한 혐오감에 휩싸였는지 작가는 서문에서 장황하게 이야기 하고, 희곡을 쓴 궁극적 목적은 '거짓된' 혐오감과 싸우기 위한 것이었다고 고 백하고 있다.(p. XIV) 이러한 태도에는 분뇨에 대해 사람들이 느끼는 매력과 새 로운 감수성이 뚜렷이 드러나 있다.

63) Jean-Noël Hallé, *Recherches sur la nature...*, pp. 77-81. 이미 인용한 라보리와 투레

의 저작에도 상세한 분석이 나온다.

64) Thouret, *Rapport sur...*, p. 21.

65) Mercier, *Tableau de Paris*, t. VII, p. 229. "민중의 배설물은 다양한 형태를 띠고, 늘 공작부인, 후작부인, 왕비, 왕녀 등의 눈에 띄었다." 배설물의 냄새를 가난한 자의 냄새로 하려 한 것은 19세기이다. 나아가 19세기는 가난한 자와 배설물을 동일시하려 했다. (이 책의 219쪽 이하를 참조할 것)

66) 특히 다음을 참조. Philippe Ariès, *L'Homme devant la mort*, 1978, Ph. Chau-nu, *La Mort à Paris, XVIe, XVIIe, XVIIIe siècles*, 1978. Pascal Hintermeyer, *Politiques de la mort*, 1981, 다음 학위논문도 잊지 말아야 한다. François Lebrun, *Les Hommes et la Mort en Anjou aux XVIIe et XVIIIe siècles*, 1975.

67) Abbé Porée, *Lettres sur la sépulture dans les églises*, Caen, 1745.

68) Haguenot, *Mémoire sur les dangers des inhumations*, 1744.

69) Vicq d'Azyr, *Essai sur les lieux et les dangers des sépultures*, 1778, p. CXXXI.

70) De Horne, *Mémoire sur quelques objets qui intéressent plus particulièrement la salubrité de la ville de Paris*, 1788, p. 4.

71) Cadet de Vaux, *Mémoire historique et physique sur le cimetière des Innocents*, 1781.

72) Charles Londe, *Nouveaux éléments d'hygiène*, Paris, 1838, t. II, p. 348.

73) François-Emmanuel Fodéré, *Traité de médecine légale et d'hygiène publique ou de police de santé...*, 1813, t. V, p. 302.

74) 이 점에 관해서는 나비에가 구축한 이론을 참조하는 것이 적당할 것이다. 이 이론에 따르면, 사체에서 병원성 광선이 발생한다고 한다. Pierre-Toussaint Navier, *Sur les dangers des exhumations précipitées et sur les abus des inhumations dans les églises*, 1775.

75) De Horne, *Mémoire sur:...*, p. 11.

76) Daubenton, Bailly, Lavoisier..., *Rapport des mémoires et projets pour éloigner les tueries de l'intérieur de Paris*. 당시는 생마르탱 거리와 오메르 거리 사이의 구간에서 16개의 도살장이 공공연하게 영업을 하고 있었다. 이것은 인근 거리에 있던 다른 6개의 도살장을 포함시키지 않은 수치였다.

77) Thouret, *Rapport sur...*, p. 28. 악취는 도시병리학의 기본 요소였다. 이에 관해서는 다음을 참조할 것. Emmanuel Le Roy Ladurie, "la ville moderne", t. 3, *Histoire de la France urbaine*, Paris, Le Seuil, 1981, pp. 292 이하.

78) 이 책의 92쪽에 언급된 메르시에의 글을 참조할 것.

79) 특히 다음을 참조할 것. M. F.-B. Ramel, *De l'influence des marais et des étangs sur la santé de l'homme*, Marseille, an X(1784년 *Journal de médecine*에서 처음 발표).

80) Malouin, *Chimie médicinale*, p. 62.

81) Duhamel du Monceau, *Moyens de conserver...*, p. 40.

82) Abbé Bertholon, *De la salubrité de l'air des villes et en particulier des moye-ns de la procurer*, Montpellier, 1786, pp. 6-7.

83) 그런데 이 말은 당시에는 아직 오늘날 우리가 부여하고 있는 것과 같은 의미를 지니지는 않았다.

84) Joseph Raulin(1766), Ramel, *De l'influence des...*, p. 63에서 재인용.

85) 이 점에 관해서는 다음을 참조할 것. Jean-Baptiste Monfalcon, *Histoire des marais*, 1824, p. 32. 우리는 이 책에서(pp. 69-78) '습지 발산물의 본질'의 이론사에 관한 종합적이고 체계적인 설명을 찾을 수 있다. 샤랑트의 '부두'는 19세기 초반의 문학에 풍부한 제재를 제공했다. Alain Corbin, "Progrès de l'économie maraîchine", *Histoire du Poitou, du Limousin et des pays charentais*, Toulouse, Privat, 1976, pp. 391 이하와 참고문헌, pp. 413-414.

86) François-Emmanuel Fodéré, *Traité de médecine légale...*, t. V, p. 168.

87) Baumes, *Mémoire...*, p. 99.

88) 잉엔하우스는 이러한 장소에서는 플로지스톤이 발생하고, 오염이 심하고, 부패가 진행하고 있다고 생각했다. 여기에서도 확인되듯이 당시의 학자들은 심중으로는 모든 위험을 배가하는 원흉은 습지의 발산물이라고 생각하고 있었다. Jan Ingenhousz, *Expériences sur les végétaux, spécialement sur la propriété qu'ils possèdent à un haut degré soit d'améliorer l'air quand ils sont au soleil, soit de le corrompre la nuit ou lorsqu'ils sont à l'ombre.* Paris, 1787(영국에서 1779년 최초로 출판), p. 167.

89) Baumes, *Mémoire...*, p. 7.

90) Baumes, 같은 책, p. 7.

91) François-Emmanuel Fodéré, *Traité de médecine légale...*, t. V, pp. 164 이하.

92) Baumes, *Mémoire...*, p. 196.

3. 사회적 발산물

1) 1786년 드 세즈는 보르되와 로리가 바르테즈(Paul Joseph Barthez)와 함께 기계론의 용수철, 펌프, 손잡이를 확실히 해체했다고 생각했다. Paul-Victor de Sèze, *Recherches physiologiques...*, p. 85; 이 책의 177쪽 참조.

2) Théophile de Bordeu, *Recherches sur les maladies chroniques*, t. I, 1775, p. 378.

3) Théophile de Bordeu, 같은 책, p. 379.

4) Théophile de Bordeu, 같은 책, p. 383.

5) Théophile de Bordeu, 같은 책, p. 383.

6) Brieude, "Mémoire sur les odeurs que nous exhalons, considérées comme sig-nes de

la santé et des maladies", *Histoire et Mémoires de la Société Royale de médecine*, t. X, 1789. J.-J. Virey, "Des odeurs que répandent les animaux vivants", *Recueil périodique de la Société de Médecine de Paris*, t. VIII, an VIII, p. 161 이하와 p. 241 이하. A.-J. Landré-Beauvais, "Des signes tirés des odeurs", *Séméiotique ou Traité des signes des maladies*, 2ᵉ éd., Paris, 1815, pp. 419-432.

7) Isis Edmond Charles Falize, "Quelle est la valeur des signes fournis par l'odeur de la bouche?", *Questions sur diverses branches des sciences médicales*, 학위논문, Paris, 1839(4월 12일).

8) Ernest Monin, *Les odeurs du corps humain*, Paris, Doin, 1885. 이 당시 후각론이 다시 사람들을 강하게 끌어당기고 있었다.

9) 이 책의 291쪽 참조.

10) Théophile de Bordeu, *Recherches sur...*, p. 435.

11) Yvonne Verdier, *Façons de dire, façons de faire*, Gallimard, 1979. 특히 pp. 20-77.

12) Théophile de Bordeu, *Recherches sur...*, p. 411.

13) Théophile de Bordeu, 같은 책, p. 414.

14) Théophile de Bordeu, 같은 책, p. 412.

15) Théophile de Bordeu, 같은 책, p. 413.

16) Brieude, "Mémoire sur...", p. LI.

17) A. de Haller, *Éléments de physiologie*, t. II, p. 253.

18) 이 이론은 앞에 인용한 모냉 박사의 저작을 바탕으로 하고 있다.

19) 아리스토텔레스에 따르면, 인간의 체액은 충분히 소비되지 않거나 체액으로부터 생겨난 물질이 배설되지 않는 경우에는 부패의 원인이 된다.

20) Théophile de Bordeu, *Recherches sur...*, p. 469.

21) 프랑스 언론인 파이스(Louis Peisse, 1803~1880)는 프랑스 생리학자 카바니스의 저작 『인간 육체와 정신에 관한 보고』의 1844년 간행본에 관한 단평에서 사람들 저마다의 특유한 체취에 관해서 특히 이렇게 썼다. "육체가 허약한 종족이나 개인에게 이 체취는 그렇게 잘 나지 않지만, 동물화의 정도가 강한 종족이나 우람하고 튼튼한 육체에서는 강렬한 냄새가 난다."

22) Jan Ingenhousz, *Expériences...*, p. 151.

23) 이 책의 336-337쪽을 참조할 것.

24) Théophile de Bordeu, *Recherches sur...*, p. XLVII.

25) Théophile de Bordeu, 같은 책, p. 428.

26) 예컨대 Armand Pierre Jacquin, *De la santé, ouvrage utile à tout le monde*, Paris, 1762, p. 283.

27) Xénophon, "Des senteurs", *Le Banquet; Montaigne, Essais*, éd. La Pléiade, p. 351.

28) Chevalier de Jaucourt, "musc", *L'Encyclopédie*, 1765.

29) Michèle Duchet, *Anthropologie et histoire au Siècle des Lumières*, Paris, Flammarion, 1977을 보라. 이 저자는 하나가 아니라 복수의 인류학적 이론들에 대해 한꺼번에 이야기하고 있다(p. 409). 이것은 뷔퐁이 제기했던 노선을 답습한 것이다.

30) Brieude, "Mémoire sur...", p. XLVII.

31) Michèle Duchet, *Anthropologie*..., p. 203.

32) Brieude, "Mémoire sur...", p. LV와 Ernest Monin, *Les odeurs*..., p. 51 참조.

33) Brieude, 같은 논문, p. XLIX.

34) Virey, "Des odeurs...", p. 249 참조.

35) Jean-Noël Vuarnet, *Extases féminines,* Paris, 1980, pp. 38-45는 이에 관한 현상을 분석하고 있다. 이 책에는 종종 죽은 뒤에 아무 냄새가 나지 않거나 썩지 않는 성질과 관련된 '거룩한 냄새'에 대한 문헌목록이 실려 있다. 이에 관해서는 Ernest Monin, *Les odeurs*..., p. 61도 목록에 추가해야 한다. 성녀 트레베르(Trévère)는 장미, 백합, 향 등의, 성녀 로즈(Rose)는 장미, 성인 카예탄(Cajétan)은 오렌지, 성녀 카트린(Catherine)은 제비꽃, 성녀 테레즈 다빌라(Thérèse d'Avila)는 자스민과 붓꽃, 성녀 리드빈(Lydwine)은 계피의 냄새가 났다고 한다.(Joris-Karl Huysmans, *Sainte Lydwine de Schiedam* 참조) 그리고 죽은 뒤에 마들렌 드 바치(Madeleine de Bazzi), 에티엔 드 모레(Étienne de Muret), 필리포 네리, 파테르니엥(Paternien), 오메르(Omer), 프랑수아 올렝프(François Olympe) 등의 성인들은 감미로운 향기를 내뿜었다고 한다. 19세기에 이러한 현상은 정신과 의사에게 "어떤 종류의 신경증의 표현"으로 보여지고 있었다.

36) Brieude, "Mémoire sur...", p. XLVIII.

37) Landré-Beauvais, "Des signes tirés des odeurs", p. 423.

38) Hippolyte Cloquet, *Osphrésiologie ou Traité des odeurs*, p. 66.

39) Virey, "Des odeurs...", p. 248. 이 논문에는 미개인의 냄새를 기록한 여행자의 수많은 증언이 상세히 언급되어 있다.

40) Hippolyte Cloquet, *Osphrésiologie ou Traité des odeurs*, p. 15.

41) 이 용어에 대해서 뷔퐁과 엘베시우스(Helvétius)는 매우 넓은 의미를 부여하고 있는데, 그에 따르면 풍토란 단지 위도나 기후적인 특징만을 나타내는 것이 아니라, 토양의 성질, 주민의 생활양식도 포함한 것이다. 다시 말해 자연환경의 여러 조건들과 인간의 적응과정의 결과를 동시에 포함하고 있는 것이다. Michèle Duchet, *Anthropologie*..., p. 322.

42) Hippolyte Cloquet, *Osphrésiologie ou Traité des odeurs*, p. 66.

43) Brieude, "Mémoire sur...", p. LX.

44) Brieude, 같은 논문, p. L.

45) Brieude, 같은 논문, p. LI.

46) Brieude, 같은 논문, pp. LI-LII. 누가레와 마르샹의 『예민한 분뇨수거인 *Le Vidangeur sensible*』에 등장하는 인물들은 무대 위에서 분뇨수거인의 냄새와 푸줏간 냄새를 비교하고 있다.

47) 이 문제는 아리스토텔레스의 *Problèmes* 총서 안에서도 드러나고 있다.

48) 우리는 여기에서 다시 살아 있는 유기체의 내부에서 부패가 진행하는 계기가 되는, 어떤 끔찍한 균형의 붕괴와 마주치게 된다.

49) Théophile de Bordeu, *Recherches sur...*, p. 470.

50) Brieude, "Mémoire sur...", p. LV.

51) Brieude, 같은 논문, p. LXII. 그리고 Landré-Beauvais, "Des signes tirés des odeurs", p. 431.

52) H. A. P. A. Kirwan, *De l'odorat et de l'influence des odeurs sur l'économie animale*, Paris, 1808, p. 26.

53) 잉엔하우스가 인용한 작품 안에서 언급된 체험. Jan Ingenhousz, *Expérien-ces...*, pp. 151 이하.

54) 그는 방대한 논문 안에서 자신이 실시한 채집 실험의 방법을 상세히 기술하고 있다. Jurine, "Mémoire sur les avantages que la médecine peut retirer des eudiomètres", *Histoire et Mémoires de la Société Royale de Médecine*, 1789(lu le 28 août 1787), pp. 19-100.

55) Jules-César Gattoni, 같은 책, p. 132.

56) 쥐린이 행했던 장 내부 가스의 분석은 기껏해야 방귀는 육체의 부패 분해에서 비롯된다는 베르톨레의 생각을 확인한 것에 지나지 않았다.

57) Théophile de Bordeu, *Recherches sur...*, p. 523.

58) Ernest Monin, *Les odeurs...*, p. 239에 인용. 이 관찰은 비샤가 제공한 죽음의 정의에 비추어 생각해보면 중대한 의미를 지니는 것이 된다.

59) 헤케에 관해서는 Jean Ehrard, "Opinions médicales...", p. 55; Hartley, *Explication physique des sens, des idées et des mouvements tant volontaires qu'involontaires, 1755, t. I*, pp. 449-451. 이에 공감하고 있는 논자에 대해서는 Robert Mauzi, *L'Idée du bonheur au XVIIIe siècle*, pp. 313-314 참조.

60) Tiphaigne de la Roche, *L'Amour dévoilé ou le Système des sympathistes*, 1749, p. 45.

61) Tiphaigne de la Roche, 같은 책, p. 48.

62) Tiphaigne de la Roche, 같은 책, p. 113.

63) Mirabeau, *Erotika Biblion*, 1783, p. 19.

64) 카사노바의 *Mémoires* 서문.

65) 이는 와주망이 상세히 검토한 에피소드이다. Gerard Wajeman, "Odor di

femmina", *Ornicar*, no. 7, pp. 108-110.

66) Augustin Galopin, *Le Parfum de la femme et le Sens olfactif dans l'amour. Étude psycho-physiologique*, Paris, E. Dentu, 1886.

67) 이 점에 관해서는 이 책의 215쪽을 볼 것.

68) Goethe, *Le Second Faust* (Gérard de Nerval의 번역).

69) 이본느 베르디에는 이로부터 당시 여성에게는 우주적 호흡과 같은 것이 있다고 여겨졌다고 추정했다.

70) Cadet de Vaux, "De l'atmosphère de la femme et de sa puissance", *Revue encyclopédique*, 1821, pp. 427-445(p. 445).

71) Yvonne Verdier, *Façons de dire...*, pp. 52 이하 참조.

72) Jean Borie, "Une gynécologie passionnée", *Misérable et glorieuse la femme du XIXᵉ siècle*, Paris, Fayard, 1980, pp. 152-189. 이에 관해서는 모로(Thérèse Moreau)의 모든 작품들을 참조할 것.

73) Parny, "Le cabinet de toilette"; M. de Bernis, *Les Saisons et les Jours. Poèmes*, 1764는 님프들의 '금발의 땋은 머리의 향기'를 노래한다("L'été").

74) Roland Barthes, *Fragments d'un discours amoureux*, 1977, p. 227 참조.

75) 특히 다음에 인용되어 있다. J.-J. Menuret, *Essai sur l'action de l'air dans les maladies contagieuses*, 1781, p. 41.

76) Havelock Ellis, *La Sélection sexuelle chez l'homme*, p. 126.

77) 분명히 19세기 말이라는 시대에 이 주제는 새로운 두터움을 획득했다. 심리학자 샤를 페레는 이 냄새는 사람들에 활력을 주는 작용을 한다고 생각했다. 어쩌면 그것은 공장에서 활용되었을지도 모른다. 다림질 하는 여성 노동자는 자신들의 코르셋 냄새를 맡는 것으로 기력을 회복했기 때문이다.

78) Rousseau, *Émile*, p. 201.

79) 그가 *L'Anti-Justine*에서 고백하고 있듯이.

80) 내가 알기에 이 주제가 공적으로 표현되고 환기되는 냄새 목록에 추가되려면 미국 소설가 헨리 밀러의 『남회귀선*Tropique du Capricorne*』을 기다려야 했다. 밀러는 이런 냄새로의 첫걸음을 후각적 통과의례로 간주했다.

81) 실바는 이 주제를 길게 논했다. Jean-Baptiste Silva, "Disser-tation où l'on examine la manière dont l'esprit séminal est porté à l'ovaire", *Dissertations et consultations médicinales de MM.* Chirac et Silva, 1744, t. I, pp. 188 이하.

82) 이에 관해서는 크니비엘레(Yvonne Kniebiehler)의 모든 작품을 참조할 것.

83) 레스티프는 '창부(putain)'가 라틴어에서 '냄새나는 여인'의 의미를 나타내는 'putida'에서 파생되었다는, 널리 유포된 어원설에 찬성하고 있다.

84) Jean-Baptiste Silva, "Dissertation...", p. 189. 이에 대해 고대인은 여성은 금욕생활

을 강요받으면 참기 어려운 악취를 낸다고 생각했다. 부부관계의 중단은 태양과 대지의 격리이고, 렘노스 섬의 여성들의 고약한 악취와, 그 정도는 아니지만 농업의 여신 데메테르의 여사제들의 참기 어려운 체취는 이 때문이었다. 그러나 내가 알기에 이러한 것들은 18세기에는 이미 거론되지 않게 되었다. Marcel Détienne, *Les Jardins d'Adonis*..., p. 173 참조.

85) Boissier de Sauvages, *Journal des savants*, 1746(2월), p. 356. 이하에 재인용. François-Emmanuel Fodéré, *Traité de médecine légale*..., t. VI, p. 232. 저자는 비바레 지방에서 유행하던 가축병에 대해 이렇게 썼다. "이러한 소의 위장에서 발산된 냄새 고약한 숨을 가까이에서 마시는 사람은 비록 그 소가 살아 있는 것이더라도 반드시 구역질을 동반한 복통에 시달리고, 설사를 하게 된다. 그리고 때로는 끔찍할 정도로 배가 부풀어 오르는 경우도 있다."

86) François-Emmanuel Fodéré, *Traité de médecine légale*..., t. V, p. 298.

87) François-Emmanuel Fodéré, 같은 책.

88) "인간의 호흡은 인간에게 죽음을 가져오는 것"이라고 루소는 단언했다. 이에 관해서는 다음을 참조할 것. François Dagognet, "La cure d'air: essai sur l'histoire d'une idée en thérapeutique médicale", *Thalès*, 1959, p. 87.

89) 이본느 베르디에는 미노 마을에서 이러한 사고방식을 다시 목격했다. 어떤 노파는 "그것은 역병처럼 호흡을 매개로 내 자매에게 전염되었다"고 한 여자에 대해서 술회하고 있다. Yvonne Verdier, *Façons de dire*..., p. 46.

90) Senancour, *Oberman*, éd. "Les Introuvables", t. II, p. 48.

91) John Arbuthnot, *Essai des effets de l'air*..., pp. 241-242.

92) Boissier de Sauvages, *Dissertation*..., p. 56.

93) Charles-Polydore Forget, *Médecine navale ou nouveaux éléments d'hygiène, de pathologie et de thérapeutique médico-chirurgicales*, Paris, 1832, t. I, p. 332. 이 인용은 이 장에서 언급한 다른 증언에 비해 뒷시대의 것이다.

94) M.-E. Hales, *Description du ventilateur par le moyen duquel on peut renouveler facilement l'air des mines, des prisons, des hôpitaux ou des maisons de force et des vaisseaux*, 1744, p. 61.

95) 이 말은 Charles-Polydore Forget, *Médecine navale*..., p. 184의 것이다. 아래에 이어진 구절은 당시의 다양한 묘사를 종합한 것이다. 특히 다음의 증언이 중요하다. Duhamel du Monceau, *Moyens de conserver*....

96) Charles-Polydore Forget, *Médecine navale*..., p. 29.

97) Joseph Conrad, *Heart of darkness*.

98) Charles-Polydore Forget, *Médecine navale*..., p. 186.

99) 다음도 참조할 것. François-Emmanuel Fodéré, *Traité de médecine légale*..., t. VI,

pp. 476 이하.

100) Parent-Duchâtelet, *Recherches pour découvrir la cause et la nature d'accidents très graves, développés en mer, à bord d'un bâtiment chargé de poudrette*, 1821. 승무원의 절반이 사망하고, 남은 자들도 병이 들었다.

101) 뒤아멜 드 몽소는 "그들의 땀의 소용돌이는 공기 중에서 없어지지 않는다"라고 썼다. Duhamel du Monceau, *Moyens de conserver...*, p. 30.

102) Hales, *Description du ventilateur...*, p. 53.

103) 뒤아멜 드 몽소 자작은 이렇게 해서 30문의 대포를 지닌 전함 안에서 발산되거나 뿜어져 나오는 증기의 총량은 물 약 5제곱피트에 해당한다는 결론을 내렸다. Duhamel du Monceau, *Moyens de conserver...*, p. 44.

104) 조사단에는 피에르 마케, 라부아지에, 앙투안 프랑수아 푸르크루아, 비크 다지르 등이 포함되어 있었다.

105) Mercier, *Tableau de Paris*, t. VIII, p. 1.

106) John Howard, *État des prisons...*, p. 214.

107) Casanova, *Mémoires, éd. Garnier*, p. 547과 p. 588.

108) Senancour, *Oberman*, t. I, p. 83.

109) 장니콜라 부이(Jean-Nicolas Bouilly)의 원작을 번역하고 각색한 베토벤의 '피델리오*Fidelio*' 대본. 죄수들은 간수 로코(Rocco)에 의해 잠깐 공기를 들이마시는 것을 허락받았다.

110) Jules Michelet, *Histoire de France*, t. XIII, pp. 317-318.

111) John Howard, *État des prisons...*, p. 13.

112) Bacon, *Histoire Naturelle*, p. 914. 다음에서 인용. Pringle, *Observations...*, p. 293.

113) John Howard, *État des prisons...*, p. 293 (스토우 연대기 이후).

114) John Howard, 같은 책, p. 22.

115) John Pringle, *Observations...*, p. 295.

116) John Pringle, 같은 책.

117) François-Emmanuel Fodéré, *Traité de médecine légale...*, t. V, p. 311.

118) 이 사건은 그 뒤 되풀이해서 다루어졌다. 다음을 참조할 것. Banau et Turben, *Mémoire sur les épidémies du Languedoc*, 1786, p. 12.

119) 이 책의 43쪽 참조.

120) 여기에서 교도소와 병원을 구별하는 것은 어느 정도는 시대착오적일 수 있다. 그렇지만 18세기 말에는 이 구별이 어느 정도 정당한 근거를 지니는 상태로 되기 시작해가고 있었다.

121) 이 "고인 오물의 끔찍한 혼합물"이 바로 가난뱅이의 묘지라고 젠테는 쓰고 있다. Genneté, *Purification de l'air croupissant dans les hôpitaux, les prisons et les*

vaisseaux de mer..., 1767, p. 10; "그곳에서는 호흡이 오염되고, 상처는 썩고, 땀은 사체의 냄새가 난다."

122) 그가 영국의 시설을 다룰 때에는 후각적인 말이 등장하는 횟수가 이 정도로 많지는 않다. 이 사실은 의미심장하다.

123) Mercier, *Tableau de Paris*, t. VIII, p. 7과 p. 8.

124) 다음에서 발췌. J.-R. Tenon, *Mémoires sur les hôpitaux de Paris*, 1788.

125) Michel Foucault..., *Les Machines à guérir, aux origines de l'hôpital moderne*, Paris, Pierre Mardaga, 1979.

126) Tenon, *Mémoires sur les hôpitaux de Paris*, p. 208.

127) Tenon, 같은 책, p. 223.

128) Tenon, 같은 책, p. 223.

129) Tenon, 같은 책, p. 238.

130) 이러한 병영이 증가하기 이전에도 참모본부는 1743년에 프랑스 육군을 덮친 질병의 대유행의 원인을 인간의 밀집과 공기의 정체라고 했다. André Corvisier, *L'Armée française du XVIIᵉ siècle au ministère de Choiseul. Le soldat*, t. II, p. 672.

131) Mercier, *Tableau de Paris*, t. VII, p. 309. 때문에 그는 무도회를 비난했다.

132) Senancour, *Oberman*, t. II, p. 48.

133) Senancour, 같은 책, p. 191.

134) Edna Hindie Lemay, "La vie parisienne des députés de 89". *L'Histoire*, no. 44, 1982, p. 104.

135) Robert Favre, *La Mort dans la littérature...*, p. 252. 볼테르의 현실참여에 대해서는 259쪽을 참조할 것.

136) Philippe Ariès, *L'Homme devant la mort*, pp. 474-475.

137) Bernardino Ramazzini, *Essai sur les maladies des artisans*, p. 199. 특히 "이 대상에 열중했던 모든 저자 중에 흩뿌려져 있던 것"을 긁어모을 것.

138) Bernardino Ramazzini, 같은 책, p. 513.

139) Bernardino Ramazzini, 같은 책, p. 336. 세탁소에서 발산된 증기에 대한 공포는 오랫동안 없어지지 않았다. 7월왕정 시대에 파리에 새롭게 청결에 대한 욕구가 확산되었을 때, 위생위원회로 세탁물에서 피어오르는 증기에 대한 민원이 끝없이 밀려들었다.

140) Bernardino Ramazzini, 같은 책, pp. 152-153.

141) 그러나 유대인만은 예외이다. 그리고 서양의 종교사 안에 이러한 사고방식이 어떻게 뿌리를 내렸는지는 잘 알려져 있다. 이 책의 221쪽 참조.

142) Mercier, *Tableau de Paris*, t. I, pp. 137-138. 126-130쪽도 같은 주제이다.

143) Françoise Boudon, "La salubrité du grenier de l'abondance à la fin du siècle",

XVIIIᵉ siècle, 1977, pp. 171-180.

144) 이 점에 관해서는 Bruno Fortier, "La politique de l'espace parisien", 곳곳에.

145) Françoise Boudon, "La salubrité...", p. 176.

146) '침대의 공기'를 채취하는 방법은 Jurine, "Mémoire sur...", pp. 71 이하. 사람들이 사는 '주거공간'의 공기의 불건강함의 정도에 대해서는 pp. 90-91.

4. 불쾌감의 재정의

1) Tournon, *Moyen de rendre par faitement propres les rues de Paris*, 1789, p. 60.

2) Daniel Roche, *Le Siècle des Lumières en province: Académies et académiciens provinciaux*, Mouton, 1978, t. I, p. 378.

3) Mercier, *Tableau de Paris*, t. I, p. 222.

4) Pierre Chauvet, *Essai sur la propreté de Paris*, p. 18.

5) Mercier, *Tableau de Paris,* t. I, p. 267.

6) Robert Favre, *La Mort dans la littérature...*, p. 40.

7) 이에 관해서는, Madeleine Foisil, "Les attitudes devant la mort au XVIIIᵉ siècle: sépultures et suppressions de sépultures dans le cimetière parisien des Saints-Innocents", *Revue historique*, 1974(4–6월), p. 322.

8) Bruno Fortier, "La politique de l'espace parisien", p. 34.

9) Arthur Young, *Voyages en France*, p. 142.

10) Arthur Young, 같은 책, p. 130.

11) Arthur Young, 같은 책, p. 383.

12) Jean Delumeau, *La Peur en Occident*, Paris, Fayard, 1978, pp. 129 이하 참조.

13) J.-J. Menuret, *Essai sur l'action...*, p. 51.

14) Madeleine Foisil, "Les attitudes...", p. 311.

15) Cadet de Vaux, *Mémoire historique...*에는 이런 고통스런 연표가 있다.

16) Mercier, *Tableau de Paris*, t. VIII, p. 340. 강조는 필자.

17) Mercier, 같은 책, p. 341.

18) 1726년의 행정명령은 이미 이 시점에 분뇨를 퍼내는 인부가 근처 주민을 매도하는 것을 금지하고 있다.

19) 이미 Laborie, Cadet le jeune, Parmentier가 논문에서 언급한 것을 Lavoisier, Fougeroux, Milly가 검토한 것. p. 105.

20) Géraud, *Essai sur...*, p. 43.

21) 분명히 이는 아무런 성과도 거두지 못하고 반세기 이상 계속되었다.

22) Thouret, *Rapport sur...*, p. 4.

23) Ronesse, *Vues sur la proprete des rues de Paris*, p. 28.

24) Edmond et Jules de Goncourt, *La Femme au XVIIIe siècle*, 1862, p. 368.

25) Damours, *Mémoire sur la nécessité et les moyens d'éloigner du milieu de Paris, les tueries de bestiaux et les fonderies de suif*, 1787, p. 9.

26) Françoise Boudon, "La salubrité…", p. 172.

27) Géraud, *Essai sur*…, p. 41과 p. 49.

28) 특히 모리스 아귈롱(Maurice Agulhon)이 정치 분야에서 강조했다.

29) Jacques Guillerme, "Le malsain et l'économie de la nature", p. 65.

30) 피에르 쇼뉘가 다음에서 인용. Madeleine Foisil, "Les attitudes…", p. 323. 그렇지만 결국 이 분야에서는 객관적인 방법으로 변화를 검토하는 것은 불가능하다. 역사가는 증인의 주관성에 완전히 의거할 수밖에 없다.

31) Bruno Fortier, "La politique de l'espace parisien", p. 19 참조. 이 저자는 다음 기사도 참조하고 있다. Bruno Fortier, *Journal de Paris*, 1781(7월 25일).

32) Dominique Laporte, *Histoire de la merde*.

33) Dominique Laporte, 같은 책, p. 60.

34) Dominique Laporte, 같은 책, p. 18.

35) 분명히 이것은 그의 저작의 중요한 목적은 아니다.

36) Dominique Laporte, *Histoire de la merde*, p. 97. 다음 책의 서문도 이 주제를 다루고 있다. Parent-Duchâtelet, *La Prostitution á Paris au XIXe siècle*, Le Seuil, 1981.

37) Dominique Laporte, 같은 책, p. 97.

38) 마르셀 모스는 이 점에 관해서 칸트와 피히테의 역할을 강조한다. Marcel Mauss, *Sociologie et anthropologie*, P.U.F., 1980, p. 361.

39) Bruno Fortier, "La politique de l'espace parisien", p. 41.

40) J.-J. Menuret, *Essai sur l'action*…, p. 51.

41) 1835년 이번에는 트롤로프 부인이 유럽 대륙의 악취에 숨 막히게 되었으나, 그녀는 당시 진행중이던 감각혁명을 이해하려 애썼다. 그녀의 눈에는 영국 쪽이 진행 정도가 빠른 것처럼 보였다. (이것은 매우 올바른 느낌이었다.) 그녀의 예감적인 분석은 부분적으로는 이제까지 살펴본 몇 개의 논문과 부합한다. '감수성의 예민화'가 서서히 진행되어, 생활의 부유화의 뒤를 쫓고 있었다. Madame Trollope, *Paris et les Parisiens en 1835*, 1836, t. 1, p. 300. "그리고 저쪽(영국)에서는 인간의 오감에 충격을 줄 가능성이 있는 것은 모두 하나도 눈에 띄지 않도록 하는 배려가 있다. 우리들이 불유쾌한 것을 보거나, 듣거나, 마주하지 않으면, 자연히 그러한 것이 화제가 되지 않을 것이다."(같은 책, p. 301) "오감에 충격을 주는 것은 모두 멀리하려는 노력, 영혼이 견디기 어려운 감각을 일으킬 우려가 있는 모든 것을 없애는 것으로 영혼을 이른바 애무하려는 관습 등은 아마도 인간의 발명정신이 생활 미화의 노력 안에서 도달한 것의 가능한 궁극의 점일 것

이다."(같은 책, p. 306) 그러나 어쩌면 이러한 과도한 미화 정신은 문명이 절멸하는 심연으로 영국을 몰아가는 것으로 될 것이다. 다시 말해 이 영국인 부인은 위생학적 의도를 과소평가하고 있지만, 실은 이러한 위생학적 의도라는 것도 육체의 외설성을 암시하는 것에 의해 섬세한 감각, 곧 영혼에게 최고의, 하지만 위험하기 짝이 없는 애무인 섬세함을 선양하려고 하는 것일지도 모른다. 그녀의 의견에 따르면, 언어의 순화는 공간의 순화에 선행하는 것이 아니라, 그로부터 파생되는 것이다.

42) 'odeurs'는 '향수'를 가리킨다. 18세기에는 향수가 이렇게 불리고 있었다.

43) Buchoz, *Toilette de flore à l'usage des dames*, 1771, p. 192.

44) Nicolas Lémery, *Pharmacopée universelle*, Paris, 1697.

45) 이미 언급한 논문 이외에 Virey, "De l'osmologie, ou histoire naturelle des odeurs", *Bulletin de pharmacie*, mai 1812, pp. 193-228.

46) "Observations sur les parties volatiles et odorantes des médicaments tirés des substances végétales et animales: extraites d'un mémoire de feu M. Lorry, par M. Hallé", *Histoire et Mémoires de la Société Royale de Médecine*, 1784-1785, pp. 306-318.

47) Nicolas Lémery, *Pharmacopée universelle*, p. 892.

48) Banau et Turben, *Mémoire sur...*, p. 90.

49) Bernardino Ramazzini, *Essai sur les maladies des artisans*, p. 198 참조.

50) Nicolas Lémery, *Pharmacopée universelle*, pp. 896, p. 914.

51) 여기에서 다루고 있는 것은 매우 오래된 사고방식이다. Jean Delumeau, *La Peur en Occident*, p. 114 참조.

52) M. de Blégny, *Secrets concernant la beauté et la santé ... recueillis par M. Daquin*, Paris, 1688, 특히 p. 696.

53) Françoise Hildesheimer, "La protection sanitairedes côtes françaises au XVIIIe siècle", *Revue d'Hist. mod. et cont.*, juillet septembre 1980, pp. 443-467 참조. 지중해 동부의 레반트 지방에서는 환기와 '향수'와 격리를 결합한 위생법이 사용되고 있었다.

54) E. H. Ackerknecht, "Anticontagionism between 1821 and 1867", *Bulletin of the History of Medicine*, 1948, pp. 562-593.

55) John Pringle, *Mémoire sur les substances...*, pp. 317-318, 367.

56) Lind, *Essai sur les moyens...*, p. 69.

57) Boissieu, *Dissertation sur les antiseptiques…*, p. 67.

58) Bordenave, "Mémoire sur les antiseptiques", concours cité de l'Académie de Dijon, pp. 190 이하.

59) 이 점에 관해 향기로운 것과 건강한 것, 역겨운 것과 불건강한 것 사이의 관계는 늘 애매했었다는 사실을 지적해두려 한다. 과학적 이론은 실천에서는 정합성을 잃는다. 다양한 이론은 서로 합쳐지고 뒤섞여 있었다. 아니면 적어도 기와를 쌓아 놓은 것처럼 겹쳐져 있었다. 베커는 악취를 내뿜는 분변의 효능을 믿고 있었다. 잉엔하우스가 광합성 분석에 성과를 거두기 전에 의사들은 어떤 종류의 방향성 식물의 유해한 효과를 고발하고 있었다.

60) 공쿠르 형제에 따르면, 통령시대에는 생테스프리 예배당(chapelle du Saint-Esprit)에서 저녁식사 전에 집행된 전례를 '사향 향기를 마시는 미사'라고 불렀다. Edmond et Jules de Goncourt, *La Femme au XVIII* siècle, p. 395.

61) J.-P. Papon, *De la peste ou époques mémorables de ce fléau et les moyens de s'en préserver*, an VIII, t. II, p. 47.

62) Buchoz, *Toilette de flore à l'usage des dames*, p. 7.

63) Nicolas Lémery, *Pharmacopée universelle*, p. 892. 그는 "가끔씩 맡을 수 있게끔" 사향과 용연향, 사향고양이향, 소합향을 혼합한 방향제를 늘 휴대하고 "강한 냄새로 나쁜 공기에 저항"하라고 권유하고 있다.

64) 보메의 증언(Baumes, *Mémoire...*, p. 224)에 따르면, 호수와 늪 지대를 가로질러 저녁에 여관에 묵은 여행자는 방 안에서 유황을 태운 뒤에 방향성의 풀로 만든 탕약을 마시고, 담배가 "없으면 다른 방향성의 물질"이라도 흡입했다. 그리고 자신의 타액을 한 방울도 흡입하지 않게 주의했다. Baumes, 같은 책, p. 226.

65) L.-B. Guyton de Morveau, *Traité des moyens de désinfecter l'air*, Paris, 1801, p. 149. 그렇지만 그에 따르면 이 방법의 효과는 의문스럽다고 한다.

66) Baumes, *Mémoire...*, p. 224.

67) Bernardino Ramazzini, *Essai sur les maladies des artisans*, p. 209.

68) Bernardino Ramazzini, 같은 책, p. 332.

69) Parent-Duchâtelet, *Rapport sur le curage des égouts Amelot, de la Roquette, Saint-Martin et autres, Hygiène publique*, t. I, p. 364. 여기에서 이야기되고 있는 것은 염소의 냄새를 내는 작은 주머니나 병이다.

70) Duhamel du Monceau, *Moyens de conserver...*, pp. 132 이하.

71) 이는 다음의 내용에 근거한다. Delassone, père, et Cornette, "Mémoire sur les altérations que l'air éprouve par les différentes substances que l'on emploie en fumigation...", *Histoire et Mémoires de la Société Royale de Médecine*, 1786, p. 324. 이 방법에 대해서는 이밖에도 다음에 관련된 내용이 있다. Hales, *Description du...*, p. 76, 그리고 Jean-Noël Hallé, "air", *Encyclopédie méthodique*, pp. 572-575.

72) *Encyclopédie*, art. "parfumoir".

73) 1796년에 잭슨(Jackson)과 모저(Moser)는 런던에서 자신들이 만든 훈증소독용

램프를 팔았다. 이 램프는 일부러 화학물질을 태우는 구조로 되어 있었고, 이로써 새로운 결합법의 소독제를 산포하는 것이 가능해졌다. Guyton de Morveau, *Traité des moyens...*, p. 147.

74) 라멜이 묘사한 방법. Ramel, *De l'influence des...*, p. 301.

75) J.-P. Papon, *De la peste ou époques...*, t. I, p. 329.

76) 특히 François-Emmanuel Fodéré, *Traité de médecine...*, t. VI, p. 159을 참조.

77) 이것은 테농의 의견이다. Tenon, *Mémoires sur les hôpitaux de Paris*, p. 451. 그는 린드의 아버지와 친한 관계였다고 주장하고 있다.

78) Duhamel du Monceau, *Moyens de conserver...*, p. 138에서 인용.

79) 1803년에 샤프탈이 실증했다. Jean Antoine Chaptal, *Éléments de chimie*, t. III, 1083, p. 111.

80) Vicq d'Azyr, *Instruction sur la manière de désinfecter une paroisse*, Paris, 1775, pp. 7-8.

81) "이 식물이나 그 밖의 약초의 커다란 창고는 페스트의 침입에 대해 강력한 방벽이 되었다." J.-J. Menuret, *Essai sur l'action...*, p. 60.

82) *Histoire et Mémoires de la Société Royale de Médecine*, t. III, p. 44. 다음에서 재인용. Baumes, *Mémoire...*, p. 164. 이것은 매연 예찬에 근거를 제공한다. "대도시의 공기의 상태가 좋은 것은 부분적으로는 이 덕분이다"라고 저자는 쓰고 있다.(같은 책, p. 163)

83) 보메는 이렇게 썼다. "이렇게 불건강한 지역에서는 장소와 상황에 따라서는 석회가마, 유리공장, 비누공장, 증류주 공장, 황산 공장 등을 기어코 건설할 필요가 있다. 이 시설들은 이중의 의미로 유용하다. 그것들은 대기를 정화함과 동시에 주민에 일자리를 공급하기 때문이다."(Baumes, 같은 책, p. 165) 많은 동시대의 사람들보다도 낙관적이었던 그는 이렇게 덧붙이기도 했다. "거기에 간이로 만든 아궁이에서 석탄을 태우면, 목재의 소비량이 적어도 된다는 이점에 더해서 많은 연기와 함께 유황을 포함한 발산물을 분산시킨다는 장점도 있다. 이 정화작용의 효과는 결코 의심할 수 없다."

84) Blégny, "Parfum pour la guérison de la vérole", *Secrets..*, t. II, p. 167 참조.

85) 예를 들면, Chevalier de Jaucourt, "musc", *Encyclopédie*, 1765.

86) Chevalier de Jaucourt, 같은 글.

87) Chevalier de Jaucourt, 같은 글.

88) Virey, "Des odeurs...", p. 174. 그리고 Hartley, *Explication physique...*, p. 331.

89) 이 점에 관해서는 Paul-Victor de Sèze, *Recherches physiologiques...*, p. 159. 그는 뷔퐁의 의견에 동조하지 않는다.

90) Virey, "Des odeurs...", p. 254.

91) Paul Dorveaux, *Historique de l'Eaude la Reine de Hongrie*, 1921, p. 6. Blégny, *Secrets...*, p. 684. 저자는 '헝가리 여왕의 향수'에 관해서 "많은 사람들은 그 강한 냄새가 좋아서 끊임없이 맡고 있다"고 지적하며 수많은 효력을 열거하고 있다.

92) Lorry, "Observations sur les parties volatiles...", p. 318.

93) Bernardino Ramazzini, *Essai sur les maladies des artisans*, p. 128.

94) Bernardino Ramazzini, 같은 책, p. 221.

95) Virey, "De l'osmologie...", p. 206. 비레는 격해지지 쉬운 사람들은 역겨운 냄새를 발산하고 있기 때문에 관능적인 냄새의 향수는 피해야 한다고 보았다. 우리는 여기에서 다시 '정액의 영기'로 돌아간다. 구역질이 날 듯한 냄새도 그것이 강렬한 경우는 마찬가지로 악영향을 끼친다. 라마치니는 이렇게 지적했다. "내가 몇 번이나 관찰한 것에 따르면, 이러한 (짐승 기름으로 만든 양초를 파는) 가게 가까운 곳에 사는 여자들은 그 악취 때문에 히스테리성 정열에 사로잡히는 일이 있는 것 같다." Bernardino Ramazzini, *Essai sur les maladies des artisans*, pp. 180-181. 그는 이러한 이유로 문필가도 밤에 일을 하는 것은 삼가는 것이 좋다고 경고하고 있다. 라이프치히의 의사인 플라트너는 오염된 냄새를 들이마시는 일의 위험을 일람표로 만들었다. Platner, *De morbis ab immunditiis*, Litteris Breitkopfianis, 1731.

96) 예컨대 Boissier de Sauvages, *Dissertation...*, p. 56. 그리고 특히 Hippolyte Cloquet, *Osphrésiologie ou Traité des odeurs*, pp. 80-98. 그 가운데에서 그가 의거하고 있는 Thomas Cappelini, *Memoire sur l'infiuence des odeurs*와 Triller의 관찰. 담배도 악영향을 끼칠 가능성이 있다고 클로케는 단정하고 있다. Hippolyte Cloquet, *Osphrésiologie...*, p. 352. 극단의 끽연가는 후각이 둔해진다. 애연가의 머리를 죽은 뒤 해부하면 알 수 있듯이 담배의 성분은 서서히 후각신경을 파괴해버린다.

97) Mercier, *Tableau de Paris*, t. VI, p. 47 참조. "감시하는 여자가 문 옆에 앉아서, 누구든 도착한 사람들의 냄새를 가리지 않고 맡았다. 그리고 되풀이해서 이렇게 물었다. '향수는 뿌리지 않으셨겠죠?'"

98) John Howard, *Histoiredes principaux lazarets...*, t. I, p. 170.

99) Virey, "De l'osmologie...", p. 216.

100) 오래된 전형적인 논쟁이다. 『국가』에서 플라톤은 태만과 쾌락을 조장한다고 향수를 비난했다. 고대 그리스에서는 방향제를 사용하는 것은 매춘부나 하는 것으로 여겨졌다. 매춘부는 "향수에 빠진 생활의 유혹적인 이미지"였다. 성생활에서 향수의 역할이 한정될수록 그 짝은 정숙하다고 평가되었다. Marcel Détienne, *Les Jardins d'Adonis...*, pp. XIII et XXXVI(Jean-Pierre Vernant의 서문) 당시에는 우리가 논하고 있는 동물성 물질은 알려져 있지 않았다. 다시 말해 고대의 방향제는 부패의 공포로 되기는커녕, 열기와 건조함과 연관되어, 하늘의

불에 가까운 것으로 부패하지 않는 것의 상징이 되어 있었다. 사치에 대한 비난으로는 다음을 참조할 것. Abbé Pluquet, *Traite philosophique et politique sur le luxe*, Paris, 1786, 2 vol.

101) Armand Pierre Jacquin, *De la santé...*, pp. 290 이하.

102) Armand Pierre Jacquin, 같은 책, p. 290.

103) Caraccioli, *La Jouissance de soi-même*, 1759, p. 333.

104) Caraccioli, 같은 책.

105) Georges Vigarello, *Le Corps redressé*, 1978, pp. 87 이하 참조.

106) Veblen, *Théorie de la classe de loisir*, Gallimard, éd. 1978, p. 101(1899년 첫 출판).

107) Genneté, *Purification de l'air...*, p. 11.

108) Vicq d' Azyr, *Instruction...*, p. 8.

109) Armand Pierre Jacquin, *De la santé...*, p. 82.

110) Guyton de Morveau, *Traité des moyens...*, p. 93.

111) 반대로 델라소네(Delassone) 신부가 한 수많은 실험(인용한 논문)은 방향성 물질의 훈증으로 유리병 안이 오염되었다는 사실만 증명했다. 그는 이 현상이 플로지스톤의 결과인 것을 알지 못하고, 분석된 물질의 치료적 가치를 의문시하기에는 이것만으로는 충분치 않다는 것도 깨닫지 못했다.

112) Parmentier et Chaptal. Guyton de Morveau, *Traité des moyens...*, pp. 138-139에서 재인용.

113) Fourcroy, "air", *Encyclopédie méthodique*, p. 577 참조.

114) Hallé, Leroux, Henry et Richard, *Codex des médicaments ou pharmacopée française*, 1818.

5. 후각적 쾌락의 새로운 계략

1) 예컨대 Armand Pierre Jacquin, *De la santé...*, p. 283. "청결함이라는 것은 감각들의 섬세함을 상하게 할 가능성이 있는 모든 것을 피하려고 신경 쓰는 것이다. 그것은 사교계의 주요한 미덕 가운데 하나이다." 초등학교에서 라살적 예절규범(civilité lasallienne)의 변천에 관해서는 다음을 참조할 것. Roger Chartier, Marie-Madeleine Compere et Dominique Julia, *L'Éducation en France du XVIe au XVIIIe siècle*, Paris, 1976, pp. 143-144.

2) 보메에 의해 표현된 플라트너의 구상은 Baumes, *Mémoire...*, p. 189. 같은 형태의 이론은 다음에서도 확인된다. Montyon(Moheau), *Recherches et considerations sur la population de la France*, 1778, livre II, p. 109.

3) Baumes, *Mémoire...*, p. 191.

4) Jean-Noël Hallé, *Recherches...*, p. 111.

5) Lion Murard et Patrick Zylberman, *Sanitas sanitatum, et omnia sanitas*, Paris, 1980, pp. 275-280. 이에 관해서는 다음도 참조할 것. Jean-Maurice Bizière, "Beforeand after: Essai de psychohistoire", *Revue d'Histoire moderne et conte-mporaine*, 1980, 4-6월, pp. 177-207.

6) 이에 관해서 다니엘 로쉬는『파리의 민중』에서 조금 보류하도록 주의를 촉구하고 있다. 곧 사후의 재산목록을 조사한 결과 민중의 주거공간에도 무시할 수 없는 숫자의 수세식 변기(cuvettes)와 요강(pots)이 존재하고 있었던 사실이 밝혀진 것이다. 그 경향은 특히 귀족과의 접촉이 있던 계층에서 두드러졌다. Daniel Roche, *Le Peuple de Paris*, Paris, 1981, p. 122.

7) Bruno Fortier, "La maîtrise de l'eau", *XVIIIe siècle*, 1977, pp. 193-201 참조.

8) 특히 다음을 참조할 것. Ronesse, *Vues sur la proprete des rues de Paris*, p. 91. 그는 1782년에 이렇게 단언했다. "각 가정에서 배출된 오수의 양은 15년 전에 비해 비교할 수 없을 만큼 증가했다. 그 원인은 목욕탕의 사용이 매우 빈번해졌기 때문이다. 의사들은 이전에 비해 훨씬 많은 병에 대해서 목욕요법을 권고하고 있고, 민중도 이 관습을 좋아하게 되었다. 그 결과 새로 지은 모든 주택에는 목욕탕이 설치되었고, 부유한 사람들이 아파트를 임차할 때에는 욕실을 가장 중시하게 되었다." 거의 모든 우물에는 펌프가 설치되었고, 그래서 부유한 집안의 하인들은 물을 절약하지 않게 되었다. 하인들은 앞마당이나 부엌, 나아가 마차까지도 물로 씻게 되었다.

9) Moheau, *Recherches et considerations*..., p. 110.

10) 학교의 규율의 실시에 관해서는 다음을 참조할 것. Roger Chartier, Marie-Madeleine Compere et Dominique Julia, *L'Éducation....* 특히 p. 145.

11) M. Déjean, *Traité des odeurs*, Paris, 1764, p. 147.

12) Roger Chartier, Marie-Madeleine Compere..., *L'Éducation..*, p. 144.

13) Robert Mauzi, *L'Idée du bonheur au XVIIIe siècle*, p. 427.

14) M. Déjean, *Traité des odeurs*, p. 457.

15) "parfum", *Encyclopédie*. 같은 생각은 조쿠르에게서도 나타나고 있다. Chevalier de Jaucourt, "musc", *Encyclopédie* 참조.

16) Claude-Nicolas Le Cat, *Traité des sensations*..., Paris, 1767, t. II, p. 256. 사향은 모든 여성과 일부 남성을 우울하게 만들거나 기절시키는 작용을 한다.

17) Déjean, *Traité des odeurs*, p. 91.

18) 그런데 이 기능은 달라졌다. 오늘날에는 그것은 오로지 남성만의 전용이 된 경향이 있기 때문이었다. 동물성 향수는 정력이 좋다는 상징이 되고, 여성의 발정과의 연관성을 잃었다.

19) Havelock Ellis, "La sélection sexuelle chez l'homme", *Études de psychologie*

sexuelle, t. IV, Paris, 1912, p. 169. 엘리스는 20세기 초에 이것을 썼는데, 전문가들은 훨씬 전부터 이 냄새가 성적 행동에 영향을 끼친다는 것을 강조하고 있었다. 에스퀴롤(Esquirol)은 수유기간에 사향을 사용하는 바람에 정신에 이상을 일으킨 여성의 몇몇 사례를 보고하고 있다. 샤를 페레는 그로부터 50년 뒤에 모든 향수들 중에서 성적 분비를 가장 자극하는 것은 사향이라고 단언하고 있다.

20) Havelock Ellis, 같은 책, p. 162.

21) Iwan Block Hagen, *Sexuelle osphrésiologie*, Leipzig, 1901. 엘리스의 저작과 마찬가지로 이 저작 안에도 이 주제와 관련된 훌륭한 문헌 목록이 있다.

22) Havelock Ellis, *Études de psychologie sexuelle*, p. 169.

23) S. Freud, *Malaise dans la civilisation*, Paris, 1971, pp. 49-50. 프로이트는 이렇게 썼다. "인간이 일어서게 된, 아니면 수직의 자세로 된 것은 아마도 문명의 되돌릴 수 없는 과정이 개시된 것을 의미할 것이다. 이때 이후로 어떤 종류의 연쇄적인 변화가 시작되었다. 후각기관의 경시와 월경 중인 여성의 격리에서 시작해, 시각기관의 우위, 생식기관의 가시성으로, 뒤이어 성생위의 계속성으로, 그리고 가족의 확립이라는 형태를 거쳐서, 마지막으로 인간 문명에 이르게 된 것이다."

24) Hartley, *Explication physique...*, p. 332.

25) Déjean, *Traité des odeurs*, pp. 8 이하. 이런 변화는 옷에서 유행한 색채 스펙트럼의 변화와 관련 있다. 부패한 냄새에 대한 황수선의 승리는 한편으로는 연한 색채의 승리이기도 했다. 이에 관해서는 D. Roche, *Le Peuple de Paris,* p. 177 참조.

26) 이미 17세기에는 매우 빈번하게 사용되고 있었다. Blégny, *Secrets..*, p. 687.

27) Malouin, *Chimie médicinale*, p. 275.

28) L. Reutter de Rosemont, *Histoire de la pharmacie à travers les âges*, t. II, p. 438.

29) L. Reutter de Rosemont, 같은 책, p. 441. 이렇게 페루가 원산지인 헬리오트로프는 주시외(Joseph de Jussieu)에 의해 프랑스에 심어졌다.

30) Casanova, *Mémoires*, p. 255.

31) 이것은 특히 푸르크루아의 의견이다. Bernardino Ramazzini, *Essai sur les maladies des artisans,* éd et trad. par Fourcroy, p. 186.

32) 이미 다음에 언급되어 있다. Blégny, *Secrets concernant...*, p. 697; Déjean, *Traité des odeurs*, p. 303 참조.

33) Restif de La Bretonne, *L'Anti-Justine*, 곳곳에.

34) 예컨대 베네치아의 수녀에 대해 "나는 그녀의 멋진 유방을 장미수로 씻었다"고 쓰고 있다. Casanova, *Mémoires*, p. 448.

35) 예컨대 몰리에르의 소설. La Morlière, *Angola*, histoire indienne, 1746.

36) Roland Barthes, *Sade, Fourier, Loyola*, Paris, 1971. 사드의 경우에 육체라는 무대는 시선과 관계되어 있다. 꽃과 배설물은 퇴폐의 정도를 나타내기 위해서만 등

장한다. "기록된 것으로서의 배설물은 냄새나지 않는다. 사드는 상대를 배설물투성이로 할 수 있다. 우리한테는 어떤 냄새도 맡아지지 않는다. 그저 불유쾌한 추상적인 인상만 전달된다."(p. 140) 그러나 사드적인 이야기에서는 호흡, 정액 냄새, 이단의 표시인 유황 냄새에 대한 언급이 몇 개 확인된다. 『쥘리에트 *Juliette*』에 나오는 뒤랑(Durand)의 마법을 참조.

37) Déjean, *Traité des odeurs*, p. 423.

38) Déjean, 같은 책, p. 431.

39) Bućhoz, *Toilette de flore à l'usage des dames*, 1771, 첫 번째 부분. 이 밖의 증언으로서, Mercier, *Tableau de Paris*, t. VI, p. 153.

40) Madame Campan, *Mémoires sur la vie de Marie-Antoinette, reine de France et de Navarre*, 1849, p. 97. 그녀는 루이 16세의 궁정에서 꽃을 곁들인 머리장식이 유행하고 있었던 것을 기록으로 남기고 있다.

41) Mercier, *Tableau de Paris*, t. II, p. 158.

42) Casanova, *Mémoires*, p. 295. 같은 유형의 반응은 p. 176에도 나온다.

43) Casanova, 같은 책, p. 185.

44) Casanova, 같은 책, p. 139.

45) Alexandre Dumas, "Les parfums", *Le (Petit) Moniteur universel du soir*, 1868(10월 16일).

46) 향수에 대한 전문서 *Le Parfumeur royal*, 1761, p. 83.

47) Déjean, *Traité des odeurs*, p. 4.

48) Casanova, *Mémoires*, p. 427.

49) 예들 들면, 14번째 편지(1783년 6월)과 23번째 편지(1784년 3월 8일), *Lettres choisies du marquis de Sade*, J.-J. Pauvert, 1963, pp. 169, 222.

50) Casanova, *Mémoires*, p. 435.

51) *Le Parfumeur royal*, p. 150.

52) Déjean, *Traité des odeurs*, p. 447.

53) 이에 관해서는 수많은 증언들이 있다. "parfum", *Encyclopédie*; Bućhoz, *Toilette de flore à l'usage des dames*, p. 137; *Le Parfumeur royal*, p. 7.

54) *Le Parfumeur royal*, pp. 152-153.

55) 같은 책, p. 158.

56) Bućhoz, *Toilette de flore à l'usage des dames*, p. 67.

57) Bućhoz, 같은 책, p. 233.

58) *Le Parfumeur royal*, p.158.

59) 같은 책, p. 159.

60) 같은 책, pp. 148-149.

61) 같은 책, p. 202.

62) Rousseau, *Émile,* p. 201.

63) Parny, "Le Cabinet de toilette."

64) Godard d'Aucourt, *Thémidore, 1745*, rééd. J.-C. Lattès, 1980, p. 226. 작가는 미묘한 변화로 관능을 슬며시 자극하려고 하는 향수를 사용하는 것이 음란한 '신봉자'가 간직해둔 무기였음을 암시하고 있다. 도리니(Dorigny) 부인의 몸에서 나는 미묘한 냄새는 테미도르를 패하게 만든 주된 요인이었다.

65) 이 책의 241쪽 참조.

66) R.-L. Girardin, *De la composition des paysages*, Paris, 1777, p.59.

67) Senancour, *Oberman*, t. I, p. 71.

68) Senancour, 같은 책.

69) Ramond, *Observations faites dans les Pyrénées pour servir de suite à des observations sur les Alpes*, 1789, p. 346.

70) Robert Favre, *La Mort dans la littérature*..., p. 251.

71) Jurine, "Mémoire sur...", p. 95.

72) François Dagognet, "La cure d'air...". 프랑수아 다고네는 이러한 '사회적 수면 요법(cure des ommeil social)', '감정적 동면(hibernation affective)'(p. 85) '산악 지방의 신선한 공기 주변에 형성된 흥분'(p. 76)을 매우 정밀하게 분석하고 있다. 산 정상의 에너지를 붙잡으려고 하는 이러한 욕망을 설명하기 위해 그는 구원에 대한 갈구와 공기에 의한 부활이라는 주제를 끌어들인다. 산지에 머무는 것의 유행은 더 일반적으로는 높은 곳으로 올라가려고 하는 행동의 유행과 관련해서 고찰되어야 한다.

73) 예들 들자면, Étienne Tourtelle, *Éléments d'hygiène*, p. 271.

74) Géraud, *Essai sur*..., p. 95.

75) Horace Benedict de Saussure, *Voyages dans les Alpes*, Neufchâtel, 1779, t. I, p. 518. "500-600투즈 이상의 산의 공기는 다른 발산물로 오염되어 있다."

76) Senancour, *Oberman*, t. I, p. 54.

77) Ramond, *Observations faites*..., p. 348.

78) Senancour, *Oberman*, t. II, p. 174.

79) Horace Benedict de Saussure, *Voyages dans les Alpes*, t. II, pp. 480 이하.

80) Girardin, *De la composition des paysages*, p. 128.

81) Watelet, *Essai sur les jardins*, 1764, p. 34.

82) Girardin, *De la composition des paysages*.

83) Mercier, *Tableau de Paris*, t. X, p. 72. "갓 베어낸 풀의 향기를 맡기를 싫어하는 자는 향수 중에서 가장 상쾌한 것을 알지 못하는 것이다."

84) Ramond, *Observations faites...*, p. 88.

85) Loaisel de Tréogate, *Dolbreuse*, 1783, p. 81.

86) Senancour, *Oberman*, p. 23. 이러한 감각은 다음과 같은 논문들에서 연구가 이루어져 있다. Béatrice Le Gall, *L'Imaginaire chez Senancour*, 1966, p. 43. 갓 베어낸 풀의 향기는 사춘기의 상징이 된다.

87) Liane Lefaivre, Alexander Tzonis, "La géométrie du sentiment et le paysage thérapeutique", XVIIIᵉ siècle, 1977, p. 74.

88) Girardin, *De la composition des paysages*, p. 123.

89) C.C.L. Hirschfeld, *Théorie de l'art des jardins*, Leipzig, 1779, t. I, p. 185.

90) Hirschfeld, *Théorie de l'art des jardins*, p. 186.

91) Thomas Whately, *L'Art de former les jardins modernes ou l'Art des jardins anglais*, 1771; Jean-Marie Mord, *Théorie des jardins*, 1776.

92) Hirschfeld, *Théorie de...*, p. 185.

93) Girardin, *De la composition des paysages*, p 52.

94) Horace Walpole, *Essai sur l'art des jardins modernes*, trad. 1784. Hirschfeld, *Théorie de...*, t. II, p. 94는 이렇게 썼다. "인간이 휴식하고, 자신의 생각과 공상에 심취하고, 고찰보다도 감정을 좋아하는 장소에서는 향긋한 꽃들이 달콤하고 향기롭고 신선한 냄새를 주변에 감돌게 하면서, 새로운 감각을 충족시키고, 창조의 기쁨을 높여야 한다. 휴식과 수면의 장소, 서재, 거실 의자, 욕조 등은 제비꽃, 은방울꽃, 노랑장대, 꽃무 […] 하얀 수선화, 하얀 백합, 히아신스, 카네이션, 목서초, 이집트 물푸레나무 […] 황수선 등의 달콤한 향기로 채워야 한다. 이러한 향기의 기쁨은 말할 수 없을 만큼 인간의 내부에 어떤 종류의 즐거움과 고요함을 퍼트리고, 영혼의 한가운데에 평화와 상쾌한 감각을 불어넣는다. 이 상쾌함은 인간에게 서서히 기분 좋은 만족감을 가져다줄 것이다."

95) Milton, *Paradise Lost*, livre V, 294, éd. Aubier, 1971, t. I, p. 258. 『실낙원』의 제4부와 제5부는 꽃과 목장의 자연의 향기를 노래하고 있다. 눈먼 밀턴은 우선 독자의 후각적 상상력에 호소한다. 향긋한 덤불, 장미, 재스민, 제비꽃 등이 흔들리는 소리를, 그리고 더 정확하게는 아담과 이브의 사랑을 키운 비밀이 숨겨진 집을 냄새로 보여준다.

96) Girardin, *De la composition des paysages*, p. 48.

97) Girardin, 같은 책, p. 132.

98) Hirschfeld, *Théorie de...*, t. I, p. 51.

99) Watelet, *Essai sur les jardins*, p. 34.

100) Havelock Ellis, *Études de psychologie sexuelle*, p. 173. 아무리 정숙한 여자라도 꽃향기를 깊게 들이마시면 눈을 감는다. 그리고 "그녀가 매우 감수성이 예민한

경우라면 전신을 떨면서 다른 때에는 결코 보이지 않는 은밀한 모습을 보인다. 그런 모습은 애인 앞에서만 보였던 것이리라." 19세기에는 이러한 이유에서 꽃을 격렬히 비난했던 일부 도덕주의자들도 있었다고 엘리스는 지적하고 있다.

101) Loaisel de Tréogate, *Dolbreuse*, pp.80, 174.

102) Andréa de Nerciat, *Félicia ou mes fredaines*, rééd. 1979, p. 196. 또 다른 사례는 Morlière, *Angola*, t. II, p. 16.

103) Hirschfeld, *Théorie de...*, t. V, p. 66.

104) Hirschfeld, 같은 책, p. 19.

105) Ramond, *Observations faites...*, p. 165.

106) 이 점에 관해서는 Jean Starobinski, *La Transparence et l'Obstacle*, Paris, Gallimard, 1971, pp. 196, 197, 281.

107) Ramond, *Observations faites...*, p. 88. 이 사례는 이제까지 여러 차례 인용되어, 비랑도 일기 안에서 다루고 있다. Maine de Biran, *Journal*, t. I, p. 151. 산 중턱에서는 기억을 일깨우는 특징이 특권적 형태로 나타난다. 곧 산은 고요함, 침묵, 태양과의 가까움 등으로 어머니의 이미지를 환기하고, 그 결과 사람이 다시 태어나는 것을 가능케 한다. 이 주제는 그대로 미슐레에 의해서도 거론되었다. François Dagognet, "La cure d'air...", pp. 81 이하 참조.

108) Senancour, *Oberman*, t. II, p. 58.

109) 사회과학고등연구원에서 1980년 12월 19일부터 열린 교도소의 역사에 관한 토론에서.

110) Robert Mandrou, *Introduction à la France....*, pp. 70 이하.

111) Saint-Lambert, *Les Saisons*, p. 35. Robert Mauzi, L'*Idée du bonheur au XVIII*e *siècle*, p. 320에서 재인용.

112) Senancour, *Oberman*, t. II, p. 268.

113) Robert Mauzi, L'*Idée du bonheur au XVIII*e *siècle*, p. 114.

114) 루소는 꽃에 대해서 식물학자가 느끼는 듯한 매력을 느끼고 있었다. 그는 식물 위에 몸을 굽혔는데, 그것은 향기를 맡기 위한 것이 아니라, 오히려 그 조직을 감탄하며 바라보기 위해서였고, "황홀감을 지연시키기 위해서라기보다, 황홀감으로 스스로를 달래기 위해서"였다. Béatrice Le Gall, L'*Imaginaire chez Senancour*, t. I, p. 331. 루소가 직접 만든 식물표본은 우선 무엇보다 '기억 환기적(mémoratif)'이었는데, 그가 떠오르길 기대하고 있었던 것은 시각이었다. Jean Starobinski, *La Transparence et l'Obstacle*, p. 197.

115) 이 책의 216쪽 이하를 참조할 것.

116) Caraccioli, *La Jouissance de soi-même*. Robert Mauzi, L'*Idée du bonheur*, p. 195에서 재인용.

117) Alfred Franklin, *La Vie privée d'autrefois*, p. 31.

118) François-Emmanuel Fodéré, *Traité de médecine légale*..., t. VI, p. 526.

119) Senancour, *Oberman*, t. II, p. 269.

120) Senancour, 같은 책, t. II, p. 268.

121) Robert Mauzi, *L'Idée du bonheur,* p. 317.

122) Robert Mauzi, 같은 책, p. 319에서 재인용.

123) Robert Mauzi, 같은 책, p. 15 참조.

124) Senancour, *Oberman*, t. I, p. 113.

125) Senancour, 같은 책, t. I, pp. 244-245.

126) 레이몽은 세낭쿠르의 작품에서 어떻게 감각으로 행복이 추구되는지 분석했다. Marcel Raymond, *Senancour, Sensations et révélations*, 1965. 그는 향기에 특별히 반응을 보이는 감수성이 어떻게 표현되는지를 노발리스와 비교해서 살펴보았다. 르 갈은 세낭쿠르에게는 제비꽃과 황수선이 두 개의 연애경험을 환기한다고 설명했다. Béatrice Le Gall, *L'Imaginaire chez Senancour*, p. 271. "그는 제비꽃을 사랑했다. 제비꽃이라는 꽃은 풀 아래 숨어 있을 때에는 단지 매혹적인 향기에 지나지 않기 때문이었다. 세낭쿠르는 실제 『몽상』에서 이렇게 썼다. '거기에서 피어오르는 감정은 우리들에게 고개를 내민다고 여겨지면 바로 거절된다. 우리는 그것을 찾았지만 허사였다. 희미한 바람이 그 냄새를 가져가버린 것이다. 바람은 다시 냄새를 옮기고, 또 가져가버린다. 이렇게 해서 눈에 보이지 않는 변덕이 우리의 관능을 만들어내는 것이다.' 더 덧붙이면, 세낭쿠르는 호프만(Ernst Theodor Amadeus Hoffmann, 1776~1822)의 『황금 단지*Le Vase d'or*』와 마찬가지로 감각적 조응에 몰두하고, 카스텔(Louis Bertrand Castel, 1688~1757)의 연구에 자극을 받아, 위스망스 소설의 주인공 데제생트보다도 훨씬 이전에 향기들의 클라브생(clavecin des odeurs)을 몽상했다."(같은 책, p. 331.)

127) 그렇지만 『오베르망』이 출판된 것은 1803년임을 지적해 둔다.

제2부. 공공공간의 정화

1. 악취제거 전략

1) Jean-Claude Perrot, *Genèse d'une ville moderne. Caen au XVIIIe siècle*, 1975, t. 1, pp. 9, 10과 t. 2, pp. 945, 950.

2) Gilles Lapouge, "Utopie et Hygiène", *Cadmos*, 1980, no. 9, p. 120.

3) 르카드르의 의견도 같다. Adolphe Lecadre, "Le Havre considéré sous le rapport hygiénique", *Annales d'Hygiène publique et de Médecine légale*, 1849, t. 42, p. 255.

4) Ramel, *De l'influence des*..., p. 251 참조.

5) 우리의 주제에서 중요한 것은 이러한 저자들의 말투에서 은연중에 드러나는, 언제나 변하지 않는 불안감이다.

6) Abbé Bertholon, *De la salubrité...*, p. 69.

7) Françoise Boudon, "La salubrité...", p. 178.

8) 자코뱅 수도원(Couvent des Jacobins)을 따라서 포장석은 4년 동안 4번이나 교체되었다. Jean-Claude Perrot, *Genèse d'une ville moderne...*, p. 95.

9) 예컨대 Baumes, *Mémoire...*, p. 179.

10) John Howard, *État des prisons...*, t. I, p. 47.

11) 예를 들자면 1729년 11월 8일의 행정명령.

12) François-Emmanuel Fodéré, *Traité de médecine légale...*, t. VI, p. 256.

13) 실제로는 오염의 위험이 있는 경우에 뭔가로 '몸을 지키게 하는' 관심도 이것과 같은 욕망에 결부되어 있다. 학자들의 상상력은 그들로 하여금 복잡한 도구의 사용으로 향하게 했다. 예컨대 푸르크루아가 전분업자에 권고한 것은 "종이로 된 어떤 종류의 깔대기를 머리에 덮는 것"으로, 이것은 "위쪽이 퍼져 있고, 얼굴로 날아오는 증기의 방향을 바꿀 수 있었다." Bernardino Ramazzini, *Essai sur les maladies des artisans*, p. 313. 약제사들은 해독작용이 있는 기묘한 유약(vernis)을 만들어냈다. 바노는 이 때문에 〔승마복처럼 아랫단이 넓게 펴진〕 여성용 코트(redingotes)에 바를 수 있는 탕약을 발명했다. Banau et Turben, *Mémoire sur...*, p. 99. 이것은 그리 이상한 경우는 아니었다. 포데레는 병자의 가족이나 간호인, 동료들에게 옷과 신발과 모자를 모두 덮고 유약이 발린 태피터 천을 걸치라고 권했다. François-Emmanuel Fodéré, *Traité de médecine légale...*, t. VI, p. 112.

14) John Howard, *État des prisons...*, t. II, p. 15. 로쉬는 민중의 거주공간에서 벽지용 태피스트리가 점차 사용되어간 사실을 지적하고 있다. 18세기 말에는 사용률이 84%로 높아졌다. Daniel Roche, *Le Peuple de Paris*, p. 140.

15) 이 책의 196쪽 참조.

16) Abbé Bertholon, *De la salubrité...*, p. 97 ; Thouret, *Rapport sur...*, p. 10.

17) Bruno Fortier, "La politique de l'espace parisien", p. 59.

18) Jean-Claude Perrot, *Genèse d'une ville moderne...*, p. 12.

19) Robert Favre, *La Mort dans la littérature...*, p. 249.

20) Bernardin de Saint-Pierre, *Études de la Nature*, 1784, pp. 220-222. Robert Favre, 같은 책, p. 250에서 재인용.

21) Jean-Noël Biraben, *Les Hommes et la Peste en France et dans les pays européens et méditerranéens*, 1975, t. II, p. 179.

22) Pierre Deyon, *Amiens, capitale provinciale*, 1967, p. 22.

23) Pierre Deyon, 같은 책, p. 27.

24) 이 점에 관해서는 다음의 논문이 상세히 다루고 있다. Alphonce Chevallier, "Notice historique sur le nettoiement de la ville de Paris", *Annales d'Hygiène publique et de Médecine légale*, 1849.

25) Pierre Chauvet, *Essai sur la propreté de Paris*, p. 28.

26) Tournon, *Moyen de rendre...*, p. 16.

27) Abbé Bertholon, *De la salubrité...*, p. 90.

28) Pierre Chauvet, *Essai sur la propreté de Paris*, p. 34.

29) Lavoisier, *Œuvres*, t. III, p. 496.

30) Mathieu Géraud, *Essai sur la suppression...*, pp. 58-59.

31) Pierre Saddy, "Le cycle des immondices", *XVIIIe siècle*, 1977, pp. 203-214. À. Farge. "L'espace parisien au XVIIIe siècle...", *Ethnologie française*, 1982-2.

32) 1780년 11월 8일자의 왕령

33) 1750년부터.

34) Pierre Saddy, "Le cycle des immondices", p. 206.

35) 다음 저작에는 이에 대한 상세한 연구가 수록되어 있다. François-Joseph Linger, *Fosses d'aisances, latrines, urinoirs et vidanges*, Paris, 1875, p. 550.

36) Ronesse, *Vues sur la proprete des rues de Paris*, p. 31.

37) 이에 관해서는 파브르의 저작에 상세히 분석되어 있다. Robert Favre, *La Mort dans la littérature...*, pp. 378 이하.

38) 페로는 환기에 관해 "회복을 돕는 것이 아니다. 그것은 병자를 완전히 회복시킨다"라고 썼다. Jean-Claude Perrot, *Genèse d'une ville...*, t. II, p. 890.

39) Hales, *Description du ventilateur...*, pp. 103-105.

40) Géraud, *Essai sur...*

41) François Béguin, "Évolution de quelques stratégies médicospatiales", *La Politique de l'espace parisien à la fin de l'Ancien Régime*, p. 208.

42) 이 점에 관해서는 François Béguin, 같은 논문, p. 228.

43) Samuel Sutton, *Nouvelle méthode pour pomper le mauvais air des vaisseaux*, Paris, 1749.

44) Hales, *Description du ventilateur...*, p. XVI.

45) Genneté, *Purification de l'air...*, p. 21.

46) Samuel Sutton, *Nouvelle méthode...*, p. 4.

47) Laborie, Cadet le Jeune, Parmentier, *Observations sur...*, pp. 26-27.

48) Laborie, Cadet le Jeune, Parmentier, 같은 책, p. 29.

49) Baumes, *Mémoire...*, p. 186.

50) Jan Ingenhousz, *Expériences...*, pp. 162-163.

51) John Howard, *Histoire des principaux lazarets*..., t. 1, p. 293.

52) Banau et Turben, *Mémoire sur.*..., pp. 53-57.

53) Baumes, *Mémoire*..., p. 162.

54) Jean-Baptiste Monfalcon, *Histoire des marais*, p. 384. 이 치료법은 위험이 없지는 않았다. 저자에 따르면, 습지 발산물은 소녀나 젊은 여성을 방탕하게 만들 위험이 있다고 한다.(같은 책, p. 126.)

55) Tournon, *Moyen de rendre*..., p. 24 참조.

56) 가콩뒤푸르(Gacon-Dufour) 부인은 1825년에 이렇게 썼다. "마차 안에 갇혀 있어야 하는 모든 여행자는 식초가 들어 있는 작은 병을 휴대할 수밖에 없다." Madame Gacon-Dufour, *Manuel du parfumeur*, p. 111

57) Bruno Fortier, "La politique de l'espace parisien", p. 60.

58) Pierre-Toussaint Navier, *Sur les dangers*..., p. 63.

59) Jean-Noël Biraben, *Les Hommes*..., t. II, p. 177.

60) Baumes, *Mémoire*..., p. 163.

61) Banau et Turben, *Mémoire sur.*..., p. 68.

62) Guyton de Morveau, *Traité des moyens*..., p. 7.

63) Banau et Turben, *Mémoire sur.*..., pp. 53 이하, p. 78.

64) Bruno Fortier, "La maître de l'eau".

65) John Howard, *État des prisons*..., t. II, p. 195.

66) 이에 대해서는 Jean-Noël Biraben, *Les Hommes*..., t. II, p. 170.

67) François Béguin, *Les Machines à guérir.*..., p. 40.

68) Genneté, *Purification de l'air*..., p. 24.

69) 이에 관해서는 다음을 참조. Richard Etlin, "L'air dans l'urbanisme des Lumières", *XVIIIe siècle*, no. 9, 1977, pp. 123-134.

70) 하워드의 경우에는 저작 곳곳에서 마찬가지의 강박관념이 발견된다.

71) John Howard, *État des prisons*..., t. I, p. 74.

72) Baumes, *Mémoire*..., p. 184.

73) Jean-Claude Perrot, *Genèse d'une ville*..., t. 2, p. 686.

74) Tenon, *Mémoires sur les hôpitaux de Paris*, p. 166.

75) Richard Etlin, "L'air dans l'urbanisme des Lumières", p. 132 참조.

76) Armand Pierre Jacquin, *De la santé*..., pp. 85 이하. 건전한 도시의 묘사.

77) Géraud, *Essai sur*..., p. 128.

78) Baumes, *Mémoire*..., p. 184.

79) Richard Etlin, "L'air dans l'urbanisme des Lumières", p. 132 참조.

80) Mona Ozouf, "L'image de la ville chez Claude-Nicolas Ledoux", p. 1279.

81) Maurice Garden, *Lyon et les Lyonnais au XVIIIe siècle*, 1970, p. 12.

82) Bruno Fortier, "La politique de l'espace parisien", pp. 41 이하.

83) Bruno Fortier, 같은 책, p. 92.

84) 예컨대, Louis-René Villermé, *Des prisons telles qu'elles sont et telles qu'elles devraient être* [⋯] *par rapport à l'hygiène, à la morale et à l'économie politique*, Paris, 1820, pp. 39 이하.

85) Georges Vigarello, *Le Corps redressé*, p. 123.

86) Jean-Louis Flandrin, *Familles, parenté, maison, sexualité dans l'ancienne société*, Paris, Hachette, 1976, pp. 97-101.

87) Philippe Perrot, *Les Dessus et les Dessous de la bourgeoisie*, Paris, Fayard, 1981, p. 288. 로쉬는 18세기 말에는 셋집을 얻은 민중은 모두 자신의 침대를 가지고 있었다고 지적했다. Daniel Roche, *Le Peuple de Paris*, p. 133.

88) Tenon, *Mémoires sur les hôpitaux de Paris*, pp. 165 이하.

89) 이에 대해서는 다음을 참조. Michel Foucault, *Naissance de la clinique*, 1963, pp. 38 이하; Robert Favre, *La Mort dans la littérature...*, pp. 246 이하.

90) Philippe Ariès, *L'Homme devant la mort*, pp. 484 이하.

91) 마레가 제창하고 비크다지르가 찬동했던 규범에 대해서는 Vicq d'Azyr, *Essai sur les lieux...*, p. CXXIX.

92) Thouret, *Rapport sur les exhumations du cimetière et de l'église des Saints-Innocents*, 1789. 묘지는 1785년 12월부터 1787년 10월까지 이전되었다.

93) 이 조사에 관해서는 다음을 참조. Jean-Noël Hallé, *Recherches sur...*, p. 10.

94) Jean-Noël Biraben, *Les Hommes...*, t. II, p. 176.

95) Pierre-Toussaint Navier, *Sur les dangers...*, p. 54.

96) Jean-Noël Biraben, *Les Hommes...*, t. I, p. 235.

97) Lavoisier, *Œuvres*, t. III, p. 477. 이러한 처방이 연소에 관한 그의 이론에 의해 도출된 것은 사실이다. 방향성의 훈증은 불의 효능과 '향수'의 효능을 결부한 것임을 지적해둔다.

98) Duhamel du Monceau, *Moyens de conserver...*, p. 119.

99) Thouret, *Rapport sur la voirie de Montfaucon*, pp. 7-8.

100) 물론 성수에 의한 효능은 다른 이야기이다. 1795년 전염병의 습격을 받은 러시아 함대의 군함은 무엇보다도 먼저 성수를 뿌렸다. Guyton de Morveau, *Traité des moyens...*, p. 45.

101) Banau et Turben, *Mémoire sur...*, p. 64.

102) John Howard, *Histoire des principaux lazarets de l'Europe*, t. I, p. 33.

103) "교도소 내부의 어떤 공간이나 어떤 방도 청결함을 지키기 위해 필요한 통상

적인 관심 외에도, 적어도 해마다 두 차례는 비로 깨끗이 쓸어내고, 석회수를 뿌려야 한다. […] 만약 전염병에 걸린 병자들이 있는 방이라면, 그 방은 청소하고, 식초로 씻어내고, 석회수를 뿌리고, 몇 번이고 되풀이해서 훈증을 할 필요가 있다. 가구나 병자의 옷은 화덕에 넣고 누더기는 태워버려야 할 것이다. 유황, 담배, 노간주나무 등은, 이러한 물질을 훈증·소독하는데 가장 적합하다." John Howard, *État des prisons...*, pp. 59, 62.

104) Laborie, Cadet le jeune, Parmentier, *Observations sur:..*, p. 39.

105) Thouret, *Rapport sur la voirie...*, p. 14에서 재인용.

106) Pierre-Toussaint Navier, *Sur les dangers...*, p. 46.

107) Guyton de Morveau, *Traité des moyens...*, p. 272.

108) Guyton de Morveau, 같은 책, pp. 10-13. 아래 두 인용문도 마찬가지이다.

109) Vicq d'Azyr, *Instruction sur la manière...*, pp. 7-8.

110) Guyton de Morveau, *Traité des moyens...*, pp. 93-94.

111) James Carmichael-Smith, *Observations sur la fièvredes prisons, sur les moyens de la prévenir* […] *à l'aide des fumigations de gaz nitrique, et sur l'utilité de ces fumigations pour la destruction des odeurs et des miasmes contagieux*, 1801, p. 88. 한편, 스코틀랜드 군의관이자 화학자인 크뤽생크는 기통 드 모르보와 마찬가지로 염산계의 훈증제를 사용했다.

112) 이 점에 관해서는 다음을 참조. Marcel Spivak, "L'hygiène des troupes à la fin de l'Ancien Régime", *XVIIIᵉ siècle*, 1977, pp. 115-122.

113) 앙시앵레짐 시기 근위병 역사 전문가 샤뉘오(Jean Chagniot)의 말이다.

114) Lind, *Essai sur...* 그는 특히 병자를 염두에 두고 있다.

115) 그의 전략은 다음에 요약되어 있다. Duhamel du Monceau, *Moyens de conserver...*, pp. 73 이하.

116) John Howard, *Histoire des principaux lazarets...*, t. II, p. 408. 1789년 5월 30일 영국 의사 존 헤이가스(John Haygarth, 1740~1827)가 저자에게 보낸 편지.

117) John Howard, 같은 책, p. 411. 쿡 선장의 동료인 토비아스 퓌르노(Tobias Furneaux, 1735~1781) 선장의 배 어드벤처(Adventure) 호에 대해서도 마찬가지 조치가 이루어졌다. James Cook, *Relations de voyage autour du monde*, Maspero, t. I, 1980, p. 302 참조.

118) Boissieu, *Dissertation sur les antiseptiques…*, p. 66.

119) Boissieu, 같은 책, p. 74 참조.

120) Jean-Noël Hallé, "air", "air des hôpitaux de terre et de mer", *Encyclopédie méthodique*, p. 575.

121) 1787년 6월 20일 라손(Lassonne)와 도방톤(Daubenton)의 보고 참조.

122) Richard Etlin, "L'air dans l'urbanisme des Lumières", p. 132.

123) Jean-Noël Hallé, "air des hôpitaux de terre et de mer", *Encyclopédie méthodique*, p. 575.

124) John Howard, *Histoire des principaux lazarets...*, t. II, p. 37.

125) Pierre Saddy, "Le cycle des immondices", p. 209 참조.

126) John Howard, *Histoire des principaux lazarets…*, t. II, p. 170.

127) John Howard, 같은 책, p. 172.

128) John Howard, 같은 책.

129) John Howard, 같은 책, p. 247.

130) 이 책의 198-199쪽 참조.

131) Lavoisier, *Œuvres*, p. 469.

132) John Howard, *Histoire des principaux lazarets...*, t. II, p. 271.

133) 스위스 역사가 헬러의 책 제목이기도 하다. Geneviève Heller, *Propre en ordre*, 1979.

134) John Howard, *Histoire des principaux lazarets...*, t. II, p. 231,

135) Lavoisier, *Œuvres*, pp. 474 이하.

2. 냄새와 사회질서의 생리학

1) 시각적 표상의 체계에 관해서는 Roland Barthes, *Sade, Fourier, Loyola* 참조.

2) Robiquet, "Considérations sur l'arôme", *Annales de Chimie et de Physique*, t. XV, 1820, p. 28. 아래 인용문의 출처도 이와 같다.

3) 로크는 이미 이러한 이론을 제창했다. 그렇게 함으로써 그는 감각지각의 특성을 설명했는데 이는 바로 데카르트식의 방법이었다. Locke, *Essai philosophique concernant l'entendement humain*, pp. 436-437.

4) Leblanc, *Recherches sur la composition de l'air confiné*, 1842, p. 4 참조. "mémoire sur les altérations qui arrivent à l'air dans plusieurs circonstances où se trouvent les hommes réunis en société". *Histoire et Mémoires de la Société Royale de Médecine*, 1782-1783(1787)에 의거.

5) Charles-Polydore Forget, *Médecine navale...*, p. 191.

6) Pierre Adolphe Piorry, *Des habitations...*, p. 85.

7) Pierre Adolphe Piorry, 같은 책, p. 91.

8) Leblanc, *Recherches sur la composition de l'air confiné*, p. 7.

9) C. Grassi, *De la ventilation des navires*, 1857, p. 5.

10) 이에 관해서는 Louis Chevalier, *Classes laborieuses et classes dangereuses à Paris pendant la première moitié du XIXe siècle*, Plon, 1958, pp. 168-182.

11) J.-B. Huzard fils, *De l'enlèvement des boues et des immondices de Paris*, 1826. 이 해에 저자는 샤토랑동(Château-Landon) 거리, 부아리(Voirie) 거리, 몽트뢰유 (Montreuil) 지역, 푸르노(Fourneaux) 지역, 앙페르(Enfer) 지역 등을 오염시키는 폐수처리장을 도시 밖으로 이전시킬 것을 요구했다.

12) Jean-Gabriel-Victor de Moléon, *Rapports généraux sur les travaux du Conseil de Salubrité*, Paris, 1828, p. 265(1823년에 관한 보고서).

13) 프랑스 사학자 게랑이 배설물 문학(littérature scatologique)의 소멸에 관해 지적 했듯이 "똥덩어리가 웃는 시대는 이미 끝나버린 것이다." Roger-Henri Guerrand, "Petite histoire du quotidien. L'avènement de la chasse d'eau", *L'Histoire*, no. 43, 1982, p. 97. 배설물에 대한 위기감은 증인들의 강박관념이 되어 있었다. 고충 내 용은 18세기와 달라지지 않았으나, 후각적 분석은 더 용서 없는 것으로 되어 있 었다. 다음은 몇 가지 근거를 제공하고 있는데, 이것들을 읽으면 당시의 반발 의 격렬함을 이해할 수 있을 것이다. 몽포콩의 오물처리장에 대해서는 Claude Lachaise, *Topographie medicale de Paris*, 1822, p. 139를 참조. 모로는 1832년에 대청소가 이루어지지 이전의 생로랑(Saint-Laurent) 시장 주변을 이렇게 묘사했 다. "많은 장소에서 배설물이 덮고 있어 지면이 보이지 않을 정도였다." Frédéric Moreau, *Histoire statistique du choléra-morbus dans le quartier du faubourg Saint-Denis*, 1833, p. 40. 곳곳에서 배설물이 넘쳐흐르는 정황에 대해서 감수성이 드 러나는 반발을 가장 잘 나타내고 있는 것은 아마 하탱일 것이다. 노트르담 부근 에 대한 그의 묘사는 귀중한 증언이다. "문명화된 섬세한 민족인 우리가 불결함 의 한가운데에서 살고, 태어날 때부터 자연에 의해 운명을 부여받은 결함을 끊 임없이 떠올리는 처지에 빠져들어 있는 것이다. 내 생각에, 소화작용의 찌꺼기 로 주위를 둘러싼 위대한 건축물만큼 눈썹을 찌푸리게 하는 것은 없다." Félix Hatin, *Essai médico-philosophique sur les moyens d'améliorer l'état sanitaire de la classe indigente...*, 1832, p. 3. 파리의 악취에 대해서는 트롤로프 부인(1779~1863) 의 증언을 덧붙일 수 있다. "이 도시로 한 걸음이라도 발을 내디디면, 시각과 후 각은 상상할 수 있는 모든 형태의 충격을 받고, 혐오감을 느끼게 된다." Madame Trollope, *Paris et les Parisiens en 1835*, p. 146. 나아가 철학자 콩시데랑(Victor Considerant, 1808~1893)과 발자크의 증언을 참조. Roger-Henri Guerrand et Elsie Canfora-Argandona, *La repartition de la population. Les conditions de logement des classes ouvrieres a Paris au XIXe siecle*, 1976, pp. 19-20; Honoré de Balzac, *La Fille aux yeux d'or*, 1833. 필자가 참조한 저자 중에서는 카요만이 유일하게 통령정 부 시대 이후 공공공간의 악취가 줄어든 것을 칭찬하고 있다. Antoine Caillot, *Memoires pour servir a l'histoire des maurs et usages des Francais*, 1827, t. I, p. 303. 그가 언급하고 있는 것은 어떤 특정한 장소, 곧 팔레루아얄의 정원인데, 여기에

서는 18세기 말기에 오염의 원인이 되어 있던 분변이 제거되었던 것이다. 릴의 분뇨 지옥에 대해서는 피에라르의 저서를 읽어야 한다. 특히 밀짚만으로 뚜껑을 덮은 통을 사용해 분변을 옮기는 작업에 관한 묘사를 볼 필요가 있다. 작업은 '베르뇌(berneux)'나 '베르나티에르(bernatiers)'라고 불리던 행상에 의해 행해지고 있었다. 그들은 짐마차를 끌고 거리를 다니면서 '한 통에 4수(sou)'라고 외쳤다. 그리고 나서 쌓은 짐을 농민에게 넘겼다. 농민들은 거기에서 '플랑드르식 비료'를 만들었다. 1850년의 시점에서 릴에는 남자용 공중변소가 하나도 없었다. "벽을 따라서 설치된 몇 개의 양동이가 그것을 대신하고 있었다. 시청사 부근에 있는 오수 저장소에 양동이 속을 비웠다." Pierre Pierrard, *La Vie...*, pp. 53-54. 나아가 이보다 뒤에 느베르와 샤리테쉬르루아르(Charité-sur-Loire)에서 나타난 분뇨 공해의 고충에 대해서는 다음을 참조할 것. Guy Thuillier, *Pour une histoire du quotidien au XIXe siècle en Nivernais*, 1977, p. 34.

14) Louis Chevalier, *Classes laborieuses...*, pp. 461-463 참조.

15) 이에 대해서는 다음을 참조. Alain Faure, "Classe malpropre, classe dange-reuse?", Recherches. *L'Haleine des Faubourgs*, 1977, pp. 79-102.

16) Jean-Gabriel-Victor de Moléon, *Rapports généraux...*, t. II, p. 46. 릴에는 악취를 뿜어대는 생아녜스 분뇨저장소가 있었고, 농민들이 여기로 비료를 퍼가려고 왔는데, 이 때문에 오염이 먼저 교외로 퍼지고, 뒤이어 도시 중심으로 쫓아온다는 강박관념이 나타났다. Pierre Pierrard, *La Vie...*, p. 53.

17) 당시의 공중위생정책, 특히 1822년 5월 8일의 위생법의 기본이 된 격리와 분리의 원칙의 적용에 관해서는 Blandine Barret-Kriegel, "Les demeures de la misère", *Politiques de l'habitat*, p. 93.

18) Jean-Gabriel-Victor de Moléon, *Rapports généraux...*, p. 75.

19) Adolphe-Auguste Mille, "Rapport sur le mode d'assainissement des villes en Angleterre et en Écosse", *Annales d'Hygiène publique et de Médecine légale*, 1855(7-8월), pp. 199-226, p. 210.

20) Adolphe-Auguste Mille, 같은 논문, p. 209. 그는 이러한 이유에서 비료의 가치는 얼마나 냄새가 약한가에 따라 판단해야 한다고 적고 있다. Adolphe-Auguste Mille, 같은 논문, p. 210.

21) Parent-Duchâtelet, *Rapport sur les améliorations à introduire dans les fosses d'aisances, leur mode de vidange et les voiries de la ville de Paris (avec MM. Labarraque et Chevallier)*, 1835, p. 371 참조.

22) Parent-Duchâtelet, *Rapport sur les nouveaux procédés de MM. Salmon et Payen et Cie pour la dessiccation des chevaux morts...*, 1833, p. 293.

23) Emile-Louis Bertherand, *Mémoire sur la vidange des latrines et des urinoirs publics*,

1858, p. 7.

24) H. Sponi, *De la vidange au passé, au présent et au futur*, Paris, 1856, p. 29. 『의화학 저널』의 계산은 게랑의 글에 나온다. Roger-Henri Guerrand, "Petite histoire du quotidien. L'avènement de la chasse d'eau", p. 97.

25) 그의 유명한 '순환(circulus)'의 이론을 참조.

26) 이러한 관심은 인분 건조공장이 몽포콩에 설립된 18세기에 뿌리를 두고 있음에 유의해야 한다.

27) Alphonce Chevallier, "Notice historique...", p. 318.

28) 피에르 피에라르는 제2제정기에 진흙처리업자에 고용된 노동자의 절반 정도는 여전히 장애인이나 노인이었다는 사실을 지적하고 있다.

29) Alphonce Chevallier, "Notice historique...", p. 307.

30) Alphonce Chevallier, 같은 논문, p. 319.

31) Alphonce Chevallier, 같은 논문, p. 313. 강조는 필자.

32) Emile-Louis Bertherand, *Mémoire sur la vidange des latrines et des urinoirs publics* 곳곳에. 이것은 이미 도미니크 라포르트가 강조한 것이다.

33) H. Sponi, *De la vidange au passé, au présent et au futur*, p. 26.

34) Dominique Laporte, *Histoire de la merde*, pp. 99 이하.

35) 이러한 변동에 대해서는 François-Joseph Linger, *Fosses d'aisances...*, pp. 87 이하를 참조할 것. 저자는 가격의 변화에 대해서 지표를 주고 있다.

36) Jean-Gabriel-Victor de Moléon, *Rapports généraux...*, 1835년의 보고, p. 234. 이 분뇨는 매우 많은 문헌들에서 언급되었다.

37) Pierre Pierrard, *La Vie ouvrière à Lille sous le Second Empire*, p. 49.

38) Gabriel Désert, *Histoire de Caen*, Privat, 1981, pp. 199, 228.

39) Guy Thuillier, *Pour une...*, p. 34.

40) "Rapport d'Émile Trélat sur l'évacuation des vidanges hors des habitations" *lu le 25 janvier 1882 in De l'évacuation des vidanges dans la ville de Paris*, 1880-1882, p. 29.

41) Gérard Jacquemet, "Urbanisme parisien: la bataille du tout-à-l'égoût à la fin du XIXe siècle", *Revue d'Histoire moderne et contemporaine*, 1979(10−12월), pp. 505-548.

42) E. Chevreul, "Mémoire sur plusieurs réactions...", p. 42.

43) Marié-Davy, *De l'évacuation des vidanges dans la ville de Paris*, pp. 67 이하 참조. 이러한 물이 섞이지 않은 분변의 함유량은 민중이 사는 건물에서는 1제곱미터에 9킬로그램인 것에 비해 그랑 오텔(Grand Hôtel)의 구덩이에서는 1제곱미터에 279그램이라고 하듯이 제법 차이가 있다.

44) 인분제품의 강렬한 창도자였던 파랑뒤샤틀레는 대중에 그 효능의 정도를 보여주기 위해 가두시위를 조직하라고 권했다. Parent-Duchâtelet, *Rapport sur les*

améliorations à introduire dans les fosses d'aisances, Hygiène publique, t. II, p. 397.

45) Georges Knaebel, *Les Problèmes d'assainissement d'une ville du Tiers Monde : Pointe-Noire*, thèse 3ᵉ cycle, octobre 1978, ch. VI: "Construction du réseau d'égouts parisiens au XIXᵉ siècle", p. 249.

46) Parent-Duchâtelet, *Les Chantiers d'équarrissage de la ville de Paris envisagés sous le rapport de l'hygiène publique*, 1832, p. 29.

47) Parent-Duchâtelet, 같은 책, p. 100.

48) Claude Lachaise, *Topographie medicale de Paris*, p. 139.

49) Jean-Gabriel-Victor de Moléon, *Rapports généraux...*, 1815년의 보고, p. 89.

50) Parent-Duchâtelet, *Les Chantiers...*, p. 28 참조.

51) 이것은 이 산업의 이익을 계산한 몽팔콩과 폴리니에르의 의견이다. Jean-Baptiste Monfalcon et Augustin-Pierre-Isidore de Polinière, *Traité de la salubrité dans les grandes villes*, 1846, pp. 220 이하.

52) Jean-Gabriel-Victor de Moléon, *Rapports...*, 1827년 보고, p. 16 참조.

53) Jean-Gabriel-Victor de Moléon, 같은 책, 1825년의 보고, p. 325.

54) Jean-Gabriel-Victor de Moléon, 같은 책, 1824년의 보고, p. 286.

55) Parent-Duchâtelet, *Rapport sur les nouveaux procédés de MM. Salmon, Payen et Cie...*, Hygiène publique, t. II, p. 295와 *Projet* [⋯] *d'un rapport* [⋯] *sur la construction d'un clos central d'équarrissage pour la ville de Paris*, Hygiène publique, t. II, p. 310.

56) Jean-Baptiste Monfalcon et Augustin-Pierre-Isidore de Polinière, *Traité de la salubrité dans les grandes villes*, p. 224.

57) Parent-Duchâtelet, *De l'influence et de l'assainissement des salles de dissection*, Hygiène publique, t. II, pp. 22-24.

58) J. Chrétien, *Les Odeurs de Paris*, 1881, p. 33.

59) 프랑스 서부의 의사들에 의해 폭넓게 실천되고 있었다. Jacques Léonard, *Les Médecins de l'Ouest au XIXᵉ siècle*, 1979, t. III, p. 1141 참조.

60) L. Reutter de Rosemont, *Histoire de la pharmacie...*, t. II, p .286.

61) A.-G. Labarraque, *...observations sur l'emploi des chlorures*, 1825, p. 5.

62) 프랑스 작가 캉(Maxime du Camp, 1822~1894)이 전하고 있는 라바라크의 말. 이 것은 다음에 수록되어 있다. *La Chronique médicale*, 1915, p. 280.

63) Parent-Duchâtelet, *Rapport sur...*, Hygiène publique, t. I, p. 362.

64) Troche, *Notice historique sur les inhumations provisoires faites sur la place du marché des Innocents en 1830*, 1837; 그리고 Parent-Duchâtelet, *Note sur les inhumations et les exhumations qui ont eu lieu à Paris, à la suite des événements de*

juillet 1830, p. 81.

65) Henri Gisquet, *Mémoires de M. Gisquet*, 1840, t. I, pp. 425-427. 다음을 참조. Blandine Barret-Kriegel, "Les demeures de la misère", *Politiques de l'habitat*, p. 108.

66) 이 책의 53-54쪽과 Jean-Gabriel-Victor de Moléon, *Rapports généraux...*, 1823년 의 보고, p. 264 참조.

67) Parent-Duchâtelet et d'Arcet, *De l'influence et de l'assainissement des salles de dissection*, 1831.

68) Labarraque, ...*observations sur l'emploi des chlorures*, p. 5. 그는 전문가들의 소견 을 인용하고 있다.

69) Jean-Gabriel-Victor de Moléon, *Rapports généraux...*, 1838년의 보고, p. 428.

70) Honoré de Balzac, *Un début dans la vie, éd. La Pléiade, Scènes de la vie privée*, t. I, 1976, p. 777.

71) H. Sponi, *De la vidange au passé, au présent et au futur*, p. 8.

72) 목록에서는 특히 다음과 같은 이름들이 눈에 띈다. 부생고와 다르케, 뒤퓌트랑 (Guillaume Dupuytren, 1777~1835), 푸르크루아, 알레, 라바라크, 파랑뒤샤틀레, 파르망티에, 파이앵, 투레, 트레부쉐(Adolphe Trébuchet, 1801~1865). 이에 관해 서는 다음을 참조. H. Sponi, 같은 책, p. 10.

73) Thomas Tredgold, *Principes de l'art de chauffer et d'aérer les édifices publics, les maisons d'habitation, les manufactures, les hôpitaux, les serres...*, Paris, 1825 참조.

74) 이것은 환기법은 이 기간에 발전을 이루지 못했다는 도마스의 주장을 다시 검 토하게 한다. Maurice Daumas, *Histoire générale des techniques*, t. III, pp. 522-523.

75) J.-P. d'Arcet, *Collection de mémoires relatifs à l'assainissement des ateliers, des édifices publics et des maisons particulières*, t. I, 1843, p. VII(그루벨 서문).

76) J.-P. d'Arcet, 같은 책. 아래의 인용도 같다.

77) Thomas Tredgold, *Principes de l'art de chauffer...*, p. 271.

78) J.-P. d'Arcet, "Rapport sur des [⋯] fourneaux de cuisine salubres et économ-iques", 1821, *Collection...*, p. 113.

79) 이런 인식구조가 다양한 사회적 표상에 어떤 형태로 나타나고 있었는지를 분 석하는 것은 필자의 목적이 아니다. 그러나 우리는 이러한 인식구조가 완전한 격리를 통해 매춘행위를 제어하려는 의지로도 나타났다는 사실을 알고 있다.

80) J.-P. d'Arcet, *Collection de mémoires relatifs...*, p. VI(그루벨의 서문).

81) Louis-René Villermé, *Des prisons...*, p. 18.

82) *Chauffage et ventilation de la Nouvelle Forcepar Philippe Grouvell*e, 1845, p. 25.

83) 이 문제에 관해서는 Felix Leblanc, *Recherches sur la composition de l'air confiné*, 1842를 참조. 이것은 침실, 보육원, 초등학교 교실, 소르본대학의 대강의실, 하

원 회의장, 극장, 군대의 마구간, 왕실 정원의 온실 등에서 이루어진 실험의 총합이다. 이 장소들 각각에 대해서 "용량과 사람 수, 폐쇄한 시간, 온도, 난방법"이 점검되고, 콩브의 풍속계(anémomètre de Combes)로 '환기 여부'가 측정되었다.(같은 책, p. 11) 밀폐된 장소에 갇혀 있는 공기의 분석에 관해서는 다음을 참조. Eugène. Péclet, *Instruction sur l'assainissement des écoles primaires et des salles d'asile*, 1846.

84) Grassi, *Rapport* [⋯] *sur la construction et l'assainissement des latrines et fosses d'aisances*, 1858, p. 32 참조.

85) Ducpétiaux, "Extrait du rapport sur les deux systèmes de ventilation établis àtitred'essai dans la prison cellulaire des femmes, à Bruxelles", *Annales d'Hygiène publique et de Médecine légale*, 1853, t. L, pp. 459 이하.

86) Ducpétiaux, 같은 논문, p. 461.

87) Ducpétiaux, 같은 논문, p. 461.

88) C. Grassi, *De la ventilation des navires*, 1857, p. 23.

89) Geneviève et Bruno Carrière, "Santé et hygiène au bagne de Brest au XIXe siècle", *Annales de Bretagne et des Pays de l'Ouest*, 1981, no. 3, p. 349 참조. 1822년 기술자인 라 로쉬는 노역장에 대해 이렇게 썼다. "밤, 남자들은 작은 일을 보러 수고스럽게 변소까지 가려 하지 않는다. 소변은 수로 안으로 흘러가는 대신에 마룻바닥에 고여 있다가 곧 나무 안으로 스며들어갔다."

90) 이 책의 269-270쪽 참조.

91) Dominique Laporte, "Contribution pour une histoire de la merde: la merde des asiles, 1830-1880", *Ornicar? Analytica*, vol. 4, 1977(7월), pp. 31-48 참조.

92) C. Grassi, Rapport..., p. 37에서 인용.

93) Edmond Duponchel, "Nouveau système de latrines pour les grands établissements publics et notamment pour les casernes, les hôpitaux militaires et les hospices civils", *Annales d'Hygiène publique et de Médecine légale*, 1858(6월), pp. 356-362.

94) J.-P. d'Arcet, *Collection de mémoires relatifs...*, p. XXIII(그루벨의 서문).

95) François Caron, *Histoire économique de la France. XIXe-XXe siècle*, A. Colin, 1981, p. 65.

3. 정책과 공해

1) Conseil de Salubrité. Recueil des plaintes. *Archives de la Préfecture de police*(경시청 기록보관소. 민원 모음집. 위생 위원회) 참조.

2) Pierre Adolphe Piorry, *Des habitations...*, p. 38.

3) Arlette Farge, "Les artisans malades de leur travail", *Annales E.S.C.*, 1977(9-10월).

4) 1810년 10월 15일 명령의 이유를 설명하는 내무장관의 보고. Maxime Vernois, *Traité pratique d'Hygiène industrielle et administrative*, 1860, p. 14에서 재인용.

5) Maxime Vernois, 같은 책, p. 28에서 재인용.

6) Jean-Gabriel-Victor de Moléon, *Rapports généraux...*, t. II, p. IV.

7) ① 위험하거나 비위생적인 시설 ② 불편한 시설 ③ 기타

8) Jean-Baptiste Monfalcon et Augustin-Pierre-Isidore de Polinière, *Traité de la salubrité dans les grandes villes*, p. 172.

9) B.-P. Lécuyer, "Démographie, statistique et hygiène publique sous la Monarchie censitaire", *Annales de démographie historique*, 1977, p. 242를 참조.

10) 병영에 관해서는 Jean-Gabriel-Victor de Moléon, *Rapports généraux...*, 1829년의 보고, pp. 123 이하. 교도소에 관해서는 pp. 141-150을 참조.

11) Jean-Gabriel-Victor de Moléon, 같은 책, 1821년의 보고, p. 185. 이에 관해서는 ParentDuchâtelet, *Recherches et considérations sur la rivière de Bièvre ou des Gobelins, et sur les moyens d'améliorer son cours...*, 1822를 참조.

12) Louis Chevalier, *Classes laborieuses...*, pp. 173 이하.

13) 지라르댕(Émile de Girardin) 부인이 필명으로 사용한 샤를 드 로네(Charles de Launay)는 1837년에 어디를 가도 이 냄새가 난다고 불쾌해 하며 탄식했다. "늘 고약한 냄새 때문에 숨이 막힌다. [...] 대로의 어떤 구석에서든 기묘하게 생긴 작은 남자들이 큰 불 위에 솥을 올려 놓고 젓고 있는 모습이 눈에 띈다." Charles de Launay, *Lettres parisiennes [1836-1839]*, lettre XIX, p. 181. 도미니크는 처음으로 파리에 왔을 때 가스 냄새에 매우 놀랐다. Eugène Fromentin, *Dominique*, 1862, 김웅권 옮김, 『도미니크』, 동문선, 2008, 145쪽.

14) 새로운 비관용적 태도는 지방에서는 이보다 늦게 나타났다. 느베르에서는 새 까만 분진에 대한 진정이 1854년 이후 끊임없이 제기되었다. Guy Thuillier, *Pour une...*, pp. 38-39.

15) 1850년 이전에도 푸르샹보(Fourchambault)에서는 매연과 분진을 줄이기 위해 다양한 시도가 행해지고 있었다. Guy Thuillier, *Pour une...*, p. 35.

16) Jean-Baptiste Monfalcon et Augustin-Pierre-Isidore de Polinière, *Traité de la salubrité dans les grandes villes*, pp. 327-351.

17) 파리 시의 비위생적인 주택을 조사한 위원은 이러한 후각의 우위와 새로운 관심의 고조를 동시에 확인했다. 1850년에 활동을 시작한 이 위원회의 구성원은 미리 다음과 같은 의문을 스스로에게 던진다. "비위생이라는 말을 어떻게 이해해야 하는가? [...] 위생위원회의 관점에서 주거의 공기를 오염시킬 가능성이 있는 악취가 존재하는 곳이나 습기와 불결한 상태가 지배하는 곳, 그리고 공기와 빛이 결여되어 있는 곳 등은 모두 비위생적이라고 봐야 한다." *Rapport*

général des travaux de la Commission [⋯] *pendant l'année 1851*, Paris 1852, p. 4.

18) 다음을 읽으면 이러한 관심이 1847년에 나타난 것임을 알 수 있다. *Rapports généraux des travaux du Conseil de Salubrité*, pp. 1075 이하.

19) Jacques Léonard, *Les Médecins de l'Ouest au XIXe siècle*, p. 1151.

20) Georges Knaebel, *Les Problèmes d'assainissement*, pp. 242-243과 Gabriel Dupuy et Georges Knaebel, *Choix techniques et assainissement urbain en France de 1800 à 1977*, Institut d'Urbanisme de Paris. 조르주 크네벨에 따르면 오스만의 눈에서 보면, 도시란 부르주아가 체면을 지킬 필요가 있는 장소인 이상, 미화해야 한다. 그 내부에서는 인간의 오감에 거슬리는 것은 전혀 있어서는 안 된다. 그 결과 필연적으로 더러운 것, 초라한 것, 불결한 것, 악취를 풍기는 것, 그리고 '비도시적인 것(non-ville)'은 배제된다. 오스만이 하수도 직결식 수세장치를 꿈꾸고, 분뇨통을 실은 마차는 지하를 다니게 하는 것을 생각했던 것은 이러한 관점에서 비롯되었다는 것이다. 이러한 해석은 자극적이다. 하지만 분뇨의 처리법은 사회적 역학 관계를 반영한 것일 뿐이라고 판단하고 있는 이상, 더 정확한 분석이 필요할 것이다. Georges Knaebel, 같은 책, p. 242; Gabriel Dupuy et Georges Knaebel, 같은 책, p. 46. 그렇지만 역사가, 특히 가이야르(Jeanne Gaillard)와 르 아우안(Jean Le Yaouanq)의 작업은 제2제정의 파리 시당국의 계획에 대해 파리의 전통적인 부분이 어떤 저항을 나타내고, 자주 승리를 거두었는지를 멋지게 예증하고 있다. 파리의 중심부에서 가난뱅이들과 주변인을 배제하는 과정은 자주 되풀이되고 있을 만큼 명백했던 것은 아니다. 그리고 우리가 보았듯이 하수도 직결식 수세장치는 세기말이 될 때까지 승리를 거두지 못했다. 한 마디로 말해서 제8지구를 제외하면 '비도시적인 것'은 여전히 도시의 중심에 자리를 잡고 있었던 것이다.

21) (1981년 5월 사회과학고등연구원 프랑코퀘벡 토론회에서) 다니엘 로쉬는 이 점에 관해 공해에 대한 불만은 구역마다 달랐다는 사실을 지적했다. 파랑뒤샤틀레는 페도(Feydeau) 거리에서는 불미스러운 일도 '최하층(infime)' 구역에서는 신경 쓰지 않는 사이에 끝날 것이라고 쓰고 있는데, 이러한 경우에 늘 그가 준거로 하고 있는 것은 이 종류의 허용한계의 사회학인 것이다.

제3부. 냄새, 상징, 사회적 표상

카바니스와 친화력의 감각

1) Cabanis, *Rapports du physique et du moral de l'homme*, 1844(1802년 초판 출간), pp. 526, 527, 528.

2) Cabanis, 같은 책, p. 528. 멘 드 비랑이 감각(sensation)과 지각(perception)을 구

별하고 있다는 사실에 주목해야 한다. 감각은 순전히 수동적인 것이지만, 지각은 여러 기관의 어느 정도의 능동성을 전제로 한다는 것이다. 앙투안 데스튀 드 트라시(Antoine Destutt de Tracy, 1754~1836)는 지각을 영혼(esprit) 앞에서 펼쳐지는 세세한 부분에 걸친 감각으로 여겼다. 이에 대해서는 Jean-Pierre Richard, *Littérature et sensation*, Paris, 1963, pp. 28, 112.

3) Wilhelm Fliess, *Les Relations entre le nez et les organes génitaux féminins prése-ntés selon leur signification biologique*, Seuil, 1977(1897년 초판 출간).

4) Cabanis, *Rapports du ...*, p. 102(Louis Peisse의 단평).

5) 헤이브록 엘리스는 다음과 같이 기록하고 있다. "50년 이상 동안 이 분야에서는 아무런 진보도 이루어지지 않았다. […] 후각의 문제는 뭔가 특이한 주제에 흥미를 가지고 있는 자들의 손에 내맡겨져 있었던 것이다." Havelock Ellis, *La Sélection sexuelle chez l'homme*, p. 89.

6) 완고한 반대론자인 투르텔은 1815년에 이렇게 선언했다. "감각의 원리와 오성의 원리, 양자의 본성 사이에는 어떠한 관계도 없다." Étienne Tourtelle, *Éléments d'hygiène*, p. 479.

7) Cabanis, *Rapports du physique et du moral de l'homme*, p. 293.

8) Cabanis, 같은 책, pp. 543 이하.

9) Hippolyte Cloquet, *Osphrésiologie ou Traité des odeurs*, p. 45 참조.

10) Virey, "Des odeurs...", p. 256. 감각의 예민함과 단련, 반응에 관한 관찰은 제랑도 등이 입안한 인류학자들의 조사계획의 하나였다. Jean Copans et Jean Jamin, *Aux origines de l'anthropologie française*, Paris, Le Sycomore, 1981, p. 149.

11) H. A. P. A. Kirwan, *De l'odorat et de l'influence des odeurs sur l'économie animale*, pp. 32-34.

12) Virey, "Des odeurs...", p. 256. 쿡의 관찰을 바탕에 두고 있다. 클로케도 같은 문제를 다시 다루고 있다. Hippolyte Cloquet, *Osphrésiologie ou Traité des odeurs*, p. 137. 미셸 투르니에(Michel Tournier)의 소설『레 메테오르*les Météores*』에 등장하는 알렉상드르(Alexandre)는 정력적인 오물수집가이고, 역겨운 냄새를 매우 예민하게 구분하는 인물로 묘사되어 있다.

13) Michel Lévy, *Traité d'hygiène*, 1856, t. I, p. 91.

1. 빈민의 악취

1) Pierre Adolphe Piorry, "Extrait du Rapport sur les épidémies qui ont régné en France de 1830 à 1836, lu le 9 août 1836", *Mémoires de l'Académie Royale de Médecine*, t. VI, 1837, p. 17.

2) Philippe Passot, *Des logements...*, p. 26.

3) 이 점에 대해서는 Maurice Agulhon, *Le Cercle dans la France bourgeoise, 1810-1848, étude d'une mutation de sociabilité*, Paris, A. Colin, p. 79.

4) 1837년 10월 21일, 지라르댕 부인은 조금 비관적인 어조로 다음과 같이 썼는데, 그녀가 말하고자 했던 것도 이런 것이 아니었을까? "손을 씻지 않는 사람들은 손을 씻는 사람들을 싫어할 것이고, 손을 씻는 사람들은 손을 씻지 않는 사람들을 경멸할 것이다. 이들을 서로 어울리게 할 방법은 결코 없을 것이다. 그들이 함께 살아갈 수 있게 할 수는 없다. […] 어떻게 하더라도 서로 참을 수 없는 것이 있기 때문이다. 바로 혐오감과 굴욕감이다." Charles de Launay, *Lettres parisiennes*, p. 190.

5) Charles-Léonard Pfeiffer, *Taste and smell in Balzac's novels*, University of Arizona, 1949, p. 118.

6) Victor Hugo, *Les Misérables*, éd. Garnier, 1963, t. II, p. 513.

7) 이 장의 주2를 참고할 것. 그렇지만 출판물의 양으로 보면 7월왕정은 여전히 '의학적 지형학(topographies médicales)'의 황금시대이다.

8) Henri-Louis Bayard, *Mémoire sur la topographie médicale du IVe arrondissement de Paris: recherches historiques et statistiques sur les conditions hygiéniques des quartiers qui composent cet arrondissement*, 1842, pp. 103 이하.

9) 먹는 것이란 측면을 제외하면. 이에 대해서는 Jean-Paul Aron, *Le Mangeur au XIXe siècle*, 1976을 참조.

10) Victor Hugo, *Les Misérables*, t. II, p. 512.

11) John Howard, *Histoire des principaux lazarets...*, t. I, p. 101.

12) 라멜도 똑같이 권하고 있다. Ramel, *De l'influence des...*, pp. 271-272. 냄새 제거에 관한 흥미로운 사회학이다.

13) Jean-Noël Hallé, "Air des hôpitaux de terreet de mer", *Encyclopédie méthodique*, p. 571.

14) 메르시에의 작품에도, 뒷시대에 묘사된 기조를 선취하고 있는 페이지가 있다는 것을 지적해둔다. 예컨대 성 밖의 생마르셀 지역에 떠도는 짐승 같은 분위기에 흠칫 놀라 머뭇거리는 부분과 같은 것들이다. Daniel Roche, *Le peuple de Paris*, p. 100. 다만 로쉬는 당시 의학이 사생활 안으로 들어가기 직전에서 아직 망설이고 있던 상황을 인지하고 있다.

15) Pierre Chauvet, *Essai sur la propreté de Paris*, p. 10.

16) Pierre Chauvet, 같은 책, p. 8. 이 문제는 황금시대의 스페인에서 활발히 논의되었던 것이다. Gilles Lapouge, "Utopie et Hygiène", p. 117 참조.

17) Bernardino Ramazzini, *Essai sur les maladies des artisans*, p. 383.

18) Malouin, *Chimie médicinale*, p. 55.

19) Christoph Wilhelm Hufeland, *La Macrobiotique ou l'Art de prolonger la vie de l'homme*, 1838 (1797년 독일어로 초판 출간), p. 472. 아이들 방에서는 하인, 요강(vases de nuit), 난롯가에 널어놓은 빨래와 같은 것들을 모조리 치워야 했다. 그러나 이러한 사회통념이 집안 하인의 여건 개선을 방해했던 것은 아니다. D. Roche, *Le peuple de Paris*, pp. 76 이하.

20) Parent-Duchâtelet, *La Prostitution á Paris au XIXe siècle*에 실린 A. 코르뱅의 서문.

21) 특히 Jean-Jacques Darmon, "Sous la Restauration, des juges sondent la plaie si vive des prisons", *L'Impossible Prison*, Paris, Le Seuil, 1979, pp. 123-146. 그리고 Hélène Chew, "Loin du débat pénitentiaire: la prison de Chartres durant la première motié du XIXe siècle", *Bulletin de l'Institut d'histoire de la presse et de l'opinion*, Tours, no. 6, 1981, pp. 43-67.

22) Louis-René Villermé, *Des prisons...*, pp. 25, 26에서 재인용.

23) Jean-Gabriel-Victor de Moléon, *Rapports généraux...*, p. 225. 이 밖에도 넝마주이 무리의 불결함과 악취를 기록하고 있는 문헌은 많다. 예컨대, Frédéric Moreau, *Histoire statistique...*, p. 41; Claude Lachaise, *Topographie medicale de Paris*, pp. 190-192; *Commissions des logements insalubres, Rapport général des travaux de la Commission* [···] *pendant l'année 1851*, p. 12; Philippe Passot, *Des logements...*, p. 3. 릴 지방의 넝마주이에 관해서는 Pierre Pierrard, *La Vie ouvrière à Lille sous le Second Empire*, p. 54를 참조.

24) 자르댕데플랑트(Jardin des Plantes) 지역 위생위원회의 1831년 11월 8일 보고서에서 발췌. *Annales d'Hygiène publique et de Médecine légale*, 1832(1-4월), p. 200.

25) Blandine Barret-Kriegel, "Les demeures de la misère", *Politiques de l'habitat*, p. 130.

26) Jean-Paul Aron et Roger Kempf, "Canum more", *Le Pénis et la démoralisation de l'Occident*, 1978, pp. 47 이하 참조.

27) Félix Carlier, *Études de pathologie sociale. Les deux prostitutions*, 1887. "이러한 장소에 가득한 냄새는 적지 않은 남색가들이 특별히 좋아해서 찾는 것 가운데 하나이고, 남색가의 쾌락에 빠지지 않는 것이다." pp. 305, 370. 이 책에서 이 부분은 『자연에 반하는 매춘*La Prostitution antiphysique*』이라는 제목으로 다시 편집되어 출간되었다(Paris, Le Sycomore, 1981).

28) Charles-Polydore Forget, *Médecine navale...*, p. 127.

29) Jean Marc Gaspard Itard, *Premier rapport... sur le sauvage de l'Aveyron*, p. 88. 이 타르는 소년이 이렇게 무덤덤한 상태에 있는 것은 지각의 수련을 받지 않았기 때문이었다고 쓰고 있다. 이타르의 기록은 지네스트가 다시 수록하고 있다. Thierry Gineste, *Victor de l'Aveyron, dernier enfant sauvage, premier enfant fou*, Paris, Le Sycomore, 1981. 다음도 참조할 것. H. Lane, *The wild boy of Aveyron*,

Harvard University Press, 1976.

30) Charles-Polydore Forget, *Médecine navale...*, p. 126.

31) Charles-Polydore Forget, 같은 책, p. 128.

32) Charles-Polydore Forget, 같은 책, p. 135.

33) 예를 들어 Philippe Passot, *Des logements...*, p. 7.

34) Gustave Flaubert, *Correspondance,* éd. La Pléiade, t. I, p. 103.

35) Jacques Léonard, *Les Médecins de l'Ouest au XIXe siècle*, t. III, p. 1140.

36) Pierre Arches, "La médicalisation des Deux-Sèvres au milieu du XIXe siècle", *Bulletin de la Société Historique et Scientifique des Deux-Sèvres*, 3e trimestre 1979, p. 261에서 재인용.

37) Jules Vallès, *L'Enfant,* éd. "Folio", p. 65.

38) Pierre Pierrard, *Les Médecins de l'Ouest au XIXe siècle*, p. 87에서 재인용.

39) Thierry Leleu, "Scènes de la vie quotidienne: les femmes de la vallée de la Lys: 1870-1920", *Histoire des femmes du Nord*, 1981, p. 661.

40) Marie-Hélène Zylberberg-Hocquard, "L'ouvrière dans les romans populaires du XIXe siècle", *Revue du Nord*, t. 63, no. 250, 1981, p. 629.

41) 이것은 이 책에서 자세히 다루기에는 너무 방대한 주제이다. 이 문제에 대해서는 Ned Rival, *Tabac, miroir du temps. Histoire des mœurs et des fumeurs*, Paris, 1981을 참조.

42) Théodore Burette, *La Physiologie du fumeur*, p. 21.

43) Maurice Agulhon, *Le Cercle dans la France bourgeoise...*, p. 53 참조. 레옹 로스탕(1790~1866)도 이와 거의 같은 견해를 보이고 있다. Léon Rostan, *Cours élémentaire d'hygiène*, 1828, t. I, pp. 546 이하.

44) Jules Michelet, *Histoire de France*, t. XI, 1857, pp. 285-287. 그리고 Adolphe Blanqui, *Des classes ouvrières en France pendant l'année 1848,* 1849, p. 209.

45) Charles-Polydore Forget, *Médecine navale...*, pp. 292, 294.

46) Théodore Burette, *Physiologie du fumeur*, p. 86.

47) Théodore Burette, 같은 책, p. 79.

48) Théodore Burette, 같은 책, p. 75.

49) 이 점에 대해서는 파랑뒤샤틀레가 보여준 태도가 의미심장하다. 의사들이 가지고 있던 경계심이 어떠한 것이었는지는 두 개의 사례를 살펴보자. 포데레는 환자가 있는 곳으로 왕진을 갈 때에는 다음과 같이 하라고 충고하고 있다. "꼼꼼하게 단추를 여미고 [···] 결코 침을 삼켜서는 안 된다. 그렇게 하려면 필요할 때마다 체면을 차리지 않고 침을 뱉고, 코를 풀고, 병원에 있을 때와 마찬가지로 덧옷(tablier)을 걸치고, 자주 그것으로 손을 닦을 것. [···] 이불을 걷은 뒤에

는 (환자의 몸에서) 곧 풍겨나는 발산물을 들이마시지 않도록 잠시 기다렸다가 몸을 숙이도록 한다. 그리고 환자의 숨을 들이마시지 않게 주의하고, 병자의 입에 가까이 가지 않게 적당한 거리를 유지해야 한다." François-Emmanuel Fodéré, *Traité de médecine légale*..., t. VI, p. 111. 이렇게 해서 냄새나는 몸에 거리를 두려는 태도가 형성되어 간 것이다. 감옥이나 검역소, 병원을 정력적으로 찾아다녔던 하워드도 병자로부터 풍겨오는 공기를 접촉하지 않도록 언제나 신경 썼다고 회고하고 있다. 늘 최대한 숨을 참으려 했던 것이다. John Howard, *État des prisons*..., t. II, p. 451; 같은 저자, *Histoire des principaux lazarets*, t. II, p. 309.

50) Jean-Baptiste Monfalcon et Augustin-Pierre-Isidore de Polinière, *Traité de la salubrité dans les grandes villes*, p. 90.

51) Joiré, "Des logements du pauvre et de l'ouvrier considérés sous le rapport de l'hygiène publique et privée dans les villes industrielles", *Annales d'Hygiène publique et de Médecine légale*, t. XLV, 1851(1월), p. 310.

52) Adolphe Blanqui, *Des classes*..., pp. 98, 103.

53) Michel Foucault, *Naissance de la clinique*, p. 167.

54) Paul Gerbod, *La Condition universitaire en France au XIXe siècle*, Paris, P.U.F., 1965, p. 629.

55) 이에 관해서는 에밀 졸라의 『무레 신부의 과오*La Faute de l'abbé Mouret*』에 등장하는 수도사 아르캉지아(Archangias)의 악취가 시사적이다.

56) Norbert Truquin, *Mémoires, vie, aventure d'un prolétaire à travers la révolution*, Paris, 1888, réed. Maspero, 1977, p. 129. 이 고백은 1852년의 경험이다. 이러한 경계에 선 노동자들에 대해서는 Jacques Rancière, *La Nuit des prolétaires*, Fayard, 1981 참조.

57) Philippe Passot, *Des logements*..., p. 16.

58) Marie-Hélène Zylberberg-Hocquard, "L'ouvrière dans les romans populaires du XIXe siècle", pp. 627-628. 특히 다음 작품들에 나오는 지하실과 작은 안뜰 묘사를 볼 것. Mathilde Bourdon, *Euphrasie, histoire d'une femme pauvre*, 1868; M.-L. Gagneur, *Les Réprouvées*, 1867.

59) Adolphe Blanqui, *Des classes*..., p. 71.

60) Henri-Louis Bayard, *Mémoire sur la topographie médicale*..., p. 49.

61) Claude Lachaise, *Topographie medicale de Paris*, p. 198 참조. 이와 관련해 센 지역 위생위원회의 보고서를 보면, 도시 안에 있는 동물들이 점차 위생학자의 주의를 끌었던 모습이 엿보인다. 주된 대상이 된 것은 외양간(1810-1820)과 돼지우리(1849-1858)였고, 1859년 이후에는 더욱더 비난의 대상이 되었다. 동물은 뭐든 없는 편이 좋다는 식으로 된 것이다. 1880년에는 병든 개를 치료하는 시

설의 냄새가 고충의 대상이 되었다.

62) Pierre Adolphe Piorry, "Extrait du Rapport sur les épidémies...", p. 17.

63) Louis Chevalier, *Classes laborieuses...*, p. 182.

64) Alain Corbin, "Les paysans de Paris", *Ethnologie française*, 1980, no. 2, pp. 169-176 참조.

65) Martin Nadaud, *Mémoires de Léonard, ancien garçon maçon*, éd. commentée par Maurice Agulhon, Hachette, 1976, p. 103; Othenin d'Haussonville, "La misère à Paris. La population nomade, les asiles de nuit et la vie populaire", Revue des Deux-Mondes, 1881(10월), p. 612; Pierre Mazerolle, *La Misère de Paris. Les mauvais gîtes*, 1874, pp. 28-31. 19세기 초에 치즈가 미식의 대상으로 받아들여지지 않은 것은 우연이었을까?

66) 다음에 수록된 빈민의 셋방에 관한 조사를 참조할 것. *Statistique de l'industrie à Paris résultant d'une enquête faite par la Chambre de Commerce pour les années 1847-1848*, Paris, Guillaumin, 1851.

67) Victor Hugo, *Les Travailleurs de la mer*, éd. "Folio", p. 220.

68) Pierre Adolphe Piorry, "Extrait du Rapport sur les épidémies...", p. 17.

69) Jean Borie, *Mythologies de l'hérédité au XIXe siècle*, Paris, Galilée, 1981, p. 113 참조.

70) 예컨대 Joiré, "Des logements du pauvre...", p. 318.

71) Joiré, 같은 논문, p. 320.

72) Pierre Adolphe Piorry, *Des habitations...*, p. 74.

73) Jean Starobinski, "Sur la chlorose", "Sangs", *Romantisme*, 특별호, 1981, pp. 113-130.

74) Joiré, "Des logements du pauvre...", p. 296.

75) Jules Michelet, *La Femme* (1859 작품), éd. Flammarion, 1981, p. 90.

76) Miguel de Cervantes, *Don Quichotte*, Ire partie, éd. Bordas, 1946, p. 219.

77) Bernardino Ramazzini, *Essai sur les maladies des artisans*, pp. 447-448.

78) 이 책의 129쪽 참조.

79) 이후에도 계속되었다. Rose-Marie Lagrave, *Le Village romanesque*, Actes sud, 1980 참조.

80) Neil Mac Williams, *Communication au colloque de l'université de Loughborough*, septembre 1981 참조. 반면 20세기 초의 민족학적 계획들은 물질적 생활양상에 대한 연구와 사회경제적인 고찰을 목표로 하지 않았다. '의학적 지형학'의 영향으로 창시된 유물론적인 인류학을 경시한 것이다. Mona Ozouf, "L'invention de l'ethnographie française: le questionnaire de l'Académie celtique." *Annales E.S.C.*, 1981(3-4월), p. 213 참조.

81) Henry Roberts, *Des habitations des classes ouvrières*, 1850, pp. 30 이하 참조. 아서 영도 콩부르(Combourg)의 농민들을 〔북아메리카의 인디언인〕위롱족(Hurons) 에 비유하고 있다. Arthur Young, *Voyages en France*, p. 229. 바로 이 시기에 그리 고 그 뒤로도 이러한 비유는 농촌의 사료 편찬에 언제나 따라다니게 되었는데, 흥미롭게도 20세기 작품인 유진 웨버(Eugen Weber)의 『농민을 프랑스의 시민으 로*Peasants into Frenchmen*』(1976)에도 이러한 흔적이 엿보인다.

82) Honoré de Balzac, *Les Paysans*, 배영달 옮김, 『농민들』, 이론과 실천, 1990, 105-106쪽.

83) Alain Corbin, *Archaïsme et modernité en Limousin au XIXᵉ siècle*, Paris, 1975, t. I, pp. 74-94. 이에 관해서는 다음의 책도 시사적이다. Guy Thuillier, *Aspects de l'économie nivernaise au XIXᵉ siècle*, Paris, A. Colin, 1966.

84) Dominique La porte, *Histoire de la merde*, p. 42 참조.

85) 다음 책에서 피에르 바랄이 분석하고 있다. Pierre Barral, *Les Agrariens fran-çais de Méline à Pisani*, Paris, A. Colin, 1968.

86) Pierre Adolphe Piorry, "Extrait du Rapport sur les épidémies...", 곳곳에.

87) 농촌 사람들을 위한 위생시설은 쓸모없다고 생각했는데, 기 튀이리에는 니베 르네 지방에서는 적어도 20세기 초까지 이러한 생각이 뿌리 깊게 남아 있다는 사실을 밝히고 있다. Guy Thuillier, *Pour une histoire du quotidien au XIXᵉ siècle en Nivernais*, p. 64.

88) 실제로 냄새가 풀풀 나는 군대 내무반의 공동생활은 젊은 부르주아가 경험하 는 혐오스런 냄새의 원형이었다. 새로 입대한 피에르 루이스(Pierre Louÿs)는 바 로 이러한 혐오감의 영향을 받아서 무슨 일이 있어도 제대해야 하겠다고 결심 한다. 이 출간되지 않은 편지를 감사하게도 내게 알려준 것은 폴우르쟁 뒤몽 (Paul-Ursin Dumont)이다.

89) Ernest Monin, *Les odeurs du corps humain*, p. 72에서 재인용.

90) Carl Vogt, *Leçons sur l'homme,* Paris, 1865 참조. 이렇게 써 있다. "피부로부터 발 산하는 냄새에도 고유한 특징이 있고, 특정한 인종한테는 이 냄새가 어떤 경우 에도 없어지지 않는다. 아무리 청결히 해도 그렇다. 인종 특유의 냄새는 섭취하 는 음식물의 차이에서 오는 체취와는 확실히 다른 것이다. 같은 인종한테서는 언제나 맡을 수 있는 냄새이다. [⋯] 흑인에게는 그들이 제아무리 청결히 하거 나 어떤 음식을 먹든 언제나 같은 냄새가 난다. 그것은 사향의 냄새가 사향노루 의 냄새와 같은 것처럼 흑인 고유의 것이다." Carl Vogt, 같은 책, p. 161.

91) Adolphe Blanqui, *Des classes...*, p. 151.

92) Luc Boltanski, *Prime éducation et morale de classe*, 1969, p. 110.

93) Jean-Gabriel-Victor de Moléon, *Rapports généraux...*, t. I, p. 199.

94) Joseph-Marie de Gérando, *Le Visiteur du pauvre*, 3ᵉ éd. 1826, p. 227.

95) Jean-Baptiste Monfalcon et Augustin-Pierre-Isidore de Polinière, *Traité de la salubrité dans les grandes villes*, pp. 89, 91.

96) 같은 책, p. 89.

97) Émile Zola, *La Joie de vivre*, éd. La Pléiade, p. 1026.

98) Philippe Perrot, *Les Dessus et les Dessous de la bourgeoisie*, p. 227 참조.

99) Cadet de Vaux, "De l'atmosphère de la femme et de sa puissance", *Revue encyclopédique*, 1821, p. 435.

100) Philippe Passot, *Des logements...*, p. 20.

101) Philippe Passot, 같은 책, p. 21.

102) 이 책의 333쪽 참조.

103) Pierre Adolphe Piorry, *Des habitations...*, p. 93 참조.

104) Louis-René Villermé, "Sur les cités ouvrières", *Annales d'Hygiène publique et de Médecine légale*, 1850(1월), t. 43. 특히 pp. 246-258.

105) 예컨대 Roger-Henri Guerrand et Elsie Canfora-Argandona, *La repartition de la population...*, pp. 33-41 참조.

106) Henri Gisquet, *Mémoire de M. Gisquet*, t. I, pp. 423-424.

107) Adolphe-Auguste Mille, "Rapport sur..", p. 223.

108) Adolphe-Auguste Mille, 같은 논문, p. 213.

109) 그는 에머리(Émery)가 1848년 7월 12일에 선보인 법안을 지지하기 위해 13일에 의회에서 이렇게 밝혔다. 이 토의는 6월 봉기를 진압한 지 2주 뒤에 벌어진 것이었다. 믈룅(Anatole de Melun)은 7월 17일에 이 법안을 제출했다. 리앙시(Henri Léon Camusat de Riancey)가 보고하는 임무를 맡아 1849년 12월 8일에 이를 의회에서 낭독했다.

110) 이미 콜레라가 유행한 뒤에 파리에서 실시된 조사의 경우에는 의사 모로가 집집마다 카드로 정보를 작성해 두었다. 바레크리젤이 이 일을 '조사 기법의 역사'에서 중요한 전환점으로 보고 있는 것은 타당하다. Blandine Barret-Kriegel, "Les demeures de la misère", pp. 119 이하.

111) Jean-Baptiste Monfalcon et Augustin-Pierre-Isidore de Polinière, *Traité de la salubrité dans les grandes villes*, p. 92.

112) Philippe Passot, *Des logements...*, p. 20.

113) 파리에 관해서는 다음을 참조. Roger-Henri Guerrand, "Petite histoire du quotidien. L'avènement de la chasse d'eau", pp. 55 이하; Anne Thalamy, *Politiques de l'habitat*, p. 59; 특히 Danielle Rancière, "La loi du 13 juillet 1850 sur les logements insalubres. Les philanthropes et le problème insoluble de l'habitat du pauvre",

Politiques de l'habitat, pp. 187-207: 릴에 관해서는 다음을 참조. Pierre Pierrard, *Les Médecins de l'Ouest au XIXe siècle*, pp. 92 이하: 니베르네 지방에서 법안이 시행된 사실에 관해서는 Guy Thuillier, *Pour une...*, pp. 36 이하를 참조.

2. 집 안의 공기

1) Edmond et Jules de Goncourt, *Manette Salomo*n, éd. 10/18, p. 158.

2) Armand Pierre Jacquin, *De la santé, ouvrage utile à tout le monde*, pp. 294-295, 또한 르두에 대해서는 Mona Ozouf, "L'image de la ville chez Claude-Nicolas Ledoux", pp. 1279-1280.

3) Robert Mauzi, *L'Idée du bonheur au XVIIIe siècle*, p. 281.

4) Henri-Louis Bayard, *Mémoire sur la topographie médicale...*, p. 90.

5) Louis Chevalier, *Classes laborieuses...*, p. 179에서 재인용.

6) Erving Goffman, *La Mise en scène de la vie quotidienne,* 1973, t. II, p. 62.

7) Philippe Passot, *Des logements...*, p. 16에서 재인용.

8) Michel Lévy, *Traité d'hygiène*, 1844, t. I, p. 544.

9) Michel Lévy, 같은 책, p. 545. 이 단락의 짧은 인용도 같다.

10) Michel Lévy, 같은 책.

11) Michel Lévy, 같은 책.

12) Félix Vidalin, *Traité d'hygiène domestique*, 1825, p. 131.

13) Adolphe-Auguste Mille, "Rapport sur...", p. 199.

14) Jules Michelet, *Histoire de la Régence*, 1863, p. 394.

15) Pierre Adolphe Piorry, *Des habitations...*, p. 126.

16) Pierre Adolphe Piorry, 같은 책, p. 57.

17) Christoph Wilhelm Hufeland, *La Macrobiotique ou l'Art de prolonger la vie de l'homme*, p. 470.

18) Louis Odier, *Principes d'hygiène extraits du code de santé et de longue vie de sir John Sinclair*, 1823, p. 574.

19) Charles Londe, *Nouveaux éléments d'hygiène*, t. I, pp. 405 이하.

20) Louis Odier, *Principes d'hygiène extraits du...*, p. 577.

21) Anne Martin-Fugier, *La Place des bonnes. La domesticité féminine à Paris en 1900*, Paris, Grasset, 1979, p. 113.

22) Pierre Adolphe Piorry, *Des habitations...*, p. 85.

23) Pierre Adolphe Piorry, 같은 책, p. 104, Charles Londe, *Nouveaux éléments d'hygiène*, t. II, p. 322. 두 사람 모두 난로에서 풍기는 참을 수 없는 냄새를 비난하고 있다.

24) Guy Thuillier, *Pour une...*, p. 41.

25) 튀이리에는 니에브르 지방에 대해 여성이 발보온기(chaufferettes)를 즐기고, 〔뜨거운 물을 넣어 몸을 따뜻하게 하는 기구인〕탕파(bouillottes)로 바꾸려 하지 않았다는 사실을 강조하고 있다. Guy Thuillier, 같은 책, p. 48. 다음도 참조할 것. Augustin Cabanès, *Mœurs intimes du passé*, pp. 67 이하.

26) 의사 레옹 로스탕은 이것을 '고약한 냄새(Odeur infecte)'라고 부른다. Léon Rostan, *Cours élémentaire d'hygiène,* t. II, p. 44.

27) 새로운 감수성을 뚜렷하게 보여주는 행위이다. Jean-Pierre Chaline, *La Bourgeoisie rouennaise au XIXᵉ siècle*, 파리4대학 박사학위논문, 1979, p. 805. "방 안에서는 향수와 화장수, 신발, 이 셋이 금지되어 있었다. 모두 냄새 때문이었다."

28) 포데레는 마르세유 구빈원에 수용되어 있는 유아들에게 개별 요람을 주어야 한다고 주장하면서, 다음과 같은 설비가 어떻게 바람직한 것인지를 열심히 설득했다. "제정 프랑스의 모든 고등학교들에서 모든 학생들에게 칸막이는 있지만, 천장은 없는 침실을 주어, 공기가 어느 방향에서도 자유롭게 유통될 수 있도록 하고, 그것만이 아니라 밤낮을 가리지 않고 언제나 학생을 감시할 수 있게 해서 질서를 유지하자." 문제는 공기의 유통을 방해하는 냄새가 가득하지 않게 하고, 섞여 자지 않게 해서 동성애 관계를 막고, 자위행위를 감시하려면 미묘한 균형이 필요하다는 것이었다. François-Emmanuel Fodéré, *Traité de médecine légale...*, t. V, p. 44(인용은 p. 48).

29) Charles Londe, *Nouveaux éléments d'hygiène*, t. I, p. 404.

30) 그는 『인간희극』에 나오는 냄새에 대한 기술들의 상세한 일람표를 작성해서 이것을 증명하고 있다.

31) "공기 사정(circonstances atmosphériques)이란 복도의 공기, 환기 장치가 없는 방에 갇혀 있는 남자들의 체취, 종이와 펜의 냄새와 같은 것이다." Honoré de Balzac, *Physiologie de l'employé*, 1841, p. 44. 가보리오(1832~1873)에 와서는 서술을 할 때 냄새를 중시하게 된다. Émile Gabor-iau, *Les Gens de bureau*, 1862. Guy Thuillier, *La Vie quotidienne dans les ministères au XIXᵉ siècle*, Paris, 1976, pp. 15, 16, 41 참조. 병영과 마찬가지로 여기에서도 각 지방의 특유한 냄새가 문제로 떠오른다. "〔식초에 양배추를 절인 알자스의 전통음식인〕슈크르트(choucroute) 냄새가 자욱하면 알자스 사람들의 사무실이라고 생각하고, 마늘 냄새가 나면 프로방스 사람들 사무실인지 안다." 1900년 무렵이 되자 여성 사무원이 등장하고, 사무실에서 풍기는 냄새가 변화한다. 향수와 꽃이 시큼한 공기를 새롭게 하고, 이렇게 해서 튀이리에가 '1880년대의 악취'라고 부른 냄새가 사라진 것이다. 그 이전의 비난의 목소리를 관찰하면 사무실 냄새는 반드시 남자의 체취와 독신자의 체취와 결부되어 있었다. 그 이유는 잘 알려진 그대로이다.

32) 법정에서는 끔찍한 냄새를 뿜어대는 범죄자들의 비참한 상태가 엘리트들에게

구경거리가 되며, 그 엘리트들이 민감한 신경을 가지고 있으면서도 강렬한 냄새를 맡고 싶어 한다는 것은 작품의 주요 소재였다. 악취를 강조하는 이러한 자세에는 '감옥의 열병'이 불러일으키는 공포감의 흔적이 흐릿하게나마 엿보인다. Jean-Louis Debré, *La Justice au XIXᵉ siècle. Les magistrats*, 1981, p. 176 참조.

33) Honoré de Balzac, *Le Père Goriot,* éd. La Pléiade, t. III, p.53. 중학교 기숙사는 냄새가 더 심하다. Honoré de Balzac, *Louis Lambert*, 곳곳에. 19세기에 남성의 감성의 생성에 생활환경의 냄새가 어떤 중요한 역할을 했는지는 아무리 강조해도 모자랄 것이다. 이곳이 불러일으키는 혐오감은 이성이 없는 것과 관련되어 있다. 중학교 기숙사에는 벽에 배인 독기, 교직원이라는 사회층의 고약한 체취, 자위행위에 빠진 학생들과 자습감독이 다 같이 발산하는 정액의 냄새 등이 하나로 합쳐져서 자욱하게 되어 있었던 것이다. 이러한 냄새는 남자들에게 특유한 것으로 느껴지고, 여성이 있었으면 하는 욕구를 증폭시키는 것이다.

34) Charles Baudelaire, *L'Invitation au voyage* (산문시).

35) Jean-Pierre Richard, *Proust et le monde sensible*, 1974, p. 101.

36) Gaston Bachelard, *La Poétique de l'espace*, Paris, P.U.F., 1957, pp. 32, 83 참조. 바슐라르는 "자신만의 옷장, 내면의 징표인 그 자신만의 냄새가 나는 옷장"을 식물의 향이 떠도는 "질서의 중심"이라고 칭송한다. 라벤더와 함께 "옷장 안에 계절의 역사가 스며든다. 라벤더는 단지 그것만으로 옷장에 갇힌 옷들이 만들어낸 위계의 질서 안에 베르그송적인 지속성을 가져다준다. 그 옷을 입기 전에 흔히 말하듯이 충분히 라벤더의 향기를 머금을 때까지 기다려야만 하는 것은 아닐까?" 이렇게 식물의 향기와 질서가 연결되는 것에 주목해야 한다. 마치 동물성의 향기를 배격하게 된 것이 무엇보다도 무질서를 거부했기 때문이라고 하는 것 같지 않은가?

37) 이에 대해서는 뒤에서 다룬다. 이 책의 291쪽 이하.

38) 바슐라르는 이 '은신처의 원시성(primitivité du refuge)'이라는 문제를 파고들었다. 이 원시성 때문에 "혼자 틀어박힌 고독한 장소가 더욱더 중요한 곳이 되고" 집 안에서 "혼자 있을 수 있는 장소"가 욕구된다. 이러한 원시성을 생각하면, 아이들이 쪼그리고 있는 좁은 구석도 이미 '방의 맹아'라고 한다. Gaston Bachelard, *La Poétique de l'espace*, pp. 44, 47, 130.

39) 이 책의 323쪽 이하 참조.

40) 위생학의 역사에서 이 문제에 대해서는 이미 (이 책의 169쪽 이하에서) 살펴보았다. 다만, 거기에서는 악취제거만이 문제였는데, 여기에서 분석해야 하는 것은 일상적인 청소행위가 어떤 형태로 생겨났는가 하는 것이다.

41) John Howard, *Histoire des principaux lazarets...*, t. I, pp. 59 이하.

42) Charles Londe, *Nouveaux éléments d'hygiène*, t. I, pp. 406, 407.

43) Louis Odier, *Principes d'hygiène extraits du code de santé et de longue vie de sir John Sinclair*, p. 577.

44) 1900년까지 니에브르 지방의 학교에서는 비질하는 것이 규칙이었다고 기 튀이리에는 쓰고 있다. Guy Thuillier, *La Vie...*, p. 41.

45) 피오리는 이러한 연구들의 목록을 제시하고 있는데, 거기에는 샤토뇌프 (Benoiston de Chateauneuf, 1776~1856)의 이름도 보인다. Pierre Adolphe Piorry, *Des habitations...*, p. 34.

46) Charles-Polydore Forget, *Médecine navale...*, p. 198. 그는 이렇게 덧붙였다. "큰 상자의 뒤, 사이, 아래와 같은 모든 구석을 쓸고 닦을 것. 그래서 큰 상자를 옮겨야 한다. 이곳이 가장 구석지고 어두운 곳이고, 가장 주의가 필요한 장소이다."

47) John Howard, *Histoire des principaux lazarets de l'Europe*, t. II, p. 228.

48) Tenon, *Mémoires sur les hôpitaux de Paris*, pp. 186 이하.

49) Denis I. Duveen et Herbert S. Klickstein, "Antoine Laurent Lavoisier's contributions to medicine and public health", *Bulletin of the history of medicine*, 29, 1955, p. 169 참조.

50) François Béguin, "Évolution de quelques stratégies médicospatiales", p. 236.

51) Félix Leblanc, *Recherches sur la composition de l'air confiné*, p. 21; Jean Claude Eugène Péclet, *Instruction sur...*

52) 특히 Philippe Passot, *Des logements...*, p. 16.

53) Jean-Baptiste Monfalcon et Augustin-Pierre-Isidore de Polinière, *Traité de la salubrité dans les grandes villes*, p. 65.

54) Pierre Adolphe Piorry, *Des habitations...*, p. 89.

55) 19세기 후반에는 건축가들은 위생 문제에는 그다지 주의를 기울이지 않고, 거주하는 것의 즐거움을 추구하려고 했다. 그렇게 되자 위생학은 쾌적함의 일부에 지나지 않게 되었다. Anne Thalamy, *Politiques de l'habitat*, p. 50 참조.

56) Anne Thalamy, 같은 책, p. 34에서 재인용.

57) Adolphe-Auguste Mille, "Rapport sur...", p. 224.

58) François Béguin, "Les machineries anglaises du confort", *L'Haleine des faubourgs*, Recherches, 1977, no. 29, pp. 155-186.

59) Adolphe-Auguste Mille, "Rapport sur...", pp. 219, 221.

60) 트롤로프 부인은 1836년에 이렇게 썼다. "지난해 칼레에서 배를 내렸을 때의 일이 생각난다. 처음 여행하는 청년에게 여행의 경험이 있는 다른 사람이 대답한 말이 매우 재미있었다. '이 무슨 혐오스런 냄새인가!'라고 손수건으로 코를 막으면서 젊은 외국인이 말하자, 경험자는 '대륙의 냄새일세'라고 대답했다." Madame Trollope, *Paris et les Parisiens en 1835*, p. 302.

61) 리옹은 예외이다.

62) Lion Murard et Patrick Zylberman, "Hygiène corporelle et espace domestique, la salle de bains", *Sanitas sanitatum, et omnia sanitas*, p. 292.

63) Pierre Adolphe Piorry, *Des habitations*..., pp. 130, 131.

64) C. Grassi, *Rapport*..., p. 28.

65) C. Grassi, 같은 책, pp. 29, 30.

66) 센 지방의 비위생주택대책위원회(1862–1865년)의 보고서 속에 파리 행정당국이 취한 이러한 조치에 관한 자료가 많이 포함되어 있다. 〔낮은 칸막이에 바닥에 구멍을 뚫어놓는〕 터키식 변소(cuvettes à la turque)와 임시 변소(latrines temporaires)를 어떻게든 개선하기 위해 조직적인 대책이 세워졌다. 그들이 기대했던 것은 학교였다. 그래서 기준이 정해졌는데, 행정당국의 장래의 목표는 다음과 같은 것이었다. 이 변소들은 "야외 교정에, 다른 건물로부터 떨어진 장소에 북향으로 설치되고, 숫자는 학생 100명당 2개씩, 적당히 환기와 통풍을 고려해서" 냄새 제거에 주의하고, 관리인이 책임을 지고 유지를 담당한다. 이 관리인이 분변대책투쟁을 이끄는 총책임자가 된다는 것이다. 일찍부터 계속해서 본보기 학교가 된 것은 뢰이(Reuilly) 거리 77번지에 있는 학교였다. 그 학교에서는 한 명의 늙은 부인이 계속해서 변소를 청소하고 있었기 때문이다. 이러한 자료들을 보고 눈에 띄는 것은 대책조치가 놀라울 정도로 상세하게 서술되어 있다는 것이다. 초등학교보다 중학교가 진보가 더 빨랐고, 남학교보다 여학교가 빠른 것도 알 수 있다. Commissions des logements insalubres, *Rapport général des travaux de la Commission* […] *pendant l'année 1862-1865*, 1866, pp. 32, 34, 79.

67) Commissions des logements insalubres, 같은 책, p. 34.

68) Commissions des logements insalubres, 같은 책, p. 29 참조. 도미니크 라포르트는 이 점에 관해서 실로 적절한 문헌을 인용하고 있는데, 다루고 있는 시기가 훨씬 뒤의 것이다. 시찰관의 보고서 중에서도 학교에 가득한 악취를 다룬 기록이 많고, 그 문제 때문에 학교를 폐쇄하는 결정이 내려진 경우도 적지 않았다. Dominique Laporte, "Contribution pour une histoire de la merde: la merde des asiles, 1830-1880", pp. 224 이하.

69) Roger-Henri Guerrand, "Petite histoire du quotidien: l'avènement de la chasse d'eau", *L'Histoire*, no. 43, 1982, pp. 96-99.

70) 샤를 드 골은 국민적 기질을 묘사하면서 독일인은 "변소를 위해 고딕양식의 호화로운 궁궐"을 세우는 관습이 있다고 썼다. Charles de Gaulle, *Vers l'armée de métier*, 1934, éd. Plon, 1971, p. 27.

71) C. Grassi, *Rapport*..., p. 29.

72) Adolphe Lecadre, "Le Havre considéré...", pp. 256-257.

73) 1894년에 알프레드 드 포빌이 기록한 릴 지방의 전형적인 가옥에서는, 주택의 상황을 조사한 결과 화장실(toilette)은 2층에 설치되어 있었다. Anne Thalamy, *Politiques de l'habitat*, p. 33.

74) Jean-Pierre Chaline, *La Bourgeoisie rouennaise au XIXᵉ siècle*, p. 807.

75) 앙투안 카이요는 1827년 이후 변소(commodités)에 대한 욕구가 확산되어간 것에는 숨겨둔 여자(femmes entretenues)들이 큰 역할을 했다고 강조하고 있다. Antoine Caillot, *Memoires pour servir a l' histoire des maurs et usages des Francais*, t. II, p. 100.

76) Alfred Picard, *Exposition de 1900, le bilan d'un siècle*, t. VI, "Hygiène", p. 3.

77) Lawrence Wright, *Clean and decent. The fascinating history of the bathroom and the water closets*, London, 1960. 이 책에는 빅토리아 왕조 때의 호화로운 수세식 변기에 관한 삽화(p. 206)가 들어 있다. 아칸서스 잎과 목련이 경쟁하듯 도기를 장식하고 있는 것도 보인다. 그 가운데에서도 특히 뛰어난 것은 앉는 자리에 사자가 조각되어 있는 변기일 것이다.

78) Lion Murard et Patrick Zylberman, *Sanitas sanitatum...*, p. 291 참조.

3. 사생활의 향기

1) Comtesse de Bradi, *Du savoir-vivre en France au XIXᵉ siècle*, 1838, p. 210. 브라디 백작부인의 원래 이름은 세랑(Agathe-Pauline Caylac de Ceylan)이다. 그녀는 장리스 부인(Madame de Genlis)의 가르침을 받았다.

2) Denis I. Duveen et Herbert S. Klickstein, "Antoine Laurent Lavoisier's contributions to medicine and public health".

3) 브루세가 만든 신조어이다.

4) 위생 지침서에서, 촉각의 위생은 중요한 위치를 차지하고 있었다. 예컨대 로스탕은 손의 위생의 중요성을 역설하고 있다. Léon Rostan, *Cours élémentaire d'hygiène,* t. I, p. 530.

5) 클레는 "피부색은 늘 장밋빛과 백합처럼 흰 것이 섞여야 한다. […] 하얗고, 매끄럽고, 부드럽고, 생기가 있는 피부에 투명한 불그스름한 기운이 도는 듯"하다고 말했다. Louis Claye, *Les Talismans de la beauté*, 1860, pp. 90-91.

6) Louis Claye, *Les Talismans de la beauté*, p. 94. 리샤르는 '원초적인 하얀 장엄함' 그리고 천체의 영원한 눈과 결부된 흰 꽃의 에덴동산 기원에 관한 연구에 정열을 쏟았다. 상징주의가 진주색 피부에 대한 애호를 키운 것에 얼마나 큰 역할을 했는지는 잘 알려져 있다. 프랑스 시인 말라르메(Stéphane Mallarmé, 1842~1898)도 크림색과 흰눈색의 미덕을 칭송했다. Jean-Pierre Richard, *L'Univers imaginaire de Mallarmé*, 1961, pp. 61, 92.

7) Werner Sombart, *Le Bourgeois*, Paris, 1926, p. 134.

8) Madame Celnart, *Manuel des dames ou l'art de l'élégance*, 1833, p. 100.

9) Félix Vidalin, *Traité d'hygiène domestique*, p. 159.

10) 헬레는 보(Vaud) 지방을 선택해, 1850년 무렵부터 스위스를 청결한 나라로 만들기 위한 철저한 전략이 행해졌던 것을 훌륭하게 분석하고 있다. 어쨌든 이 청결함이라는 것은 참을성 있는 노력을 필요로 하는 것이니만큼, 다른 어떤 미덕보다 가장 우위에 있게 되었다. Geneviève Heller, *Propre en ordre*, Paris, 1980. 제1차 세계대전까지는 신체의 청결보다 오히려 집 안의 청결이 노력의 목표였다고 헬레는 강조했다. 이에 관해서는 Marie-Hélène Guillon, "L'apprentissage de la propreté corporelle à Paris dans la deuxième moitié du XIXe siècle", *Mémoire de Diplôme d'Etudes Approfondies*, Paris VII, 1981을 참조.

11) 〔젊은 여성에게 많은 빈혈증인〕 "위황병(maladie verte)"에 관한 부분에서 Richard Sennett, *Les Tyrannies de l'intimité*, Paris, Le Seuil, 1979, p. 145.

12) Comtesse de Bradi, *Du savoir-vivre en France au XIXe siècle*, p. 180.

13) Michael Friedländer, *De l'éducation physique de l'homme*, 1815, p. 54.

14) 1804년에 마리 드 생튀르생은 이렇게 충고했다. "안색이 맑지 않고, 입술색도 나쁜 젊은 아가씨는 달콤한 쾌락과 바른 미덕 사이에서 망설이면서, 자신도 모르게 눈물을 글썽이며, 혼자 있으려 하고, 우울한 몽상에 빠져 있는 것이다. 열탕에 오래 있으면, 이러한 성적 쾌감은 더욱더 흥분되어간다. 그러한 목욕은 소중한 여성의 체력을 떨어뜨린다." P.-J. Marie de Saint Ursin, *L'Ami des femmes*, Paris, 1804, p. 169. 당시의 구별로 말해보면, 여기에서 '멋의 위생(hygiène de coquetterie)'으로부터 '체질의 위생(hygiène du tempérament)'으로의 전환이 나타나고 있는 것이다.

15) Alexis Delacoux, *Hygiène des femmes*, 1829, pp. 223, 224.

16) Alexis Delacoux, 같은 책, p. 226. 파랑뒤샤틀레는 매춘부의 비만을 목욕 때문이라고 하고 있다.

17) Léon Rostan, *Cours élémentaire d'hygiène*, p. 507.

18) Madame Celnart, *Manuel des dames ou l'art de l'élégance*, p. 37.

19) P.-J. Marie de Saint Ursin, *L'Ami des femmes*, p. 117.

20) 이에 관해서는 Marie-Françoise Guermont, "La Grande Fille. L'image de la jeune fille dans les manuels d'hygiène de la fin du XIXe siècle et du début du XXe siècle, mémoire de maîtrise", 학위논문, University of Tours, 1981.

21) Comtesse de Bradi, *Du savoir-vivre en France au XIXe siècle*, p. 210.

22) Philippe Perrot, *Les Dessus et les Dessous de la bourgeoisie*, p. 228.

23) Comtesse de Bradi, *Du savoir-vivre en France au XIXe siècle*, p. 191.

24) Madame Celnart, *Manuel des dames ou l'art de l'élégance*, pp. 8-12. 또한 부인은 머리카락의 기름을 빼는 데는 계란 노른자를 바르면 좋다고 쓰고 있다. 투베냉도 가끔 미지근한 비눗물로 머리카락을 씻으라고 권하고 있다. Thouvenin, *Hygiène populaire à l'usage des ouvriers des manufactures de Lille et du département du Nord*, 1842, p. 27.

25) Charles Londe, *Nouveaux éléments d'hygiène*, t. II, p. 5.

26) Madame Celnart, *Manuel des dames ou l'art de l'élégance*, p. 23.

27) 이 "보이지 않는 옷"의 급속한 보급은 이 책에서 중요한 사건이다. Philippe Perrot, *Les Dessus et les Dessous de la bourgeoisie*, p. 259 참조.

28) Guy Thuillier, *La Vie...*, pp. 124 이하 참조.

29) 미노 마을에서는 이랬던 것 같다. 혼기가 된 여성에게 새로운 직물의 냄새는 양장점에서 실습을 하면서 지내는 겨울 동안에 맛보는 즐거움 가운데 하나였다. Yvonne Verdier, *Façons de dire, façons de faire*, pp. 111-112, 215.

30) 튀이리에에 따르면, 1900년의 시점에서 느베르의 부르주아지들에서는 생리대와 마찬가지로 비데도 널리 사용되고 있었다. 다른 계층으로까지 보급되어간 것은 1920년 이후일 것이다. Guy Thuillier, *La Vie...*, p. 52.

31) Anne Martin-Fugier, *La Place des bonnes...*, p. 110.

32) Jacques Léonard, *Les Médecins de l'Ouest au XIXe siècle*, t. III, p. 1468.

33) 이러한 진보가 이루어진 것은 에나멜 칠을 한 철판이 보급된 덕분이다. 그 때문에 큰 크기의 변기(cuvettes)가 싼 가격에 제조되었다. 이렇게 해서 새로운 요청이 정착해가자 세대 간에 차이가 생겨났다.

34) 이전 상황에 대해서는 다음을 참조할 것. Guy Thuillier, *La Vie...*, pp. 54-55.

35) Louis-René Villermé, *Des prisons...*, p. 34.

36) Fanny Faÿ-Sallois, *Les Nourrices à Paris au XIXe siècle*, Paris, Payot, 1980, p. 216.

37) Yvonne Verdier, *Façons de dire, façons de faire*, pp. 122-128. 기 튀이리에는 니베르네 지방에서도 마찬가지 과정이 있었다는 사실을 밝혔다. 1820년에서 1830년까지의 10년 동안을 전환점으로 해서 확실히 '세탁장 정책'이 개시되었다. 농촌공동체에서의 치수는 1840년부터 1870년에 걸쳐 큰 진보를 이루었다. 거기에서도 동일한 위생정책이 실시되게 되는 데는 1902년 2월 15일의 법률을 기다려야 했다. Guy Thuillier, *La Vie...*, pp. 14 이하.

38) 지라르댕 부인에 따르면, 1837년의 파리에서는 세련된 멋쟁이들도 담배 냄새를 잔뜩 풍겼다고 한다. Charles de Launay, *Lettres parisiennes*, p. 317.

39) 발자크의 『가짜 애인*La Fausse Maîtresse*』의 주인공인 파즈(Paz)가 보여준 재치를 참조할 것. 파즈는 담배를 피우는 바람에 라겡스카(Laginska) 백작부인의 마차를 오염시키지 않을까 걱정한다. Honoré de Balzac, *La Comédie humaine*, La

Pleiade, Paris, 1976, t. II, p. 218.

40) Veblen, *Théorie de la classe de loisir*, pp. 56, 58, 97. 이 점에 관해서는 다음을 참조할 것. Philippe Perrot, *Les Dessus et les Dessous de la bourgeoisie*, 곳곳에.

41) 1825년, 가콩뒤푸르 부인은 사향이 쓰이지 않고, 오드콜로뉴와 멜리사수가 인기를 끌게 되었다고 강조하고 있다. Madame Gacon-Dufour, *Manuel du parfumeur*, pp. 31, 83. 1833년에 셀나르 부인도 "사향과 용연향, 오렌지 꽃, 월하향 같은 것들과 비슷한 강한 향기는 중지해야 합니다"라고 권고했다. Madame Celnart, *Manuel des dames ou l'art de l'élégance*, p. 11.

42) Étienne Tourtelle, *Éléments d'hygiène*, t. I, p. 434.

43) Comtesse de Bradi, *Du savoir-vivre en France au XIXe siècle*, p. 214.

44) Étienne Tourtelle, *Éléments d'hygiène*, t. I, pp. 434-435. 레옹 로스탕도 같은 견해를 보이고 있다. Léon Rostan, *Cours élémentaire d'hygiène*, pp. 528-529.

45) Eugène Rimmel, *Le Livre des parfums*, Bruxelles, 1870, p. 25.

46) Eugène Rimmel, 같은 책, p. 350.

47) Louis Claye, *Les Talismans de la beauté*, p. 75.

48) 루이즈 드 숄리외는 여전히 머리카락에 분을 사용해 마리 가스통(Marie Gaston)의 마음을 붙잡으려고 한다. Honoré de Balzac, *Mémoires de deux jeunes mariées*, p. 381.

49) Auguste Debay, *Les Parfums et les Fleurs*, 1846, p. 49.

50) Charles Londe, *Nouveaux éléments d'hygiène*, t. II, p. 501 참조.

51) 관대한 셀나르 부인은 셔츠와 스타킹에도 "오드콜로뉴를 아주 조금" 허락한다. Madame Celnart, *Manuel des dames...*, p. 92.

52) Charles Londe, *Nouveaux éléments d'hygiène*, t. I, p. 59.

53) Comtesse de Bradi, *Du savoir-vivre en France au XIXe siècle*, p. 220. 들라코는 1829년에, 셀나르 부인은 1833년에 사용해도 좋은 향수를 열거하고 있는데, 둘다 이러한 발상에 기초해 있었다. Alexis Delacoux, *Hygiène des femmes*, p. 233; Madame Celnart, *Manuel des dames...*, p. 92.

54) Eugène Rimmel, *Le Livre des parfums*, p. 369.

55) Auguste Debay, *Les Parfums et les Fleurs*, p. 42.

56) Léon Rostan, "odeur", *Dictionnaire de Médecine*, Béchet. 미카엘 프리들란데르도 마찬가지로 향수를 비난하고 있다. Michael Friedländer, *De l'éducation physique de l'homme*, p. 70.

57) Z. A. Obry, *Questions sur diverses branches des sciences médicales*, 1840, p. 13. 셀나르 부인은 이런 의학적 진단을 훌륭하게 독자에게 설명해 바로잡고 있다. "안색이 나쁘거나, 깡마르거나, 눈 주위가 푸르스름하거나, 축 늘어져 나른하거

나, 신경성의 떨림이 생기곤 하는 것은 대개 신경이 예민한 여성이 갖가지 냄새를 지나치게 맡은 것이 원인이다." Madame Celnart, *Manuel des...*, p. 91. 드베이는 향수를 적신 수건을 사용하면, 그것만으로도 발작을 일으킬 수 있다고 경고한다. Auguste Debay, *Hygiène des mains et des pieds, de la poitrine et de la taille*, 1851, p. 20.

58) Alexandre Layet, "odeurs", *Dictionnaire Dechambre*, 1880.

59) Antoine Combe, *Influence des parfums et des odeurs sur les névropathes et les hystériques*, 1905 참조. 그는 이 문제를 검토했다.

60) Robert Mauzi, *L'Idée du bonheur au XVIIIe siècle*, p. 271.

61) 이에 관해 셸나르 부인은 향수에서는 비싼 것과 신중한 것이 동반된다고 강조했다. 식물성 향기는 동물성 향기보다 빨리 없어지기 때문에 은은한 향기가 더 비용이 많이 든다. 따라서 그것을 사용하는 것은 부유함을 증명한다는 것이다.

62) Léon Rostan, *Cours élémentaire d'hygiène*, t. I, p. 528.

63) Jean Borie, *Mythologies de l'hérédité au XIXe siècle*, p. 57 참조.

64) Michel Foucault, *La Volonté de savoir*, 1977, 곳곳을 참조

65) Auguste Debay, *Les Parfums et les Fleurs*, p. 50.

66) Jean-Pierre Barruel, "Mémoire sur l'existence d'un principe propre à caractériser le sang de l'homme et celui des diverses espèces d'animaux", *Annales d'Hygiène publique et de Médecine légale*, 1829, pp. 267-277.

67) Léon Rostan, "odorat", *Dictionnaire de Médecine*.

68) Charles Londe, *Nouveaux éléments d'hygiène*, t. I, p. 59.

69) Hippolyte Cloquet, "odeur", *Dictionnaire des Sciences médicales*, Panckoucke, 1819, p. 229.

70) Léon Rostan, "odorat", *Dictionnaire de Médecine*. p. 237.

71) 루이즈 드 숄리외의 혼수품 중에도 향로가 들어 있다. Honoré de Balzac, *Mémoires de deux jeunes mariées*, p. 213.

72) Jean Antoine Chaptal, *Éléments de chimie*, p. 109.

73) Auguste Debay, *Les Parfums et les Fleurs*, p. 43.

74) 발자크가 다브랑테(Laure d'Abrantès, 1784~1838) 부인의 저택에서 영감을 받은 것은 이미 잘 알려진 사실이다. 카요에 따르면, 총재정부 시대에는 귀부인의 방이 다시 중요해졌고, 정치적 역할을 회복했다. 경대가 유행한 것도 이 시대이다. Antoine Caillot, *Memoires pour...*, p. 134. 1857년에 부아스(1787~1877) 남작은 여성의 방에 대해 이렇게 말했다. "여성의 모든 것이 그곳에 있다. … 그리고 침실에도." Mortemart de Boisse, *La Vie élégante à Paris*, 1857, p. 89.

75) Comtesse de Bradi, *Du savoir-vivre en France au XIXe siècle*, p. 221. "그녀들은

마치 자매가 만난 것처럼 떠들썩하게 꽃에 인사를 한다." Jules Janin, *Un été à Paris*, 1844, p. 238.

76) Marcel Raymond, *Senancour, Sensations et révélations*, p. 157에서 재인용.

77) Jules Michelet, *La Femme*, pp. 242-243.

78) Jan Ingenhousz, *Expériences...*, p. LXXXVIII.

79) Jules Michelet, *La Femme*, pp. 127, 128.

80) 겨우 한 가지 변화의 조짐이 인정된다. 자연에 맡겨두려고 하지 않았던 이론가들은 잔디밭 여기저기에 향기가 좋은 꽃들을 심도록 권장했다. 아이리스, 은방울꽃, 제비꽃, 제라늄 등이다. 향기를 풍기는 것에 주의를 기울이게 된 것은 어쨌든 냄새에 특징이 있는 것이 중시되기 시작했기 때문이다. "작은 하천 근처에는 좋은 향기가 나는 식물이나 건강에 좋은 풀을 키우자. 그곳에서 풍기는 꽃향기는 송진의 냄새와 어울려서 부근의 공기를 향기롭게 하고 폐를 확장시킨다." J. Lalos, *De la composition des parcs et jardins pittoresques*, 1817, p. 88.

81) 영국의 선진성은 다음을 참조. Edmond Texier, *Tableau de Paris*, 1852, p. 154.

82) Comte Alexandre de Laborde, *Description des nouveaux jardins de la France et de ses anciens châteaux*, 1808, p. 210.

83) 1857년 모르트마르 드 부아스는 우아한 부인의 주택을 다음과 같이 묘사했다. "일층의 창은 모두 온실정원(serre-jardin)으로 향하고 있고, 겨울 동안에는 네다섯 차례 실내장식업자가 그 온실을 소극장으로 바꿔서 상류사회의 숙녀와 신사들이 그곳에서 속담을 소재로 한 희극(proverbes)을 즐겼다." Mortemart de Boisse, *La Vie élégante à Paris*, p. 90.

84) Charles-François Bailly, *Manuel complet théorique et pratique du jardinier*, Paris, Roret, 1829, t. I, p. 223.

85) Alfred-Auguste Ernouf, *L'Art des jardins*, 3ᵉ éd., p. 238.

86) Édouard André, *Traité général de la composition des parcs et jardins*, 1879, p. 192.

87) Jean Baptiste Bory de Saint-Vincent, *Le Musée des familles*, t. I, 1834. Arthur Mangin, *Histoire des jardins, anciens et modernes*, 1887, p. 372에서 재인용. 생뱅상의 묘사는 그 선구성을 지적해 두어야 한다. 그러나 어쨌든 에밀 졸라가 재빨리 묘사한, 유독한 덩굴 같은 여자와는 매우 차이가 크고, 더구나 세기말의 상징주의적인 실내풍경과도 조금 멀다. 〔도르비이(1808~1889)의 소설 『결혼한 사제』에서〕 송브르발(Sombreval)이 '감수성이 예민한' 칼릭스트(Callixtte)를 위해 케네(Quesnay)에 설치한 온실은 조심스러운 세기 초기의 규칙을 지키고 있다. Barbey d'Aurevilly, *Un prêtre marié*, 1865.

88) Pierre Boîtard, *L'Art de composer et décorer les jardins*, t. II, 1846, p. 22.

89) John Claudius Loudon, *Traité de la composition et de l'exécution des jardins*

d'ornement, 1830, p. 194.

90) 롤랑 부인은 자기 어린 시절에는 그랬다고 말했다. Madame Jean-Marie Roland, *Mémoires particuliers, éd. Mercure de France,* 1966, p. 205.

91) Comte Alexandre de Laborde, *Description des nouveaux jardins de la France et de ses anciens châteaux,* p. 210.

92) Charles-François Bailly, *Manuel complet...,* t. II, p. 47.

93) 예컨대 뒤랑티(1833~1880)의 소설 『앙리에트 게라르의 불운』에 등장하는 여주인공의 인생에서 정원이 하는 역할이 이것을 보여준다. 이 책 안에서 아가씨가 눈뜨는 장면을 묘사한 구절은 시사적이다. "일어나면 새가 지저귀는 소리가 들려오고, 꽃의 향기가 난다. 그녀는 하늘의 색깔이 변화해가는 것을 바라보았다." Louis Edmond Duranty, *Le malheur d'Henriette Gerard,* éd. "L'Imaginaire", Gallimard, 1981, p. 112.

94) Charles-François Bailly, *Manuel complet...,* p. 57.

95) 이어지는 정의는 이 책에 인용된 피에르 부아타르의 저작에 기초해 있다. Pierre Boîtard, *L'Art de composer et décorer les jardins.*

96) 모디스트 미뇽 정원(jardin de Modeste Mignon)에서 새의 소리를 참조할 것.

97) Jules Michelet, *La Femme,* p. 129.

98) Madame Lafarge, *Heures de prison,* 1853, p. 92. 스타스빌 부인(Madame de Stasseville)은 꽃의 달콤한 향기를 맡고, 장난삼아 씹기도 했다. 그 향기를 맡으면 그 꽃과 함께 나무상자에 넣어 땅에 묻은 아이의 사체가 떠올랐다. 부인의 살롱에는 꽃향기가 너무 심해서 신경이 섬세한 여성은 가까이 다가갈 수도 없을 정도였다. Barbey d'Aurevilly, "Le dessous de cartes d'une partie de whist", *Les Diaboliques,* éd. "Folio", 1973, p. 219.

99) "정원에 제비꽃을 잔뜩 심지 않은 사람이 있을까"라고 바이는 물었다. Charles-François Bailly, *Manuel complet...,* p. 174. 노란장대도 "꽃밭이나 꽃바구니를 장식하는 데 가장 잘 사용되는 꽃"이었다. '부인의 꽃무'나 '향로'와 같은 것들이 인기를 끈 것도 향기 때문이었다. 그러나 월하향은 당시에는 경원시되고 있었다.

100) Pierre Boîtard, *Le Jardinier des fenêtres, des appartements et des petits jardins,* 1823 참조.

101) Comtesse de Bradi, *Du savoir-vivre en France au XIXᵉ siècle,* p. 221.

102) 마르셀 데티엔(Marcel Détienne)은 그리스 여인들이 테라스에 아도니스의 정원(jardins d'Adonis)을 꾸미기 위해 행한 모의 재배를 헛된 농업, 곡물 재배의 반명제라고 묘사하고 있다. 19세기에 지배층 여인들이 뜰이나 화분을 가꾼 취미는 남편들이 진짜 생산적인 노동을 담당하면서 얻게 된 여성의 여가를 상징한다고 할 수 있을 것이다.

103) Madame Amet née d'Abrantès, *Le Messager des modes et de l'industrie*, 1er mars 1855.

104) "바로 최근에도 황후는 멋진 머리모양을 하고 왔는데, 이마 위 근처에서 머리카락을 땋고, 거기에 생화를 장식한 머리모양이었다. 꽃은 커다랗고 하얀 데이지 봉오리였다."라고 아메 부인인 조세핀 주노 다브랑테(Joséphine Junot d'Abrantès, 1802~1888)는 썼다. Madame Amet née d'Abrantès, 같은 책.

105) Madame Trollope, *Paris et les Parisiens en 1835*, t. II, p. 170. 1852년에 출판된 『파리의 풍경*Tableau de Paris*』에서 텍시에는 꽃의 판매업이 얼마나 발전하고, 겨울 정원이 얼마나 호화로운지를 상세하고 정확하게 서술하고 있다. 마빌 정원(jardin Mabile)의 저녁연회는 어느 때보다도 향기로운 냄새가 풍기고 있었다. "필로도(Pilodo)의 오케스트라의 화음이 재스민과 장미의 향기에 딱 들어맞아 화합되었고 황홀했다"라고 아메 부인은 적었다. Madame Amet née d'Abrantès, *Le Messager...*, 15 juillet 1855. 황제 부부의 연회가 열리는 곳은 어디든지 그윽하고 달콤한 향기가 감돌았다.

106) Davin, "Le printemps à Paris", *Le Nouveau Tableau de Paris*, 1834, t. I, p. 209.

107) Auguste Debay, *Les Parfums et les Fleurs*, p. 216.

108) Paul de Kock, "Les grisettes", *Le Nouveau Tableau de Paris*, t. I, p. 174. 다뱅도 스위트피, 나아가 물푸레나무가 여공이나 주부들이 '애지중지하는' 꽃이었다고 썼다. 주부 등은 "그 향기를 황홀하게 뱃속까지 들이마셨다"고 한다. 젊은 아가씨는 눈을 뜨면 곧바로 자신의 작은 정원으로 달려갔다. Davin, "Le printemps à Paris", p. 211. 1852년 텍시에는 여공들의 물푸레나무 애착, 학생의 제비꽃 애착을 조롱하며, '감상적인 보병'이 조국에 꽃무 화분을 보내려 한다고 밝혔다. Edmond Texier, *Tableau de Paris*, p. 153.

109) 이에 관해서는 다음을 참조. Marie-Hélène Zylberberg-Hocquard, "L'ouvrière dans les romans populaires du XIXe siècle", p. 614. 대중소설이 꽃과 작은 새에 어떤 역할을 맡기고 있었는지가 멋지게 분석되어 있다.

110) Yvonne Verdier, *Façons de dire, façons de faire*, p. 185 참조.

111) 에밀 졸라의 『무레 신부의 과오』 서두에 나오는 세르주 무레(Serge Mouret)의 사목을 참조.

112) Victor Hugo, *Les Travailleurs de la mer*, "Folio", p. 151.

113) Victor Hugo, 같은 책, p. 482.

114) Victor Hugo, 같은 책, p. 171.

115) Honoré de Balzac, *Le Médecin de campagne*, t. IX, p. 477.

116) Édouard André, *Traité général de la composition des parcs et jardins*, p. III.

117) Édouard André, 같은 책, pp. 687-717.

118) Alfred-Auguste Ernouf, *L'Art des jardins*, p. 326.

119) 전원에서 처녀와 꽃의 순결한 결합은 그 후에도 계속해서 파리에서의 유행의 변화와 대조를 이루고 있었다. 이에 대해서는 프랑스 작가 콜레트(Colette, 1873~1954)의 『클로딘*Claudine*』 시리즈를 참조하라. 그리고 상징파 예술이 그 후도 젊은 아가씨와 신선한 꽃의 조응에 더욱더 열중하고 있었던 것도 짚고 넘어가야 할 것이다. 이 점에 관해서는 독일 소설가 폰타네(Theodor Fontane, 1819~1898)의 작품, 특히 『에피 브리스트*Effi Briest*』의 정원에서 드러나는 미묘한 꽃의 상징주의가 시사적이다.

120) Louis Claye, *Les Talismans de la beauté*, p. 24.

121) 클로드 리파테르에 따르면, 이 '왕당파 멋쟁이(muscadin)'라는 말은 당초 (1792년 8월), 리옹의 근위병(garde nationale de Lyon)을 가리키고 있었다. 그들은 명문의 자제들과 상점이나 은행의 종업원들로 구성되었고, 중앙부대에 있던 〔혁명에 참여한 제3계급〕 상퀼로트들로부터 나쁘게 생각되고 있었다. 여하튼 당사자들은 그 이름을 자랑스러워하며 단번에 받아들였다. Claude Rifaterre, "L'origine du mot muscadin", *La Révolution française*, 1909, 1−6월, pp. 385-390.

122) Madame Celnart, *Manuel du Parfumeur*, 1834, p. 225.

123) Louis Claye, *Les Talismans de la beauté*, p. 35.

124) Charles-Léonard Pfeiffer, *Taste and smell in Balzac's novels*, p. 27.

125) Alexandre Dumas, "Les parfums".

126) Comtesse de Bradi, *Du savoir-vivre en France au XIXe siècle*, p. 211.

127) Honoré de Balzac, *Mémoires de deux jeunes mariées*, t. 1, p. 200.

128) Auguste Debay, *Nouveau manuel du parfumeur-chimiste*, 1856, p. 40.

129) 지라르댕 부인은 경직된 것이 사라지고, 자연스런 우아함과 참신함의 원리가 회복되었다고 쓰고 있는데, 때마침 그것이 1839년의 일이다. 원예가 맹렬하게 유행했는데도 부인은 여전히 재스민과 인동덩굴 등의 달콤한 향기에 애착을 느끼고 있었던 것도 주목해야 한다. Charles de Launay, *Lettres parisiennes*, p. 329.

130) Georges Vigarello, *Le Corps redressé*, p. 167 참조.

131) 용연향과 사향을 사용하지 않는 것은 나폴레옹 3세의 궁정에서도 지켜졌다. 기호의 세련됨과 도덕성을 증명하기 위해서였다. 프랑스 조향사 겔랑(Pierre-François Pascal Guerlain, 1798~1864)이 황후를 위해 직접 관리한 '황후의 향기(Bouquet de l'Impératrice)'의 조합법은 이를 알려준다. 1855년에 빅토리아 여왕이 프랑스를 공식 방문했을 때에 사용된 향수는 고급품이었는데도, 사향으로 의심을 받는 것이었다. 튀일리 궁전에 모인 상류층 부인들은 경쟁하듯 이 사실을 강조했다. Madame Amet née d'Abrantès, *Le Messager...*, 1er juin 1855, p. 4.

132) 이것은 수량적 연구로부터 추측된 것으로 여기서는 자세히 다루지 않는다.

133) 1889년 만국박람회 향수와 관련된 M.-L. L'Hôte, *Rapports du jury interna-tional*, classe 28, Paris, 1891 참조.

134) Louis Claye, *Les Talismans de la beauté*, p. 56.

135) Albert Boime, "Les hommes d'affaires et les arts en France au XIXᵉ siècle", *Actes de la Recherche en Sciences sociales*, no. 28, juin 1979 참조.

136) Eugène Rimmel, *Le Livre des parfums*, p. 24.

137) Philippe Perrot, *Les Dessus et les Dessous de la bourgeoisie*, pp. 325-328.

138) S. Piesse, *Des odeurs, des parfums et des cosmétiques*, 2ᵉ éd. 1877, pp. 4-18 (초판 은 *The art of perfumery*, Londres, 1855).

139) Auguste Debay, *Nouveau manuel du parfumeur-chimiste*, p. 107 참조.

140) 19-20세기에 다양한 향수가게가 만든 안내서를 수집해 놓은 향수화장품 (*Parfumeries*, Bibliothéque Nationale, V. 403) 시리즈에 따르면, 1858년에 즐레 형 제의 가게에서는 머릿기름과 광택제만을 넣은 납작한 또는 사각형, 원형, 묘지 석 모양, 바이올린 모양, 사슴벌레 모양, 상자형, 호리병 모양으로 된 병들을 팔 기 시작했다.

141) 향기의 유형, 용어, 조향사에 대해서는 다음의 뛰어난 작품을 참조하라. O. Moréno, R. Bourdon et E. Roudnitska, *L'Intimité des parfums*, 1974.

142) 이 장의 주 132 참조.

143) Lane, *Modern Egyptians*, 1837; Sonnini, *Voyage en Egypte*, 1799; Duckett, *La Turquie pittoresque*, 1855 등이 있었다. 1867년의 박람회 때에 (튀니지에 있는 궁 을 모방한) 바르도 궁(Palais du Bardo)이 세워진 것도 크리미아 전쟁 이후의 동 양 취향을 더욱 부추겼는지도 모르겠다. 아메 부인은 크리미아 전쟁 이후, 은은 한 분이 다시 사용되었다고 밝히고 있다.

144) Gustave Flaubert, *Correspondance*, t. I, p. 558(1850년 1월 5일), p. 568(1850년 1 월 15일).

145) Edmond et Jules de Goncourt, *Manette Salomon*, p. 131.

146) Jacques Léonard, *Les Médecins de l'Ouest au XIXᵉ siècle*, t. III, p. 1468. (에밀 졸 라의 소설『루공 가의 부』에서) 플라상(Plassans) 시장 집무실에 향수병이 놓여 있는 것을 알아차린 앙투안 마카르(Antoine Macquart)는 시장과 루공 가문과의 사회적인 격차를 깨닫고는 마침내 반항심을 가라앉힌다. Émile Zola, *La Fortune de Rougon*, La Pléiade, t. I, pp. 271-272.

4. 도취와 향수병

1) Charles de Rémusat, *Mémoires de ma vie*, Paris, Plon, 1958, t. I, pp. 110 이하를 참조.

2) Honoré de Balzac,『농민들』, 22쪽.

3) Honoré de Balzac, *Le Curé de village*, t. IX, p. 654.

4) 『서한집*Correspondance*』에서 누이의 철야 장례 이야기에 관한 구절을 참조할 것. 같은 시기에 코레즈(Corrèze) 지방에서는 상류층 귀부인들이 라파주(Lafarge) 빈민들의 창자에서 나는 악취를 들이마시기 위해 튈(Tulle)의 법정으로 몰려갔다.

5) "자연이 그의 모든 감각을 끌어안자 [⋯] 그는 자신을 잊고, 그저 보고 듣고 냄새를 맡는 데 빠져든다." "아나톨이 맡는 꽃향기에는 버지니아의 냄새가 난다. [⋯] 수풀에서 풍겨 와서 정원 입구에 그윽하게 감도는 분홍장미의 달콤한 향기에 섞여서, 이런저런 냄새의 향기, 사향과 같은 냄새, 강한 냄새가 났던 것이다." Edmond et Jules de Goncourt, *Manette Salomon*, p. 425.

6) Maine de Biran, *Journal*, éd. Vrin, t. I, p. 79.

7) Maine de Biran, 같은 책, pp. 77, 165.

8) Senancour, "Promenade en octobre", *Le Mercure du XIXe siècle*, 1823, t. III, p. 164.

9) Maine de Biran, *Journal*, t. I, p. 152.

10) Hippolyte Cloquet, "odeur", p. 229.

11) Hippolyte Cloquet, *Osphrésiologie ou Traité des odeurs*, p. 112.

12) Auguste Bérard, "olfaction", *Dictionnaire de Médecine*, Béchet, p. 19.

13) Honoré de Balzac, 『루이 랑베르』, 36-37쪽.

14) George Sand, *Histoire de ma vie*, La Pléiade, t. I, p. 557.

15) Charles Baudelaire, "Le Parfum".

16) Eugène Rimmel, *Le Livre des parfums*, p. VI(서문).

17) Gustave Flaubert, *Madame Bovary*, La Pléiade, 1951, p. 473. '복합적인 기억'의 또 하나의 사례를 살펴보자. 『죽음처럼 강한*Fort comme la mort*』의 주인공 베르탱(Bertin)은 물가에서 고향 코르시카의 냄새를 맡고 추억에 빠진다. "망각의 저편에 가라앉아 사라졌던 기억이 웬일인지 갑자기 떠올랐다. 한꺼번에 모든 기억이 하나하나 되살아나고, 점차 뇌리에서 날뛰므로, 누군가 기억의 단지를 휘젓고 있는 듯한 기분이 들었다. [⋯] 이런 식으로 갑자기 기억이 되살아날 때에는 언제나 뭔가 원인이 있었다. 그것은 단순한 물질적 원인, 예컨대 냄새라거나, 가끔은 향수인 경우도 있었다. 지나가는 여자의 드레스에서 향수 냄새가 슬쩍 풍겨오면 잊고 있던 사건이 단번에 되살아나는 경우가 이제까지 여러 차례 있었던 것이다. 오래된 화장품 통의 아래에서 인생의 단편적인 기억이 되살아 나오는 것도 여러 차례였다. 어디에선지 모르게 풍겨오는 냄새, 거리나 들판의 냄새, 집이나 가구의 냄새, 좋은 냄새와 불쾌한 냄새, 여름날 저녁의 눅눅한 냄새, 겨울밤의 차가운 기운이 나는 냄새, 그러한 냄새들은 반드시 그의 가슴에 아득한 기억을 불러일으켰다." Guyde Maupassant, *Fort comme la mort, Œuvres*

complètes, Paris, Conard, t. 22, p. 121.

18) Eugène Fromentin,『도미니크』, 96쪽.

19) 향수제조업자도 이것을 알고 있어서 '묘지석 모양'의 향수병을 손님에게 권한다. 그 안에 죽은 여성의 향수를 넣어두는 것이다.

20) Viollet-le-Duc, *Dictionnaire de l'Architecture*, t. VI, p. 164. 〔플로베르의 소설『감정 교육』에서〕 프레데릭(Frédéric)과 로사네트(Rosanette)도 퐁텐블로 (Fontainebleau)를 산책하면서 이 '세기의 향기'에 주의를 기울인다. Jean-Pierre Richard, *Littérature et sensation*, 1954, p. 190 참조.

21) Théophile Gautier, "Le pied de momie" et "Arria Marcella", *Récits fantastiques*, éd. Garnier, 1981, pp. 184, 251.

22) Charles Baudelaire, "Le Flacon".

23) Émile Zola, *La Joie de vivre*, p. 857.

24) Étienne-Joseph-Théophile Thoré, *Dictionnaire de phrénologie et de physiognomonie à l'usage des artistes, des gens du monde, des instituteurs, des pères de famille, etc.*, 1836, p. 314.

25) 병과 싸우는 사랑하는 여인의 향기는 도르빌리의 상상력을 자극하고, 어떤 것보다도 슬픔을 드러내게 했다. "열에 들뜬 아픈 얼굴의 주변에 감도는 냄새를 맡아야 한다. 사랑하는 여인의 몸을 감싼 옷에서 풍겨나는, 생명과 닮은 향기를…" Barbey d'Aurevilly, *Un prêtre marié, Gallimard*, "Folio", p. 223.

26) 생트뵈브(Charles-Augustin Sainte-Beuve, 1804~1869)의 소설『쾌락*Volupté*』은 이 점에서 하나의 모델이 되고 있다. 조르주 상드의『렐리아*Lélia*』와 발자크의『골짜기의 백합』도 이것에서 영감을 얻었을 것이다.

27) 파이퍼의 표현. Charles-Léonard Pfeiffer, *Taste and smell in Balzac's novels*, p. 49.

28) Honoré de Balzac, *Le Lys dans la Vallée*, 신동진 옮김,『골짜기의 백합』, 청목, 1996, 194쪽.

29) Charles Baudelaire, "La chevelure".

30) Charles Baudelaire, "Chanson d'après-midi".

31) Charles Baudelaire, "La propreté des demoiselles belges" 참조.

32) 모파상이『친구 파시앙스*L'Ami Patience*』에서 자세히 묘사하고 있다.

33) 보들레르 경향의 시에서 나타나는 향기나 상상의 여행, 편지, 추억 등의 주제의 무한한 변화라는 문제는 이 책의 과제를 벗어난다. 다만 다음과 같은 점을 지적해둘 필요는 있다. 모든 감각이 하나로 뒤섞인 지고의 순수를 염원하는 보들레르의 탐구는 오랜 탐색의 종착점이고, 그 발자취에 대해서는 M. A. Chaix, *La Correspondance des arts dans la poésie contemporaine*, 1919와 Jean Pommier, *La Mystique de Baudelaire*, 1932의 연구가 이미 밝히고 있다. 그리고 향기의 영원성

이라는 문제는 우리가 이미 살펴본 대로 보들레르의 동시대인들이 모두 매달렸던 주제이고, 냄새가 이끄는 여행이라는 모티프도 이제까지의 분석에서 드러나듯이 집단적 상상력에 속한다. 이 책의 311쪽 참조.

34) 에밀 졸라의 소설에서 후각의 역할은 깊게 연구해볼 가치가 있다. 이미 이루어진 연구서들도 있는데, 여기에서는 그 성과를 요약하는 것에 그친다.

35) Édouard Toulouse, *Enquête médico-psychologique sur les rapports de la supériorité intellectuelle avec la névropathie. Émile Zola*, Paris, 1896, pp. 163-165, 173-175.

36) Léopold Bernard, *Les Odeurs dans les romans de Zola, Coulet*, Montpellier, 1889.

37) Alain Denizet, *Les Messages du corps dans les Rougon-Macquart, Mémoire de maîtrise*, Tours, 1981.

38) Léopold Bernard, *Les Odeurs dans les romans de Zola*, p. 8.

39) 뮈파(Muffat) 백작부인의 저택에서 열린 저녁 연회에서 주고받은 남자들의 비밀 이야기는 그 전형적인 모습을 보여준다. Émile Zola, *Nana*, ch. III.

40) 에밀 졸라의 『사랑의 한 페이지*Une page d'amour*』에서 엘렌 그랑장(Hélène Grandjean)이 드베를(Deberle) 박사에게 유혹된 것을 참조할 것.

41) Jean-Pierre Richard, *Littérature et sensation*, 1954, p. 189.

42) Gustave Flaubert, *Correspondance*, éd. La Pléiade, t. I.

43) Émile Zola, *La Joie de vivre*, p. 1019.

44) Émile Zola, 같은 책.

45) 영국 의사 헤이브록 엘리스가 요약하고 있다. Havelock Ellis, *La Sélection sexuelle chez l'homme*, pp. 169 이하. 하겐은 가죽 냄새가 생식기의 냄새를 환기시킨다고 생각하고 있다.

46) Edmond et Jules de Goncourt, *Chérie*, 1889.

47) Ambroise Tardieu, *Les Attentats aux mœurs*, éd. 1867, p. 183.

48) G. Macé, *La Police parisienne. Un joli monde*, 1887, pp. 263, 266, 272.

49) Charles Féré, *La Pathologie des émotions*, 1892, pp. 438-441과 같은 저자, *L'Instinct sexuel, évolution et dissolution*, 1890, pp. 126 이하, p. 210 이하.

50) Alfred Binet, "Le fétichisme dans l'amour", *Études de psychologie expériment-ale*, 1888, p. 4. 알프레드 비네는 〔프랑스 정신과 의사들인〕 모렐(Bénédict Augustin Morel, 1809~1873)와 마냥(Valentin Magnan, 1835~1916)이 이러한 결함은 유전적 퇴폐에서 온 광기의 한 가지 예일 뿐이라고 한 것을 지적하고 있다. 알프레드 비네가 결정적이었다고 생각하고 있는 점은 '후각 페티시스트'의 경우, 냄새가 참기 어려운 욕정을 부추긴다는 사실이다. 그들은 풍겨오는 항기에 매료되면 그 여자의 뒤를 쫓아가지 않을 수 없다. 샤를 페레에 따르면, 프랑스 시인 라마르틴(Alphonse de Lamartine, 1790~1869)도 이 때문에 여관의 여자들을 사랑

할 수밖에 없다고 하였다. Charles Féré, *La Pathologie des émotions*, p. 439.

51) Joris-Karl Huysmans, *À rebours*, 1884, 유진현 옮김, 『거꾸로』, 문학과지성사, 2007, 172쪽.

52) Pierre Cogny, "La destruction du couple Nature-Société dans l'À rebours de J.-K. Huysmans"; Françoise Gaillard, "De l'antiphysis à la pseudo-physis: l'exemple d'À rebours". *Romantisme*, 1980, no. 30 참조.

53) G. Leroux, *Le Mystère de la Chambre jaune*, Le Livre de Poche, 1960. 예컨대 p. 84.

54) Jean Lorrain, *La Ville empoisonnée*(Chroniques du Journal, 1896-1902), 8 juillet 1896, pp. 106-107. '흑인마을의 악취'에 대해서는 다음과 같은 묘사가 있다. "폭풍우가 부는 밤에는 흑인의 냄새, 가염 버터와 후추의 악취가 더 강해져서 불쾌해진다." 이렇게 어조가 바뀌어간 것이다.

55) Edgar Bérillon, "Psychologie de l'olfaction: la fascination olfactive chez les animaux et chez l'homme", *Revue de l'hypnotisme*, octobre 1908, pp. 98 이하. 이 논문에는 당시 사람들에게 불안감을 주었던, 곧 문명이 인간을 퇴화로 이끈다는 생각이 엿보인다. 그는 후각이 담당하는 역할의 축소를 이러한 관점에서 분석한다. 그러나 베릴롱은 후각이 다시 활발해진 것이 퇴보를 의미하는 것일 수도 있다는 사실을 잘 의식하고 있다. 여기에서도 후각이 이 두 가지 환상의 어느 하나로 귀착하기 쉽다는 것이 드러난다.

56) Edgar Bérillon, 같은 논문, p. 306. 베릴롱 박사는 '유대인의 악취'라는 주제를 분석한 작품을 1915년에 발표해 유명해졌다. Edgar Bérillon, *La Bromidrose fetide de la race allemande, foetor germanicus*, 1915. 나중에 포크너(William Faulkner, 1897~1962)가 자신의 소설 『침입자*Intruder*』(1948년)에서 인종의 냄새를 중요하게 묘사한 것은 잘 알려진 사실이다.

5. 노고에 대한 조롱

1) Joris-Karl Huysmans, 『거꾸로』, 169쪽. (프랑스어판의 5장 제목은 위스망스의 『거꾸로』에서 가져온 "땀에 젖은 웃음(Rires en sueur)"이다. 한국어판에서는 문맥상의 의미를 고려해 이를 "노고에 대한 조롱"으로 표현했다.)

2) 이에 관해서는 리무쟁 지방 교육의 실제 상황에 관한 내 연구를 참고할 것. Alain Corbin, *Archaïsme et modernité en Limousin au XIXᵉ siècle*, t. I, pp. 337-362.

3) Pierre Chauvet, *Essai sur la propreté de Paris*, p. 7. 스페인 정부는 이 문제에 대해 유럽의 여러 대학들에 문의를 했을 것이다.

4) Pierre Chauvet, 같은 책, p. 8.

5) Bernardino Ramazzini, *Essai sur les maladies des artisans*, p. 561.

6) R.-P. Cotte, "air et atmosphère", *L'Encyclopédie méthodique*, 1787, pp. 587, 1787.

7) 예컨대 Parent-Duchâtelet, "Essai sur les cloaques et égouts de la ville de Paris." *Hygiène publique*, t. I, p. 252.

8) Parent-Duchâtelet, *Recherches pour découvrir la cause et la nature d'accidents très graves, développés en mer, à bord d'un bâtiment chargé de poudrette*, t. II, p. 274.

9) Michel-Augustin Thouret, *Rapport sur la voirie de Montfaucon*, p. 26.

10) François-Joseph Liger, *Fosses d'aisances, latrines, urinoirs et vidanges*, p. 12.

11) Charles-François Bailly, *Manuel complet théorique...*, p. 586.

12) Parent-Duchâtelet, *Les Chantiers d'équarrissage de la ville de Paris envisagés sous le rapport de l'hygiène publique,* n. 40.

13) Isidore Bricheteau, Alphonce Chevallier, Salvatore Furnari, "Note sur les vidangeurs", *Annales d'Hygiène publique et de Médecine légale*, t. XXVIII, 1842, p. 50.

14) 손실의 위험성을 지적한 외젠 슈브뢸에 대해서는 이 책의 189쪽을 볼 것. Jean-Gabriel-Victor de Moléon, *Rapports généraux...*, 1839년의 보고, p. 495.

15) Emile-Louis Bertherand, *Mémoire sur la vidange des latrines et des urinoirs publics*, p. 7; Pierre Pierrard, *La Vie...*, p. 54.

16) 오트비엔 지방의 소도시 생프리스트리구르(Saint-Priest-Ligoure)에서는 농민들이 "굶어죽는 것보다 콜레라로 죽는 게 낫다"고 행정관에게 호소한다. 행정관에 따르면 없애려는 것은 실현이 불가능한 조치였다. Alain Corbin, *Archaïsme et modernité en Limousin au XIXe siècle*, t. I, p. 77.

17) Alain Faure, *Paris Carême-prenant*, Paris, 1978, p. 107.

18) Henri Gisquet, *Mémoire de M. Gisquet*, t. I, pp. 458-465.

19) Françoise Dolto, "Fragrance", *Sorcières*, no. 5, p. 12. 이 단락의 전반적 내용에 관해서는 pp. 10-17 참조.

20) Yvonne Verdier, *Façons de dire, façons de faire*, p. 329.

21) Pierre Bourdieu, *La Distinction*, Paris, 1978, p. 574 참조.

22) Alain Faure, *Paris Carême-prenant*, p. 167. 릴에서는 관리들이 이른바 '울타리에 오줌을 누는 것'과 몇십 년이나 싸웠다. Pierre Pierrard, *La Vie...*, p. 148. 제2제정 기간에 도시에 설치되기 시작한 공중변소는 여러 가지로 조롱의 대상이 되었고, '파리 식의 오줌싸기(pisser à la mode de Paris)'라고 불렸다.(같은 책, p. 53) 1881년 센 지역 위생위원회의 보고서에도 이렇게 쓰여 있다. "바닥의 나무판은 그렇다쳐도 변소의 변기도 관리되지 않았다." "결여되어 있는 것 […] 그것은 의식이었다. 청결의 본능이 결여되어 있었다."(같은 책, p. 284) 그러나 이런 본능이 과연 있기는 한 것일까?

23) Alain Faure, 같은 책, p. 74.

24) Dominique Laporte, *Histoire de la merde*, p. 27.

25) Hippolyte Cloquet, *Osphrésiologie ou Traité des odeurs*, p. 115.

26) François-Emmanuel Fodéré, *Traité de médecine légale...*, t. VI, p. 539.

27) Jan Ingenhousz, *Expériences...*, 이 책의 64쪽을 참조할 것.

28) John Howard, *Histoire des principaux lazarets...*, t. II, p. 262.

29) Henri-Louis Bayard, *Mémoire sur la topographie...*, p. 88에서 재인용.

30) François Béguin, "Savoirs de la ville et de la maison au début du XIXe siècle", *Politiques de l'habitat*, p. 259에서 재인용. 튀이리에는 20세기 초에 니베르네 지방의 노동자들이 여전히 굳게 닫혀 있는 곳에서 일하고 싶다고 집요하게 요구했다는 사실을 강조하고 있다. 기 튀이리에는 장인과 노동자가 한 덩어리가 된 이러한 저항의 역사를 언급하며, 이것이 위생정책이 좌절한 한 요인이라고 지적하고 있다. Guy Thuillier, *Pour une...*, p. 39.

31) John Howard, *Histoire des principaux lazarets...*, t. I, p. 153.

32) John Howard, 같은 책, t. II, p. 52; 같은 저자, *État des prisons...*, t. II, p. 26.

33) Olivier Faure, "Hôpital, santé, société: les hospices civils de Lyon dans la premièremoitié du XIXe siècle", *Bulletin du Centre d'histoire économique et sociale de la région lyonnaise*, 1981, no. 4, pp. 45-51.

34) Sigmund Freud, *L'Interprétation des rêves*. Paris, P.U.F., 1967, pp. 209-210.

35) Théophile de Bordeu, *Recherches sur les maladies chroniques*, p. 426.

36) John Howard, *Histoire des principaux lazarets...*, t. II, p. 354. 이것은 20세기가 되어서도 민중들 사이에 넓게 전해지고 있었던 것 같다. 예컨대 Alain Corbin, *Archaïsme et modernité en Limousin au XIXe siècle*, t. I, p. 80을 볼 것.

37) Françoise Loux et Pierre Richard, *Sagesses du corps*, 1978.

38) 프랑수아 베갱은 다양한 일상행위의 총체를 이러한 완화 행위로 규정하고 있다. 술을 좋아하거나, 뒤섞여 자는 생활에 무덤덤하거나, 일하기 싫어한다거나, 성적으로 방탕하거나, 길거리를 떠돌아다니거나, 이름을 가지려 하지 않는 행동 등이 모두 이에 속한다. 이러한 '야만적인 신체의 편안함'에는 청결하려고 애쓰기보다는 차라리 불결한 상태로 있는 게 낫다는 생각이 놓여 있어서 잡다한 냄새가 풍겨도 태연할 수 있게 되는 것이다. François Béguin, "Savoirs de la ville et de la maison au début du XIXe siècle", p. 257. 이러한 생각은 위에서 부과된 개선정책과 대립된다. "넓적다리가 서로 맞닿지 않으면 자연스럽게 걸을 수 없다"고 쥘 르나르(Jules Renard, 1864~1910)의 소설 주인공 라고트(Ragotte)는 단호하게 말한다. 그래서 그녀는 속바지를 입으려고 하지 않는 것이다.

39) Luc Boltanski, *Prime éducation et morale de classe*, 1969, pp. 83 이하.

40) 리무쟁 지방의 속담. Alain Corbin, *Archaïsme et modernité en Limousin au XIXe siècle*, t. I, p. 81.

442

41) 프랑수아 루는 이러한 금기 안에 몇 가지 쓸모가 있는 점이 있다고 밝히고 있다. 예컨대 어린아이들의 머리때를 없애려 하지 않는 것은 정수리의 숫구멍을 보호하려는 배려 때문이다.

42) Gilles Lapouge, "Utopie et Hygiène", p. 104.

43) Philippe Ariès, *L'Homme devant la mort*, p. 472.

44) Alain Corbin, "La vie exemplaire du curé d'Ars", *L'Histoire*, mai 1980.

45) Gilles Lapouge, "Utopie et Hygiène", p. 108.

46) Gustave Flaubert, *Correspondance*, t. I, p. 97.

47) 플로베르가 에르네스트 쉬발리에에게 1841년 10월 23일 보낸 편지. Gustave Flaubert, *Correspondance*, t. I, p. 86.

48) Jean-Paul Sartre, *L'Idiot de la famille*, t. III, p. 523.

49) 이 점에 대해서는 Gilles Lapouge, "Utopie et Hygiène", p. 111.

50) Jules Vallès, *L'Enfant,* p. 102.

51) Jules Vallès, 같은 책, p. 257.

52) Jules Vallès, 같은 책, p. 321.

53) 프랑스 문학 비평가 베아트리스 디디에(Béatrice Didier, 1935~)에 의해 강조. Jules Vallès, *L'Enfant*, éd. "Folio" 판의 해설.

54) Jules Vallès, 같은 책, p. 87.

55) Jules Vallès, 같은 책, p. 73.

56) Jules Vallès, 같은 책, pp. 87-88.

57) 쥘 발레스가 성인기의 거친 반항이 무엇에 기초하고 있는지 말하려 한 것이 아니라면 말이다.

58) Jules Vallès, 같은 책, p. 89.

59) 콕 에롱(Coq Héron) 거리에 있는 공화주의의 인쇄소에 대해 쥘 발레스는 이렇게 말하고 있다. "퇴비의 냄새와 같은 좋은 냄새가 난다. 축사에서와 같은 후끈한 냄새로 가득했다." Jules Vallès, 같은 책, p. 373.

60) Henry Miller, *Tropique du Capricorne*, éd. "Le Livre de Poche", 1952, pp. 159-162.

61) Gunter Grass, *Le Tambour*, 박환덕 옮김, 『양철북』, 범우사, 1985, 곳곳에. 한편, 제임스 조이스가 『율리시스』(1922년)에서 주인공 블룸(Bloom)을 내세워 묘사하고 있는 여성의 냄새에 관한 다양한 연상은 상투적 표현의 범주에 속한다. 더블린의 프티부르주아는 '코의 방종'과는 무관했다. James Joyce, *Ulysse,* Gallimard, 1948, pp. 368-369.

대단원. 파리의 악취

1) Émile Trélat, "Rapport d'Émile Trélat sur l'évacuation des vidanges hors des habitations", p. 25.

2) 예를 들면, Jean Chrétien, *Les Odeurs de Paris*, p. 8.

3) Jean Chrétien, 같은 책, pp. 10 이하. 그리고 Alfred Durand-Claye, *Observations des ingénieurs du service municipal de Paris au sujet des projets de rapport présentés par MM. A. Girard et Brouardel*, 1881, 곳곳에.

4) 잠시 동안 세균이 세균성 독기(miasme microbien)라고 불렸던 것을 제외하면 말이다.

5) Paul Camille Hippolyte Brouardel, *De l'évacuation des vidanges dans la ville de Paris*, 1880-1882, p. 36.

6) François-Franck, "olfaction", *Dictionnaire Dechambre*, 1881, p. 99.

7) Marié-Davy, *De l'évacuation des vidanges...*, 1880-1882, p. 5.

8) Philippe Ariès, *L'Homme devant la mort*, p. 533에서 재인용.

9) Marié-Davy, *De l'évacuation des vidanges...*, p. 64.

10) Émile Trélat, "Rapport d'Émile Trélat sur l'évacuation des vidanges hors des habitations", p. 19.

11) Alfred Durand-Claye, *Observations...*, pp. 21-22.

12) Alfred Durand-Claye, 같은 책, p. 23.

13) Alfred Durand-Claye, 같은 책, p. 50.

14) Marié-Davy, *De l'évacuation des vidanges...*, p. 69.

15) Marié-Davy, 같은 책, p. 69.

16) 이에 대해서는 Lion Murard et Patrick Zylberman, *Sanitas sanitatum...*.

17) Marié-Davy, *De l'évacuation des vidanges...*, p. 68.

18) Alain Corbin, "L'hérédosyphilis ou l'impossible rédemption", *Romantisme*, 1981, no. 1 참조.

19) O. Boudouard, *Recherches sur les odeurs de Paris*, 1912, p. 6. 1899년의 지정시설물 사찰보고서가 인용되어 있다.

20) 이 공장들은 오베르빌리에(Aubervilliers) 서쪽 생드니에 둘, 이브리(Ivry)에 셋, 비트리(Vitry)에 둘, 파리에 하나가 세워져 있었다. Brouardel et Mosny, "Hygiène générale des villes et des agglomérations communales", *Traité d'hygiène*, t. XII, 1910, p. 161 참조.

인 명

사 항

악취와 향기

옮긴이   주나미
펴낸이   김두희
펴낸곳   도서출판 오롯
펴낸날   초판 1쇄 2019년 1월 10일
            2쇄 2020년 5월 20일
출판등록   2013년 1월 10일 제251002013-000001호
주소   인천시 계양구 장제로 863번길 15, 시티2000오피스텔 702호
전자우편   orot2013@naver.com
홈페이지   http://orot2013.blog.me
전화번호   070-7592-2304
팩스   0303-3441-2304

© OROT, 2019. printed in Incheon, Korea
ISBN   979-11-89791-00-1   93920

이 도서의 국립중앙도서관 출판시도서목록(CIP)은 서지정보유통지원시스템 홈페이지(http://
seoji.nl.go.kr)와 국가자료공동목록시스템(http://www.nl.go.kr/kolisnet)에서 이용하실 수
있습니다. (CIP제어번호: CIP2018042219)

※ 책값은 뒤표지에 있습니다. 잘못된 책은 바꾸어 드립니다.